# 코뮌주의

### 공동성과 평등성의 존재론

코뮨주의 : 공동성과 평등성의 존재론

초판 1쇄 인쇄 _ 2010년 11월 20일
초판 1쇄 발행 _ 2010년 11월 25일

지은이 · 이진경

펴낸이 · 유재건 | 주간 · 김현경
편집 · 박순기, 박재은, 주승일, 태하, 임유진, 김혜미, 김재훈, 고태경, 김미선, 김효진
디자인 · 권진희, 서주성 | 마케팅 · 정승연, 황주희, 이민정, 박태하, 손혜영
영업관리 · 노수준, 이상원, 양수연

펴낸곳 · (주)그린비출판사 | 등록번호 · 제313-1990-32호
주소 · 서울시 마포구 동교동 201-18 달리빌딩 2층 | 전화 · 702-2717 | 팩스 · 703-0272

ISBN  978-89-7682-353-3 04300
이 도서의 국립중앙도서관 출판시도서목록(CIP)은 e-CIP 홈페이지(http://www.nl.go.kr/ecip)에
서 이용하실 수 있습니다.(CIP제어번호:CIP2010004099)

그린비 출판사 나를 바꾸는 책, 세상을 바꾸는 책
홈페이지 · www.greenbee.co.kr | 전자우편 · editor@greenbee.co.kr

클리나멘총서
clinamen

007

# 코뮨주의

## 공동성과 평등성의 존재론

이진경 지음

# 서문 다시 도래할 실패를 기다리며

1

코뮨주의commune-ism는 공산주의communism가 아니다. 그러나 그것은 공산주의로부터 나왔다. 그것의 실패로부터. 코뮨주의는 그 실패를 통해, 주어져 있던 이름에 무언가 다른 것을 끼워 넣으면서 만들어졌다. 하나의 활자, 혹은 거기 수반되는 하나의 하이픈, 그것은 단지 하나의 기표signifiant일지라도 그저 하나의 기표에 불과한 것은 아니다. 그것은 단단하게 결합되어 있던 사유를 풀어 헤치며 이질적인 것들이 끼어들게 만드는 여백이고, 하나의 방향으로 귀착되던 변혁의 실험을 모든 방향으로 열어 놓는 교차점이다. 동시에 c에서 시작해 m으로 끝나는 개념 전체를 뒤집고 비틀어 전혀 다른 형상을 부여할 수 있게 만드는 위상학적 구멍이다(토폴로지는 새로운 구멍 하나가 다양체 전체를 전혀 다른 형상으로 변형시킬 수 있음을 보여 준 바 있다). 그것은 하나의 공산주의를 수많은 코뮨주의들로 대체할 뿐 아니라, 거꾸로 지금까지 존재해 온, 그리고 지금도 존재하고 있는 수많은 코뮨들을 가시화해 줄 것이다. 우리에게 갈 길은 하나가 아니라 수도 없이 널려 있었던 것이다!

따라서 여기서 그리려고 하는 코뮤주의의 형상은 공산주의를 대신하는 단일한 대체물일 수 없으며, 수많은 코뮤주의의 형상을 대리하는 대표성도 갖지 않는다. 다만 실패를 통해 열린 수많은 가능한 형상들 가운데 하나에 불과할 것이다. 그렇지만 그러면서도 굳이 '코뮤주의'라는 일반명사를 사용하여 서술하려는 것은, 실패한 공산주의를 대체할 하나의 가능성을 통해 다른 수많은 가능성들을 사유하도록 촉발할 수 있으리라는 믿음 때문이고, 실패가 만들어 놓은 구멍에 적어도 무언가 다른 사유의 재료를 끼워 넣음으로써 그 구멍이 보이지 않는 크기로 축소되는 것을 막고 싶다는 욕망 때문이다. 그래서 구멍을 통해 전체를 바꾸는 변형이 쉽지 않다면, 그 구멍에 무언가 이질적인 것들을 쑤셔 넣음으로써 거기서 뜻하지 않은 무언가가 피어나기를 바라는 희망 때문이다.

그러나 맑스는 이미 오지 않은 사회에 대해 섣부른 그림을 그리는 무모함에 대해 경고하지 않았던가?[1] 물론 스스로는 "아침에는 사냥을 하고 오후에는 낚시하고 저녁에는 소를 치며 저녁에는 비판을 하는"[2] 몽상적 세계를 꿈꾸고 있었다고 해도. 그렇지만 코뮤주의라는 추상적 희망에 특정한 사회 역사적인 규정을 부여하여 하나의 형상을 그리는 것은 데리다의 말을 빌려 표현하면, "절대적으로 비규정적인 메시아적인 희망"을, "예측불가능한 타자성의 도래"로서 '메시아적 개방'을 또 하나의 메시아주의로 대체해 버리는 것은 아닌가?[3] 그러나 데리다가 '이음매에서 벗어난 시간'time out of joint에 대해 말할 때에도, 그것은 단지 막연한 미래

1 칼 맑스, 「고타강령 비판」, 최인호 외 옮김, 『맑스·엥겔스 저작 선집』 4권, 박종철출판사, 1997.
2 칼 맑스·프리드리히 엥겔스, 「독일 이데올로기」, 최인호 외 옮김, 『맑스·엥겔스 저작 선집』 1권, 박종철출판사, 1997, 214쪽.
3 자크 데리다, 『마르크스의 유령들』, 진태원 옮김, 이제이북스, 2007, 140쪽.

에 대한 개방과 희망을 말하는 것이 아니라 어떤 해방적인 긍정, 약속에 대해 말하려는 것이다. "사건들과 새로운 형태의 활동, 실천, 조직 등을 생산해 낼 것을 약속해야 한다. '당 형태'나 이러저러한 국가 형태 내지 인터내셔널의 형태와 단절한다고 해서 모든 실천적이거나 현실적인 조직형태를 포기한다는 뜻은 아니다. 여기서 우리에게 중요한 것은 정확히 정반대의 것이다."[4]

여기서 코뮨주의에 대해서 말하는 것이 도래할 무언가를 '약속'하려는 것이라고는 감히 생각하지 않는다. 그것은 차라리 실패를 향해 말하는 것인지도 모른다. 거대한 실패의 뒤에, 또 다시 실패할지도 모르는 실험을 향해 "자, 다시 한 번!" 하며 달려드는 반복적인 구성의 시도로서 코뮨주의에 대해 말하고 싶다. 공산주의뿐만 아니라 코뮨주의 역시 끊임없이 실패할 운명을 피할 수 없기 때문이고, 그러한 끊임없는 실패 속에서 반복하여 다시 시작해야 하는 삶이기 때문이다. 코뮨주의란 그 끝없는 실패로 인해 영원히 다시 시작할 수 있는 반복의 긍정이다. 실패할 수 없는 완전성에 안주하는 '게으른 영원성'(블랑쇼)이 아니라, 영원히 되돌아올 그 실패마저 긍정하는 것이다. 그 실패가 되돌아올 때마다 다시 새로이 시작할 수 있는 그 영원한 실험의 장을 기꺼이 긍정하는 것이다. 메시아로서 도래할 어떤 사건을 기다리는 것이라기보다는, 도래할 또 한 번의 실패를 기다리는 것이다.

나는 다가올 실패를 사전에 최대한 배제하기 위해 최소한을 말하는 신중함보다는, '결국은' 다시 실패로 귀착될지라도 만들어 가는 과정 자체를 긍정할 수 있는 최대한을 말하는 과감함의 편에 서고 싶다. 종지

---

4 같은 책, 180쪽.

부의 실패를 통해 그 전의 과정 전체를 헛된 것이었다고 규정하는 것은, "결국 죽을 걸 뭐 그리 애를 쓰고 사나?"라고 묻는 유치한 허무주의보다 그리 나을 게 없다는 생각이다. 삶이 그렇듯이, 코뮨 역시 어떤 목적을 이루기 위한 수단이 아니라 그 자체가 목적인 한, 그것의 존재 그 자체가 기쁨이고, 그것이 존속하는 만큼 그것은 성공인 것이다. 그래서 가령 20년의 노력이 '실패로 끝났다'고 해도, 그것이 지나간 20년간의 즐거운 성공의 과정을 무화시킬 순 없는 것이다. '실패로 끝난' 100년이란 사실은 100년간의 성공을 뜻하고, '실패로 끝난' 20년이란 20년간의 성공을 뜻하는 것이다. 더구나 코뮨이 삶 그 자체인 한, 그것은 '실패'로 끝난다고 해도 언제나 다시 시작할 수 있는 것이다.


## 2

그래서 더더욱 미래의 시제가 아닌 현재의 시제로서, 현행적인 구성의 시도로서, 현재적인 이행운동으로서 코뮨주의를 말하고 싶다. 거대한 잠재성 속에 존재하는 코뮨적인 욕망을 믿지만, 또한 우리의 존재 자체 속에 존재론적 공동성을 믿지만, 그러한 잠재성은 현행적인 실행 없이는 막연한 철학적 위로를 벗어나기 어렵다고 확신하기 때문이다. 현행적인 실행을 통해서만 잠재성은 잠재적 실존을 획득하며, 그것에 담긴 공동성은 실재성을 얻게 된다고 믿기 때문이다. 이런 점에서 나는 원인이 결과 이전에 미리 존재한다는 말을 믿지 않는다. 그것은 어떤 결과를 통해서만 원인으로서 존재할 수 있는 것이다. 그러나 그것은 결과를 가능하게 하는 조건이고, 결과를 이미 함축하고 있는 조건이란 점에서 결과의 결과가 아니라 분명히 원인이다. 코뮨적 공동성을 존재론의 층위로까지 밀고 올라가려고 하는 것은 이런 이유에서다. 그것은 공동성과 특이성을 구성하는 현행적 가동 속에서, 그 가동을 통해 작용하는 실재적 원인이다. 어떻게 가동시키는가에 따라 아주 다른 결과를 낳는 원인인 것이다. 따라서 어떻게 가동시킬 것인가 하는 현행적 질문 없이는 코뮨에 대해 제대로 사유할 수 없다고 나는 믿는다.

코뮨주의를 자신을 둘러싼 황폐화된 세계, 금빛으로 빛나는 세계에 눈감고 자신들만의 고립된 지대를 만들려는 것으로 간주하는 것만큼 흔한 오해는 없는 것 같다. 코뮨이란 자본주의와 생산, 노동의 세계, 혹은 정치와 담을 쌓은, 예전에 백인들이 이른바 '인디언'들을 가두어 두었던 '보호구역' 같은 것이 아니다. 탈근대적 코뮨이나 전근대적 공동체나, 모든 종류의 공동성은 자본과 대결하지 않고선 존속할 수 없다. 자본주의는 공동체를 해체하여 사람들을 기댈 곳 없는 무력한 개인으로 만들지 않고는 시작할 수 없었으며, 공동성을 착취하지만 모든 종류의 공동성을 해체하고 파괴하는 방식으로 착취한다. 따라서 어떤 코뮨도 자본주의와, 또한 가치법칙과 대결하지 않고선 존속할 수 없다.

자본주의와의 관계 속에서, 그리고 사회주의와의 대비 속에서, 그리고 지금 우리가 사는 세계 속에서 코뮨주의에 대해 말하려는 것은 이 때문이다. 그러나 그보다 먼저 지금 우리가 살고 있는, 혹은 지금까지 우리가 살아온, 그러나 보이지 않는 코뮨주의에 대해 말하고 싶다. 그것을 통해 코뮨주의의 현실성을 드러내고 싶다. 자본주의 이전의 공동체에 대해, 혹은 "생산의 최초의 전제인 생존 내지 생명"에 대해, 그리고 그것과 자본의 관계에 대해 말하려는 것은 이 때문이다. 결국 이전에 '역사이론' 이 다루던 개념들과의 관계 속에서 코뮨주의의 개념을 어떻게 재정의하고자 하는지를 말하게 될 것이다. 이는 이전의 그 개념들 자체 또한 다른 방식으로 재정의하게 될 것이다.

이는 단지 경제학적 생산과 착취만의 문제가 아니다. 생산의 경제학과 생명의 자연학을 분리하는 장벽을 넘지 못하는 한, 생산양식의 이론은 세포 이하의 수준으로까지 진행되고 있는 이 거대한 착취와 파괴를 다룰 수 없다. 생명이 갖는 공동체적 성격을 이해할 수 없다면, 생명의 능력이 바로 생산능력이며, 생명의 생산과 인간의 생산이 그 출발점에선 다르지 않다는 것을 이해할 수 없다면, 이미 충분히 진행된 자본주의적 착취와 파괴는 '정치경제학'의 이론적 무능력을 비웃으며 가속화될 것이다. 역으로 생명의 자연학, 가령 생태학 또한 생산에 대한 자본의 경제학적 개념들 없이는 생명의 착취와 파괴의 실제적 원인을 계속 찾지 못할 것이며, 그것을 저지하기 위한 연대의 시도를 이미 죽어 버린 '신'의 영역에서 찾는 도덕적-신학적 외침에 머물고 말 것이다.

생명의 생산과 인간의 생산을 하나의 이론적 지대에서 다루기 위해선, 단지 '존재론적' 일반성을 말하는 것만으론 부족해 보인다. 그것은 생산의 경제학과 생명의 자연학을 넘나드는 추상기계를 필요로 한다. 그것을 통해 생산이란 개념이 생명의 생산을 다룰 수 있는 '일반성'을 획득해야 한다. 생명의 생산을 가능하게 해주는 공동성은 이러한 문제 전체가 코뮨주의의 문제임을, 코뮨주의적 정치의 문제임을 분명하게 해준다. 그것은 단지 인간의 삶에 관한 문제만이 아니라 인간 아닌 모든 생명체들의 문제인 것이다. 우리가 '인권'이란 개념에 만족하지 못하고 '생명권'의 정치학을 제안하는 것은 이런 이유에서다.

휴머니즘이나 인간학적 사유의 틀을 넘어서지 않고선 이 존재론적 코뮨주의도, 코뮨적 정치학이나 경제학도, 나아가 코뮨주의의 실제적 구성도 충분히 나아갈 수 없다고 나는 믿는다. 그러나 인간에게 휴머니즘이나 인간학적 사유란 물고기가 물 없는 세계를 생각하는 것만큼이나 벗어나기 어려운 것 또한 분명한 것 같다. 그것은 휴머니즘이 단지 '이념'이나 개념이 아니라 매일매일의 현실적 삶 속에서 현행적으로 가동되는 것이기 때문일 것이다. 따라서 우리의 일상적 삶 속에서 현행적으로 그것을 넘는 실행 없이는 그것을 넘어서는 것은 아마도 불가능할지도 모른다. 아니, 그것을 넘어서는 것은 우리가 인간인 한 '불가능한 것'인지도 모른다. 그러나 불가능성이란 끝없는 실패 속에서 반복하여 다시 넘어서는 영원한 시도를 뜻한다고 믿기에, 거꾸로 우리는 반복하여 넘어지며 계속 넘어가고자 한다. 영원히 되돌아올 실패 속에서, 다시 넘어서려는 매번의 시도 속에서 우리는 그것을 넘어서고 있는 것일 게다. 휴머니즘을 넘어선다는 것은 넘어지면서 다시 넘어서려고 하는 그 매번의 시도로서만 존재하는 것일 게다.

이런 식으로 우리는 해방적 사건을 향한 절대적 열림을 위해 구체적 형상을 그리고자 한다. 그런 형상 없이 공산주의의 저 구멍이 함축하는 새로운 가능성들을 상상하는 것은 불가능할 것이라고 믿기 때문이다. 그러면서도 그것이 이전의 목적론적 '메시아주의'와는 근본적으로 다르리라고 믿을 수 있는 것은, 그것이 수많은 형상들을 하나로 수렴케 하는 어떤 단일한 귀착의 논리를 갖지 않기 때문이고, 역사를 인도할 임무를 자임하는 어떤 약속의 내용을 구현하려고 하지 않기 때문이며, 거꾸로 새로운 사유의 실험들, 새로운 실천의 실험들을 자극하는 하나의 촉발이 되기를 시도하려 하기 때문이다. 코뮨주의란, 맑스 자신이 어떤 식으로든 말하면서도 섣불리 말하지 못했던 '공산주의'란, 애시당초 그런 게 아니었을까?

# 3

여기서 '일반화된' 코뮨주의에 대해 말하는 것이, 여기서 말하는 코뮨주의에, 이미 수많은 길 중의 하나라고 명시했던 코뮨주의에 어떤 보편성을 부여하려는 것은 결코 아니다. 나중에 반복해서 언급하겠지만, '일반성'이란 보편성의 동의어가 아니라, 반대로 보편성의 이름으로 주어지는 모든 척도를 제거함으로써 모든 것들이 하나로 묶이는, 그리하여 어떤 위계나 심연 없이 하나로 만날 수 있는 평면화의 결과일 뿐이다. 모든 존재자가 어떤 척도를 잣대로 재거나 그 잣대에 맞추려는 것 없이, 있는 그대로 평등함을 보게 해주는 존재론적 평면화. 동시에 존재자들을 분할하는 경계와 벽들을 가로지르는 횡단을 통해, 그 분할된 것을 하나의 공통된 본질이나 형식으로 동일화하지 않으면서 넘나들고 만나는 하나의 평면을 지칭하는 이름일 뿐이다.

따라서 일반화된 코뮨주의란 무엇보다 먼저 인간이나 생명은 물론 먼지 같은 사물에 이르기까지 모두 우주적 스케일의 존재론적 공동성 속에 존재한다는 점에서 어떠한 차별도 없이 '하나'임을, 하나로 묶일 수 있음을 보려는 시도로서 이해될 수 있을 것이다. 그렇기에 그것은, 다음으로, 그 하나로 묶인 것을 넘나들 수 있는 장의 이름을 뜻한다. 가령 생명의 자연학과 생산의 경제학처럼 별개의 영역으로 분리된 지대를 '생산'이라는 개념을 '평면화'함으로써, 공동체적 순환계 속에서 이루어지는 '생명의 생산'이라는 하나의 추상기계를 통해서 횡단함으로써, 그 분할된 문제들을 때론 침투시키고 때론 충돌하게 하는 방식으로 변형시키는 하나의 장이 그것이다. '일반화'란 상이한 것들을 묶어 주는 하나의 공통성을 찾는 진중하지만 거친 판결이 아니라, 이질적인 것을 연결하는 이런저런 작은 선들을 찾아 서로가 만나면서 새로운 공동성을 형성할 수 있는 방법을 찾는 가볍지만 세밀한 탐색이다.

존재론적 평면화와 횡단적 추상화는, 다음으로, 인간들로 제한된 시야를 넘어서 코뮨의 구성과 가동이라는 문제를 사유케 해준다. 근대 이전의 공동체 가운데 어떤 것도 인간들만으로 이뤄진 것은 없었음에도, 가축이나 작물은 물론 토지 등 모든 것이 공동체를 구성하는 요소임에도, 그 대지적 요소에 비하면 인간이란 차라리 부차적이라 해도 좋을 것이었음에도, 인간들의 공동체로 표상되지 않았던가? '공동체'라는 말을 인간이라는 '특별한' 존재자들로 제한해서 사용하는 '특수한' 코뮨주의가 아니라, 인간 아닌 모든 요소들 또한 인간과 마찬가지로 공동체를 구성하는 능동적 요소임을 보는 '일반화된' 코뮨주의. 코뮨의 구성이란, 혹은 코뮨주의란 인간 간의 새로운 관계를 구성하는 것일 뿐 아니라, 인간과 '자연', 나아가 인간과 사물의 새로운 관계를 구성하는 것이고, 그것들과 살아가는 다른 삶의 방식이다.

각기 다른 시간과 장소에서 다른 독자를 대상으로 쓰여진 글들이라 글마다의 이질성이 크지만, 그 이질성을 굳이 제거하려고 하지 않았다. 그러나 책으로 묶으며 정작 난감했던 것은 근간을 이루는 개념이 통상적인 것은 아니어서 글마다 어느 정도 반복해서 써야 했다는 사실이었다. 책으로 모으면서 반복되는 것을 없애고자 했지만, 그것을 제거하면 글의 흐름이 무너지는 경우가 대부분이라, 충분히 제거하지 못한 것 같다. 그 경우 반복 또한, 물론 그것만은 아니겠지만, 이 책 안에 남은, 결코 제거될 수 없는 사건의 흔적이라고 보아주시길, '저자' 속에 존재하는 타자성의 흔적이라고 보아주시길 부탁한다.

2010년 가을, 이진경

# 존재론과 코뮌주의

# 1장 코뮨주의적 존재론과 존재론적 코뮨주의

## 1. 공동체의 불가능성?

인류의 역사에 공동체, 혹은 '코뮨주의'라는 주제처럼 오랜 시간 반복되어 되돌아온 것이 또 있을까? 때로는 고풍스런 윤리의 형태로, 때로는 종교적 도덕의 형태로, 또 때로는 경제적 생산의 형태로, 혹은 정치적 실천이나 존재론적 사유의 형태로 되돌아오곤 했음을 우리는 잘 알고 있다. 필경 우리의 시대 이후에도, 아마도 인간이 살아 있는 한 이 주제는 되돌아올 것이다. 이렇듯 되돌아오는 것은 아마도 그것이 좀더 나은 삶에 대한, 살아 있는 한 결코 포기할 수 없는 꿈의 이름이기 때문일 것이다. 그러나 동시에 그것은 결코 완성될 수 없고 완결될 수 없는 불가능한 꿈이기 때문일 것이다. 좀더 나은 삶, 상이한 사람들이 함께 사는 상생적 삶에 대한 욕망 내지 희망이 존재하는 한, 그러나 그것을 구현할 완성된 형태가 존재할 수 없는 한, 공동체 내지 코뮨주의에 대한 사유는 여러 가지 형상으로 끝없이 되돌아올 것이다.

20세기 말에 되돌아온 코뮨주의적 사유는 많은 경우 '불가능성'의 형상을 취하고 있으며, 무엇보다 존재론적인 사유의 양상으로 펼쳐지고 있는 것 같다. '무위의 공동체', '밝힐 수 없는 공동체', '도래할 공동체', '아무것도 공유하지 않은 자들의 공동체' 등등. 바디우Alain Badiou는 이러한 "손에 닿지 않는 공동체의 주어짐"을 공동체의 불가능성으로 받아들인다. 그 불가능성은 합리적 계산과 자본, 기술관료적 지배와 무관심이 지배하는 우리 세계에 고유한 것으로 이해된다. 즉 "세계의 존재는 바로 이 불가능성을 받아들이는 것"이고 이는 "현실정치에서 모든 이념을 배제"하는 것을, "이념 없이 행동하는 것"을 뜻한다고 받아들인다.[1] 이것이 '해방의 정치'의 불가능성으로 이어지는 것을 차단하기 위해 그는 철학과 정치를 분리하고, 진리와 공동체의 공속성을 해체하고자 한다. "공동체의 불가능성이 우리가 그것을 코뮤니즘이라고 명명하건 무어라 명명하건 해방적 정치의 명령을 부정하는 것은 결코 아니라는 것이다."[2]

나는 존재론적 사유를 통해 제시되는 이 '불가능한 공동체'가 단순히 공동체의 불가능성을 뜻하는 것이라고는 생각하지 않는다.[3] 물론 낭시Jean-Luc Nancy가 '공동체'라는 말이 "충일한 것, 실체와 내부성으로 부풀려진 것"이기에 공동체주의적 충동이나 파시스트적 충동이 되살아나게 할 위험이 있다고 말할 때,[4] 그리고 『밝힐 수 없는 공동체』에서의 블랑쇼Maurice Blanchot의 말을 "설사 '무위'無爲의 이름으로라도 공동체를 격상시키는 모든 것을 신뢰하지 말라"고 이해할 때,[5] 그리하여 공동체를 '공

---

1 알랭 바디우, 『조건들』, 이종영 옮김, 새물결, 2006, 291~292쪽.
2 같은 책, 295쪽.
3 이는 특히 블랑쇼의 그것과 관련되는데, 이에 대해서는 나중에 다시 말할 것이다.
4 장-뤽 낭시, 「마주한 공동체」, 모리스 블랑쇼·장-뤽 낭시, 『밝힐 수 없는 공동체, 마주한 공동체』, 박준상 옮김, 문학과지성사, 2005, 124쪽.
5 같은 책, 125쪽.

동체에 반反하는 공동체'라고 말할 때,[6] 공동체의 불가능성은 바디우 말처럼 직접적인 의미로 해석되어야 할지도 모른다. 그러나 가령 '불가능성'을 통해, 혹은 합일을 대신하는 분리/분유partage를 통해, 합치가 아니라 불일치를 드러내는 소통communication을 통해 공동체에 대해서 말하고자 했던 것은, 스탈린주의와 파시즘이라는 20세기 최대의 재난 이후 가정된 공동체의 오명 속에서,[7] 공동체의 문제를, 낭시의 표현을 빌리면 '공동으로-존재함'être-en-commun의 문제를 사유하기 위해, 구체적이고 현실적인 공동체를 벗어나 존재론적 차원에서 '공동성'의 문제를 사유하기 위한 것일 게다. "어떠한 공산주의적 내지 공동체주의적 계획에 의해서도 이를 수 없었던 인간이나 존재의 영역을 다시 규명하는 것."[8] 낭시가 '공동체'라는 말보다 '공동으로-존재함'이나 '함께-있음'être-avec을 더 선호하게 되었다고 하는 것은[9] 이런 이유에서일 것이다.[10] 이는 링기스Alphonso Lingis나 에스포지토Roberto Esposito 또한 다르지 않은 것 같다.[11] 이들의 사유에 가장 일차적인 원천이 되고 있는 것은 바타유와 하이데거의 사상이다.

이와 같은 관점에서 보면 공동체는 부재하는 게 아니라 항상-이미

---

6 같은 책, 108쪽.

7 ジャン=リュック・ナンシー (Jean-Luc Nancy), 『無爲の共同体: 哲學を問い直す分有の思考』, 西谷修 外 訳, 以文社, 2001, 5~8쪽.

8 장-뤽 낭시, 「마주한 공동체」, 120쪽.

9 같은 책, 124쪽.

10 바디우가 이를 몰랐으리라고 해선 안 될 것이다. 오히려 공동체와 진리의 공속성을 다시 확인하려는 이러한 시도, 철학적 진리의 이름으로 공동체를 다루려는 이런 시도가 '해방의 정치'를 가로막을 것이라고 생각하기에, 철학과 정치의 봉합을 해체하려 했던 것일 게다.

11 アルフォンソ・リンギス (Alphonso Lingis), 『何も共有していない者たちの共同体』, 野谷啓二 訳, 洛北出版, 2006; ロベルト・エスポジト (Roberto Esposito), 『近代政治の脱構築: 共同体·免疫·生政治』, 岡田温司 訳, 講談社, 2009.

존재하고 있는 것이라고 해야 할 것이다. 옆에서 죽어가는 타인을 볼 때, 죽음이라는 사건 앞에 사람들이 함께-출현(출두)하게 될 때, 죽음이라는 공동의 사건 앞에서 존재의 유한성을 분유하게 될 때, 그리하여 죽음 앞의 수동성을 통해 주체가 소실되고 모든 계획이나 '유위'有爲가 해체될 때, 공동체란 언제 어디에나 존재하는 것이다. 그것은 굳이 만들어야 할 무엇이 아니라, 피하려 해도 피할 수 없는 존재론적 운명 같은 것이라고 해야 할 것이다. 아니, 합일이나 합치의 이념 속에서 공동체를 만들려고 시도하는 경우를 제외한다면, 공동체란 어디에나 있는 것이다. '어떤 공동체에도 속하지 않은 자들의 공동체', 그것은 공동체란 공동체를 만들려 하지 않는 곳에만 존재함을 뜻한다. 공동체를 원한다면 공동체를 만들지 말아야 한다는 것이다.

그렇다면 공동체에 대한 관심이나 욕망 속에서 이처럼 존재론적 공동성을 안다는 것은 무엇을 뜻할까? 한편으로 그것은 공동성에 대한 관심이나 욕망이 존재론적으로 항상 충족되고 있다는 철학적 위안을 주는 것 같다. 현실적인 공동체의 실패가 개인주의의 승리를 뜻하는 것은 아니라는 것이다. 다른 한편으로 그것은 그런 관심이나 욕망이 있다고 해도 어떤 목적으로든 현실적인 공동체를 만들려 해선 안 된다는, 다만 분리와 균열, 타자성에 열린 태도를 갖고 살아가야 한다는 윤리적 교훈을 준다. 이는 국가나 민족이란 이름의 공동체로 인민들을 통합하려는 시도, 혹은 미국식 공동체주의communitarianism 같은 폐쇄적-동질적 공동체론에 대한 비판을 겨냥하고 있는 것인 한, 나름의 중요한 의미를 갖는 것일 게다.

그러나 현실적인 공동체를 구성하려 하고, 그것을 통해 새로운 정치의 가능성을 찾고자 하는 시도가 이러한 사유 안에 들어설 자리는 없는 것 같다. 그것은 무익할 뿐 아니라 유해하고 위험한 시도일 것이다. 이는 해방의 정치로부터 공동체를 분리하고자 했던 바디우에게도 마찬가지다: "공동체를 철학적 진리의 이름으로 가동시키는 것은 치명적인 정치적 재난을 야기할 것이다."[12] 그것은 해방의 정치를 오도할 것이다. 이런 점에서 보자면, 지금 다시 되돌아온 공동체에 대한 철학적 입론들은 그동안 되돌아오던 공동체의 입론들과는 아주 다른 것 같다. 그것은 공동체가 현실의 삶 속에 되돌아오는 하나의 방식이 아니라, 그것이 되돌아오는 것을 저지하는 부정否定의 언설처럼 보인다. 존재론적인 공동성을 규명하는 '부정의 공동체'는 현실적인 차원에서는 공동체의 부정을 뜻하는 것이다. 내재적 비판의 형식을 취하기에 더욱더 곤혹스러운 부정의 방식.

그런 관점에서 볼 때 '우리'처럼 공동체를 만들려는, 아니 이미 만들어서 작동시키고 있는 사람들은 분명 시대착오적이거나, 불가능한 시도를 하는 것이거나, 재난을 예비하고 있는 것에 지나지 않을 것 같다. 그럴지도 모른다. 그래도 쉽게 포기할 수 없는 것은, 실패의 경험에서 배우는 것은 중요하지만, 실패의 위험 때문에 공동체의 구성을 포기하는 것은 수동적 형태의 또 다른 니힐리즘이라고 믿기 때문이다. 실패란 어떤 시도를 포기해야 하는 지점이 아니라 "자, 다시 한번!" 하고 새로 시작해야 하는 지점이라고 믿기 때문이다. 이런 '우리'에게 '공동체'란 바디우 말대로 어떤 이념이나 당위의 산물이 아니라 피할 수 없는 '필요' 내지 '욕망'의 산물이다. 공동체란 단순히 공동성의 이념만으로는 결코 만족할 수 없는 현실적인 요구라고 믿고 있는 것이다. 물론 바디우라면 이처럼

---

12 바디우, 『조건들』, 302~306쪽.

공동체를 '현실적 필요'에 의해 만들려는 시도는 공동체를 만들려는 의지를 '궤변'sophism의 장에 넘겨주는 것이라고 비판할 것이다.[13] 그럴 것이다. 현실적 필요와 욕망에 의해 시작하는 것인 한, 지금 공동체에 대해 말하는 것은 바디우 말대로 '궤변'임이 분명하다. 다만 '소피즘'(궤변)이란 말을 삶의 지혜를 가르치는 '소피아'sophia로 이해한다는 점에서, 소피즘에 대한 어떤 주저함이 없다는 게 바디우와 다른 점이다.

나는 그 '소피즘'을 존재론적 차원으로까지 밀고 가고자 할 것이다. 삶이 요구하는 현실적 필요와 '존재'를 다루는 철학적 진리의 영역이 바디우나 플라톤의 생각처럼 분리되어 있다고는 믿지 않기 때문이다. 덧붙이면, 이왕 소피즘이 되려면 그 정도 스케일은 되어야 한다고 믿기 때문이기도 하다. 거기에서 '공동체에 반하는 공동체'의 존재론적 사유와 다시 대면하고자 한다. 존재론적 차원에서 공동체를 사유하는 것은 공동체를 현실적으로 저지하는 게 아니라 그것을 구성하는 것을 촉발해야 한다고 믿기 때문이다. 그러나 그것보다 더 중요하다고 생각하는 것은 그 존재론적 사유 밑에 깔려 있는, 합일적인 통합체로서 공동체라는 현실적·경험적 우려를 넘어서 공동체를 구성할 가능성을 드러내는 것이다. 그것이 없다면, 존재론적 차원의 입론이 아무리 아름답고 감동적이라 해도, 현실적인 공동체를 구성하려는 정치적 태도로서 코뮌주의를 유효하게 작동시킬 순 없을 것이 분명하다. 이로써 나는 되돌아오는 공동체에 대한 욕망, 공동체에 대한 사유를 따라 '정치'라고 불리는 현실 속으로 공동체가 다시 되돌아오도록 할 수 있으리라고 믿는다.

---

13 같은 책, 294쪽.

## 2. 개체의 자연학, 혹은 코뮨적 개체

### 1) 개체와 공동체

코뮨 내지 공동체에 대한 사유를 가로막는 가장 일차적인 장애는 개인과 공동체, 개인과 전체의 대립개념과 결부되어 있다. 개인주의와 전체주의, 자유주의와 공동체주의라는 정치적 대개념들 역시 개인과 공동체의 이러한 이항적인 대개념에 그대로 이어져 있다. 따라서 먼저 개체와 공동체의 관계에 대해, 그 양자를 가르는 경계선에 대해 검토하는 것에서 시작해야 한다. 개인을 집합체인 공동체와 대비하고 대립시키는 것은 자유주의자나 공동체주의자나 마찬가지다. 공동체란 개인의 자유를 억압하는 존재, 혹은 개인이란 공동체라는 전체의 유기적 일부라는 관념 속에서 개인과 공동체는 서로 대립적인 위상을 갖고 있다.

　개인주의individualism와 전체주의totalitarianism는 이러한 대립개념의 연장선상에 있다. 이 양자는 근대 이래 지금까지 정치체제를 분류하는 가장 통상적이고 지배적인 범주의 자리를 차지하고 있다. 가령 자본주의나 자유주의는 개인주의로 분류되고, 공산주의나 파시즘은 전체주의로 분류된다. 이 두 개의 대립개념은 양극적이지만, 그렇다고 그 사이에 다른 범주가 있는 것도 아니다. 우리는 개인주의적인 사회 아니면 전체주의적인 사회 둘 중 하나를 선택해야 한다. 이러한 선택지는 사실 항상-이미 답을 내포하고 있다: "아무리 개인주의가 문제가 있다고 해도, 전체주의보다는 낫다."

　이러한 전체주의가 생물학을 근거로 한다는 것은 이미 상식에 속한다. 역으로 생물학적 관념에 기초한 이론은 통상 전체주의의 위험을 갖고 있는 것으로 간주된다. 이러한 전체주의적 관점을 떠받치고 있는 것은 유기체라는 '전체'의 관념이다. 그러나 전체주의가 기초하고 있는 유기체라는 관념의 생물학적 기원을 살펴보면, 개인과 유기체, 개인과 전체는 서로 대립되는 것이 아니라 사실은 하나의 동일한 대상으로부터 연원한 것임을 알 수 있다.

생물학에서 통상 '개체'라고 번역되는 말 또한 '분할불가능한'individual 것을 뜻하는 동일한 단어다.[14] 개체, 즉 분할불가능한 것이 분할되면 적어도 분할된 어느 한쪽이 죽어 버리는 것이다. 그것은 그 자체로 생명을 갖는 최소단위를 뜻하며, 일단 유기체를 뜻하는 것이었다. 더는 분할할 수 없는 최소단위, 19세기 생물학자들에게 그것은 무엇보다 우선 유기체다. 부분적인 어떤 특징의 표상으로 환원될 수 없는 '생명'이라는 어떤 대상적 실체, 그것은 유기체라는 존재자에 거居하는 것이었다. 생물학biology이란 말이 새로이 만들어지면서 '자연사'natural history로부터 독립할 수 있었던 것은 생명에 대한 이러한 새로운 관념, 푸코 식으로 말하면 19세기의 이 새로운 에피스테메의 출현과 결부되어 있었다.[15]

여기서 유기체는 생명만큼이나 특권적인 개념이었음이 분명하다. 가령 물질조차 생명체의 신체를 이루는 것을 '유기물질'이라고 명명하

---

14 이를 '개인'으로 번역하는 순간, 개인은 어느새 사회의 기본적인 최소단위로 가정되고, 그 최소단위에 대해 우리는 어떤 의문도 갖지 못하기 십상이다. 개인에 대한 자연발생적 관념이 '개인'이란 개념에 대해 더 이상 사유할 수 없게 만든다. 그리고 개인이란 말에 자연적으로 부가된 '인간주의적' 관념은 individual에 대한 사유를 인간학적 관념 속에 가두게 된다. 이런 관념이 인간이 갖는 어떤 성질(property)이나 능력을 부지중에 특권화하며, 인간의 입장에서 문제를 보는 인간중심주의에 빠지고 마는 것은 피할 수 없는 일 같다. 우리는 개인이란 개념에 포함된 인간이란 의미뿐만 아니라 유기체라는 의미를 벗어나서, 스피노자 식으로 말하면 양태 일반의 차원에서 문제를 다루어야 한다고 믿는다. 어쩌면 '존재자의 형이상학'을 시도한다는 비난을 받을 수 있음에도 불구하고, 존재자의 '자연학'(physis)에서 시작하려는 것 또한 이런 이유에서다.
15 미셸 푸코, 『말과 사물』, 이광래 옮김, 민음사, 1986, 314쪽.

여 생명 없는 것의 신체를 구성하는 '무기물질'과 구별했던 것도 이와 무관하지 않다. 사회유기체론 등 19세기에 출현한 사회학적 '전체주의'가 이러한 유기체 개념에 근거하고 있다는 것은 잘 알려진 사실이다. 이 경우 유기체란 그 모든 구성부분이 생명을 유지하기 위해 특정한 기능을 분담하여 수행하는 '도구/기관'(organ; 원래 '수단', '도구'를 뜻하는 말이었다)으로 기능하는 전체를 뜻한다. 여기서 각각의 기관은 유기적 관계 속에서 유기체를 하나의 전체로서 지속하게 하는 '수단'(도구)이다. 각각의 부분이 기관이라는 말은, 각자가 제멋대로 하려고 하면, 전체로서의 유기체는 죽고, 결국 자신도 죽게 된다는 것이다. 전체는 부분들로 환원 불가능하며, 전체는 부분의 합보다 항상 크다는 것도 이런 맥락에서 나오는 말이다. 따라서 자신을 위해서도 각자는 전체의 유지라는 목적을 위해 맡은 바 기능을 수행해야 한다는 것, 그것이 유기체론의 기본 논지다. 헤겔이든 스펜서든 사회를 하나의 유기체로 보는 관점은 이러한 19세기 생물학에 근거하고 있다. 그리고 이것이 통상 사회학적 전체주의를 비난하는 이유라는 것은 길게 설명할 필요가 없을 것이다.

요컨대 19세기에 탄생한 생물학에서 생명의 기본단위로 간주되었던 '개체'란 정확하게 유기체를 뜻하는 것이었고, 따라서 개체와 유기체는 동일한 외연을 갖는 것이었다. 즉 개인주의와 전체주의는 하나의 동일한 대상에 근거하고 있는 것이었다. 따라서 개인주의와 전체주의의 차이나 대립이 근거하고 있는 것은 상이한 대상적 실재가 아니라, 동일한 대상을 파악하는 상이한 사고방식이라고 말해야 한다. 하나는 어떤 것을 그것을 구성하는 가장 단순한 요소로, 원소적인 단위로 '분석'하고 환원하려는 입장이다. 다른 하나는 어떤 것을 요소로 환원될 수 없는 전체로 '종합'하고 통합하려는 관점이다. 개인주의와 전체주의, 그것은 하나의 동일한 대상에서 탄생한 쌍생아인 것이다. 다른 길을 걸어가, 결국 대립하고 대결할 운명을 갖는 쌍생아.

개인주의, 혹은 좀더 일반적인 방법론적 관념으로서의 개체주의는 서구의 역사에서 오래된 전통을 갖는다. 그것은 사물이나 사회를 '더 이상 분할할 수 없는 최소단위'로 환원하는 방법이다. 이는 데모크리토스 시절의 고대로부터 전승되어 온 '원자론'이라는 사고방식이고, 철학이나 사회과학은 물론 자연과학에서도 흔히 나타나는 사고방식이다. 홉스의 사회이론이 이런 개인을 기본단위로 하여, 그들을 출발점으로 삼아 구성된다는 것은 주지의 사실이다.[16] 사회이론에서 원자론, 그것이 바로 개인주의다. 사회적인 차원에서 '더 이상 분할할 수 없는'in-dividual 최소단위, 그것은 개인이기 때문이다. 모든 현상을 본질적인 최소단위로 환원하려는 이러한 사고방식은 불변의 실체를 찾아 그것을 '근거'로 삼으려는 것이란 점에서 '형이상학'의 오랜 전통에 속한다. 이러한 관념의 난점은 이미 칸트가 '순수이성의 이율배반'에서 지적한 바 있다.[17]

다른 한편 '전체주의'의 사고방식 또한 오랜 역사를 갖지만, 우리가 익숙한 것은 특히 19세기의 생명 개념과 생물학에 근거하고 있는 것이다. 생명이란 유기체 신체의 어떤 부분으로 환원될 수 없는 실체고, 그 부분들을 합한다고 만들어질 수도 없는 특별한 실체인 것이다. 종종 '생기

---

16 토마스 홉스, 『리바이어던』, 한승조 옮김, 삼성출판사, 1995.
17 이마누엘 칸트, 『순수이성비판』 2권, 백종현 옮김, 아카넷, 2006, 620쪽 이하. 그런 최소단위를 설정하는 순간, 그것은 다시 그 구성요소로 분할될 수 있다는 것이다. 더구나 그 최소단위가 가령 현대 입자물리학에서 보여 주듯이 오직 하나의 동일한 것이 아니라면, 그 입자들의 차이를 설명하기 위해선 또 다시 그 하위단위로 다시 분할할 수밖에 없다. 우리는 원자에서 양성자, 전자, 중성자로, 그리고 그 이하로 계속 분할되어 간 역사를 알고 있다. 그 결과는 기본 입자가 점점 더 늘어나고 있다는 것이다!

론'이라고 불리는 관념과 결부된 이런 관념에서 분할불가능한 것은 전체다. "전체는 부분의 합보다 크다"는 명제는 이런 사고의 일단을 보여준다. 19세기의 철학이나 사회사상, 혹은 정치사상에서 생물학적 은유와 유기체론적 사고방식이 특별한 중요성을 갖고 있었던 것은 이런 맥락에서 이해할 수 있을 것이다.

그러나 생물학의 역사는 이런 양극적 대개념을 가로질러 개체 자체를 집합체로서 사유할 자원을 제공한다. 먼저 19세기 중반 세포가 발견되면서, 그것이 생명체의 '기본단위'의 자리를 얻게 된다. 분할불가능한 단위로서 개체의 모델이었던 유기체는 수많은 세포들의 집합체들임이 드러난 것이다. 이후 세포들을 원래의 유기체로부터 분리하여 배양할 수 있음이 밝혀지게 되자, 유기체는 분할불가능한 것in-dividual이 아니라 분할가능한 것dividual들의 집합체임이 드러나게 된다. 그런데 세포 또한 핵과 리보솜, 미토콘드리아 등의 세포소기관細胞小器官들의 집합체라는 것이 밝혀지면서, 기본 단위인 세포 또한 분리가능한 것들의 집합체임이 드러난다. 이는 그 이하의 수준에서도 마찬가지로 계속된다. 가령 핵은 2n개의 염색체의 집합이고, 염색체는 수억의 유전자들의 집합체고, 유전자는 수많은 뉴클레오티드들의 집합체들이다 등등.

근본적인 '개체'에 도달하려는 시도들의 이러한 실패들을 통해서 우리는 개체론의 불가능성을 확인할 수 있는 것만은 아니다. 그것은 거꾸로 '개체'의 본성에 관한 중요한 사실을 보여 준다. 즉 개체란 어느 층위에서 설정되든 간에 그것을 구성하는 하위-개체sub-dividual들의 집합체라는 것이다. 예컨대 분자는 원자들의 집합체고, 원자는 소립자들의 집합체며, 유기체란 기관이나 세포들의 집합체고, 세포란 세포기관들의 집합체다. 다시 말해 모든 층위에서 '개체'란 분할불가능한 최소단위가 아니라, 분할가능한 것들the dividuals의 집합체란 점에서 multi-dividual이다. 즉 모든 개체는 그 자체로 무리지어-사는[衆-生] 집합체란 의미에서 '중-생'이다.[18] 이런 의미에서 분할불가능한 개체는 없다. 오직 분할가능한 것들로 구성된 '공동체'만이 있을 뿐이다. 따라서 이렇게 말해야 한다: "모든 개체는 항상-이미 공동체적 존재다."

이러한 집합체는 유기체 개념에 함축되어 있는 하나의 '목적' 개념을 전제하지 않는다. 다시 말해 생명이라는 '목적'을 유지하기 위해 주어진 기능을 수행하는 전체 속의 기관이란 지위를 필연적으로 요구하지 않는다. 가령 염색체 속의 유전자가 그렇다. 유기체로부터 분리되어 배양될 수 있는 세포 또한 그렇다. 역으로 DNA 역전사가 보여 주듯이, 원래에 없던 유전자를 끼워 넣어서 새로운 개체를 만들기도 한다. 따라서 유기체론이나 전체주의와 다른 종류의 집합체 개념이 가능하게 된다. 구성요소들이 더해지거나 빼지면서 존속하는 집합적 개체. 물론 더해지거나 빼지는 것이 특이성에 변화를 야기하는 것이라면, 더해지고 빼질 때마다 변이를 수반하는 그런 집합적 개체.[19]

이는 개체나 유기체 이상의 수준에서도 마찬가지로 말할 수 있다. 가령 개미나 벌은 수많은 '개체'들이 모여 하나의 군체群體, colony를 이루며, 이러한 군체로서만 살아갈 수 있다. 이 군체 안에서 병정개미는 일종의 면역체계를, 여왕개미는 난소를, 일개미는 운동기관의 역할을 담당한다. 이런 점에서 군체 전체가 하나의 '유기체'를 이루고 있으며, 하나

---

18 이진경, 「생명과 공동체」, 『미-래의 맑스주의』, 그린비, 2006, 354쪽.
19 이러한 특이성의 개념은 단일한 중심, 단일한 정체성의 공동체로부터 특이적 구성체로서의 코뮨을 새로이 규정하는 데 매우 중요하다. 이에 대해서는 이진경, 「코뮨주의와 특이성」, 고병권 외, 『코뮨주의 선언』, 교양인, 2007 참조.

의 개체로 개체화되어 있다. 개미만은 아닐 것이다. 여러 개체가 모여 하나의 개체 안의 기관들처럼 역할들을 나누어 맡아 사냥을 하거나 아이를 키우고 농사를 짓는 인간의 집단들 역시 하나의 '개체', 하나의 '유기체'라고 해야 할 것이다. 역으로 보면, 하나의 개체라고 간주되는 개인의 신체 역시 박테리아에서 기원한 세포들이 통합된 하나의 거대한 군체다. "아메바성 생물(원생생물)이 박테리아가 통합된 군체인 것과 마찬가지로, 인간 역시 아메바성 생물이 통합된 군체다."[20] 우리의 신체 자체는 이질적인 세균들의 공생체들이 거대한 규모로 모여 구성된 하나의 집합체인 것이다. 이와는 약간 다른 측면에서 축구팀 또한 11명의 선수들로 구성되는 또 다른 개체다. 더해지고 빼지는 요소들이 달라짐에 따라 그 특이성이나 능력이 달라지는 집합적 개체다. 농촌의 공동체 역시 그렇다. 마을을 이루는 복수의 사람들과 농사에 필수적인 소나 동물들이 결합하여 생존하는 하나의 집합적 개체다(사실 정확하게 말하자면, 그들이 키우는 작물과, 토지 속의 미생물 등까지 포함된다).

생물학이나 동물행동학에 대한 지식이 없었지만, 이를 철학적 추론을 통해 명확하게 해주었던 것은 스피노자였다. 그는 복수의 개체들이 함께 작용하여 하나의 결과를 산출한다면, 그 복수의 개체들 전체를 하나의 단일한 것으로 간주해야 한다고 말한다(『에티카』 제2부 정의 7). 다른 말로 하면 개체(단일한 것)는 복수의 요소들이 결합하여 하나의 단일한 것으로 개체화된 결과라는 것이다. 스피노자는 이런 개체화가 지구 전체로, 자연 전체로 확장될 수 있음을 지적한다.[21]

---

20 린 마굴리스·도리언 세이건, 『생명이란 무엇인가?』, 황현숙 옮김, 지호, 1999, 204쪽.
21 스피노자, 『에티카』, 강영계 옮김, 서광사, 1990, 86쪽.

그러나 그것은 전체라는 명목으로 제시되는 하나의 목적에 각각의 부분들이 봉사하는 전체주의적 집합체와 달리, 조건에 따라 기존의 요소가 빠져나가기도 하고 새로운 요소가 끼어들기도 하며, 해체되기도 하고 새로 만들어지기도 하는 그러한 가변적인 집합체다. 즉 상이한 개체화에 대해 열려 있는 개체다. 덧붙이면, 유기체에서 멀어질수록 부분들의 독립성은 점점 더 커져 가는 경향을 갖는다. 가령 유기체에 비해서 생태학적 공동체는 구성요소들이 빠져나가거나 추가되기에 훨씬 용이하며, 생태학적 공동체에 비해 사회학적 공동체에서는 그런 변화가 훨씬 더 용이하다. 반대로 유기체에 비해 세포들이, 세포보다는 유전자들이, 유전자보다는 뉴클레오티드들이 훨씬 더 가감되는 변화가 용이하다.

개체주의(개인주의)와 전체주의의 양극성을 가로지르는 집합적 개체로서 '중-생'의 개념은 물리학적 수준에서 생물학적 수준, 나아가 생태학적 수준이나 사회학적 수준에서 일반화될 수 있다. 이는 달리 말하면, "존재하는 모든 것은 중-생"이라는 존재론적 명제로까지 밀고 나갈 수 있다. 개체도 아니고 전체도 아닌 집합적 개체로서 중-생은 존재론적 일반성을 갖고 있으며, 이는 모든 개체가 사실은 항상-이미 하나의 공동체임을 뜻하는 것이다. 따라서 이는 이렇게 다시 말해도 좋을 것이다. "존재하는 것은 모두 공동체다." 우리의 생명도, 우리의 활동을 지속하는 것도 모두 이런 존재론적 공동성에 의해 가능한 것이며, 이런 점에서 우리는 과거에도, 현재에도, 의식을 하든 하지 못하든 항상-이미 공동체 속에서 살고 있는 것이다.

## 2) 자연주의와 기계주의

여기에 추가해 두어야 할 것은, 개체의 단일성이 그 구성요소의 동질성이나 균질성을 전제하지 않는다는 점, 오히려 이질적인 것들이 모여서 구성된 것인 경우가 일반적이라는 사실이다. 가령 생태계라는 거대 공동체는 생물들만이 아니라 물과 무기물, 흙과 바위 같은 아주 이질적인 것들이 하나로 개체화된 것이다. '대장장이'라고 불리는 개체는 망치와 모루, 불과 장작, 그리고 화로와 옷 등의 이질적인 요소들이 인간과 결합하여 구성되는 것이다. 생물의 세포가 단백질로 구성되어 있으리라는 생각이 에이버리Oswald Avery로 하여금 유전물질을 발견하고도 자신의 발견을 믿지 못하게 했음은 유명한 일이다.

이러한 이질성은 특별히 강조할 필요가 있다. 왜냐하면 무의식적으로 어떤 개체의 '특징'의 표상으로 그 개체의 구성요소들을 동질화하여 생각하는 습관이 있기 때문이다. 가령 코뮨은 마치 사람들로만 구성되기라도 하는 양, 사람들 간의 관계만으로 이해되면서 그것을 구성하는 사물이나 건물 등의 요소들은 쉽게 망각되고 지워지는 경우가 많다. 그래서 코뮨을 구성하는 활동을 하면서 사람들의 관계에는 지극히 관심을 기울이지만 사람과 사물과의 관계, 사물에 대한 태도가 어떻게 달라져야 하는가 등에는 별로 관심을 갖지 않게 된다.

이는 공동체라는 관념에 수반되기 십상인 이른바 '자연주의'라는 관념과 이어져 있는 것이다. 알다시피 19세기를 통과하며 근대적인 산업 문명에 의해 자연과 공동체가 파괴되는 것을 무력하게 지켜보면서, 그러한 파괴의 주범으로서 과학과 기술 및 기계에 대한 적대감을 이론화하고, 그에 반反하여 자연과 생명, 공동체 등의 소중함을 상기시키려는 입론들이 만들어지고 확대되어 왔다.[22] 대개는 사라진, 혹은 사라져 가는

---

22 자넷 빌·피터 스타우든마이어, 『에코파시즘』, 김상영 옮김, 책으로만나는세상, 2003.

공동체적 세계에 대한 향수를 기저에 깔고 있게 마련인 이러한 입론들은, 많은 경우 과학적 사고방식과 기술적 지배방식에 대한 비판으로 귀착되는 자연주의적 성향을 바탕으로 하고 있었다. 하이데거의 사상이 이와 결부되어 있다는 것을 잘 알려진 사실이다. 이는 통상 자연과 기술의 대비나 생명과 기계의 대립을 통해 표현되지만, 목적과 수단이라는 관계와 그것의 역전(소외!)이라는 상태를 비판하면서 도구적 합리성에 대한 비판이나 과학기술에 대한 비판의 형태를 취하기도 한다. 그러나 목적과 수단이라는 관념이 일차적으로 인간과 자연을 관계짓기 위해 사용된 것임을 안다면, 대개 '자연주의적' 성향을 띠는 이러한 입장이 사실은 자연에 대한 인간중심주의적 태도의 연장이며, 정확하게 자연을 도구로 간주하는 '반자연주의적' 태도의 변형임을 이해하는 것은 결코 어려운 일이 아니다.

자연에 대한 존중과 기술이나 기계에 대한 비판, 이러한 대립 속에서 '자연'이란 기계화되지 않은 것, 인위적으로 변형시키지 않은 것을 뜻한다. 이러한 태도를 가장 소박하고 명료한 형태로 확인할 수 있는 것은 "자연으로 돌아가자!"는 루소주의적 슬로건에서일 것이다. 그러나 숲속의 산책로가, 숲속에 만들어진 나무로 지은 집이, 장작을 태우는 불이, 그리고 그 향수어린 시골풍경을 떠올리는 인간 자신이 과연 손대지 않은 자연 그대로의 것이라고 말할 수 있을까? 반대로 나무장작 대신 공장굴뚝의 연기를 피워 올리는 석탄이나 석유는 자연 아닌 인공물이라고 말할 수 있을까?

인간이 자연 안에 있는 만큼 기계 역시 자연 안에 있는 것이고, 그런만큼 자연의 일부다. 손대지 않은 자연과 손댄 비-자연이 있는 것이 아니라, 스피노자가 말했던 것처럼 '만들어 내는 자연'natura naturans과 '만들어지는 자연'natura naturata이[23] 있을 뿐이다. 분자생물학자들 말처럼 우리의 세포조차 '화학적으로 작동하는 기계'라면,[24] 역으로 인간의 손으로 만든 기계조차 저 거대한 자연의 일부인 것이다. 이런 의미의 자연주의란 이 모든 것을 동등하게 자연으로 파악하는 일의적 관점이고, 따라서 그 모든 것을 '기계'라고 부를 수 있는 한 '기계주의'와 정확하게 동일한 외연을 가질 것이다.[25] 이러한 '일의성'을 잊는다면, '자연주의'란 자연과 기계, 생명과 비생명, 인간과 사물, 좀더 근본적으로는 목적과 수단이라는 식으로 만들어진 흔한 선험적 위계에서 벗어날 수 없을 것이다.

코뮨주의는 인간에 대한 인간의 태도에서 상생적인 관계를 추구하는 것만큼이나 인간 아닌 모든 것에 대해서, 그것이 '자연물'이든 '기계'든 간에 새로운 '공동적' 관계를 추구해야 한다. 자연이란 한여름의 개나 멸종 위기의 호랑이, 혹은 숲길이나 갯벌만이 아니라 인간이 함께 살아가는 사물 전체를 포함하는 것이다. '자연물'에 대한 극진한 애정이, 기계나 인공물 혹은 통상의 사물들에 대해 무관심하고 '무자비한' 태도와 짝을 이루는 것인 한, 자연과의 상생적 관계를 구성하는 것은, 혹은 긍정적 자연을 구성하는 것은 불가능한 일일 것이다. 인공물과 대비되는 자연의 관념에서 벗어나 모든 기계나 인공물조차 포함하는 거대한 일의적 자연 안에서 '자연과의 상생적 관계'를 사유하는 것, 그리하여 자연물이나 사물들 사이에 설정된 존재자들 간의 모든 선험적 위계를 벗어나 자연과의 긍정적 관계를 구성하는 것. 절대적 상생이 불가능한 만큼, 절대

23 스피노자, 『에티카』, 47쪽(제1부 정리 29의 주석).
24 자크 모노, 『우연과 필연』, 조현수 옮김, 궁리, 2010, 73~77쪽.
25 이진경, 『노마디즘』 2권, 휴머니스트, 2002, 184, 439쪽.

적인 긍정적 관계 역시 불가능할 것이다. 그러나 그러한 불가능성은 그리 나아가려는 반복적인 시도 속에서 되돌아오며, 그때마다의 현재적 관계를 넘어서 다시 한 번 나아가게 만드는 불가능성이고, 그렇기에 끊임없이 다른 형태의 관계로 되돌아오는 불가능성이며, '다시 한번'의 무한한 반복을 야기하는 불가능성일 것이다.

## 3. 존재론적 공동성

### 1) 존재자를 존재하게 하는 것

모든 개체는 항상-이미 공동체다. 중생적 공동체, 그것은 모든 양태, 모든 '존재자'들을 특징짓는 것이다. 그것은 존재자가 존재한다는 말의 하나의 핵심적인 의미일 것이다. 왜냐하면 어떤 존재자가 존재한다는 것은, 그 존재자를 구성하는 요소들의 이러한 중생적 개체화가 유지·지속되고 있음을 뜻하기 때문이다. 이런 의미에서 모든 존재자의 존재는 그 자체로 공동성을 갖고 있다고 말해야 할 것이다. 그러나 존재자의 존재는 이와 다른 차원에서 조건지어져 있다. 그것은 존재자의 존재라는 말을 규정하는 또 하나의 축일 것이다. 그것은 존재론적 공동성의 또 하나의 측면이다.

어떤 개체가 존재한다는 것은 그 개체(공동체)만으로는 불가능하다. 모든 개체는 다른 개체들에 기대어 존재한다. 이는 먼저 '살아 있는' 개체를 생각해 보면 아주 쉽게 이해할 수 있다. 쌀은 미생물들로 가득한 토지에 기대어 있고, 하늘의 태양에, 여름날의 비에, 김을 매는 농부의 손에, 대기 중의 이산화탄소에 기대어 있다. 쌀 역시 물론 분할가능한 것들의 집합체지만, 그것과는 다른 차원에서 태양과 이산화탄소, 물과 미생물 등에 기대어 존재한다. 나 역시 100조 개의 세포들로 이루어진 거대한 집합체지만, 그와 다른 차원에서 그 쌀에 기대어, 대기 중의 산소, 지금은 파이프를 따라 흐르는 물에 기대서 존재하며, 매일 두들겨 대는 컴퓨터와, 함께 사는 친구들, 강의를 듣는 학생들에 기대어 존재한다.

쌀이 살아가기 위해 기대고 있는 모든 것을 빠짐없이 나열하는 것은, 내가 살아가면서 기대고 있는 모든 것을 빠짐없이 나열하는 것과 마찬가지로 불가능한 일이다. 그것은 아마도 무한히 많은 개체들의 계열들을, 쌀을 제외한 모든 것을 하나로 잇는 거대한 계열을 만들어 내게 될 것이다. 그런데 쌀이 기대고 있는 조건 중 어떤 것도 혼자서는 존재하지 못한다. 내가 호흡하는 대기 중의 산소는 식물과 미생물이 끊임없이 만들어 내는 것이고, 여름날 쏟아지는 비는 거대한 해양과 뜨거운 태양이 만들어 내는 것이다.

이 모든 것은 내 신체의 일부를 짜는 기관이나 세포들에 대해서도, 즉 유기체 이하 수준의 개체들에 대해서도 마찬가지다. 허파는 피를 순환시키는 심장에 기대어 있고, 뇌는 산소를 공급하는 그 허파에 기대어 존재하며, 눈은 그 뇌로 인해 사물을 보고 구별하며, 손은 그 눈에 기대어 잡을 것과 피할 것을 안다. 이런 점에서 각각의 기관은 다른 기관을 생존의 조건으로, '환경'으로 삼아 존재하며, 각각의 세포는 이웃한 다른 세포들을 생존의 조건으로 삼아 존재한다. 각각의 개체들이 이처럼 하나의 집합적 신체를 구성하는 경우에는 그 의존의 정도가 더욱더 크다.

우리는 여기서 좀더 나아가야 한다. 이는 단지 살아 있는 생명체들에 국한되지 않기 때문이다. 컴팩트 디스크 음반은 시디피에 기대어 존재하고, 시디피를 움직이는 전기에, 그 전기를 실어 나르는 전선에, 전기를 만드는 발전소에 기대어 존재한다. 또한 그 시디에 들어갈 음악의 연주자들에, 그들이 연주하는 음악에 기대어 존재하며, 그들의 음악을 녹음하는 스튜디오와 프로듀서에, 시디를 구매하는 소비자에 기대어 존재한다. 그 어느 하나라도 없거나 달라지면, 시디-음반은 존재할 수 없거나 다른 것으로 변환된다. 책상 옆의 쓰레기통 또한 이와 다르지 않을 것이다.

모든 개체는 존재자들의 무한한 계열 전체에, 즉 각자마다의 '우주' 전체에 기대어 존재한다. 이 '우주'는 하나의 동일한 것이 아니라, 각각의 개체마다, 그리고 그 개체의 다른 양상마다 다른 방식으로 존재한다. 무한한 사물들의 상이한 계열, 그것은 상이한 우주라고 불러야 마땅하기 때문이다. 따라서 개체들의 수만큼이나 많은 우주들이 동시에 존재한다. 또한 그 많은 개체들의 수없이 많은 과거와 미래만큼이나 많은 우주들이 존재했으며 또한 존재하게 될 것이다. '내'가 존재한다는 것은 내가 기대어 있는 그 모든 것이, '우주' 전체가 함께 존재한다는 것을 의미한다. 이런 의미에서 개체들은, 그것이 단일한 '개체'로서 파악되는 경우에조차 항상-이미 코뮌적 전체를 함축하고 있다. 그 코뮌적 전체에 기대어 존재하며, 그 코뮌적 전체와 함께 존재한다. 개체의 존속, 그것은 그 개체를 둘러싼 저 개체들의 연속체에, 그 개체의 '외부'에 기대어 있는 것이다. 역으로 하나의 개체의 존재에는 그 개체를 존속하게 해주는 그 모든 이웃들이, 그 모든 외부가 들어와 앉아 있는 것이고, 그 모든 이웃들의 연관이 표현되고 있는 것이다.[26]

각각의 개체가 서로 기대어 있는 '공동체적' 존재 전체에 포함되어 있을 뿐 아니라, 각각의 개체마다, 그것의 생존을 산출하며 그 생존으로

---

26 이러한 외부 개념에 대해서는 이진경, 『외부, 사유의 정치학』, 그린비, 2009, 161쪽 이하 참조.

자신의 연관을 표현하는 그 전체가 포함되어 있는 것이다. 의상이 먼지 하나에 시방삼세가 포함되어 있다[一微塵中含十方]고 함은 이런 의미에서일 것이다.[27] 이런 의미에서 각각의 개체는 항상-이미 하나의 전체고, 각각의 부분은 항상-이미 하나의 전체다. 정확하게 이런 의미에서 개개의 존재자는 모두 전체고, 스피노자 식으로 말하면, 개개의 양태는 모두 '신'이다. 물론 각각의 개체는 전체를 다른 양상으로 표현한다는 점에서 모두 다 다른 전체다. 그것이 하나의 동일한 전체에 속한다고 해도, 각각의 개체는 전체를 다른 방식으로 표현하는 각이한 전체들인 것이다. 다른 양상, 다른 양태로 존재하는 신인 것이다. 수많은 세계가 서로에 즉하여 있으나[九世十世互相卽], 뒤섞여 잡다하지 않고 각자가 나름의 우주를 이루고 있다[仍不雜難隔別成]는 것이다.[28]

따라서 존재자들 각각은 전체를 다른 방식으로 표현하는 만큼 다른 위상과 '의미'를 갖지만, 그 의미나 위상에 근본적인 차별은 없다. 즉 산 것과 죽은 것, 기계와 생명, 인간과 동물, 동물과 식물, 원시적 생물과 고등생물 같은 개체들 사이에는 어떠한 위계도 없으며 넘지 못할 어떤 심연도 없다. 그 모두는 각각 다르지만, 그 차이는 세계를 다른 양상으로 표현한다. 그러한 차이란 전체로서 존재하는 양상의 차이일 뿐, 우등한 것과 열등한 것, 높은 것과 낮은 것, 목적인 것과 수단인 것 등과 같은 위계의 차별이 아니다. 각각의 개체는 모두 다른 것들을 통해서 존속한다는 점에서 목적이지만, 또한 항상 다른 것의 존속을 위한 조건이란 점에서 그것을 위한 수단이다. 명시적인 인간중심주의만이 아니라 목적/수단의

---

27 의상, 「법성게」; 정화, 『마음 하나에 펼쳐진 우주』, 법공양, 2001.
28 같은 책.

개념으로 항상 자신이 다른 존재자의 목적임을 주지시키려는 오래된 철학적 관념은, 항상 자신의 이웃을 수단으로 삼으려고만 할 뿐, 자신이 다른 것의 생존을 위해 '수단'으로 복무하길 거부하는 것이란 점에서 통속적 자기중심주의의 한 형태일 뿐이다.

다른 한편 개체들을 존재하게 하고, 그렇기에 개체마다 짝을 이루는 이 우주가 모든 요소들이 조화로운 합일의 상태로 존재한다고 말한다면 아주 잘못된 것이 될 것이다. 가령 철거민에겐 그들이 빼앗긴 집이, 그들의 집을 부순 인부들과 용역회사가, 재개발이란 이름으로 살 자격 없는 자들을 쫓아내는 자본이, 그들의 집이 부서진 자리에 들어서는 아파트가, 그들로 하여금 거주할 권리 없이 거주하게 한 사회가, 그들이 편히 집에 살 수 없게 만든 적대로 분열된 세계가 들어가 앉아 있는 것이다. 다리가 잘린 병사의 '우주'에는 끔찍한 전쟁이, 쏟아붓는 폭탄이, 날아가는 총탄이나 땅속에 매설된 지뢰가, 그런 전쟁으로 먹고 사는 군수산업이, 그런 전쟁을 해서라도 무언가를 빼앗아야 하는 집단 등등이 들어앉아 있는 것이다. 오늘 나의 우주에는 오늘 아침 내 뱃속에 들어간 쌀과 콩들, 혹은 어제 저녁에 먹은 소나 돼지의 죽은 살들이, 그 소나 돼지를 위해 재배한 옥수수나 풀이, 나의 눈을 피해 달아나야 하는 개미나 바퀴벌레의 삶이 들어앉아 있는 것이다. 기대어 존재한다는 것은 어떤 식으로든 이런 목숨을 건 전쟁 같은 사건들을 포함하고 있다. 개체들을 존재할 수 있게 해주는 우주, 거기에는 '합일'만큼이나 갈등과 대결, 혹은 적대와 전쟁이 들어앉아 있는 것이다.

이는 개체화에 말려들어간 요소들 간에도 다르지 않다. 박테리아들의 공생은 먹고 먹히는 적대와 전쟁으로 인해 시작된 것이었다. 인간들의 공동체들이 얼마나 많은 강제와 억압을 포함하고 있는지는 길게 말할 필요가 없을 것이다. 생태계라는 공동체는 먹고 먹히는 먹이사슬의 연쇄 아닌가! 그러나 그렇게 먹고 먹히면서 서로 간에 기대어 존재하고 공생하는 것이다. 상생만이 존재하는 공동체는 없다. 상극과 상쟁이 없는 공동체, 그런 개체, 그런 우주는 없는 것이다. 상생과 조화, 합일만이 존재하는 그런 존재론적 공동성은 없다. 그렇기에 역으로 사람들은 언제나 상생적인 세계에 대한 꿈을 반복해 온 것이고, 존재론적 공동성이나 코뮌주의적 존재론은 좀더 상생적인, 좀더 나은 삶에 대한 꿈을 향해 나아가야 하는 것일 게다. 존재론적으로 코뮌적 존재임에도 코뮌주의가 필요한 것은 바로 이런 이유 때문일 것이다.

## 2) 존재자의 세계성, 혹은 죽음의 존재론

하나의 양태, 하나의 존재자를 존재하게 하는 존재론적 공동성에 대한 이러한 생각은 '사물'을 통해 존재를, 존재자에 깃들어 있는 그 세계성을 사유하려는 후기 하이데거의 생각과 비슷해 보이지만 근본적으로 다르다는 점을 강조해야 한다. 하이데거 또한 하나의 사물에서, 거기에 깃들어 있는 사방세계를 본다. 그는 말한다. 단지를 단지이게 만드는 텅 빔 속에는 물이든 포도주든 받아들이며 간직하는 담아 잡음이 있고, 거기서 부어줌이 나온다. 부어줌은 선사Geschenk하는 것이다.[29] 그렇게 선사된 물 속에는 샘이, 샘에는 암석이, 여름날 내린 비⋯⋯가 머물러 있다. 따라서 단지의 본질에는 땅과 하늘이 머물고 있다. 그리고 '죽을 자'(죽음의 의미를 아는 존재자인 인간을 뜻한다)들을 위한 음료가, 신에게 바칠 헌주가 그 안에 머물고 있다. 부음의 선사에는 사방이 동시에 머물고 있다. 이

---

29 마르틴 하이데거, 「사물」, 『강연과 논문』, 박찬국 옮김, 이학사, 2008, 221쪽.

처럼 사방세계를 동시에 모아들일 때, 사물은 비로소 사물이 된다.[30] 이런 의미에서 사물은 와닿는 것을 뜻하는 res도, 이쪽에 세워진 것으로서의 ens도, 근대적으로 표상된 대상도 아니다. 사물은 단지 사물로 되는 한에서, 즉 사방을 모으는 것인 한에서만 사물이다.[31] 다시 말해 이처럼 사방세계를 모아들이지 못하는 것은 '사물'Ding이 아닌 것이다. 이는 인간의 작위에 의해 도래하는 게 아니다. 죽을 자의 깨어 있음, 그들의 회상하는 사유만이 사물을 절멸에서 구해 낸다. 이런 점에서 사물은 대상이나 인간의 무수함에 비해 아주 희소한 것이다.[32]

이런 점에서 기계적으로 작동하는 음반이나 과학에 의해 서술되는 박테리아의 공생체 같은 것은 그가 말하는 '사물'이 아니다. 그것들에는 사방세계가 깃들어 있지 않다. 그것은 그저 평범한 물건이나 몸뚱아리에 지나지 않는다. 그는 사물 하나에서 그에 깃들어 있는 세계를 보지만, 그것은 세계가 깃들어 있는 한에서일 뿐이다! 세계가 깃든 사물과 그렇지 못한 사물이 구별된다. 죽을 자인 인간을 깨어 있게 하고 그들에게 하늘과 대지와 이런저런 신들을 회상하게 하는 것만이 '사물'로서 선별된다. 이러한 선별은 그가 '죽을 자'들을 위한 음료로서 포도주에 대해 말할 때도 마찬가지로 나타난다. 단지의 선사에서 본래적인 선사는 헌주로서 부어진 것이다. 반면 술집에서 붓고 따르는 포도주는 본래적인 것이 아니며 퇴락한 것이다.[33] 즉 술집에서 붓는 단지의 선사에는 사방이 머물러 있지 않다. 그저 음료가 따라질 뿐이다. 선별된 것들 사이에 본래적인 것

---

30 같은 책, 224쪽.
31 같은 책, 229쪽.
32 같은 책, 236쪽.
33 같은 책, 222~223쪽.

과 퇴락한 것의 강력한 위계가 존재하는 것이다!

그러나 하늘과 대지, 신들을 불러 모으는 것에만 세계가 깃들어 있다는 말에 나는 동의하지 않는다. 우리의 삶이 부정적인 방식으로 온통 담기는 쓰레기통에도, 도시를 메운 자동차들에도, 살아 있는 것들을 죽음으로 몰아넣는 거대한 방조제에도 모두 나름의 방식으로 세계가, 우주가 머물러 있다. 그것들 또한 세계를 불러들이고 있다. 그것은 '죽을 자'들이 무언가를 시적으로 회상하든 말든 그들 나름대로의 우주에 기대어 있고, 그런 만큼 그런 우주를 모아들이고 있다. 그렇다면 대체 무엇이 본래적인 사물과 퇴락한 사물을 구별해 줄 수 있을까? 모든 사물은, 아니 모든 물건, 모든 존재자는 그것이 존재하게 만든 나름의 우주를 표현하고 있다는 점에서 모두 '본래적'이고, 그런 점에서 모두 평등하다. 존재론적 평등성.

또 하나 반드시 지적해야 할 것은, 사물이나 존재자가 세계 혹은 우주를 불러들인다는 것이, 혹은 '모아들인다'는 것이, 어떤 조화로운 '합치'나 '합일'을 뜻한다고 상상해선 안 된다는 것이다. 그런 합치와 합일이 존재할 때에만 '사물'에는 사방 내지 우주가 머물러 있다고, 그런 식으로 깃들어 있는 것만이 사물이라고 말해선 안 된다. 앞서 말했듯이 하나의 사물에 깃들어 있는 세계는 그 안에 항상 분열과 대립, 적대와 전쟁마저 포함하고 있다. 그러나 적대와 전쟁의 양상이 지배적인 경우에조차 그런 것만 있는 것은 아니다. 사물에, 존재자에 깃든 그 어떤 세계, 그 어떤 우주도 상생과 상극, 조화와 대립, 합치와 분열이 공존한다는 것이다. 사물이나 존재자 하나하나가 존재론적 공동성 속에 존재한다는 것은 하이데거가 불러내는 사방세계의 합치나 합일이 존재함을 뜻한다고 해선 안 된다.

공동체로서의 개체 또한 마찬가지다. 하나로 결합되어 개체화된 요소들 간에는 합치만큼이나 대립과 억압이 있음을 잊어선 안 된다. 공동체도, 존재론적 공동성도 항상 어떤 대립과 대결, 상쟁과 분열을 안고 있음을 상기해야 한다. 분열과 대립, 억압과 분쟁이 없기를 바라는 순간, 공동체란 실재하는 분열이나 억압을 보이지 않게 하는 또 하나의 환상적 억압에 사로잡히게 되거나, '퇴락한 사물'처럼 기피하고 멀리해야 할 니힐nihil한 대상이 되고 말 것이다. 정말 중요한 것은 그러한 분열과 대립, 억압과 상쟁이 있을 수 있다는 것, 혹은 있기 마련이라는 것을 아는 것이다. 그런 분열과 대립마저 긍정하고, 그것을 충돌시키며 넘어가거나 그게 아니면 그것을 최소화할 수 있는 길을 찾아가는 것이다. 그런 분쟁과 억압의 고통마저 새로운 길을 찾기 위한 스승 내지 친구로 삼는 긍정이야말로, 퇴락한 사물이나 공동체에 대한 심오한 비판이나 합일된 세계에 대한 시적 공상이 역으로 쉽사리 차단해 버리는 공동적인 세계, 공동적인 삶의 가능성을 열어가는 길로 이어질 것이다.

다른 한편 우리가 말하는 존재론적 공동성의 사유가, 죽음을 통해 존재론적 공동성을 사유하는 것과 근본적으로 다르다는 점 또한 간단히나마 말해 두어야 한다. 어떤 존재자의 공동성을, 그 존재자가 기대어 있는 조건, 다시 말해 그것이 존속하기 위해 필요한 조건, 그것이 존재하게끔 규정한 조건을 통해 사유한다는 것은 죽음과는 반대로 삶에 의해, 생존, 아니 말 그대로 존재에 의해 사유하는 것이기 때문이다.

죽음을 통해 존재를 사유하는 것 또한 하이데거에 의해서 체계화되었다. 『존재와 시간』Sein und Zeit의 실존론적 사유에서 죽음으로 미리 달려가 보는 결단이 '도래'의 시간성을 통해 가능존재를 불러들이며 '빠져 있음' 속의 자신을 넘어서는 탈자적 초월로 나아가는 것이 그것이다(이에 대해서는 다음 절에서 다시 말할 것이다). 실존적 각자성을 획득하게 해 주는 이러한 죽음의 개념이 그의 사상적 '전회' 이후 사라진다고는 해도, 죽음을 '목숨이 다하는 것'과 구별하면서 죽음의 의미를 이해하는 유일한 존재자라는 점에서 인간을 '죽을 자'라고 명명命名하는 후기의 입장에서도, 죽음은 하이데거의 존재론적 사유에서 결정적인 지점을 차지하고 있다. 거칠게 말하자면 존재는 언제나 죽음을 통해서 사유되고 있는 것이다.

목숨을 건 결단을 통해 역사적-운명을 알려 주는 양심의 목소리에 귀기울이는 초기 하이데거의 남성적이고 영웅적인 죽음의 관념에 반하여, 절대적 수동성, 절대적 타자성으로서 죽음을 사유하는 레비나스 이후의 존재론적 사유에서도 존재는 죽음을 통해 사유되고 있다는 점에서는 다르지 않은 것 같다. 죽음을 통해 존재론적 공동성을 명시적으로 사유하고자 했던 것은 누구보다 장-뤽 낭시였을 것이다.[34] 타인의 죽음, 아니 타인과 나 사이에서 발생하는 죽음이라는 사건, 그것은 나와 타인을 갈라놓지만 나와 타인이 함께 나누는 사건이다. 나나 타인의 '단독성/특이성'singularity은 그 사건을 통해 드러난다. 낭시는 그러한 나눔을, '가르는 것'이면서 '함께 하는 것'을 뜻하는 'partage'라는 말로 표현한다. 한국어의 '나눔' 또한 그러한 이중적 사태를 정확하게 담고 있다. 함께 나누는 그 죽음이란 사건은 나와 타인을 그 한계지점으로 출두/공-출현 comparution하게 한다. 그것은 존재한다는 것의 복수성을, '함께-존재함'

---

34 Jean-Luc Nancy, *La Communauté désœuvrée*, Christian Bourgois, 1986. 이러한 관점은 모리스 블랑쇼 또한 마찬가지로 취하고 있으며(모리스 블랑쇼, 「밝힐 수 없는 공동체」, 『밝힐 수 없는 공동체, 마주한 공동체』, 박준상 옮김, 문학과지성사, 2005, 23~25, 40쪽.), 레비나스의 영역자인 알폰소 링기스 역시 유사하게 취하고 있다(Alphonso Lingis, 앞의 책, 11~12, 29~30쪽).

être-en-commun을 드러내 주는 사건이다. 존재의 공동성, 복수로서 존재함
은 나와 타인이 함께 나누는 죽음이란 사건을 통해 드러나는 것이다. 이
죽음이란 사건은 계획이나 의지, 일체의 유위적인 것이 소멸하는 지점,
즉 무위의 지점에서 출현한다. 이런 이유에서 죽음이란 사건을 통해 사
유되는 존재의 공동체/공동성communauté은 무위의 공동체/공동성인 것
이다. 공동체/공동성이란 이런 점에서 그 성원들에게 유한성을, 그들이
죽을 자임을 알려 주는 것이고 유한성의 공-출현이다.

　　나의 죽음이 아니라 타인의 죽음을 통해, 능동성이 아니라 수동성을
통해, 그리고 실존적 각자성이 아니라 죽음의 나눔을 통해 사유되고 있
다는 점에서 하이데거보다는 레비나스에[35] 훨씬 가까이 있는 이러한 사
유에서 죽음이 특권적 지위를 갖고 있음은 분명하다. 그런데 그러한 죽
음은 분명 인간의, 인간만의 죽음이리라는 것 또한 그에 못지않게 분명
하다. 이는 자기 죽음을 향해 달려가는 경우든, 타인의 죽음을 대면하는
경우든 다르지 않은 점이다. 따라서 죽음을 특권화하는 사유가 어떻게
해도 인간이란 존재자를 특권화하는 것에서 벗어날 길은 없어 보인다.
그것은 어떻게 보아도 인간중심주의 주변을 맴돌고 있다. 이러한 존재
론적 사유가 다루는 '존재의 공동성'이나 '공동체'가 오직 인간에 국한된
것임 또한 의문의 여지가 없다. 존재자 일반의 존재론적 공동성이 아니
라 인간이란 특별한 존재에 한해 존재의 공동성을 말하고 있는 것이다.
이는 하이데거처럼 인간중심주의를 형이상학이라 비난한다고 해서 모
면할 수 있는 건 아닐 것이다. 그것은 그의 말대로 인간을 좀더 높은 지

---

35 명시적으로는 바타유(Georges Bataille)의 텍스트에 대한 독해를 통해 진행되고 있다는 점에
　서 바타유에 의거하고 있다.

위로 승격시키려는 또 하나의 인간중심주의에 지나지 않기 때문이다.[36]

죽음을 통해 존재의 공동성을 사유하는 '죽음의 공동체'론은, 인간의 죽음 가운데서도 특정한 죽음만을 그 대상으로 하고 있다. 타인의 죽음을 안타까이 지켜보며 자신의 죽음을 생각하는 그런 죽음. 그것은 어쩌면 자연적 자명성을 갖고 있는 것처럼 보인다. 그러나 그런 죽음이 레비나스나 블랑쇼가 강조하듯이, 하이데거의 '미리 달려가 보는 죽음'과 본성을 달리하는 것이라면, 타인이 지켜봐 주는 죽음과 다른 종류의 죽음이 있음 또한 부정할 수 없지 않을까? 가령 타인의 죽음이 나의 행동의 목적이 되고, 역으로 타인이 나를 겨냥한 죽음이 모든 곳에서 엄습해 오는 전쟁처럼 죽음이 전면적인 사태가 된 경우도 없을 것이다. 서로를 겨누며 자신의 죽음을 생각하면서 타인의 죽음을 야기해야 하는 상황. 즉 죽지 않기 위해선 타인을 죽여야 하는 사건으로서의 죽음. 여기서도 죽음은 나와 타인을 갈라놓지만 공동성을 확인하는 '나눔'partage, 나누는 함께-함의 공동성으로 우리의 사유를 이끌어 주지는 못한다. 여기서도 죽음은 나와 타인을 단독적인 존재로 만들어 주는 사건이지만, 그것이 그와 나를 하나로 묶어 주지는 못할 것이다.

함께 나누는 죽음이 공동성을 확인해 주는 것만큼, 전쟁 속의 죽음은 공동성을 파괴한다. 그것은 그 죽음이 하나의 공동체에 속한 것이 아니라, 반대로 적대적인 공동체 사이에서 발생하기 때문이다. 전쟁이란 인간의 존재론적 공동성이, 현실적인 공동체 간의 적대와 대결에 의해

---

36 "……인간의 본질에 관한 최고의 휴머니즘적 규정들도 아직은 인간의 본래적 존엄성을 경험하지 못한다. ……이러한 한에서 『존재와 시간』에서의 사유는 휴머니즘에 반대한다. ……휴머니즘에 반대하는 까닭은, 휴머니즘이 인간의 인간다움을 충분히 드높게 평가하지 못하기 때문이다."(마르틴 하이데거, 「휴머니즘 서간」, 『이정표』 2권, 이선일 옮김, 한길사, 2005, 143쪽.)

와해되는 사건이다. 함께-나누는 죽음, 공동성을 확인하는 죽음이란 이미 하나의 공동체에 속한 죽음이다. 이 죽음에서 공동성은 이미 하나의 공동체의 형태로 전제되어 있는 것이다. 물론 전쟁의 와중에 적임에도 불구하고 죽음이란 사건을 통해 공동성을 확인하는 사건이 있을 수도 있다. 그러나 영화나 소설에서나 볼 수 있는 이런 낭만주의적 사건에 비하면, 인간을 실험동물처럼 아무런 생각 없이 죽이는, 역시 극한적이고 흔치 않은 수용소에서의 죽음이란 사건의 현실성이 훨씬 더 인간이란 존재자의 존재에 가까이 있다는 것이 자주 지적되고 있는 것 같다.[37]

타인과 내가 함께-나눌 수 없는 죽음이 단지 전쟁이라는 예외적인 상황 속에만 있는 것은 아니다. 썰렁한 농담으로 비난받을 것을 감수하고자 한다면, 지금은 일상이 되어 버린, 지켜봐 주는 사람 없는, 혹은 무심히 넘기게 된 여러 가지 죽음들을 언급할 수 있을 것이다. 1960년대 초 앤디 워홀은 교통사고로 뒤집힌 자동차와 거기서 튕겨나가 나무에 매달린 사람 옆을 무심하게도 눈길 한 번 주지 않고 바쁘게 걸어가는 사람의 사진을 작품으로 만든 적이 있다. 그것은 아마도 팝pop적인 대중의 새로운 일상을, 팝적인 죽음의 한 측면을 보여 주려는 게 아니었을까? 그것은 나와 타인이 함께-나누지 않는 죽음을, 그것의 포퓰러한 일상성을 보여 주는 것이었을 게다. 그것은 내가 그와 마찬가지로 죽을 자임을 함께 나누게 하기보다는, 무심하게 지나치거나 아니면 공포로 인해 외면하거나 도피하게 되는 그런 죽음일 것이다. 이러한 죽음 또한 그가 말하는 공동성의 사건으로서의 죽음과는 거리가 멀다. 하이데거에게 모든 사물

---

37 가령 아감벤의 입론이 그렇다(Giorgio Agamben, *Homo Sacer: Sovereign Power and Bare Life*, tr. by Daniel Heller-Roazen, Stanford University Press, 1998).

이 '사물'이 아니었던 것처럼, 낭시에겐 모든 죽음이, 아니 인간의 모든 죽음조차 '죽음'이 아닌 것이다.

이처럼 존재론적 공동성을 확인해 주지 않는 다른 종류의 죽음들이 있다면, 그가 말하는 죽음이란 사실은 매우 특정한 종류의 죽음이라고 말해야 한다. 그가 말하는 죽음은 옆에서 안타까이 지켜보는 공동성이, 자신의 존재론적 사건으로 받아들이는 공동성이 이미 전제된 죽음인 것이다. 그의 존재론적 공동성을 위해선 이 다른 종류의 죽음들이, 공동성이 전제되지 않은 죽음들이, 인간의 '죽음'에서 배제되어야 했던 셈이다. 그렇다면 여기서 공동성이 전제된 죽음을 통해 죽음의 공동성을 말하는 순환논리를 지적해야 하지 않을까? 이러한 순환론을 '해석학적 순환'이라는 말로 비켜 갈 수 있을까? 그렇게 말할 수도 있을 것이다. 그러나 그것은 역으로 낭시만이 아니라 그가 속한 사유의 지평이, 죽음을 통해 존재를 사유하는 존재론적 지평이 사실은 특정한 존재자, 특정한 종류의 죽음만을 특권화하고 있는 공유지라는 것을, 특정한 죽음의 관념에 간혀 존재를 사유하는 지평이라는 것을 뜻한다고 해야 할 것이다. 그러나 '존재'라는 더없이 일반적이고 넓은 외연의 관형어를 수반하는 존재론적 공동성의 문제를, 인간의 죽음, 그것도 이미 '공동성'이 전제된 특정한 죽음을 통해서 사유하는 것이 과연 적절한 것일까?

나는 특정한 사물을 특권화하는 것만큼이나 특정한 존재자의 죽음, 특정한 종류의 죽음을 특권화하는 그런 사유를 통해 존재론적 공동성에 도달할 수 있다고 믿지 않는다. 존재자의 존재를 통해, 존재하게끔 해주는 조건에 의해, 혹은 그런 존재자로서 존재하게 규정하는 외부에 의해 존재론적 공동성을 사유해야 한다고 나는 믿는다. 그럴 때 비로소 우리는 인간을 특권화하는 그런 존재론적 사유에서 벗어나, 존재의 문제를 질문하고 사유할 수 있으리라고 믿는다. 존재론적 공동성만이 아니라 현실적인 공동체의 문제 또한 그처럼 인간이란 관념을 넘어서, 인간중심주의를 넘어서 사유할 수 있어야 한다고 나는 믿는다. 인간의 '죽음'이 아니라 '인간'의 죽음을 통해서, '인간'이라는 특권적인 존재의 죽음을 통해서 사유되어야 한다고.

## 4. 코뮨주의와 시간

### 1) 시간과 공동성

모든 존재자가 복수의 요소들로 이루어진 집합체고 살아 있는 모든 것이 '중-생'이라고 한다면, 또 하나의 질문을 피할 수 없다. 즉 그 복수의 개체들, 복수의 요소들이 하나의 집합체로서 존재하기 위해서는 그 각이한 요소들을 하나의 집합체로 만들어 주는 것이 있어야 하지 않는가? 그것은 무엇인가? 이질적일 뿐 아니라 그 자신이 독자적 개체-집합체이기도 한 그 요소들을 하나의 집합체 내지 하나의 신체로서 작동하게 해주는 것, 각각의 요소들을 하나로 묶어 주는 그것은 무엇인가? 결론부터 미리 말하자면, 그것은 시간과 결부되어 있다. 이를 위해 '시간성'이란 개념을 사용하기로 하자.

존재론과 관련하여 시간 내지 시간성의 개념을 강조했던 것은 하이데거였다. 그에 따르면 시간성이란 모든 존재이행 내지 존재해석의 지평이며, 죽음을 향해 미리 달려가 보는 현존재의 존재 자체와 결부된 근원적 성질이다.[38] 나중에 다시 말하겠지만, 나는 이러한 시간이나 시간성

---

38 마르틴 하이데거, 『존재와 시간』, 이기상 옮김, 까치, 1998, 35쪽.

개념에 동의하지 않는다. 그것은 코뮤주의적 존재론이 아니라 죽음을 통해 인간 개인을 절대적으로 분리된 개체로 다루는 실존론적 사유의 지평이고, 그렇기에 개체성을 넘어서 함께 존재하는 사람들의 삶을 다루는 경우에조차, 코뮤적 존재론과는 반대로 개체주의적 지평 속에 사유를 가두는 시간관념이기 때문이다.

그보다는 차라리 베르그손이나 칸트의 시간 개념을 빌미로 시간에 관한 생각을 풀어 가는 것이 좋을 듯하다. 왜냐하면 그들은 시간이 최소한 일종의 '종합'이라는 점은 분명하게 해주기 때문이다. 특히 칸트는 시간이 종합의 형식임을 분명히 해주었다. 감성에 주어지는 것들을 종합하는 내적 직관의 형식, 그것이 시간이었다.[39] 베르그손은 시간에 대해 '종합'이란 개념을 사용하지는 않는다. 그는 시간의 순수 개념을 '순수지속'으로서 정의한다.[40] 그것은 이질적인 것이 공존하고 뒤섞이며 무언가가 생성되는 일종의 '종합'이다. 그러한 종합이 없을 경우 가령 종소리나 음악소리는 하나하나 흩어져 울리는 일회적 소음에 지나지 않을 것이다. 시간적인 종합 속에서 그 낱낱의 소리들은 하나의 선율로 만들어진다. 심지어 하나의 소리도 마찬가지다. 가령 첼로로 켜는 '도'와 피아노로 치는 '도'의 음색이 다른 것은 '동시에' 울리는 일련의 배음倍音구조가 다르기 때문이다. 음색이란 동시에 이루어지는 그 배음들의 종합인 것이다.

이러한 종합이 없다면, 시간은 따로 존재한다고 말할 수 없다. 다시 말해 종합이 발생하는 구체적인 조건 없이는 시간이란 존재하지 않는다. 이런 점에서 우리는 차라리 근원적인 지점에서 보는 한 "시간은 존재하

---

39 이마누엘 칸트, 『순수이성비판』 2권, 87~89쪽.
40 앙리 베르그손, 『의식에 직접 주어진 것들에 관한 시론』, 최화 옮김, 아카넷, 2001.

지 않는다"고 했던 용수龍樹나 승조僧肇의 입론을 진지하게 검토할 필요가 있을 것이다.[41] 우리는 시간을 존재의 지평이나 현존재의 존재와 같은 근원적인 자리, 본래적인 자리에 설정해선 안 된다. 시간은 종합이 발생하는 한에서, 그것을 조건으로 해서만 발생하고 작동한다고 해야 한다.

그렇다면 종합으로서 시간이란 어떻게 발생하는가? 아니, 존재한다고 할 수 있는 '시간'이란 대체 무엇인가? 가장 이해하기 쉬운 것은 베르그손처럼 음악의 예를 통해서일 것이다. 개개의 소리들이 낱낱으로 흩어지지 않고 하나의 선율로 '종합'되는 경우, 우리는 그 선율의 흐름을 하나로 묶는 종합을 한 거라고 말할 수 있다. 그렇지만 이러한 종합은 단지 우리의 의식이나 무의식 안에서 발생하는 '주관적인 것'만은 아니다. 그것은 먼저 주관적 종합이기 이전에 '객관적 종합'이라고 해야 한다. 복수의 요소들, 분할가능한 이질적인 요소들이 뒤섞이는 종합 속에서, 그것들이 '하나처럼' 움직이고 작동하는 리듬 속에서 그것들은 하나의 '개체'로 개체화된다. 그러한 개체화 속에서 그 분할가능한 요소들은 리듬에 맞추어 '하나처럼' 작동한다. 즉 하나의 집합적 구성물로 개체화된다.

시간이란 이처럼 집합적 구성체를 이루는 구성요소들이 하나처럼 움직이고 하나처럼 신체를 이루며 개체화되는 리듬적인 공조현상이다. 리듬 속에서 구성요소들이 하나처럼 동조될 때, 시간이 존재하게 되는 것이다. 따라서 시간은 개체화되는 구체적인 존재자들 없이 존재하지 않는다. 이런 의미에서 '시간은 존재하지 않는다'. 분할가능한 요소들이 모여 집합적으로 개체화될 때마다, 집합적 구성물이 존재하게 될 때마다

---

41 용수, 『중론』, 김성철 역주, 경서원, 1993, 319~325쪽; 승조, 『조론』, 송찬우 옮김, 고려원미디어, 1989, 62~66쪽.

시간은 생성되고, 그러한 생성 속에서 존재하게 된다. 따라서 우주를 관통하는 하나의 시간이 존재하는 것이 아니라, 개체마다, 개체화하는 리듬적 공조가 발생하는 범위마다 각각의 시간이 존재하는 것이다.

　이는 우리가 시간과 결부되어 있다고 말하는 모든 현상에서 확인할 수 있다. 예컨대 인간의 삶에서 시간에 대한 관심이 어디서나 두드러진 곳은 자연과 인간의 리듬을 맞추어야 하는 영역이다. 가령 농사짓는 사람은 태양이나 달, 그에 따른 계절의 움직임에 맞추어 씨 뿌리고 일해야 한다. 이를 위해 절기를 나누고 역曆을 만든다. 그것은 시간의 가장 일반적이고 '통속적인' 형태다. 하지만 그 통속적 형식을 만들어 내게 하는 것은 자연의 움직임과 인간의 움직임이 동조하고 리듬을 맞추어야 한다는, 다시 말해 하나의 리듬으로 종합되어야 한다는 사실이다. 이는 농부들만이 아니라 자연력을 이용하여 인간 간의 삶을 조정하는 샤먼이나, 치밀하고 복잡한 역을 만들어 이용했던 마야의 주술사들, 주역이나 사주를 이용했던 중국의 사관들 모두에게 동일하게 적용되는 것이다. '시간성'이라고 말할 수 있는 게 있다면, 이처럼 상이한 개체들이 서로 합치해야 한다는 조건 속에서 하나의 공통된 리듬을 형성하려는 태도라고 규정해야 하지 않을까?

　우리의 신체 역시 이와 다르지 않다. 심장을 구성하는 수많은 세포들이 각자 자기 멋대로 움직인다면 심장은 피를 돌리는 능력을 상실하고 '죽음'의 선을 따라가게 될 것이다. 심지어 일부의 세포들이 리듬을 맞추지 못하는 경우 심장의 움직임은 제대로 된 박동을 만들어 내지 못한다. 신체의 기관들 역시 마찬가지다. 동일한 박자에 맞추어 동일하게 움직인다는 의미가 아니라, 각각이 독자적인 리듬을 갖고 움직이지만, 전체 신체의 시간적인 리듬에 맞추어 빠름과 느림, 운동과 정지를 필요한 방식으로 맞추지 못한다면, 그 신체 역시 죽음의 선을 따라가고 만다. 이를 위해서 신체의 리듬을 조정하고 맞추는 '생체시계'가 있다는 것은 잘 알려져 있다.[42] 컴퓨터도 마찬가지다. 중앙연산장치와 주기억장치, 보조기억장치, 그리고 다른 부품들이 하나의 리듬에 따라 움직이지 못한다면 그것은 제대로 기능할 수 없다. 이를 위해 컴퓨터 역시 그 리듬의 기준을 만드는 시계장치를 가동시킨다.

여기서 시계가 사용된다는 것을 들어 그저 '시점기록가능성'이니 '시계적 시간'이니 하며 쉽게 비판하기 이전에, 그런 것들을 복수의 요소들로 만들어진 생물의 신체나 기계의 신체가 필요로 한다는 점을, 그런 리듬의 공조를 필요로 한다는 점을 주목해야 한다. 개체를 구성하는 부분들이 서로 간에 리듬을 맞추는 것, 그것은 복수의 구성요소들을 하나의 집합적 신체로 구성하기 위해 필수적인 조건이다. 바로 이것이 시간을 필요로 하는 조건이고, 시간이 발생하게 되는 조건이다. '시간성'이란 바로 이러한 조건을 지칭한다.

시간이란 이처럼 어떤 집합적 '개체'들이 분할가능한 그 구성요소들로 해체되지 않은 채 하나의 '개체'로서 존속할 수 있게 해주는 종합의 형식이다. 뒤집어 말하면 이질적인 복수의 요소들, 독자성을 갖는 각각의 요소들을 하나의 리듬을 통해 하나의 개체로 묶어 주는 종합의 형식이다. 따라서 시간성이란 복수의 이질적인 요소들이 코뮌적 존재로서 결합되어 존재하고 존속하기 위한 근본적인 조건이다. 시간이란 이러한 집합적 구성을 통해 만들어지는 것이며, 그 집합체와 더불어 존속하고 사라지는 것이다. 시간은 공동성의 작동형식이다.

---

42 스티븐 스트로가츠, 『동시성의 과학, 싱크』, 조현욱 옮김, 김영사, 2005, 103~142쪽 참조.

따라서 시간은 코뮨적 존재의 존재형식, 혹은 활동형식이다. 그런데 여기서 시간이 시계와 같은 어떤 척도에 모든 것의 움직임을 단일하게 맞추어 내는 것이 아니라 각자의 독자적인 움직임과 리듬을 가지면서 전체적인 리듬을 공유하는 것임에 주의할 필요가 있다. 우리의 뇌가 자는 동안 심장이나 허파가 '잠들어 버린다면' 우리는 존재를 지속할 수 없을 것이다. 이런 이유에서 '박자'와 구별되는 '리듬'의 개념을,[43] 다시 말해 시간이란 언제나 차이를 포함하며 부분들의 이질성을 제거하지 않으면서 그것들을 하나로 묶는 리듬으로서 정의되어야 한다는 것을 강조해야 한다.

## 2) 실존론적 시간성과 코뮨주의적 시간성

여기서 간단하게나마 『존재와 시간』에서 하이데거가 말하는 시간성의 개념에 대해 언급해 둘 필요가 있다. 하이데거는 시간성을 "존재해 오면서 현재화하는 도래로서 통일적인 현상"이라고 규정하면서 과거, 현재, 미래의 통속적 시간관념과 대비되는 '기재', '현재', '도래'라는 현상들이 탈자적脫自的 성격을 가짐을 지적한다.[44] 그것이 존재 이해의 지평으로서 시간적 통일성을 형성한다는 것이다. 이 탈자태 가운데 "근원적이고 본래적인 시간성의 일차적 현상은 도래"임을 반복해서 강조하고 있다.

하이데거에게 도래의 시간성이란, 죽음으로 미리 달려가 보는 결단성을 통해 자기 자신을 자신에게 다가오게 만드는 근원적 현상이며,[45] 타

---

**43** 질 들뢰즈·펠릭스 가타리, 『천의 고원』 2권, 이진경·권혜원 외 옮김, 연구공간 '너머' 자료실, 2000, 91~92쪽; 이진경, 『노마디즘』 2권, 휴머니스트, 2002, 221~222쪽.
**44** 하이데거, 『존재와 시간』, 436쪽.
**45** 같은 책, 432쪽.

인들의 존재가능을 이해하게 해줌으로써 전체적 현존재를 실존적으로 앞서 취할 수 있는 가능성을, 전체적 존재가능으로 실존할 수 있는 가능성을 제공하는[46] 현존재의 근본적 계기다. 따라서 죽음은 세인들로부터 어떤 현존재를 그 탁월한 가능성 속에서 분리된 채 있게 해주며 각각의 현존재로 하여금 개별 현존재일 것을 요구한다.[47] 그렇지만 도래가 본질적으로 실존론적 시간으로서, 죽음으로 미리 달려가 보는 결단성을 통해서 도래하는 가능존재를 의미하는 한, 따라서 가능존재마저 미리 달려가 보는 죽음을 통해 정의되는 한, 도래란 죽음이라는 철저하게 개별적인 분리를 야기하는 시간성에 귀속된다. 즉 죽음은 단지 누가 대신해 줄 수 없는 것이란 통상적인 의미에서만이 아니라, 죽음을 통해 함께 살고 있음에도 근본적으로 분리되어 있음을 확인하게 되는 생물학적 개체성, 죽음의 단위로서의 개체성in-dividuality으로 삶을 환원시킨다는 의미에서 그렇다.

이런 의미에서 하이데거는 본래적 시간성으로서의 '도래'가 일차적으로 '죽음'이라는 현상과 결부되어 있으며, 현존재가 전체적 현존재를 취하는 경우에조차 실존적 각자성各自性을 획득하는 '개별적인' 현존재일 것을 요구한다는 점을 강조한다. 그가 현존재의 존재는 염려Sorge고, (도래를 본질로 하는) 시간성은 염려의 본래적인 의미라고 말할 때, 이는 그 존재 자체가 본질적으로 죽음에 잇닿아 있다는 점과 무관하지 않을 것이다. 그에게는 삶이나 존재는 죽음을 통해 규정되고 있으며, 죽음을 통해 완성되는 어떤 것으로 규정되고 있고, 따라서 그런 만큼 그 시간성은

---

46 같은 책, 353쪽.
47 같은 책, 351~352쪽.

어떤 현존재를 남들das Man, 世人과 구별해 주는 각자성 —— 실존론적 개별성 —— 에 결부시키고 있는 것이다.

물론 여기서 개별화는 '전체적 현존재'를, 타인들의 존재가능성을 미리 선취하기 위한 것이라고 하기에, 단순한 개별성의 실존적 한계를 지칭한다면 지나친 단순화임이 틀림없다. 죽음으로 미리 달려가 보는 결단성을 통해 발생하는 개별화는 오히려 그가 '역사적-운명'Geschick과 연결하고 있는 '공동의 생기', '민족의 생기'와 결부된 것이다. 그는 결단한 자의 사명에 대해 말하면서, "그의 존재에 있어 본질적으로 도래적이어서, 자신의 죽음에 대해서 자유롭게 이 죽음에서 부서지면서 자신의 현사실적인 '거기에'로 자신이 되던져지도록 할 수 있는 그런 존재자만이…… 자신의 고유한 내던져져 있음을 넘겨받고 '자신의 시간'을 위해서 순간적일 수 있다"고 한다.[48] 그것이 운명과 같은 것을 받드는 것이고, 그게 바로 본래적인 역사성이라는 것이다. 이러한 결단성이 "현존재로 하여금 자신을 자신의 영웅으로 선택하게" 하고, 공동의 운명을 만드는 가능성을 위해 "전투적 추종과 충성을 자유롭게 해주는 선택"을 처음으로 하게 한다는 것이다.[49] 처연하고 비장한 음조로 청년들을 전쟁터로 부르는 죽음의 연기가 피어오른다.

이는 소위 '전회' 이전의 실존론적인 철학에서마저 하이데거의 사상이 '고향의 철학', '조국의 철학', 혹은 '민족의 철학'이 되게 해주는 핵심적인 면모일 것이다. 요컨대 시간성의 계기들을 탈자적인 것, 즉 개체로서의 '자기'를 넘어서 있는 것으로 보고 있음에도 불구하고, 죽음으로 미

---

48 같은 책, 503쪽.
49 같은 책, 504쪽.

리-달려가 봄을 통해 도래하는 시간을 본질로 하는 시간성이란 개념은 개체를 다른 개체와 함께 '살게' 해주고, 나를 타인들과 함께 묶어 주는 공동의 시간성이 아니라, 나를 타인들과 분리해 주고 타인과 분리되어 죽는 분리의 시간성을 그 본질로 한다. 그 탈자태로 인해 시간성의 지평은 현존재를 '처해 있는' 상황에서 죽음으로 미리 달려가 보는 결단을 통해 도래의 시간성을 작동시키며 전체 존재를 선취하지만, 그 경우 전체 존재란 민족이나 국가라는, 그가 항상 혐오해 마지않았던 너무도 통속적인(!) 통념들의 철학적 이름에 지나지 않는다. 그것은 자기를 둘러싼 친숙한 '타인'들을 위해, 모든 종류의 이질성을, 고향을 달리하고 민족을 달리하는 모든 타자들을 배제할 뿐 아니라 죽음으로 밀려가게 만드는 사상이고, 이런 의미에서 다시 한 번 '죽음의 철학'이다.

코뮨주의적 시간성은 이와 달리 개별자 자체를 언제나 다른 개별자와 함께 사는 존재로서 묶어 주는 삶의 시간성이고, 개체를 개별화하고는 죽음으로 미리 달려가게 하여 고독하고 비장하게 만드는 시간성이 아니라 이웃한 타자들과 함께 삶을 구성하게 하는 음악적인 즐거운 시간성이고, 죽음에 대한 고독한 공포에서 벗어나게 해주는 시간성이며, 죽음마저 삶의 일부로 만들어 버리는 시간성이다. 집합체나 전체에 대해 말하는 경우에조차 이토록 상이하고 상반되는 방법이 있을 수 있을까?

## 5. 코뮨주의의 공간성

코뮨주의만의 특별한 공간이 따로 있는 것은 결코 아니다. 물론 코뮨주의에 부합하며, 코뮨주의의 좀더 나은 조건을 제공하는 공간의 형태와 그렇지 않은 공간의 형태가 있을 수 있음은 분명하며, 따라서 코뮨주의에 적합한 공간구조에 대한 사유가 필요하다는 점 역시 사실이다. 그렇지만 이러한 구체적 공간의 형태와 구별되는 공간성의 문제가 코뮨주의에서는 중요한 문제가 된다. 그것은 무엇보다 먼저 내부와 외부의 문제, 혹은 외부성의 문제와 결부된 것이다.

코뮨이나 코뮨적 존재로서 집합체는 그것이 하나의 개체인 한 자기와 그 외부의 경계를 갖는다. 바렐라는 마투라나와 더불어 생명을 자기-생산auto-poiesis 내지 자기-조직화로 정의하면서 거기에 각각의 개체를 구별해 주는 막membrane의 존재가 매우 중요하다고 지적한 바 있다.[50] 사회적인 집합체로서 코뮨 역시 마찬가지다. 더구나 그것이 지금처럼 자본주의 세계 안에서 만들어지고 존속해야 한다고 할 때, 자신의 외부와 자신을 구별하는 경계 없이 존속한다는 것은 불가능하다고 해야 한다. 이때 경계란 가치법칙이나 자본의 공리들과 다른 삶의 방식이 구별되고 분리되는 지점을 표시한다.

그러나 그 경계가 외부에 대해 닫혀 있는가 열려 있는가에 따라 코뮨이나 코뮨적 집합체는 매우 상이한 '본성'을 갖게 된다. 경계가 닫혀 있다는 것은 이미 내부에 존재하는 요소들, 그래서 서로 친숙하고 익숙한 요소들만의 세계로 코뮨적 관계를 폐쇄하는 것이다. 따라서 닫혀 있다는 것은 내부와 외부를 대립시키며 그 사이에 최대한 강력한 절단기를 작동시키는 것이며, 함께 집합체를 구성하는 이웃들을 내부자만으로 한정하는 태도를 갖는 것이다. 이런 태도를 취하는 경우 '내부성'이 중요한 공간성으로 설정된다. 반면 외부성이란 자신과 친숙하지 않은 것, 자신이 익숙하지 않은 것에 대해 열려 있는 것이고, 자신과 이질적인 요소

---

50 움베르토 마투라나·프란시스코 바렐라, 『앎의 나무』, 최호영 옮김, 갈무리, 2007, 52~56쪽.

들을 뜻하는 '타자'에 대해 열려 있는 것이며, 신념이나 이념 등에 대한 동조나 동일시 없는 외부적 요소들이 출입하고 소통할 수 있게 개방되어 있는 것이다.

아마도 존재의 공간성에 대해 말하면서 '안에-있음'이란 말로 내부성 개념이 의미하는 바를 가장 명확하게 드러내 준 것은 하이데거였을 것이다. 그에 따르면 어떤 세계 "안에 있다"는 것은 이처럼 타인과 함께 있음이고, 이런 의미에서 세계란 내가 타인과 함께 있는 세계, 함께 살아가고 함께 나누는 세계인 것이다. "우리는 타인을 배려하며 둘러보는 현존재가 본질적으로 그 안에 체류하고 있는 바로 그 세계에서부터 만난다." 여기서 말하는 '타인'이란 "나를 제외한, 나와 구별되는 여타의 사람들 전체를 말하는 것이 아니다. 오히려 타인은 사람들이 대개는 **그들과 자신을 구별하지 않고 그 속에 같이 속해 있는 그런 사람들이다.**"[51] 그것은 이질적인 존재가 아니라 나와 동질적인 존재, 그래서 서로를 구별하지 않아도 좋은 사람들이다. 가족, 고향 사람들, 혹은 같은 민족에 속하는 사람들이 아마도 하이데거의 그런 타인들일 것이다. 같은 이유에서 그는 현존재가 항상-이미 세계-내-존재In-der-Welt-Sein임을 지적하면서, 그러한 존재방식에서 '안에-있음'In-Sein의 중요성을 강조한다. 따라서 세계-내-존재의 존재론적 구성에서 '안'(내부)의 의미가 중요하게 부각된다. 즉 하이데거는 세계의 존재론적 구조를 '세계 안에 있음'을 통해, '내부성'을 통해 포착하고 있는 것이다.

하이데거에 따르면 '안'in은 "'거주하다', '체류하다'를 의미하는 innan-에서 유래한다. 그 어근에서 'an'은 '나는 습관이 되었다', '~와 친

---

51 하이데거, 『존재와 시간』, 166쪽.

숙하다', '나는 어떤 것을 보호한다'를 뜻한다." 이는 존재[하다]를 뜻하는 sein 동사와 본질적인 연관이 있다고 그는 말한다. "ich bin(나는 있다)'의 부정형으로서 Sein은 '~에 거주하다' '~와 친숙하다'를 뜻한다. 따라서 안에-있음은 세계-내-존재라는 본질적인 구성틀을 갖고 있는 현존재의 존재에 대한 형식적 실존론적 표현이다."[52] 내부성을 통해 현존재를 포착한다는 것은 이런 친숙함, 익숙함을 통해 현존재의 삶을 포착하려는 것이다. "현존재는…… 존재자와 배려하며 친숙하게 왕래한다는 의미로 세계 '안에' 존재한다. 현존재에게 어떤 공간성이 귀속된다면, 그것은 오직 이러한 안에-있음에 근거해서만 가능하다."[53]

반대로 외부성이란 친숙하지 않은 것, 자신과 구별되지 않기는커녕 확연하게 구별되는 존재로서 타자들에게 내부를 여는 것이고, 그들과 함께 거주한다기보다는 그들과의 만남을 통해서 자신을 바꾸어 가는 것이다(물론 그들 역시 바뀌어 갈 것이다). 따라서 외부성이란 경계의 어떤 바깥을 지칭하거나 바깥에 머물러 있음을 의미하는 장소적 개념이 아니라, 내부와 외부의 관계에 대한 특정한 태도, 경계를 설정하는 경우에도 그 경계를 폐쇄하지 않고 외부를 끊임없이 내부화하며 그것을 통해 내부를 끊임없이 외부화하고 변이시키는 태도로서 공간성을 표현하는 개념이다. 그것은 또한 코뮨적 존재로서 개체가 자신에게 주어지는 외부적 조건을, 뜻하지 않은 사건을 다가오는 그대로 긍정하려는 태도라고도 말할 수 있다.

코뮨주의의 공간성이 외부성이라고 말할 때, 그 개념이 뜻하는 바는

---

52 같은 책, 82쪽.
53 같은 책, 148쪽.

정확하게 이런 것이다. 반면 근대 이전의 공동체주의나 아니면 1차 대전 이후 독일 등에서의 공동체주의, 혹은 미국에서 쉽게 발견되는 타자들을 배제하면서 만들어지며 동질성을 유지하려는 공동체주의가 내부성을 자신의 원리로 삼고 있다는 것은 잘 알려져 있다. '코뮨'이라고 불리던 중세의 자치도시들 역시 성벽으로 두른 자신의 경계 외부에 대해, 농촌이나 외지의 사람 내지 재화의 흐름에 대해 철저하게 배타적인 태도로 착취하고 지배하려 했다는 점에서 이런 내부성의 세계를 구성했음[54] 또한 우리는 잘 알고 있다. 이런 점에서 보자면, 내부성에 안주하려는 태도는 오히려 공동체를 구성하거나 코뮨적 구성체를 형성하려는 운동에서 가장 빈번하게 만나고 가장 쉽게 빠지는 위험이라고 말할 수 있을 것이다. '자국의 전통'에 대한 집착, 민족적 전통이나 순수성에 대한 자긍심, 외국인이나 이주자들에 대한 배타적 태도 등 역시 이러한 성향의 직접적 사례들이라고 할 것이다.

사실 내부성의 편안함과 친숙함에 안주하려는 성향은 가령 우리의 신체들에서도 발견되는 경향이다. 이와 관련해 특히 중요한 것은 '면역'의 개념이다. 통상적인 의미에서 면역이란 바깥에서 침투하는 적으로서 세균에 대해 내부에 만들어지는 방어 메커니즘으로 간주된다. 그러나 바렐라는 면역체계란 '자아'라는 무의식적 경계 안에서 외부의 것이라고 간주되는 요소들에 대한 내부적 요소들의 방어 메커니즘임을 지적한다.[55] 세균만이 아니라 자신에게 필요해서 이식되는 장기에 대해서도 면

54 표트르 크로포트킨, 『상호부조론』, 하기락 옮김, 형설출판사, 1993, 187~188쪽; 이진경, 「공동체주의와 코뮨주의」, 『미-래의 맑스주의』, 388~390쪽.
55 프란시스코 바렐라, 「창발적 자아」, 존 브로크맨 편, 『제3의 문화』, 김태규 옮김, 대영사, 1996, 255~259쪽.

역체계의 공격이 가해지는 것은 바로 이런 이유 때문이다. 류머티즘 같은 면역질환은 자신의 신체조차 자신의 외부라고 간주하여 공격함으로써 발생한다.

그러나 우리 자신의 세포 혹은 좀더 넓게 보아 진핵세포가, 다양한 이유로 둘 이상의 원핵세포가 결합되어 공생하게 된 결과라는 것을 안다면, 따라서 진화의 결정적인 분기점은 이질적인 생물체의 상호의존적 공생에서 비롯된 것임을 안다면,[56] 내부성을 생물이나 개체의 본래적인 성향이나 성질로 간주하는 태도들의 허구성을 이해하는 것은 어려운 일이 아니다. 세포 안의 미토콘드리아나 식물세포 안의 엽록체, 정자 세포의 꼬리, 심지어 우리 세포의 핵 자체도 이질적인 생물체가 합체되어 공생하게 된 결과라는 것은 이젠 충분히 확증된 사실이기 때문이다. 다수의 세포기관들이 모여서 하나의 집합적 신체를 구성하고, 수많은 세포들이 모여서 유기체라는 집합적 신체를 구성하게 된 것은 바로 이런 이질적 요소들을 자신의 일부로 받아들이며 자기 스스로 새로운 신체의 일부로 변이될 수 있었기 때문에 가능했던 것이다.

말이 나온 김에 좀더 밀고 가서 말하자면, 면역체계란 외부적인 요소들을 받아들여 공생할 수 있는 능력의 한계지점에서 만들어지는 것이라고 해야 한다. 이를 좀더 밀고 올라간다면, 능력으로서의 면역이란 외부에 대한 방어 이전에 그것을 자신의 일부로 받아들이는 능력이라고 해야 한다. 이를 잘 보여 주는 것은 노말 플로라normal flora일 것이다. 노말 플로라는 우리 몸의 '표면' ──내부의 표면 또한 포함한다── 에 살고 있는 세균이나 곰팡이 등의 미생물로서, 질병을 일으키지 않으며, 반대

---

56 마굴리스·세이건, 『생명이란 무엇인가?』, 173쪽 이하.

로 외부적인 병원체에 대해 방어기능을 하는 역할을 하기에 면역체계의 일부를 이루는 것으로 간주된다. 그것은 외부적인 것이지만 우리의 신체가 적응하여 공생하게 된 미생물들이다. 이는 근본적으로 생각해 보면, 잡아먹혔지만 살아남아서 잡아먹은 것과 공생하게 된 박테리아의 경우로 소급할 수 있는 것이다. 우리는 간염균이나 대장균 등 수많은 세균들이 우리의 신체 속에 살고 있음을 알고 있다. 그것은 애초에 질병을 일으키는 '병균'이었지만, 우리 신체와 서로 적응하게 되어(그 세균 또한 숙주가 죽지 않도록 자신을 변이시켜 적응한 것이다[57]) 공생하게 된 것들이다. 이러한 세균들은 신체의 능력이 떨어지게 될 경우 병을 일으키는 '병균'이 된다. 병이란 외부적인 것에 대한 신체의 무능력의 표현인 것이다. 이러한 무능력 지대에서, 감당할 수 없는 외부적 요인에 대한 방어 메커니즘으로서 구성된 것이 면역체계라고 해야 한다.

외부에 열린 신체 혹은 외부성을 갖는 공동체, 그것은 새로이 들어오는 낯설고 이질적인 것에 반복하여 '적응'해야 하는 어려움을 피할 수 없을 것이다. 그 이질적인 외부로 인해 끊임없는 마찰과 갈등, 대립, 심지어 적대를 경험할 수도 있을 것이다. 그것은 힘들고 피곤한 일이며, 그렇기에 피하고 싶은 사태임이 틀림없다. 애초에 외부성을 갖고 있던 공동

---

57 병원균이 이처럼 숙주의 신체에 적응하여 자신의 '독성'을 약화시킬 수 있게 되면, 전염병은 풍토병이 되고, 좀더 나아가면 병을 일으키지 않는 미생물이 되어 오랜 기간 공생할 수 있게 된다. "다종다양한 박테리아와 바이러스는 인간집단에 성공적으로 이행해서 새로운 숙주와 지속적인 관계를 정립했으리라 여겨진다. 대부분의 경우 초창기의 적응과정에서는 순식간에 파국적인 사태가 벌어지기도 했을 것이다. 숙주와 병원체가 거의 전멸하는 사태가 반복적으로 발생한 끝에 마침내 새로운 숙주집단이 후천적 면역력을 얻고 기생생물도 나름대로 적응하게 되면 감염증은 풍토병이 된다."(윌리엄 맥닐, 『전염병의 세계사』, 김우영 옮김, 이산, 2005, 77쪽.)

체가 많은 경우 익숙한 것에 안주하려는 성향은 이런 점에서 자연발생적인 것이기도 하다(조화로운 세계, 합일된 세계의 몽상이 문제가 되는 것은 이 지점에서다). 그러나 거기에 안주하는 순간, 그것은 곧 내부자와 외부자를 가르고, 익숙한 것, 친한 것, 내부적인 것에 대해서 방어적인 태도를 취하며 외부적인 것에 대해 적대적인 태도로 나아가게 마련이다.

외부자에 대한 적대, 그것은 내부자에 대한 감쌈의 이면이다. 그것은 필경 외부적인 것에 대해 갈수록 무능력한 방향으로 밀고 나갈 것이다. 외부적인 것과의 접촉을 줄이고 제거하는 멸균된 공간이 오히려 면역능력이 저하된 무능한 신체를 만들어 내는 것처럼. 무능력하기에 더욱더 방어 메커니즘의 강도와 문턱을 높이게 되고, 그것은 더욱 무능력한 신체를 만드는 악순환이 발생한다. 더불어 외부적인 것에 대한 경계심과 적대감 또한 높아갈 것이다. 이것은 결국 배타적인 집단, 종종 외부에 대해 공격적인 집단으로 귀착된다. 심지어 내부에서 발생하는 차이와 갈등에 대해서도 적대와 공격을 하게 되기도 함을 역사는 여러 가지 사례를 통해 보여 주고 있다. 이는 공동체의 가장 나쁜 미래일 것이며, 지금 공동체에 대한 모든 거부감과 악명의 이유일 것이다.

능력의 한계가 있는 한, 내부와 외부를 가르는 경계, 외부적인 것에 대한 상대적 구획과 선별이 없을 수는 없을 것이다. 경계없는 공간, 그것은 불가능한 절대일 것이다. 그러나 그것은 지금 현존하는 경계를 끊임없이 다시 질문하게 하고, 다시 한번 열게 만드는 그런 불가능성일 것이다. 외부성, 그것은 차이를 긍정하는 것, 이질적인 것과 외부적인 것을 자기-변신의 기회로 만드는 것이다. 코뮨이 긍정적인 것이 되는 것은 이러한 외부성을 항상적으로 작동하는 원칙으로 만드는 경우일 것이고, 자신의 경계를 끊임없이 다시 여는 공간성을 가동시킬 때일 것이다.

## 6. 존재론적 코뮨주의?

코뮨주의가 유토피아로 상상되었을 때, 그것은 분명 끔찍한 현실과 대비되는, 그러나 현실에는 존재하지 않는 어떤 이상적 세계의 꿈이었다. 물론 그런 경우에조차 그것은 블로흐가 잘 지적했듯이 좀더 나은 삶에 대한 꿈과 욕망의 표현이었고, 현실에 존재하는 세계를 바꾸고자 하는 의지의 표현이었다. 그러나 많은 경우 그것은 또한 벗어나고 싶은 현실에 대한 일종의 음각화였다고 해야 할지도 모른다. 그 꿈을 꾸는 사람의 경험과 성향에 따라 다르게 그려지는 음각화.

이와 달리 우리가 보기에 코뮨적 세계란 근대 이전에는 물론이고, 심지어 지금 우리의 삶을 옥죄고 있는 근대 내지 자본주의적 세계에서조차 항상-이미 존재하는 세계고, 어디서나 존재하는 세계며, 여러 층위에 걸쳐 존재하는 세계다. 작은 세포나 세포소기관에서부터 가장 눈에 잘 띄는 우리의 신체 자체, 우리와 함께 생존의 그물을 직조하고 있는 생태적 관계나 사회적 관계, 그리고 지구 전체에 이르기까지 모든 존재자들은 항상-이미 코뮨적 존재다. 따라서 코뮨적 존재, 혹은 코뮨주의는 공상 속에 있는 부재하는 세계가 아니라 언제 어디서나 항상-이미 존재하는 세계라고 해야 한다. 모든 존재자들은 코뮨적 존재인 것이다. 하이데거 식으로 말해서 존재자와 구별되는 '존재'란 게 있다면, 그것은 어느 날 홀연히 내게 닥쳐와 말을 걸곤 사라지는 비의적인 무엇이 아니라, 그 모든 존재자들이 존재하게 하는 거대한 우주적 이웃들의 집합이고 그 존재자들을 통해 표현되는 코뮨적 우주 그 자체다. 이런 점에서 이처럼 모든 존재자가 코뮨적 존재로서 존재함을 보려는 이러한 입장을 우리는 코뮨적 존재론, 혹은 코뮨주의적 존재론이라고 불러도 좋을 것이다.

그러나 이러한 어떤 존재자로 하여금 그것으로서 존재하게 하는, 그것이 기대고 있는 이 거대한 코뮨적 관계, 코뮨적 존재는 조화로운 합치와 무관하다. 그것은 분열과 적대, 종종 전쟁 같은 사태마저 포함하고 있는 존재다. 일차적으로야 서로 기대어 순환의 이득을 주고받는 그런 관계라고는 해도, 그것은 생태계의 먹이사슬처럼 먹고 먹히는 적대적 관계를 포함하고 있기 때문이다. 더구나 지금 우리가 기대어 있는 세계, 우리로 하여금 지금과 같은 방식으로 존재하게 하는 우주 속에는 자본과 국가권력의 지배마저 포함되어 있으며, 그것들에 의해 이루어지는 착취와 포획, 그리고 그것들이 우리들 사이에 만들어 놓은 경계와 분열, 적대의 선들로 가득 차 있다. 코뮨적 존재, 그것은 그것의 공동성만큼이나 이러한 적대와 분열을 안고 있는 존재인 것이다.

코뮨적 존재론은 그런 적대와 분열이 없는 세계를 상정하는 유토피아주의가 아니다. 그것은 이중의 의미에서 유토피아주의와 다르다. 첫째, 유토피아는 장소를 갖지 않는 다시 말해 부재하는 세계임에 반해, 코뮨적 존재란 과거로부터 미래에 이르기까지 인간은 물론 먼지 하나에 이르기까지 항상-이미 현존하는 것이기 때문이다. 둘째, 유토피아주의가 부재의 대가를 치르면서까지 모든 것이 조화를 이루는 세계를 그리고 있음에 반해, 코뮨적 존재론은 공동의 존재, 공동성의 존재론 안에도 항상 적대와 분열이, 혹은 억압이 있을 것임을 보기 때문이다. 그것은 조화와 평화를 꿈꾸는 경우에도 피할 수 없는 현실이다. 코뮨적 존재론은 그것이야말로 우리가 시작해야 할 출발점임을 인정한다. 그리고 그것이 사라진 세계를 향하여, 아니 그것이 극소화된 세계를 향하여 나아가고자 할 때조차도, 그러한 적대와 분열이 언제 어디서나 출현할 수 있음을 명확히 알고 있어야 하며, 항상 그것과 대결해야 한다. 그런 적대와 분열이 사라진 이상적 상태를 꿈꾸기보다는 그것이 출현할 때마다 그것과 냉정하게 대면하고 그것을 좀더 쉽게 넘어서는 방법을, 혹은 그것을 긍정적 에너지로 변환시키는 방법을 창안하며 나아가는 것이다.

그러나 코뮤주의적 존재론을 취한다는 것은, 혹은 적대와 분열마저 공동성에 속하는 것으로 긍정하고 그것을 벗 삼는다는 것은, 적대와 분열이 만연한 공동성의 존재를 '어찌할 수 없는 현실'로 받아들이고 거기에 안주하거나 그것의 변환을 포기하는 것과는 아무런 상관이 없다. 적대나 분열을 인식하는 것이 단지 적대의 불가피성에 안주하려는 것이 아니라 그와 반대로 그것을 넘어서려는 시도의 시작이라는 것, 그리고 그것을 넘어설 방법과 방향을 찾기 위한 출발점이라는 것을 누가 부정할 수 있을까? 존재의 공동성을 확인하고, 적대와 분열마저 그 공동성 속에 있음을 인식하고 인정하는 것 역시 다르지 않다. 아니, 그것 이상이다. 공동체 내부에 동질적이고 익숙한 것에 안주하려는 경향이 존재함을, 내부성의 벡터가 항상 존재하고 있음을 인식한다는 것은, 그 적대와 분열이 단지 외부에서 오는 것이 아님을 볼 것을 요구하기 때문이다. 그것은 외부에서 오기 전에 내부에서 온다. 내부성의 벡터가 작동하여 공동체를 동질화하고 익숙한 것으로 제한하거나 거기 머물고자 할 때, 그것과 다른 것, 이질적이고 외부적인 것들은 공동체의 안정과 평화를 위협하는 적으로 간주되고, 그것을 배제하기 위한 적대의 힘들이 작동하게 될 것이다.

이런 점에서 코뮤주의적 존재론과 구별하여 '존재론적 코뮤주의'가 정의될 수 있으리라고 나는 믿는다. 그것은 존재론적 공동성을 사유하는 코뮤적 존재론에서 시작하여 그 공동성을 통해서 삶을 사유하고 그 공동성을 새로운 삶의 조건으로 확장하거나 변환시키려는 윤리적 실천이고, 그러한 공동성 속에 존재하는 적대와 분열을 넘어서, 그것을 긍정하는 새로운 집합적 관계를 창안하고 구성하려는 사회적 실천이며, 그러한 관계의 구성을 가로막는 장애물과 대결하고 그러한 구성의 실험 속에서 출현하는 적대와 분열을 넘어서 새로운 관계를 만들어 가는 정치적 실천이다. 적대와 분열이 공동체 내부에 항상 존재할 수밖에 없음을 분명히 인식하고 긍정하는 것, 나아가 외부로부터 유입되는 그런 이질적 요소를 최대한 수용하고 긍정하는 것, 그 이질적인 요소들이 충돌하고 분열적인 벡터를 만들어 내는 것조차 긍정하는 것, 그 충돌과 분열을 거꾸로 새로운 변환의 기회로 만들고 변환의 에너지로 만드는 것, 그것 없이는 어떤 공동체도 적대 없는 세계의 꿈속에서 거대한 적대를 만들게 될 것이며, 분열 없는 세계의 꿈속에서 분할가능한 요소들로 반복하여 분할되며 고립될 것이다. 약간 도식적이지만, 존재론적 사유가 그것의 출발점을, 혹은 그것이 발 딛고 있는 현실적 지반을 표시한다면, 코뮨주의는 그것이 나아가려는 방향을 표시한다고 해도 좋을 것이다. 전자가 모든 기원 이전의 기원이라면, 후자는 결코 달성될 수 없는 목적, 끊임없는 실패 속에서 영원히 되돌아올 목적이라고 해야 할 것이다.

사실 코뮨주의 존재론의 입장을 취하는 순간 피할 수 없는 근본적 질문이 던져진다. 존재가 애초부터 코뮨적이라면 굳이 새로이 코뮨이나 공동체를 만들려고 할 필요가 없지 않은가? 반면 존재가 애초부터 코뮨적이지 않다면, 코뮨이나 공동체를 만든다는 것은 근본적으로 불가능하지 않은가? 소리를 들을 능력이 없는 존재가 소리를 듣는 것이 불가능한 것처럼. 따라서 존재론의 입장에서 코뮨주의나 공동체에 대해 말하는 것은 불가능성과 불필요성이라는 두 개의 극 사이에서 근본적인 난점을 갖는 것처럼 보인다.

코뮨주의 존재론은 존재의 공동성에 대한, 코뮨적 존재의 가능성, 혹은 현실성에 대한 확실한 긍정이다. 따라서 공동체나 코뮨을 구성하는 것은 가능하다. 우리, 아니 모든 '살아 있는' 것들에겐 공동체를 구성할 능력이 있으며, 사실 이미 공동성 속에 존재하고 있는 것이다. 존재의 공동성은 공동체 혹은 코뮨을 만들려는 시도들이 단지 추상적 가능성이나 비현실적 몽상이 아니라 정확히 현실적인 시도들이라는 것을 명확히 보여 주는 것이다. 우리는 코뮨적 존재이기에 코뮨을, 새로운 코뮨을 만들 수 있다. 새들이 날 수 있는 존재이기에 자신이 원하는 방향으로 날 수 있는 것처럼, 우리가 말을 할 수 있는 능력을 가진 존재이기에 하고 싶은 말을, 필요한 말을 할 수 있는 것처럼. 하지만 존재의 공동성이 단순한 합치와 조화가 아니라 적대와 분열마저 포함하고 있는 것인 한, 혹은 그런 적대와 분열이 끊임없이 생성될 수 있는 것인 한, 우리는 주어진 공동성에 머물 수 없고 그것에 안주할 수 없다. 우리를 존재하게 해주는 그 공동성이기에 또한 피할 수 없는 그 적대와 분열을 넘어서, 적어도 그것이 극소화된 상태를 꿈꾸고 그것을 향해 나아가는 것은 피할 수 없는 일이다. 코뮨주의적 존재론이 그것에 머물지 않고 존재론적 코뮨주의로 나아가야 하는 것은 이런 이유에서다. 그것이 수없는 실패 속에서도 공동체를 만들려는 시도들이 역사 속에서, 혹은 삶의 과정 속에서 반복되어 되돌아온 이유를 설명해 주는 것이라고 나는 믿는다. 그것이 수다한 실패에도 불구하고 우리가 코뮨주의를 버릴 수 없는 이유를, 아니 그런 실패에도 불구하고 반복하여 코뮨주의를 삶의 전망으로, 우리의 욕망으로 간직해 온 이유를 설명해 준다고 나는 믿는다.

# 2장 코뮨주의에서 공동성과 특이성

## 1. 잠재적 공동체와 현행적 공동체

2008년 말~2009년 초에 걸쳐서 도쿄 히비야日比谷 공원에서 있었던 '하켄무라'派遣村는, 오사카의 가마가사키釜ヶ崎 등에서는 이미 그 이전부터 있었던 것임에도 불구하고, 강한 의미에서 하나의 '사건'이었음은 분명한 것 같다. 그것은 유아사 마코토湯淺誠의 말대로 그 이전부터 있었음에도 불구하고 보이지 않았고 그렇기에 존재하지 않는다고 간주되던 빈곤을 명확하게 가시화했다.[1] 그러나 그것이 가시화한 것은 단지 빈곤만은 아니었다. 그것은 보이지 않았기에 존재한다고 생각하지 못했던 거대한 공동체를 순식간에 가시화했다. 하켄무라에 '촌민'으로 모인 사람들은 505명이었지만, 이들을 지원하는 활동을 위해 나섰던 자원활동가는 등록된 사람만 1,692명이었는데, 매일 왔다가 도와주고 간 사람을 포함하면 연인원 수천 명이 넘었을 것이라고 한다. 쌀과 음식, 채소, 과일 등의

---

[1] 湯淺誠, 「はじめに―人間の手触り」, 宇都宮健 外 編, 『派遣村: 何が問われているのか』, 岩波書店, 2009, v쪽.

물자, 텐트나 침구의 대대적인 자발적인 지원이 있었으며, 모금된 돈은 이체된 것까지 포함하여 총 4,400만 엔이었다고 한다.[2]

수많은 자원활동가들과 물자와 돈을 보내 준 사람들의 거대한 공동체가 이처럼 순식간에 출현할 수 있었던 것은 그것을 가능하게 해준 거대한 공동체적 관계가 그 이전부터, 마치 불러주기를 기다리며 존재하고 있었던 것처럼 생각하게 만든다. 이것만은 아닐 것이다. 2005년 허리케인 카트리나에 의해 황폐화된 뉴올리언스에 모여든 수많은 자원활동가들, 그리고 전 세계에서 모여진 엄청난 양의 물자와 돈은 이처럼 비가시적인 공동체가 국민국가의 범위를 넘는 거대한 규모로 이미 존재하고 있던 것처럼 생각하게 만든다. 이는 쓰나미에 황폐화된 스리랑카에서도, 지진으로 박살난 파키스탄에서도 유사한 형태로 반복된 바 있다.[3]

이러한 공동체는 "자유로운 개인들의 자발적 연합"이라는 맑스의 고전적 정의에 정확하게 부합한다. 물론 그것은 일시적으로만 존재했다가 사라졌다는 점에서 강한 의미에서 공동체라는 말을 사용할 수 있을까 반문할 수도 있다. 그러나 올해에도 이후에도, 그리고 다른 어떤 곳에서도 하켄무라가 만들어질 경우, 그 공동체는, 물론 그때와는 다른 사람에 의해 다른 형태, 다른 규모로이겠지만, 다시 출현할 것이다. 카트리나에 의해 출현했던 공동체 역시 다른 태풍, 혹은 다른 재해에 의해 어딘가가 황폐화된다면 틀림없이 다시 출현할 것이다. 마치 숨어 있다 필요한

---

2 湯淺誠, 「派遣村は何を問いかけているのか」, 宇都宮健兒 外 編, 同書, 10쪽.
3 그런데 이는 사실 10여 년 전까지만 해도 한국에서는 빈번하게 볼 수 있던 사건이다. 무능한 관리들이나 허약한 방재시스템으로 인해 홍수나 태풍 같은 큰 규모의 재해가 닥치면, 어김없이 모여드는 자원활동가와 대중매체에서 모여드는 거대한 규모의 모금은, 구체적 형태를 갖지 않기에 보이지 않는 공동체의 존재를 알려준다.

곳마다 나타나기라도 하는 것처럼.

이러한 '공동체'와 달리 일상적 지속성을 갖고 있는 경우도 있다. 가령 '위키피디아'는 전 세계적 규모에서 "자유로운 개인들의 자발적 연합"에 의해 만들어진다. 백과사전 원고를 쓰고 고치는 작업에 대해 어떠한 대가도 바라지 않는, 심지어 필자의 이름을 남기는 것마저 바라지 않는 자발적 활동이 거대한 규모의 백과사전을 만들고 있는 것이다.[4] 물론 공동체도, 그런 관계나 활동도 보이지 않는다. 결과물만 보일 뿐이다. 그러나 단지 백과사전만이 존재한다고 어떻게 말할 수 있을까? 그것은 실질적으로 존재하는 공동체적 활동이나 관계의 '지표'일 뿐이다. 이것만은 아닐 것이다. 사실 인터넷상에 존재하는 수많은 자발적 모임들은 지속성을 갖고 존재하는 수많은 공동체들의 현실적 존재를 보여 준다. 공동체는 특정한 형태의 이념이나, 몇몇 사람들의 몽상 속에 존재하는, '가능한 세계에 대한 꿈'으로 존재하는 것이 아니라, 지금도 전 세계적 범위에서 어디에나 존재하는 현실적인 관계로서 실재하는 것이다. 심지어 가시적인 공동체의 존재 이전부터 기다리고 있었다는 듯이 존재하고 있는 것이다.

비가시적일 뿐 아니라 평소에는 존재한다고 감지하지 못하는 것의 이러한 현실적 존재에 대해 들뢰즈라면 '잠재적인 것'the virtual이라고 불렀을 것이다.[5] 잠재적 공동체, 그것은 유토피아와 같은 공상적인 어떤 세

---

4 클레이 서키, 『끌리고 쏠리고 들끓다』, 송연석 옮김, 갤리온, 2008, 120쪽 이하 참조.
5 들뢰즈가 말하는 잠재적인 것이란 '현행적인 것'(the actual)은 아니지만 그것과 더불어 현실('현실적인 것'the real)을 이루는 것이고, 현실적인 것과 대비되는 '가능한 것'(the possible)과 다른 것이다. 이러한 구별에 대해서는 질 들뢰즈, 『차이와 반복』, 김상환 옮김, 민음사, 2004, 449~451, 456~457쪽 참조.

계, 비현실적인 어떤 것이 아니라 정확하게 현실로 존재하는 공동체를 뜻한다. 그것은 하켄무라나 위키피디아를 가능하게 해준 공동체고, 하켄무라나 위키피디아라는 가시적 결과로 국한되지 않는 공동체며, 그렇기에 그 현행적인 형태가 사라진 경우에도 결코 없다고 말할 수 없는 공동체일 것이다. 어떤 계기로 불러내는 순간, 또 다시 기다리고 있던 것인 양 나타날 것이 분명하기 때문이다. 이런 점에서 잠재적 공동체는 구체적인 현행적 형태와 다른 차원에서, 다른 방식으로 존재하며, 다른 '지속'의 양상을 취한다.

그러나 그것은 또 다시 '현전presence의 형이상학'에 빠져드는 것은 아닌가? 어딘가 있는 잠재적 공동체가 조건이 주어지면 가시적인 형태로 나타난다(현전한다)고 하는. 신의 자리를 공동체가 대신하는 것은 사실 얼마나 쉬운 일인가. 따라서 현행적인 것이란 이미 존재하던 잠재적인 것이 펼쳐지거나 나타나기만 하면 되는 것이라는 인식은 확실히 안이하다고 해야 한다. 그렇다면 현행적인 것과 독립적인 잠재적 공동체의 '존재'란 대체 무엇을 뜻하는가?

그것은 아마도 타자와 함께 하는 삶이 취하는 지극히 다양한 욕망과 결부된 것일 터이다. 그것은 타인과 함께 어울리고자 하는 욕망의 형태를 취하기도 할 것이고, 곤란에 빠진 이를 위한 연민의 형태를 취하기도 할 것이며, 역으로 남에게 도움을 얻으려는 태도로 나타나기도 할 것이다. 그러나 그것은 또한 함께 하려는 시도의 실패로 상처받아 타인에 대해 거부감을 갖는 형태를 취할 수 있고, 공동으로 무언가를 하는 건 해봐야 실패할 게 뻔한 몽상이라고 냉소하는 것으로 나타날 수도 있을 것이다. 이것만은 아닐 것이다. 지극히 상반되거나 전혀 다른 관심과 태도들이어서 하나의 형상을 부여할 수 없는, 그렇지만 공동의 삶, 타자와 함께 하는 삶과 어떤 식으로든 관련된 수많은 욕망들이 있는 것이다. 공동성에 관한 욕망이 공동체를 향한 방향을 갖고 있다고도, 그렇지 않다고도 말할 수 없는 상태로 존재하는 것이다.[6]

이처럼 잡다할 정도로 다양하고 상충되기까지 하는 상이한 방향을 취하는 욕망들, 그것은 '도래할' 공동체의 질료이긴 하지만, 그 자체로 '공동체적'이라고 부를 순 없을 것이다. 그러나 어떤 현행적인 형태가 주어졌을 때, 그러한 욕망들 가운데 일부가 그 현행적인 것으로 '불려나간다'. 그리고 채 답하지 못한 것들이 그 현행적인 것 주위를 배회한다. 뒤늦게 합류하기도 하고, 망설이고 주저하면서 계속 맴돌기도 하고, 들어갔다 나왔다 하기도 하며, 이건 아니야 하며 등을 돌리고 떠나기도 한다. 그리고 그때 그 공동체에 속하는 욕망과 그것에 속하지 않는 욕망이 비로소 구별된다.

이런 점에서 잠재적 공동체는 일종의 양자적 상태에 있다고 해도 좋을 것 같다. 뚜껑을 열어본 뒤에야 죽었는지 살았는지 알 수 있는 슈뢰딩거의 고양이처럼. 각각이 어떤 욕망인지, 어떤 위치에서 어떤 강도로 존재하는지, 그리고 어떤 방향을 향해 나아가려는지에 대해 어느 것도 동시에 충분히 제대로 알 수는 없는, 오직 대체적인 가능성possibility, 확률의 분포만을 어림잡을 수 있을 뿐인 그런 상태. 하나의 연속적인 배열이 아니라 상이한 상태들의 양자적 분절로 존재하는 상태. 그것은 현행화된 공동체의 '원인'이지만, 현행적인 형태를 규정하는 순간 출현하는 원인

---

6 그것은 어떤 삶도 실제로는 항상-이미 타인, 타자들에 기대어 존재한다는 사실과 무관하지 않으며, 태어나면서부터 가족이라는 하나의 '공동체'(좋은 의미든, 나쁜 의미든) 속으로 태어난다는 사실과, 어딜 가도 타자나 타인들과의 관계 속으로 들어갈 수밖에 없다는 사실과 무관하지 않을 것이다.

이고, 그 현행적인 결과에 의해 존재하게 되는 원인이다. 현행적인 것을 통해 그에 이어지는 경로에 있는 것과 그렇지 않은 것이 결정되는, 그런 점에서 현행적인 것에 의해 소급적으로 구성되는 원인. 그렇기에 우리는 오직 현행적으로 규정하고 현행적인 것으로 불러내는 한에서만 그 잠재적인 것의 존재를 알고 확인할 수 있을 뿐이다.[7]

현행적 공동체에 의해 구성되는 원인, 그것이 잠재적 공동체다. 따라서 현행적 공동체를 구성하려는 시도 없이 잠재적 공동체나 잠재적 공동성에 대해 말하는 것은 무의미하거나 불가능하다고 해야 한다. 뿐만 아니라 그것은 현행적 형태가 어떻게 규정되는가에 따라 다르게 존재한다고 해야 하며, 또한 그것에 의해 결정적인 영향을 받으며 존재하게 되리라고 말해야 한다. 따라서 잠재적인 것은 현행적인 것을 통해, 좀더 정확하게는 현행화를 통해서 말할 수 있다고 나는 믿는다. 우리가 잠재적인 것보다는 차라리 현행적인 것을 강조하는 것은 이런 이유에서다.[8] 존재론적 공동성, 혹은 잠재적 공동체 이상으로 현행적 공동체를 어떻게

---

7 잠재적 공동체는 구체적인 형태를 취하지 않지만 현행적인 형태와 더불어 특정한 양상으로 '불려나온다'. 마치 불러나옴으로써 비로소 존재하기 시작한 것처럼. 그러나 그것 없이 현행적 공동체가 존재할 수는 없을 것이다. 아무리 불러도 없는 것이 불려나올 수는 없을 터이다. 그리고 그것은 그 현행적 형태로부터 되돌아가는 벡터를 통해 가변화된다. 마치 현행적 형태에 의해 규정되는 것처럼. 요컨대 잠재적 공동체와 현행적 공동체는 서로 환원불가능한 차이를 갖지만, 양자는 서로에게 기대어 존재하며 서로를 통해 규정되고 가변화된다. 이런 점에서 잠재적 공동체와 현행적 공동체는, 하이데거 식으로 표현하면 서로에게 공속한다. 들뢰즈라면 양자는 서로 내재적인 관계 속에 있다고 말할 것이다. 스피노자에게 "실체와 양태가 서로 내재적인 관계에 있는" 것처럼.(질 들뢰즈, 「내재성: 생명……」, 박정태 편역, 『들뢰즈가 만든 철학사』, 이학사, 2007, 511쪽.)

8 여기서 잠재적인 것과 현행적인 것의 개념은 『차이와 반복』에서 차용했지만, 양자의 관계는 그 책에서와 다르다. 또한 그 책에서 강조점이 잠재적인 것에 있었다면, 우리는 반대로 현행적인 것을 특별히 강조하고자 한다. 이는 이후의 논지에서도, 이후 사용되는 중요 개념에서도 마찬가지일 것이다.

구성하는가가 중요하다고 믿는 것도 이런 이유에서다.

그러나 실제로는 좀더 중요한 다른 이유가 있다. 여기에 '범례적' 사례를 제공하는 것은 유명한 동영상 사이트 '유튜브'YouTube다. 잘 알다시피 거기에는 전 세계에서 아무런 대가 없이 자발적으로 만들어 올리는 동영상들이 거대하게 모여 있다. 그것은 자신이 갖고 있는 것을 남들과 공유하기 위해 동영상을 올리는 수많은 사람들이 함께 만든 코뮨적(공동체적) 관계의 장이었다. 그러나 유튜브의 경영진은 2006년 10월, 이를 16억 5천만 달러(당시 한화 1조 5천억 원)에 구글에 팔아넘김으로써 코뮨적으로 생산된 가치를 사적으로 영유했다. 이 경우 유튜브라는 사이트로 가시화된 관계는 코뮨적인 것이라고 해야 할까? 유튜브의 이용자들에게 요금을 부과하지 못하는 한, 그래서 단지 광고를 추가하는 식으로만 이윤을 획득할 수 있는 한, 관계 자체를 자본주의적이라고 하기는 어려울 것이다. 이런 점에서 유튜브는 여전히 잠재적 공동체의 존재에 기초하고 있다고 할 수 있을 것이다. 그러나 그것은 코뮨적 활동이 자본에 의해 착취되는 사적 영유관계에 이용/착취당하고 있음 또한 부정할 수 없다.

이것이 좀더 극명하게 드러나는 것은 '아마존'이나 '알라딘'처럼 자발적인 서평이 명시적인 '마켓 플레이스' 안에서 존재하고 작용하는 경우일 것이다. 그것은 무상의 활동이었지만, 방문자들을 이들 사이트로 끌어들이는 유인으로 작용한다. 여기서 우리는 잠재적 공동체를 발견할 수 있는 것일까? 이것이 보여 주는 것은 자본에 의해 착취당하는 코뮨적 활동, 코뮨적 잠재성이라고 해야 할 것이다. 여기서 잠재적인 코뮨적 관계는 자본주의적 형태로 현행화되는 방식으로 불려나오고 자본에 의해 착취당한다. 여기서 자본주의적 관계로 나아가는 것은 아주 쉬운 일이다. 인터넷 쇼핑몰에서 흔히 볼 수 있는 것처럼, 사용자의 후기나 평가를 올리면 인센티브를 받는 것이 그것인데, 이로써 이제는 인센티브를 받기 위해 후기나 사용기를 올리게 된다. 그것은 올리는 활동 자체가 이미 교환관계에, 자본주의적 관계 속에 있음을 뜻한다.

애초의 잠재적인 코뮨적 관계가 현행적인 자본주의적 관계에 의해 포획되면서 자본주의적 관계로 치환되는 것을 더 잘 보여 주는 것은 '파일공유 사이트'들이다. 그것은 애초에 냅스터나 소리바다, 당나귀 등과 같이, 개인들이 소유한 콘텐츠를 공유하는 코뮨적 관계의 표현이었다. 한때 사용되던 '냅스터 코뮤니즘'이란 말이 이를 아주 잘 보여 준다. 그러나 소유관계에서 잠재적 공동체의 현존을 보여 주던 이 관계는 '저작권'이라는 사적 소유의 권력에 의해 와해되었고, 이후 '벅스 뮤직' 등처럼 돈을 내고 파일을 이용하는 유료사이트로, 자본주의적 사이트로 바뀌었다. '당나귀' 같은 공유하는 사이트들 대신, 업로더와 다운로더 사이에 돈을 주고받는 관계를 매개하는 이른바 '파일공유' 사이트들 또한 공유라는 코뮨적 관계에서 시작된 활동의 양상이 강한 의미에서 자본주의적 매매의 활동으로 변환된 사례다. 여기서 애초의 잠재적 공동체는 완전히 자본주의적 관계로 대체되었음을 확인하게 된다.

이러한 예들은 인터넷이라는 접속의 공간을 통해 질료적인 잠재적 흐름이, 현행적 형태에 의해 아주 다른 관계로 변형되고 다른 방식으로 현존하게 됨을 보여 준다. 어떠한 현행적 형태로, 어떠한 현행적 관계로 불러내는가에 따라 잠재적 차원의 코뮨적 관계는 마치 원래 달랐던 것처럼 다른 형태의 잠재적 관계로, 자본주의적 관계로 존재하게 된다. 결과가 원인을 규정하고, 현행적인 것이 잠재적인 것을 규정하는 것이다. 여기서 자세히 말하긴 어렵지만, 자본주의는 본질적으로 이처럼 코뮨적 관계를 착취하여 잉여가치로 영유한다. 공동체가 생산하는 '순환의 이득'을 잉여가치로 변환시켜 사적으로 영유하는 것, 그것이 자본의 착취의 본질이다.[9] 자본은 항상 이런 '순환의 이득'을 생산하는 공동체적 관계를 노리고 있으며, 역으로 코뮨적 관계나 활동은 항상 자본의 이런 착취에 노출되어 있다. 공동체가 존재론적 차원의 것인 한, 혹은 잠재적 층위의 현실인 한 어디에나 현존함에도 불구하고, 실제로는 찾아보기 힘들 정도로 희소한 것은, 그리하여 지금 시대를 공동체가 불가능한 시대라고 느끼게 되는 것은 이 때문이라고 나는 믿는다.

우리가 존재론적 차원의 공동성이나 잠재적 공동체에 만족할 수 없는 것은, 아니 그것으로 충분하다고 생각해선 안 되는 것은 무엇보다 이런 이유에서다. 그런 공동성이나 공동체는 그것을 현행적인 공동체로 '불러내고', 그렇게 불려나온 것을 코뮨적 관계로 지속하게 하려는 노력 없이는, 자본의 포섭에 대항하는 현행적 실천 없이는, 유지될 수 없을 뿐 아니라 존재할 수도 없다. 코뮨주의가, 그것의 현존에 대한 정의 자체가 "현실적인 이행운동"을 항상-이미 내포해야 하는 것은 이런 이유에서다. 자본주의가 삶의 현행적 조건을 장악하고 삶의 현실적인 '환경'이 되고 있는 상황에서, 코뮨 내지 공동체란 자본주의의 '외부'를 창안하고 유지하려는 노력 없이는 결코 존재할 수 없기 때문이다. 20세기의 거대한 실패에도 불구하고, 그리고 이후 언젠가 또 다시 '재난'이나 '상처'를 남기며 실패할 수 있음을 결코 부정할 수 없음에도 불구하고, 현실적인 실천의 문제로서, 현행적인 것의 층위에서 공동체를 만들려는 것은 이런 이

---

9 이에 대해서는 이진경, 「생명의 권리, 자본의 권리」, 맑스코뮨날레 조직위원회 엮음, 『21세기 자본주의와 대안적 세계화』, 문화과학사, 2007 참조.

유에서다. '시대착오적 궤변'을, 되돌아오는 실패 모두를, 다시 시작할 수 있는 기회로 만드는 '반시대적 지혜'로 받아들이고 싶은 것은 이런 이유에서다.

## 2. 개체화와 공동성

문제는 현행적인 공동체를 구성하는 방식으로 잠재적 공동체를 불러내고, 현행적 공동체의 작동을 통해 잠재적 공동성을 재형성하는 것이다. 이를 위해서는 현행적인 공동체로부터 시작해야 한다. 현행적인 차원에서 공동성을 어떻게 이해할 것인지, 그러한 공동성은 어떻게 구성되고 작동하는지, 그러한 공동성이 공동체에 대한 우려의 주된 이유인 유기체적인 통일성이나 합일, 합치의 방향과 어떻게 다른 방향을 가질 수 있는지를 천착해야 한다. 현행성의 차원에서 공동체를 사유하는 데 무엇보다 중요한 것은 공동성의 개념이다. 공동성은 단지 현행적인 것은 아니지만, 현행적인 구성적 활동을 통해 공동체를 사유하는 데 결정적인 역할을 한다. 그것을 통해서 공동체를 구성하는 특이적 성분들, 다시 말해 특이점들은 그때마다 하나의 특이성을 형성한다. 그러나 이러한 공동성과 특이성의 개념에 대해 다루기 위해서 출발점이 되어야 하는 것은 "모든 개체는 항상-이미 공동체"라는 1장에서의 명제다.

　다시 간단하게 요약하자면, 분할불가능한 최소단위라는 의미에서 개체는 없다. 모든 개체는 복수의 요소들이 모여 개체화된 결과이고, 따라서 모든 개체는 복수의 분할가능한 요소들의 집합체(중-생, multi-dividual)다. 개체화 안에서 그 모든 요소들이 서로 기대어 '작동하는' 한 개체는 항상-이미 하나의 공동체다. 개체와 공동체는 원자론이나 유기체론이 가정한 부적절한 전제 안에서만 대립할 뿐이다. 물론 개체화의 강도나 양상에는 수많은 차이들이 있다. 이는 개체인 공동체의 결속의 강도와 양상에 수많은 차이가 있을 수밖에 없다는 걸 의미한다. 생물학적 유기체와 축구팀이 동일한 강도, 동일한 양상의 공동체일 수는 없는 것이다.[10]

여기서 개체화를 통해 정의되는 개체/공동체가 '자연적' 지속성을 갖는다는 직관적 가정 역시 부적절함을 미리 지적해 두자. 스피노자 말대로 공동체는 그 구성요소들이 유효하게 '작용할' 때에만 존재한다. 가령 앞서의 예에서 축구팀이라는 개체는 잘 알다시피 제 각각인 복수의 개인들이 서로 호흡을 맞추어 하나처럼 움직일 수 있는 공동성을 생산할 수 있는 한에서만 존속할 수 있다. 그렇지 못할 경우 탁월한 기량의 개인 11명을 모아 놓아도 제 각각으로 움직인다면, 그것은 개체화에 성공하지 못한 것이다. 그것이 해체되는 데는 많은 시간이 필요하지 않을 것이다. 커플이나 가족처럼 결속력이 강한 공동체 역시 이렇다는 것 또한 지금은 잘 알려져 있다(인격적 결속인지 아닌지, 결속을 유지하는 '물리적' 내지 제도적 강제가 있는지 등을 고려해야 하지만). 유기체 역시 다르지 않다. 기관들의 작동이 서로 잘 맞지 않는 경우 개체는 해체의 운명을 맞게 된다. 유기체 전체의 공동성의 생산에 안정성(비평형적 항상성)을 부여하는 자율적 조절메커니즘이 와해되면 개체화는 중단되고 개체로서의 생존은 끝나게 된다.

구성요소들을 하나로 묶어 주는 공동성은 개체가 갖고 있는 어떤 성

---

10 따라서 공동체는 항상-이미 그 구성요소인 '개인'을 억압하리라는 가정은 공동체의 양상이나 결속의 강도가 항상 동일하리라는 것을 암묵적으로 전제하고 있다는 점에서 부적절하다.

질/소유물property을 뜻하는 '공통성'과 다르다는 점을 강조할 필요가 있다. 반대로 개체가 지속한다는 것은 복수의 이질적인 요소들이 하나로 결합하여 작동할 수 있도록 하는 어떤 공동성을 지속하여 생산함을 뜻한다. 즉 **공동성의 생산이 지속되는 한에서만 그것은 개체로서 존재한다.** 공동성의 생산이 중단될 때, 그 개체화는 중단되고, 그것은 더 이상 하나의 개체이기를 그친다. 공동체가 공동성을 갖는 게 아니라 공동성의 생산이 공동체를 생산하는 것이다. 따라서 공동체의 문제는 공동성을 만들어내고 반복하여 유지하는 실천 내지 작동의 문제다.[11] 중요한 것은 어떻게 공동성을 생산할 것인가, 어떤 공동성을 생산할 것인가 하는 문제인 것이다.

이런 점에서 개체에 대한 자연학에서 시작하는 것은, 개체의 생물학이나 자연학에 근거하여 개체=공동체란 명제를 통해 모든 개체는 '공동성' ─ 실은 '공통성'이지만 ─ 이란 성질을 갖고 있음을 추론하고 그로부터 공동체의 존재근거를 찾아내려는 소박한 시도와는 아무 상관이 없다. 오히려 반대로 말해야 할 것 같다. 자연학적 개체 또한 모두 개체화를 통해 만들어진 것이며 그 구성요소들 사이에 개체적 공동성을 생산하지 못하면, 개체는 '죽음' 내지 '해체'의 운명을 피할 수 없다고.

앞에서 우리는 자연학을 통해, 자연학자들이 직접 말하는 방식과는 다르게 개체와 공동체, 개체와 집합체의 통상적 구별이나 대립이 부적절함을 말할 수 있었다. 그것은 '모든 개체는 공동체'라는 입론이 단지 은유만은 아님을 보여 주지만, 그것 또한 그 명제의 자연학적 정당화를 위한 것만은 아니다. 그보다는 차라리 개체 개념을 인간을 뜻하는 '개인'으

---

11 스피노자라면 이처럼 공동체를 존속하게 해주는 활동을 '코나투스'라고 명명할 것이다.

로부터 벗어나 존재자 일반에 대한 것으로 '평면화'하기 위한 것이다. 즉 공동체에 대한 사유가 '개인'이나 인간들의 공동체를 벗어나, 인간과 인간 아닌 개체들을 하나의 동일한 평면plan에서, 접속과 분기를 가로막는 어떤 심연도 없는 하나의 평면에서 다루기 위한 것이다. 공동체나 공동성의 존재론이 인간만이 갖고 있다고 가정되는 어떤 성질을[12] 근거로 추론되는 한, 그것은 인간중심주의를 결코 벗어날 수 없을 것이다.

모든 개체가 공동체라고 할 때, 그것은 존재하는 개체들의 상태를 서술하는 자연학적 사실에 관한 것이다. 역으로 모든 공동체는 하나의 개체라고 하는 것은, 개체화를 통해서 만들어지고 유지되어야 하는 것임을 함축한다는 점에서 단순한 자연학적 사실이 아니라 실천적인 문제임을 뜻한다. 하나의 개체로서 존재한다는 것, 그것은 개체화된 상태를 지속하는 것이다. 개체는 자신의 존재를 지속하기 위해 끊임없이 활동/작용을 하고 있다. 하나의 개체로서 존재한다는 것은 자연학적 개체에게나 인간이라는 개체에게나 동일하게 자연적인 사실이 아니라 개체화를 지속하기 위한 실천/작동의 문제라는 것이다. 이런 점에서 존재한다는 것과 '작용한다/작동한다'는 것은 동일한 의미를 갖는다. 스피노자는 여기서 더 나아가, 이처럼 존재를 지속하기 위해 작동하는 것을 '살아 있다'

---

12 인간중심주의를 비판할 때의 하이데거 역시 존재의 의미를 파악할 수 있는 현존재의 특권적인 지위를 포기하지 않는다(「휴머니즘 서간」, 『이정표』 2권, 이선일 옮김, 한길사, 2005, 135, 143쪽). 바위와 도마뱀, 인간의 차이를 소박할 정도의 상식에 기대어 설명하는 초기의 하이데거(『형이상학의 근본개념』, 이기상 외 옮김, 까치, 2003, 325~344쪽)는 물론, 생명이 다하는 것으로서의 일반적인 생명체의 죽음과 죽음의 의미를 아는 인간의 죽음의 차이를 강조하며 사방세계 안에서 '죽을 자'들의 특권적인 지위를 강조할 때(「사물」, 『강연과 논문』, 박찬국 옮김, 이학사, 2008, 230쪽)에도 이는 그리 다르지 않다. 그런데 바타유나 그에 기대어 '죽음'이라는 사건을 통해 존재의 공동성을 사유하는 낭시(『무위의 공동체』)나 블랑쇼(『밝힐 수 없는 공동체』)의 경우 또한 이와 달라 보이지 않는다.

는 말과 동일한 것으로 간주한다. 이런 의미에서 그는 '존재한다'être, '작용한다/행동한다'agir, '살아 있다'vivre가 하나의 동일한 의미를 갖는다고 말한다.[13]

앞서 말했던 것처럼 개체를 지속하는 문제는 복수의 이질적 요소들을 하나로 묶어 주는 공동성을 생산하는 문제다. 공동성의 생산이란 하나의 개체가 살아서 존재하기 위한 활동이다. 이는 구성요소들의 '개체적' 독립성을 넘어서 그것들이 모여 함께 만드는 공동체로 결합하는 것인 동시에, 그렇게 만들어진 공동체의 개체적 경계를 형성하는 것이기도 하다. 역으로 막膜이나 공간적 경계, 혹은 이름 등에 의해 만들어지는 경계로 환원불가능한 것이기도 하다.

## 3. 공동체와 특이성

유전자나 세포에서부터 생태적 개체에 이르기까지 개체는 복수의 이질적인 요소들로 구성된다. 그렇게 하나로 묶이는 이질적 요소들의 관계, 그것들의 분포양상이 그 개체의 특이성singularity을 규정한다. 물론 이질적인 것만으로 이루어져 있다고는 할 수 없을 것이다. 다른 것과 유사하거나 동질적인 요소들이 있을 것이며, 이질적인 것이라고 해도 복수의 동일한 것이 일정한 군집을 이루고 있는 경우가 적지 않을 것이다. 이런

---

13 스피노자, 『에티카』, 강영계 옮김, 서광사, 1990, 제4부 정리 24. 229쪽. 물론 이는 양태 일반과 생명을 동일시할 수 없다면, 그대로 받아들이기는 어렵다. 생명체란 단지 작용하는 능력뿐만 아니라, 순환계를 구성하는 능력을 가질 때 정의될 수 있다고 믿는다는 점에서 '살아 있다'는 앞의 두 동사와 구별되어야 한다(이에 대해서는 이진경, 「생명과 공동체」, 『미-래의 맑스주의』, 그린비, 2006 참조).

점에서 모든 요소는 개체화에 참여하지만, 모든 요소가 그 개체의 특이성을 구성하는 데 참여하는 것은 아니다. 특이성을 구성하는 데 참여하는 '성분'(복수의 요소가 하나의 성분으로 표시될 수 있다는 점에서 '요소'와 구별된다)과 그렇지 않은 성분이 있다. 특이성에 참여하는 성분이란, 그것을 더하거나 뺌으로써 특이성 전체가 달라지는 것을 뜻한다. 이런 성분을 '특이점'singular point이라고 정의하자. 그렇다면 특이성이란 특이점들의 분포에 의해, 혹은 특이점들의 결합양상에 의해 정의된다고 말할 수 있을 것이다.

가령 삼각형은 세 개의 특이점을 잇는 선분에 의해 정의된다. 이러한 특이성에 의해 삼각형의 여러 가지 성질property이 만들어진다. 예컨대 한 외각의 크기는 이웃하지 않는 두 내각의 합과 같다 등등. 여기에 점을 하나 추가하여 새로운 꼭짓점으로 만들면 도형은 사각형이 되고, 이전의 위치에 그대로 있는 경우에조차 세 개의 특이점은 사각형의 특이성을 구성하는 특이점이 된다. 추가된 하나의 점이 이렇듯 전체 특이성을 바꾸었다는 점에서 특이점이라고 하기에 충분하다. 마찬가지로 삼각형에서 하나의 특이점을 빼면 남는 것은 선분이 된다. 이 역시 특이성에 임계적이다. 아미노산을 만드는 뉴클레오티드의 코돈은 A, T, G, C 중세 개의 결합으로 만들어진다. 가령 CAG로 결합하면 글루타민이 되지만 AAG로 결합하면 리신이라는 아미노산이 된다. 세 개의 뉴클레오티드가 아미노산의 특이성을, 그리고 아미노산의 중합체인 단백질의 특이성을 결정하는 것이다.[14] 기상의 특이성을 결정하는 것 역시 고기압과 저

---

14 코돈은 세 개의 특이점으로 정의된다. 그런데 그 세 자리에 들어가는 뉴클레오티드에 모두 임계적이지는 않다. 가령 CAG뿐만 아니라 CAA도 동일한 글루타민을 만든다. 그렇지만 CAC가

기압의 분포이고, 이는 기압대의 중심에 있는 특이점들의 분포에 의해 결정된다.

여기서 먼저 강조해야 할 것은 특이성은 외부성을 그 요체로 한다는 점이다. 무엇이 외부에서 추가되거나 제거되는가에 따라 특이성 자체가 전혀 다른 것으로 바뀐다. 이런 점에서 특이성은 '고유성'property과 무관하다. 그것은 자신의 고유한 본성을 갖지 않는다. 고유하지 않은 외부적 성분의 결합양상에 의해 전혀 다른 것으로 되기 때문이다. 또 하나 중요한 것은 특이성은 결코 '단독적'이지 않다는 점이다. 그것은 통상 복수의 특이점의 분포에 의해, 집합적 배치에 의해 결정된다는 점에서 항상-이미 집합적이다. 이는 사실 모든 개체가 공동체, 집합체라고 했을 때와 전적으로 동일하다.[15] 세번째로 추가할 것은, 특이성은 현행적으로 그것을 만드는 데 유효하게 작동하는 한에서만 어떤 성분을 특이점이 되게 만든다는 점이다. 스피노자 말대로 어떤 결과를 만드는 데 참여한 한에서만 그것은 원인이 될 수 있다는 것이다.[16] 이는 특이점이 특이성에 의해 규정된다는 것을 다른 방식으로 보여 준다.

특이성이 특이점들의 결합에 의해 규정되는 결과라면, 특이점은 그

---

되면 이는 전혀 다른 히스티딘을 만든다. 이는 어떤 성분이 특이점인가 아닌가는 역으로 특이성에 의해 규정된다는 것을 보여 준다.

15 이런 점에서 특이성이란 단독적인 '고유명'(proper name)을 뜻한다고 하는 주장(가라타니 고진, 『탐구』 2권, 권기돈 옮김, 새물결, 1998, 12~20쪽)의 부당성을 쉽게 이해할 수 있다. 모든 고유명사가 특이성을 표현하지는 않기 때문이다. 반대로 우리는 다른 것들을 특정한 고유명사로 부르게 만드는 어떤 특이성의 반복을 종종 발견한다. "그의 사고는 맑스적이다"라거나, "그는 로자 룩셈부르크 같은 삶을 살았다"라고 할 때 그렇다. 이런 점에서 고유명사란 '비인칭적 특이성'이라고 해야 한다. 인칭적 고유성과 무관한 특이성의 이름인 것이다.

16 이는 특이성이 항상 현행적이라는 말은 아니다. 이런저런 특이점들의 집합이 이러이러한 특이성을 형성한다는 것이 반복가능성을 가질 때, 그것은 잠재적인 층위에서 특이성으로 존재하게 된다.

것을 만드는 '원인'이다. 그러나 그것은 결과에 의해 규정되는 원인이다. 어떤 특이점이 삼각형의 그것인지 사각형의 그것인지는 결과로서의 특이성에 의해 규정되는 것이다. 그것이 특이점인 것은 그 자체로는 결과로서의 특이성을 드러내지 않으며, 수많은 '결과'들, 수많은 특이성들에 열려 있는 다의성을 갖고 있기 때문이다(특이점의 '미분불가능성'은 이런 다의성의 수학적 표현이다). 물론 특이점을 이루는 것도 무규정적이지 않으며, 그 자체로 하나의 특이성을 가질 수 있다. 그것의 구성성분들이 만드는 특이성을. 가령 삼각형과 분리하여 '점'이라는 특이성을, 글루타민과 분리하여 아데닌(A)이라는 특이성을 말할 수 있을 것이다. 그러나 그것이 다른 성분과 함께 개체화과정에 들어가서 특이성을 구성할 때, 그 특이성은 그대로 '발현'되는 게 아니라 외부적인 다른 성분과의 결합에 의해 특이성을 구성하는 성분으로서만 작용한다. 다른 것과 결합하여 다른 특이성을 얼마든지 만들 수 있는 것이다. 따라서 그 자체로 하나의 특이성이기도 한 한 성분이 특이성에서 특이점으로 되는 것은 상대적인 잠재화의 선 위에 있다고 한다면, 특이점이 특이성이 되는 것은 현행화 속에서라고 말할 수 있을 것이다.

이러한 특이성은 특이점들이 모여 하나의 특이적 개체를 구성함으로써 만들어지고, 개체화가 중단됨에 따라 소멸한다. 이런 점에서 보자면 특이성은 현행적인 것과 결부되어 있다. 그러나 그러한 개체화가 반복가능한 것인 한, 이 특이성은 반복되는 개체화의 잠재력으로 남는다. 즉 반복하여 도래할 '개체'의 잠재력으로, 동시에 그러한 개체화를 잠재적으로 규정하는 조건으로 남는다.

이런 이유에서 특이성은 항상 개체화와 결부되어 있다고 해야 한다. 다시 말해 스피노자를 따라 개체를 하나의 결과를 산출하는 복수의 성분들의 집합으로 정의하는 한, 특이성은 모두 개체의 특이성이다.[17] 물론 그런 개체적 특이화를 구성하는 특이점은 '전개체적'pre-individual이다. 특이성과 개체적인 것 간의 관계에 대해 약간 부연할 필요가 있다. 알다시피 『차이와 반복』에서 들뢰즈는 시몽동Gilbert Simondon을 따라 '전개체적 특이성'의 개념을 발전시킨 바 있다. 여기서 특이성은 개체적인 것이 아니라 '전개체적'인 것으로 간주된다.[18] 그러나 『차이와 반복』에서 '개체적'이란 말은 생물학적 의미 즉 유기체를 뜻하며, 전개체적인 것이란 유기체로 분화되는 과정 속의 개체화 이전에 존재하는 특이성을 뜻한다. 하지만 스피노자를 따라 개체성을 개체화의 결과로 이해한다면, 모든 특이성은 개체적이라고 해야 한다. 이러한 차이는 특이성 개념의 차이가 아니라 개체성 개념의 차이에 기인한다. 가령 들뢰즈는 유전적 특이성은 생물학적 개체화 이전의 특이성이란 의미에서 '전개체적'이라고 하지만, 우리는 유전적 특이성이란 특이성을 갖는 유전자로의 개체화의 결과라고 보기에, 즉 유전자 역시 하나의 개체화의 결과라고 보기에 '개체적'이라고 해야 한다(그것은 꼭 현행적인 것은 아니다).

　이러한 구별은 단지 개체 개념의 구별만이 아니라, 약간의 다른 함축을 갖고 있다. 가령 유기체적 개체화의 관점에서 볼 때, 유전적 특이성이란 우리가 보기엔 하나의 특이점, 즉 그 자체로 어떤 개체적 특이성으로 나타날지 아직 결정되지 않은 다의적인 특이점에 불과하다. 다시 말

---

**17** 특이적인 것(singular thing)을 정의하는 『에티카』 2부 정의 7과 개체화의 층위가 계속 달라지며 자연 전체로까지 확장될 수 있음을 말하는 2부 보조정리 7의 주석을 결합해 이해해야 한다. 이 경우 모든 층위의 개체화는 항상 특이화를 뜻하게 되며, 역으로 특이성이란 이런 특이화를 통해 구성되는 것, 즉 개체화를 통해 구성되는 것이 된다. 따라서 모든 특이성은 개체적이다.

**18** 질 들뢰즈, 『차이와 반복』, 김상환 옮김, 민음사, 2004, 524~526쪽.

해 전개체적 특이점은 아직 특정한 특이성을 갖지 않는다. 그것은 개체화에 참여하는 다른 특이점들(다른 유전자, 단백질 구조, 발생적 특이화 등등)에 의해 상이한 특이성을 형성하게 된다. 특정 유전자가 있다고 항상 그것이 발현되는 것은 아님은 잘 알려져 있다(완화된 형태로 서술된 것에 대해서조차 우리가 이른바 '유전자 결정론'을 받아들이지 않는 것은 이런 이유에서다). 전개체적인 것을 특이점으로만 보는 것은, '전개체적 특이성'의 초험적 규정성 이상으로, 그것과 결합하는 외부성의 효과가 일차적이라고 보는 것이라고 말해도 좋을 것이다.[19] 특이성과 특이점을 개념적으로 명확히 구별하려는 것은 이런 이유에서다.

특이성을 구성하는 특이점들은 그 자체로 독자적인 특이성을 갖는 개체화의 산물이다. 그것은 개체화에 말려-들어감으로써 '상위'의 특이성의 구성에 참여하지만, 그 특이성으로 귀속되지 않으며 다른 특이점들에 종속되지도 않는 독자성을 갖는다. 그것은 '상위'의 특이성 속에서 규정될 때조차 다른 요소들에 대해 '어트랙터'attractor로, 혹은 '질점'으로 작용한다. 즉 다른 요소들을 끌어들이는 힘을, 혹은 다른 요소들에 작용하는 힘을 갖는다. 종종 그것은 같이 개체화에 참여한 다른 특이점과 상충되기도 하고 반발하기도 하며 충돌하여 분리되기도 한다. 이는 특이적 개체화에 참여한 경우에조차 특이점들 사이에 거리와 간격이 항상 있음을 뜻한다. 그 거리나 간격이란 직접적인 공간적 공백이 아니라 특이성에서 특이점으로 되돌아갈 수 있는 탈영토화의 지대고, 새로운 성분들과

---

**19** 이와 관련해서 우리는 『차이와 반복』에서의 '초험적 잠재성'의 개념과 구별하여 사건적 외부성을 강조하여 '사건적 잠재성'의 개념을 대비한 바 있다. 이에 대해서는 이진경, 『외부, 사유의 정치학』, 그린비, 2009, 135쪽 이하 참조.

결합할 수 있는 재영토화의 지대, 새로운 접속가능성의 지대다. 이는 개체화를 통해 형성된 특이성 내부에, 그 특이점들 사이에 항상-이미 분리 가능한 거리가, 혹은 새로운 성분이 끼어들 여백이 존재함을 뜻한다. 그것은 특이성 내부에 존재하는 외부, 공동체 내지 개체 내부에 존재하는 외부라고 해도 좋을 것이다.

　이러한 거리 내지 여백은 개체화된 공동체에 대해 위험과 기회라는 이중의 의미를 동시에 갖고 있다. 먼저 그것이 기회일 수 있는 것은, 그 거리 내지 여백으로 인해 새로운 성분, 새로운 특이점들이 끼어들거나 빠져나갈 수 있기 때문이다. 물론 그때마다 공동체의 특이성은 변할 것이고, 공동체의 실질적인 경계, 다시 말해 개체화의 경계 역시 달라질 것이다. 그것은 공동체에 변화와 갱신의 기회를 제공한다. 역으로 개체화에서 빠져나가고 싶은 특이점들에게 그것은 출구를 제공할 것이며, 주어진 공동체의 상태에 거리감을 느끼는 성분에게는 숨쉴 수 있는 공간을 제공할 것이다. 물론 정확하게 동일한 이유에서 그것은 '위기'의 이유가 된다. 기존의 상태를 유지하려는 입장에서는 뜻하지 않은 외부적 요소가 끼어드는 거리나 여백이란 원치 않는 변화의 가능성에 노출되어 있음을 뜻하기 때문이다. 좀더 결정적인 것은 그러한 거리나 간격이 공동체의 분리의 가능성, 분할의 가능성이 공동체 내부에 항상-이미 존재함을 뜻하기 때문일 것이다.

　어떠한 개체도 자신의 개체성을 지속하려는 성향——스피노자가 '코나투스'라고 명명한——을 가지며 그러기 위해 노력한다. 물론 그러한 지속이 반드시 동일성의 유지와 변화의 거부를 뜻하는 것은 결코 아니다. '진화론자'들의 어법을 빌려서 말하자면, 외부적인 것을 통해 자신을 변화시켜 가는 것만이 외부환경에 '적응'하여 존속할 수 있다. 가령 아이의 성장이란 외부와의 만남을 통해 자신을 변화시켜 가는 과정, 자신의 지속능력을 확장시켜 가는 과정이다. 생물의 진화란 외부환경에 '적응'한 개체들의 존속을 통해 이루어져 왔다. 이런 점에서는 변화란 지속의 조건이다. 그렇지만 변화가 개체의 분리나 분할로 귀결될 경우, 개체성을 사실상 해체하는 것이 된다. 개체들이 지속하려는 성향은 이러한 사태를 최대한 피하고자 한다. 심지어 이를 피하기 위해 외부적인 성분이 끼어들거나 개입할 수 있는 여백을 최소화하고 새로이 끼어드는 요소를 밀쳐내기도 한다. 또 밖으로 벗어나려는 시도는 저지하면서, 기존의 상태와 기존의 특이성을 유지하고자 하는 시도들이 발생하기도 한다. 그리고 이를 위해 명칭뿐만 아니라 제도나 관습적 강제들이 동원되기도 한다.

공동체에 관련된 결정적인 분기점이 존재하는 곳은 바로 여기라고 해야 할 것이다. 공동체의 유지를 위해서도 외부성을, 가변성을, 극대화하려는 방향이 그 하나라면, 반대로 그것의 유지를 위해 외부성와 가변성을 극소화하려는 방향이, 내부성와 안정성, 동일성identity을 극대화하려는 방향이 다른 하나일 것이다. 전자가 외부적인 성분, 외부자들에 대해 새로운 변화의 기회를 제공하는 것으로서 긍정하고 환영하는 것을 의미한다면, 후자는 그것을 자신들의 동일성을 침식하고 친숙한 안정성을 뒤흔드는 병적인 요소로 간주하여 배제하고 부정하는 것을 의미한다. 어떤 공동체적 개체도 그 본성상 외부성을 배제할 수 없다는 점에서 사실은 외부성 계수의 차이만이 있는 것이라고 해야 하지만, 전자가 외부성 계수를 확대하려는 방향으로 나아간다면, 후자는 그것을 축소하려는 방향으로 나아간다고 해야 할 것이다. 이런 점에서 외부성을 원칙으로 삼는 공동체라는 의미에서 전자를 외부성의 공동체라고 한다면, 후자는 내부성을 원칙으로 삼는 공동체, 내부성의 공동체라고 할 수 있을 것이다. 토니 모리슨Toni Morrison의 소설 『파라다이스』는 이 두 가지 공동체가 얼마나 다른 것일 수 있는지, 그리고 서로에 대해 얼마나 적대적일 수 있는지를 아주 잘 보여 준 바 있다.[20] 이러한 차이를 좀더 명확히 하기 위해 우리는 특이점들 사이의 거리와 여백, 그것들의 환원불가능성을 강조하는 특이적 구성체와, 그러한 성분들을 하나의 '유기적 전체'로 통합하려는 유기적 구성체를 대비한 바 있다.[21]

'공동체'가 갖는 일반적인 위상, 혹은 일반적인 의미를 받아들이면서도, 대개는 근대 이전의 공동체나 '공동체주의'적 공동체, 요컨대 내부성의 공동체를 지칭하는 '공동체'라는 말의 전통적 용법과 구별하여 외부성의 공동체를 지칭하는 의미로 '코뮨'이라는 말을 사용하고, 그런 공동체를 구성하려는 입장을 지칭하여 '코뮨주의'라고 명명하고자 하는 것은 이러한 차이를 좀더 명확히 하기 위해서다.

그러나 방향의 차이로 공동체를 구별하는 것이나 거기에 별개의 명칭을 붙이는 것으로 피하고 싶은 '괴물'을 막는 데 충분하리라는 생각은 안이한 것일 게다. 외부성을 분명히 하고 시작한 코뮨에서도 시간이 지나면서 관행과 습속의 반복적 형성을 통해 내부성의 성향이 출현하는 것은 매우 쉽고 빈번한 일이기 때문이다. 내부성의 공동체가 외부적인 공동체로 될 가능성은 적은 반면, 외부성의 공동체가 내부성의 공동체로 변화될 위험은 상존한다고 해야 할 듯하다. 외부성의 원칙을 확고하게

---

20 토니 모리슨, 『파라다이스』, 김선형 옮김, 들녘, 2001; 이진경, 「공동체주의와 코뮨주의」, 『미래의 맑스주의』, 그린비, 2006 참조.
21 이진경, 「코뮨주의와 특이성」, 고병권·이진경 외, 『코뮨주의 선언』, 교양인, 2007, 172쪽 이하.

견지해야 하는 것은 바로 이런 이유에서다. 그것을 통해, 반복하여 등장하는 내부성의 경향을 주시하고 그것과 대결하려는 긴장이 없다면, '코뮨'이란 이름을 달고 내부성의 공동체가 되는 것은 결코 어려운 일이 아닐 것이다.

## 4. 공동성과 '공동체'

개체를 구성하는 요인들은 복수적이고 상이한 성분의 특이점들의 결합을 통해 개체적 특이성을 형성한다. 그러나 방금 말했듯이 특이성을 구성하는 특이점들은 전개체적 수준의 독자성을 갖고 있으며, 이로 인해 특이점들 간에는 분할·분리가능한 거리와 간격이 있다. 개체화 혹은 개체적 특이화는 이 간격을 넘어서(제거한다는 말이 아니다) 이 상이한 특이점들을 하나로 묶을 때에만 가능하다. 공동체든 코뮨이든 이처럼 특이점들을, 아니 그 구성요소들을 하나로 묶을 때에만 가능하다. 일반적인 구성요소는 물론 독자적인 상이한 특이점들을 하나로 묶어 하나의 현실적인 특이성이 되게 만드는 것은 공동성이다. 혹은 공동성을 산출하고 유지하는 공동활동이다. 이러한 공동성이 없는 한, 특이점들은 수많은 방향을 갖는 모호한 잠재성의 상태에 머물러 있을 뿐이다. 상이한 이질적 요소들을 하나로 묶는 공동활동을 통해 특이점들은 하나의 특이성을 구성한다. 이렇게 구성된 공동의 특이성은 이후의 공동활동에 작용하는 포텐셜이 되어 지속된다. 그 공동활동과 끊임없이 소통하고 뒤섞이며 변환되는 잠재성이 된다. 공동성이란 현행적인 공동활동을, 동시에 그 공동활동을 통해 형성되며 다음의 공동활동을 규정하는 그 잠재성을 뜻하기도 한다.

이런 점에서 특이성과 공동성은 별개의 것이 아니다. 공동성이 복수의 요소들을 하나로 묶어 개체화하는 작용이라면, 특이성이란 그 복수의 요소들이 하나로 묶여 개체화됨으로써 만들어지는 결과다. 이런 점에서 특이성이 개체화를 통해 구성되는 개체성의 '표현'이라면, 공동성은 개체화과정을 실질적으로 구성하는 신체적 '내용'이다. 즉 특이성과 공동성은 개체화를 통해 구성되는 하나의 집합적 개체가 갖는 두 가지 '속성'이라 해도 좋을 것이다. 여기서 표현이 내용으로 환원될 수 없으며, 그 반대도 마찬가지라는 것은 길게 말할 필요가 없을 것이다. 또한 양자가 서로 상관적임에는 틀림없지만, 어떤 대응성을 갖는다고는 할 수 없다. 공동성은 강해도 특이성은 약한 경우가 얼마나 많은지를 상기하면 충분할 것이다.

공동성의 강도가 특이성의 강도나 양상을 규정하는 것은 아니지만, 특이점들을 하나로 묶어 주는 공동성이 약할 경우, 그리하여 특이점 간의 반발이나 충돌, 혹은 썰렁한 거리를 넘어서는 힘을 갖지 못할 경우, 특이점들은 분리되고 특이성은 소멸하거나 전혀 다른 것이 된다는 것은 분명하다. 각각의 특이점은 이웃한 요소들을 당기는 힘을 갖지만 그런 만큼 다른 특이적 성분이나 그에 끌리는 요소들을 밀쳐 내는 힘을 갖기도 한다. 더구나 특이점들 그 자체에는 하나의 공동체로 묶는 힘이나 성향이 있는 것이 아니다. 이들을 하나로 묶는 것은 특이점이 작동하는 것과 전혀 다른 방식으로 작동하는 다른 종류의 힘인 것이다. 그것은 공동체의 신체를 형성하는 힘이다.

다시 스피노자 식으로 말하자면, 공동성은 복수의 요소들의 공동활동(공동의 작동)을 통해 만들어지는 감응affect이고 그런 감응에 의해, 그리고 그 감응의 전염을 통해 형성되는 공동체의 포텐셜이다. 공동활동은 각각 상이한 신체들이 모여 호응하거나 반발하면서 특정한 감응을 만들어 내고 그것을 역시 각각 상이한 방식으로 영유하게 한다. 이런 점에서 공동활동이 산출한 감응은 단일하지 않으며, 거기 참여한 요소들이 나누어 갖는 감응 또한 동일하지 않다. 심지어 상반되거나 상충되는 감정을 수반하기도 한다. 하지만 공동활동이 야기한 감정의 격차와 상충을 넘어서는 기쁨의 감응이 존재할 때, 공동활동은 공동성의 산출에 '성공'한 것이고, 이는 다음의 공동활동으로 쉽게 이어질 것이며, 하나로 모여 존속할 이유를 제공한다. 이런 점에서 공동성은 기쁨의 감응을 통해 형성되는 것이라고 해도 좋을 것이다. 슬픔의 감응이 슬픔을 야기한 대상으로부터 분리하려는 욕망을 산출한다면, 기쁨의 감응은 그것을 야기한 대상과 공존하려는 욕망을 산출하기 때문이다. 코뮌에서 기쁨과 웃음이 중요한 것은 이런 이유에서다. 그런 감응이 서로 다른 생각, 서로 다른 신체, 서로 다른 스타일 사이에 인력을 만들어 내고 그것들이 서로에게 맞추어 가며 뒤섞이고 서로의 활동에 가담할 수 있게 한다. 강제력 없는 코뮌이 공동체로서 존재할 수 있게 하는 가장 일차적인 힘은 이 기쁨의 감응이다.

공동활동이 산출하는 공동성은 단지 감응의 차원에 국한된 것은 아니다. 이질적인 요소들이 공동활동을 한다는 것은 각자가 갖고 있는 상이한 속도와 강도, 위치와 방향 등의 성분이 서로에게 맞춰 가며 하나의 움직임, 하나의 활동을 집합적으로 산출함을 뜻한다. 즉 공동활동은 복수의 구성요소들이 함께 어떤 활동을 할 때 작동하는 신체적 움직임의 공동성, 사유의 리듬의 공동성이 만들어질 때에만 가능하다. 이는 역으로 공동활동을 한다는 것은 그런 리듬의 공동성이 만들어지고 있음을 뜻한다. 이는 이질적인 요소들이 하나의 개체로 개체화되는 실질적인 메커니즘을 형성한다. 이는 서로가 서로를 돕는 것[共助] 이전에, 서로가 서로에게 리듬을 맞추는 것이란 점에서 집합적 공-조[共-調]라고 해야 적절할 것이다.[22]

이런 의미에서의 공동성은 공동활동에 참여한 요소들이 서로 간에 리듬을 맞추어 움직이는 공-조 현상이다.[23] 리듬을 맞춰 '하나처럼' 움직임으로써 하나가 되는 것이다. 그러나 이미 들뢰즈가 충분히 강조했던 것처럼, 리듬이란 박자와 달리 차이화하는 반복이고,[24] 공-조된 움직임 사이에 차이의 여백을 남겨 두는 연계이며, 그렇기에 새로운 차이가 끼어들거나 발생할 수 있는 방식의 연결이고, 그렇게 끼어들거나 새로이 발생한 차이에 의해 전체가 전혀 다른 것으로 달라질 수 있는 결합이다. 나치 집회의 행진곡에 북소리를 끼워 넣음으로써 행진곡을 춤곡으로 바꾸고 집회장을 무도회장으로 바꾸어 버린 「양철북」의 유명한 장면을 상기하면 좋을 것이다(이는 거꾸로 전체주의나 파시즘이 작은 차이에 대해서조차 지나칠 정도로 예민하게 부정하고 배제하려는 이유를 보여 주는 것이기도 하다). 우리의 신체는 각기 다른 수많은 요소들이 전체 신체의 움직임에 리듬을 맞추어 움직여 주는 한에서만 그 개체성을 유지할 수 있다. 심장과 창자와 뇌는 전혀 다르다고 해도 좋을 정도의 속도와 리듬을 갖

---

22 신체적 움직임의 이러한 공동성은 '시간'의 개념과 직결된 것이다. 이 책 1장 「코뮨주의적 존재론과 존재론적 코뮨주의」를 참고하라.

23 스피노자의 사유에 익숙한 사람이라면 여기서 '공통관념'(common notion)이란 개념을 떠올리겠지만, 관념의 공조보다는 신체적 리듬의 공조가 좀더 일차적이란 점에서 '관념'(notion)이란 말과는 거리가 있고, 그리고 공유하고 있는 어떤 공통의 성분에 의한 것이라기보다는 공동의 움직임에 의한 것이란 점에서 '공통'이란 말과는 거리가 있음을 분명히 해둘 필요가 있을 것이다.

24 질 들뢰즈·펠릭스 가타리, 『천의 고원』 2권, 이진경 외 옮김, 연구공간 '너머' 자료실, 2000, 91~92쪽.

지만 신체 전체의 움직임을 형성하는 공동의 리듬 속에서 서로 맞추어 작동한다.

여기서 다시 강조할 것은 공동성이, 상이한 요소들이 공통적으로 소유하고 있는 성질을 뜻하는 '공통성'과 전혀 다른 것이라는 점이다. 공동성이 함께 리듬을 맞추어 작동하고 움직이는 것인 한, 이는 어떤 공통성을 특별히 전제하지 않는다. 공통성이 있다는 것이 공동성의 형성을 용이하게 하는 조건일 수도 있지만, 반드시 그런 것도 아니다. 다리가 둘이라는 공통성을 갖는 침팬지와 인간보다는 다리 수가 달라도 말과 인간이 훨씬 더 쉽게 공동성을 형성하며, '생명'이라는 공통성이 없어도 인간과 자동차는 쉽게 공동성을 형성한다. 공통의 언어를 사용하는 사람이 아니어도 자국인보다 더 쉽게, 그리고 더 강하게 공동성을 형성하는 경우가 요즘에는 아주 빈번하지 않은가! 공통성이 있어도 공동성이 형성되지 않은 경우만큼이나 공통성이 없어도 공동성이 형성되는 것은 결코 예외적이라고 할 수 없다.

이러한 공동성의 개념은 그 외연이 무엇보다 현행적인 공동활동에 의해 일차적으로 규정된다. 이는 공동성과 공동체의 개념에 대해 다시 생각하게 한다. 즉 공동성을 산출하는 공동활동에 의해 집합적 개체화가 이루어지는 것이라면, 공동활동에 참여하는 요소들의 집합이 개체화되는 공동체의 외연을 이루게 된다. 다시 말해 공동활동의 양상, 혹은 그로 인해 산출되는 공동성의 양상에 따라 공동체는 다른 경계를 갖는 다른 개체가 된다는 것이다. 이는 사실 개체화를 통해 개체(공동체)를 정의하는 한 어쩌면 당연한 것이다. 개체화에 참여하는 것만이 그 개체, 즉 공동체를 이루기 때문이다. 그렇다면 공동체는 매번의 공동활동이 이루어질 때마다 달라진다고, 다른 공동체, 다른 개체가 되는 것이라고 해야 하지 않는가? 그 경우 우리는 어떤 공동체의 '지속'에 대해서도 말할 수 없지 않은가?

　엄밀하게 말하면 그렇다고 나는 믿는다. 그러나 공동성이 단지 현행적인 공동활동뿐 아니라 그에 의해 형성되는 잠재성을 의미하는 한, 공동성의 외연이 단지 현행적인 것이라고만은 할 수 없다. 이것이 공동체의 외연으로 하여금 그때마다의 현행적인 것에서 벗어난 지속성을 갖게 해준다. 또한 참여하는 요소들에 의해 특이성이 임계점을 넘지 않는 경우에도, 공동체의 외연은 지속된다고 할 수 있다. 그렇지만 이는 잠정적인 것일 뿐이다. 현행적 공동활동에 따라 공동성이 변할 것이고, 그것은 잠재적인 것으로서의 공동체의 경계 또한 변화시킬 것이기 때문이다. 특이성 또한 그럴 것이다. 이런 점에서 사실 공동체는 항상 변화 속에 있다고 해야 한다.

　그러나 대개는 공간적 경계로 표시되는 공동체의 물리적인 경계와 이름으로 표시되는 관념적인 경계가 공동체-개체의 항상적인 동일성을 형성하고 유지한다. 공동성들이 형성하는 잠재적 공동성의, 모호하지만 그렇기에 상대적으로 안정적인 경계가 이런 동일성을 떠받친다. 그리고 그러한 공동체의 동일성을 전제로 그것의 공동활동에 참여한 것과 그렇지 않은 것을 구별하는 역전이 발생한다. 구성요소의 드나듦에 따라 공동체가 달라지는 것으로 보는 게 아니라, 동일한 '공동체'에서 어떤 것이 빠져나가거나 새로 들어오는 것으로 간주한다. 공동활동을 통해 표현되는 특이성을 통해 공동체를 보는 게 아니라, 그 '공동체'에 속한 요소들이 모여 만드는 이런저런 특이성을 그 '공동체'의 고유성property으로 간주한다. 이는 인간들의 공동체만이 아니라 유기체나 그 이하의 개체에서도 마찬가지일 것이다.

아마도 이것이 공동체라는 대상을 볼 때 우리가 실제로 판단하는 방식일 것이다. 그렇지만 이런 관점에서 말할 때, 이런 관점이기 때문에 더더욱 강조할 것은 특이성만큼이나 공동성 또한 '공동체'로 환원되거나 귀속되지 않는다는 사실이다. 공동성은 '공동체'의 경계에서 항상 벗어난다. 즉 공동성은 '공동체'의 외연에 대해 과소하거나 과대하다. 이는 복수의 공동성들이 하나의 명칭을 갖는 '공동체' 주변을 배회하고 있음을 뜻한다. 명시적 '공동체'의 이 공동성들은 그때마다 다른 외연을 가지며, 필경 서로 간에 상이한 폭으로 겹치거나 포개진다. 겹침이나 포개짐에서 만들어지는 공동성들의 인접성이 이 공동성들의 혼합 내지 '소통'을, 즉 공동성의 공동성을 산출한다. 각각의 공동성들은 이러한 공동성의 공동성에 의해 일종의 가족유사성을 갖는다. 이 가족유사성이 '공동체'에 상응한다고 간주되는 공동성의 모호한 경계를 구성한다.[25] 달리 말하면, '공동체'란 이 복수의 공동성들이 상이한 방식으로 만들어지고 분배되는 명시적 장이 되는 셈이다.[26]

---

25 마찬가지로 복수의 공동성의 모호한 복합체가 하나의 이름을 갖는 '공동체'의 공동성으로 간주되듯이, 복수의 특이성들의 복합체가 그 '공동체'의 특이성을 형성한다.

26 이는 유기체의 경계에 대해서도, 물론 상이한 정도로지만, 마찬가지다. 유기체의 경계를 유지하는 면역계의 경우에도 이질적인 복수의 면역체계들이 공존한다. 에스포지토(Roberto Esposito)는 munus(선물/의무)를 통해 결합되는(cum) 것으로서의 공동체(communis)와 선물의 의무에서 면제된(im) 면역(immunis)을 대비하며 연결한다(ロベルト・エスポジト[Roberto Esposito], 『近代政治の脱構築: 共同体・免疫・生政治』, 岡田温司 訳, 講談社, 87, 113쪽 등). 그러나 그의 '면역' 개념은 생명체의 실제적인 면역과 거리가 멀 뿐 아니라, '백신화'와 혼동해 사용하는 '면역화'를 '면역'의 개념으로 오인하고 있다는 점에서 치명적이다(같은 책, 133쪽). 이질적인 것과의 공생능력으로서 면역능력과, 그런 능력의 부재 즉 무능력으로 인해 만들어지는 면역계, 그리고 그 면역계의 복수성 등을 구별하지 못한 채, 이 모두를 전부 백신을 이용한 인위적인 면역화 개념 하나로 대체한다. 따라서 그의 생명정치 개념 또한 생명의 메커니즘과는 거리가 멀다.

이처럼 인접성을 유지하고 있는 조건에서 '공동체'의 경계에서 벗어나는 공동성은, 그것이 어트랙터를 포함하고 있을 때 '공동체'의 외연을 확장하는 효과를 산출할 것이다. 그러나 요소들의 겹침이나 포개짐이 없어서 인접성을 갖지 못한 공동성은, 그 공동성의 공동성에서 결국 분리된다. 그것은 별도의 공동체를 만들 수도 있을 것이고, 해체되어 소멸될 수도 있을 것이다. 역으로 어떤 집합적 활동이 공동체의 일부에 지속적으로 남아 있기를 원한다면, 그것이 다른 공동성과 겹쳐지는 지대를 확대하지 않으면 안 될 것이다. 이와 약간 다르지만, 공동성들 사이에 분리의 경향이 반복될 때, 반복적으로 분리되는 공동성의 차이는 공동체의 분할로 이어질 것이다. 공동성들 간의 차이가 공동체의 분할로 귀착되지 않게 하기 위해선, 공동성 간의 혼합 내지 소통을 야기하는 활동을 통해 공동성의 공동성을 산출해야 한다. 공동성의 외연의 합의 최대치를 향해 열린 전체모임 같은 것이 그런 경우에 속할 것이다.

그러나 여기서도 다시 '내부화'의 위험에 대해 말해야 한다. 공동성이란 이질적인 것을 한데 모으는 힘이기에 항상 이질적인 것, 외부적인 것에 열려 있으며, 잠재성으로서의 공동성은 더욱 그 여백이 크다고 하겠지만, 공동성 자체에는 이전의 경험을 반복하거나 지속하려는 관성이 포함되어 있게 마련이다. 먼저 감응의 관성. 감응은 공동으로 활동한 요소들에게도 동일하지 않으며, 동일하게 반복될 수도 없다. 그렇지만 익숙한 사람들 아니고는 유머에 같이 웃기 힘든 것처럼, 기쁨의 감응은 익숙한 요소들 사이에서 쉽게 만들어진다. 물론 이질적 요소, 새로운 요소의 출현 자체가 기쁨을 주는 경우도 있지만, 그것은 항상 어색함과 불편함·낯섦이라는 장애를 수반한다. 이런 장애를 피하여 익숙한 기쁨의 감응에 안주하려는 경향은 매우 빈번하게 발생한다. 익숙한 관행이나 스타

일에서 벗어난 문제제기에 대한 묵살이나 비난 또한 이런 내부성의 공동체로 이어지는 길을 만든다. 이러한 경향이 내부성의 공동체와 직접 잇닿아 있음은, 친숙함과 익숙함을 존재의 본질이라고 말하면서 현존재의 세계성의 '내부성'을 강조했던 하이데거의[27] 경우를 들어 쉽게 이해할 수 있을 것이다.

공동성을 구성하는 리듬이나 강도와 관련해서도 내부화하려는 경향은 쉽게 출현한다. 왜냐하면 낯선 요소나 외부자들은 기존의 공동활동의 리듬에 맞추기 어렵고 익숙한 리듬에 요구되는 강도를 따라가기 힘들기 때문이다. 역으로 공동활동의 리듬에 잘 맞추지 못하는 요소, 서툴고 '무능'하며 강도가 떨어지는 요소들에 대해 공동성의 장애로 간주하는 경우 또한 쉽게 만나게 된다. 서툰 리듬, 느린 속도의 리듬에 맞추어 움직여 주면서 같이 움직이는 공동성을 통해 리듬에 맞춰 강도를 끌어올리도록 하기보다는, 모두의 발목을 잡는 장애로 간주하여 떨구어 내려는 태도가 출현하기 쉽다. 공동체를 운영하고 일을 하려는 입장에서는 그것이 훨씬 쉽고 '효율적'이기 때문이다. 이는 특히 공동체가 성장하여 활동의 규모가 확대되고 요구되는 일의 양이나 속도가 증가한 경우에 아주 쉽게 발생한다.

다른 한편 물리적 및 명의적名義的 경계를 갖는 '공동체'가 자신의 동일성을 유지하기 위해 그와 맞지 않는 성분이나 활동을 배제하려는 경우 또한 이런 공동성의 관성에서 나온다. 이는 요소들의 인접성이 충분하지 못한 공동활동을 방치하는 수동적인 방식으로 나타나기도 하고, '공동체'의 '고유성'에 관련된 명시적 관심사에서 벗어난 것을 '쓸데없는

---

27 마르틴 하이데거, 『존재와 시간』, 이기상 옮김, 까치, 1998, 80~82쪽.

것'이나 '사소한 것'으로 비난하는 형태를 취하기도 하며, 공동체의 어떤 문제를 드러내고 지적하는 것을 '유해한 것'으로 간주하여 배제하는 형태로 나타나기도 한다. 그러나 정작 중요한 것은 그 자체로는 통상 '쓸데 없다'고 간주되는 것의 쓸모를 만들어 내는 것이고, '무용'한 것이 '유용'한 것이 되어 작동하게 하는 것이며, '무능하다'고 간주되는 요소가 자신의 능력을 발휘하도록 하는 관계, 그런 배치를 만들어 내는 것이다. 그것이 코뮨 내지 공동체의 가장 중요한 능력이라고 해도 지나치지 않을 것이다.

공동성이 '공동체'의 경계로부터 항상 이탈한다는 것, 전혀 다른 특이성으로 표현되는 상이한 공동성들이 하나의 '공동체' 안에도 상존한다는 것, 요컨대 공동성은 '공동체'로 환원되지 않는다는 것을 다시 강조할 필요가 있을 것이다. 상이한 공동성의 현행적 구성을 통해 공동체를 끊임없이 가변화시키는 것, '공동체'의 경계를 넘나드는 수많은 공동성의 생산을 통해 '공동체'의 동일성을 끊임없이 와해시키는 것, 그리하여 외부자들이 쉽게 드나들 수 있는 공동성의 장을 향해 밀고 가는 것, 그것 없이는 내부성의 공동체에 안주하려는 경향은 극복하기 어려울 것이 분명하기 때문이다.


## 5. 불가능한 코뮨주의

우리는 지금까지 현행적인 것의 층위에서, 혹은 현행화의 선 위에서 공동체의 문제를 사유하고자 했다. 물론 잠재적 공동체는 존재한다. 그러나 그것은 어느날 뜻밖의 시간에 우리에게 '도래할' 그런 공동체가 저기 어딘가 존재한다는 말이 결코 아니다. 그것은 우리가 현행적으로 불러내는 방식에 의해 규정되는 잠재성으로서, 우리가 불러내려는 것을 구성하는 질료로서 존재할 뿐이다. 따라서 그것은 우리가 현행적인 것으로 불러내지 않으면 도래하지 않는다. 아니, 우리가 불러내지 않아도 누군가 불러내는 것에 이끌려 도래할 것이다. 때로는 자본에 포섭된 당혹스러운 방식으로 도래할 수도 있을 것이다.

현행적인 층위에서 공동체를 구성하려는 시도를 통해 잠재적 공동성은 마치 거기 그렇게 있었던 것처럼 존재할 것이다. 그것은 현행적인 것으로 도래하면서 잠재적인 것으로 거기 그렇게 존재하고 있는 것이다. 물론 그것은 우리가 불러내는 형태로 도래하지 않을 것이며, 우리가 불러내는 시간이나 공간과 아주 다른 것으로 도래할 수도 있을 것이다. 들어갈 수도 있고 들어가지 못할 수도 있지만, 어쨌건 들어가려 하지 않는한 잠재성의 문은, 그것이 비록 우리를 위해 존재하고 있는 경우에도 결코 열리지 않을 것이다. 그것이 어떤 식으로 도래하도록 할 수 있다면, 우리의 부름이 빗나가고 실패했다는 것이야 사소한 문제라고 생각해도 좋을 것이다. 도래의 형태를 통해 규정된 잠재성에 다시 다가갈 수 있을 것이기 때문이고, 좀더 나은 불러냄의 방식을 찾아낼 수 있을 것이기 때문이다.

그렇기에 우리는 "공동체란 공동체가 없는 곳에만 존재한다"는 멋스러운 역설을 믿지 않는다. 현행적인 공동체를 등지고 있는 공동성이란, 공동성의 세계를 우리가 보아온 재난의 형상으로부터 분리하여 현실의 문 저편에 안전하게 보호하려는 철학적 사유의 산물 이상으로 보이지 않기 때문이다. 스탈린주의나 파시즘, 혹은 수많은 억압적 공동체들로부터 결코 침해되지 않기 위해 현실적인 모든 공동체와 이별해야 하는 그런 공동성. 그것이 현실적인 공동체를 만들려는 이들에게 해주는 말은 이것일 것이다. "여기는 당신이 들어갈 문이 아니라오." 그리고 아마도 우리가 현실적 공동체를 구성하려는 미련한 시도를 모두 포기하게 되었을 때, 문을 닫으며 이렇게 말할 것이다. "사실 이는 당신을 위해서 만들어진 문이었다오."

우리는 앞의 역설적 문장은 "존재론적 공동성이란 심지어 공동체가 없는 곳에도 존재한다"는 말로 대체되어야 한다고 믿는다. 이는 두 가지 함축을 갖는다. 첫째, 존재론적 공동성이 있다고 현실적인 공동체가 존재하는 것은 아니라는 것, 둘째, 존재론적 공동성이 있기에 현실적인 공동체를 구성할 수 있으리라는 것. 이런 점에서 존재론적 공동성이란 '공동체를 구성할 수 있는 능력'과 다르지 않다. 우리는 그런 능력을 갖기에 지금 여기 공동체가 없지만, 그것을 구성할 수 있으리라는 것이다. 그런 능력이 없다면, 어떤 공동체도 구성할 수 없을 것이다. 날 수 있는 능력이 없는 것은 어떻게 해도 날 수 없는 것처럼. 더불어, 어떤 능력도 그것을 현행화하려는 시도 없이는 존재한다는 말도 하기 어렵다는 것, 현행화하려는 시도만이 그와 결부된 능력의 존재를 알게 해주고, 그런 능력을 형성하여 준다는 사실을 추가해야 한다.

물론 현행적인 공동체를 만들려는 시도는 실패할 수 있을 것이다. 아니, 필경 실패할 것이다. 에우리디케를 데리고 나오는 데는 성공했지만 결국 살려내는 데는 실패했던 오르페우스처럼. 이런 점에서 상생적인 세계에 대한 꿈으로서 코뮨주의는 '불가능한 것'일지도 모른다. 그러나 시인이란 말할 수 없는 것을 말하려는 자고, 철학자란 사유할 수 없는 것을 사유하려는 자인 것처럼, 코뮨주의자란 만들 수 없는 것을 만들려는 자, 그 불가능한 것을 가능하게 하고자 반복하여 시도하는 자라고 해야 하지 않을까? 아마도 블랑쇼가 '불가능한 것'을 말했던 것은 이런 의미에서였을 것이다. 오르페우스가 지옥으로 내려가는 것은 처음부터 '반복'이었던 것처럼, 뒤돌아본 시선 속에서 에우리디케가 사라진 뒤에 그는 필경 다시 반복하여 지옥으로 내려갈 것이다. 에우리디케처럼 코뮨주의가 불가능한 것인 한, 우리는 구성의 시도 속에서 다시 실패하고, 우리가 만든 코뮨주의는 소멸할 것이다. 그러나 에우리디케를 향한 마음이, 볼 수 없는 것을 보고 할 수 없는 것을 하려는 의지가 사라질 수 없는 한, 그 실패는 다시 반복되는 시작의 출발점일 뿐이다. 불가능하기에 영원히 계속될 수밖에 없는 반복. 이런 반복을 니체는 '영원회귀'라고 불렀고, 맑스는 '영구혁명'이라고 불렀다.

"공산주의는 여전히 공산주의 너머에 있는 것이기 때문에 공산주의는 최종적인 것으로 인정"된다는[28] 블랑쇼의 말을 이와 다르게 이해할 방법을 나는 알지 못한다. 모든 공산주의 너머에 있기에 최종적이라고 할 수 있는 공산주의, 그렇기에 공산주의의 실패를 끊임없이 선언하고, 아직도 넘어가야 할 문턱이 저기 남아 있음을 알려 줌으로써, 공산주의로 하여금 끊임없이 되돌아오게 만드는 공산주의. 나는 블랑쇼가 말하는 '불가능한 공동체'를 이런 의미로 이해한다. 아마도 그것은 이전의 수많은 공동체나 공산주의에 대해서 그랬던 것처럼, '무위의 공동체' 너머에 있으며 그 자신이 말했던 '밝힐 수 없는 공동체' 너머에 있는, 그렇기에 그것들의 실패 또한 선언할 것이 분명한 '궁극의' 공동체일 것이다. 그것은 불가능하다는 말로 현실적 구성의 시도를 포기하게 하는 것이 아니라, 불가능하기에 영원히 반복하여 구성할 수밖에 없음을 알려 주는 사유일 것이다. 그것은 가능한 현실의 저편 어디에, 어떤 오르페우스도 가

---

28 모리스 블랑쇼, 『정치평론 1953~1993』, 고재정 옮김, 그린비, 2009, 146쪽.

닿지 못할 깊은 지옥에 숨어 있는, 불러봐야 소용없는 불가능성이 아니라, 반복하여 실패하는 영원한 구성의 시도 속에서 부를 때마다 불려나오는 그런 불가능성일 것이다. 그런 식으로 현실 속에서 작동하는 불가능성일 것이다. 불가능한 코뮨주의…….

# 생명과 생산의 추상기계

# 3장 맑스주의에서 생산의 개념
### : 생산의 일반이론을 위하여

## 1. 생산력과 생산성

같은 값이면 좀더 생산적인 방법이 더 좋고, 좀더 효율적인 기계가 더 좋다는 것처럼 당연한 말이 있을까? 누가 무슨 생각에서 무슨 일을 하든 좀더 생산적인 방법을 찾고, 좀더 효율적인 수단을 찾는 것은 당연한 일인 것이다. 이를 경제학은 투입량에 대한 산출량의 비로 표시하고 '생산성'이라고 개념화하지만, 이런 관념이나 개념을 사용하는 것이 단지 경제학만은 아니다. 공학 역시 생산성이란 관념에 근거하여 좀더 효율적인 기술을 개발하고자 하며, 공장에선 좀더 생산적인 방법을 향해 노동자를 밀고 간다. 100명의 노동자로 100억의 생산물을 얻은 회사에 비해 같은 수의 노동자로 50억밖에 만들어 내지 못했다면, 후자는 아주 비효율적이고 비생산적인 회사인 셈이고, 따라서 이는 경제학적으로뿐만 아니라 도덕적으로도(!) 비난받을 이유가 된다. 우리의 일상 역시 그렇다. 의식적으로든 무의식적으로든 좀더 효율적인 방법을 찾는다.

알다시피 투자한 비용에 대해 최대의 산출량을 얻으려는 전략을 통상 '공리주의'utilitarianism라고 부른다. "최소 비용에 의해 최대 효과를 얻는 것"이 그러한 전략을 요약하는 슬로건이다. 그런데 생산성과 효율성이란 관념을 기반으로 사고하고 행동하는 태도야말로 정확하게 이 '공리주의'에 속하는 것이 아닌가! 그렇다면 생산성 극대화를 이념으로 삼는 우리는 모두 공리주의자가 아닌가! 공리주의는 벤담Jeremy Bentham이란 사람의 악명 높은 기이한 이념일 뿐만 아니라, 현재를 살고 있는 우리 모두의 '이념'(!)이요, 무의식적 '에피스테메'인 것이다.

대부분의 경제학이 생산성 극대화를 자신의 명시적·묵시적 이념으로 삼고 있다는 것을 길게 말할 필요가 있을까? 문제는 이런 태도는 근대 경제학과 대립하는 듯이 보이는 생태학에서조차 흔히 발견된다는 것이다. 생태계를 에너지와 물질순환의 체계로 보면서, 어떤 생태계나 어떤 생물이 얼마나 높은 에너지 효율을 갖는지, 얼마나 많은 에너지를 산출하고 소비하는지를 중심적인 개념으로 삼을 때, 그러한 개념들의 바탕에는 정확하게 생산성 내지 효율성이란 '이념'이 자리 잡고 있는 것이다.

예를 들어 1930년대 "당시 진보적인 환경철학의 총결산"이라고도 간주되는 『금렵관리』의 저자 알도 레오폴드Aldo Leopold에게도 자연은 '자원'이었고 세계는 사회적 필요와 요구를 충족시키기 위해 '관리'되어야 했으며, 그러한 "관리의 목적은 '좀더 큰 생산성'을 갖도록 지역들을 변형시키는 것이었다."[1] 과학적 생태학의 기반을 다진, 우리에겐 '먹이사슬' 개념으로 더 잘 알려진 동물학자 찰스 엘턴Charles S. Elton은 자신의 저서 『동물생태학』Animal Ecology이 "식물과 동물 '산업'의 보다 효과적인 관리를 약속하는 도구"[2]라고 소개하였고, 생태학의 계량화를 추진했던 탠

---

1 도널드 워스터, 『생태학, 그 열림과 닫힘의 역사』, 강헌·문순홍 옮김, 아카넷, 2002, 337~338쪽.
2 같은 책, 366쪽.

슬리A. G. Tansley는 생태계를 물질과 에너지의 교환의 관점에서 서술되어야 할 물리적 체계로 보면서 자연에너지의 효율을 계산하기 시작했다. 현대 생태학의 본격적 기점이 되었던 린더만Raymond Lindeman이나 그의 스승 허친슨G. Evelyn Hutchinson은 "모든 상호연결된 생물학적 사건을 에너지학적 관점으로 환원하는 것"을 생태학의 일차적인 분석원리로 설정하였고, 먹이사슬의 각 단계마다의 '생산성'과 에너지 이동의 '효율성'을 추적하여 생물들의 '생태적 효율성'을 계산하고자 했다.[3] 생태학의 암묵적 이념은 공리주의였던 것이다! 하긴, 경제학과 물리학을 모델로 삼은 이론이 그와 달랐다면 오히려 이상한 것이었을 게다.

맑스주의는 어떨까? 역사를 생산력 발전의 역사로 보고, 어떤 사회구성체가 다른 종류의 사회구성체보다 더 '발전'된 것인가 여부를 그 생산력 수준을 통해 정의할 때, 그래서 생산력 수준의 양적 차이를 통해 원시사회보다는 노예제 사회가, 봉건제 사회보다는 자본제 사회가 더 발전되고 진보된 사회임을 주장할 때, 역사나 진보라는 관념은 생산성이란 근대적인 이념 안에 갇혀 있다고 해야 하지 않을까? 사회주의 사회에서 생산의 무정부성을 극복하는 중앙의 '계획적인' 통제를 통해서 좀더 진전된 생산력 발전을 이루고자 했을 때, 혹은 사회주의에서 생산력 발전이 충분히 진행되면 공산주의 사회가 되리라는 순진한 믿음을 표명했을 때, 그 생산력이라는 말 아래서 생산성과 효율성이란 이념이 작동하고 있는 것은 아니었을까?[4] 혹은 농촌과 도시의 균형적인 발전보다는 도

---

3 같은 책, 373~382쪽.
4 반면 가령 테일러주의에 대한 레닌이나 대다수 공산주의자들의 입장은 공산주의로의 이행기로서 사회주의에서 생산력에 대한 관념이 사실상 생산성 개념과 동일한 외연을 갖는다는 것을 잘 보여 준다. 이에 대해서는 다음을 참조하라. Vladimir Lenin, "A Scientific System of

시가 주도하는 발전을 통해 성장속도를 다그치고, 그 도시의 성장하는 경제력 안에 농촌을 흡수하여 성장의 성과를 농촌에 재분배하고자 했을 때, 그 전략의 밑바닥에는 생산성에 대한 숭배를 요체로 하는 저 공리주의적 '이념'이 자리 잡고 있는 것이 아니었을까?

그러나 "다른 조건이 동일하다면"ceteris paribus 좀더 생산적인 것, 좀더 효율적인 것을 선택하는 게 합리적이지 않은가? 그런 태도가 대체 어째서 문제라는 것인가? 근대경제학이나 부르주아지가 생산성을 추구하고 숭배한다고 해서, 생산성을 추구하는 것을 나쁘다고 비난할 수 있는가? 물론 그렇다고 말하긴 쉬운 일이 아니다. 좀더 비효율적이고 비생산적인 길을 가자는 것은 일상의 삶에서 당장 큰 손해와 낭비를 야기할 게 아닌가! 아마도 이것이 맑스주의자들로 하여금 생산력을 생산성으로 쉽게 대체하게 만든 요인이었을 것이다. 그렇지만 모든 부르주아가 한결같이 생산성을 찬양하고, 생산성을 척도로 삼아 투자하고 행동할 때, 계급투쟁이 실존하며 계급적대가 실존한다고 믿는다면, 일단 그것을 의심해 보는 것이 '계급적 본능' 같은 것은 아닐까? '적'들이 항상 잘못된 것만 말하는 건 아니라고 해도, 그들이 하나같이 입을 모아, 그것도 아주 강한 강도로 숭배하고 찬양할 때, 무엇이 그들로 하여금 그렇게 하게 하는지 질문해 보는 것은 '계급적 전사'를 자임하는 사람에겐 아주 기본적인 자질 중 하나가 아닐까?

---

Sweating", *Collected Works*, vol.18, Progress Publishers, 1964~70; Vladimir Lenin, "The Taylor System: Man's Enslavement by the Machine", *Collected Works*, vol.20, Progress Publishers, 1964~70; Robert Linhart, *Lénine, Les paysans, Taylor*, Seuil, 1976; 마르셀 리브만, 『레닌주의 연구』, 안택원 옮김, 미래사, 1985; 이진경, 『맑스주의와 근대성』, 문화과학사, 1997.

그렇다면 맑스주의에서 생산성과 구별되는 생산력이란 대체 무엇인가? 맑스에 따르면 그것은 '인간과 자연 간의 관계'로 정의된다.[5] 거기서 '투입량 분의 산출량'으로 정의되는 생산성 개념을 발견하긴 어렵다. 물론 이와 다른 차원에서지만 맑스 역시 "주어진 노동의 양이 더 많은 양의 사용가치를 생산할 수 있게 되는 것"으로 '노동생산성의 상승'을 정의한다.[6] 그러나 이는 생산력이라는 관계가 드러나는 하나의 지표에 지나지 않는다.[7] 그럼에도 불구하고 관계를 의미하는 생산력 개념이 하나의 양적 지표에 지나지 않는 (노동)생산성 개념과 동일시되지 않은 경우를 발견하기란 얼마나 드문 일이었던가![8] 생산력이 '인간과 자연 간의 관

---

5 맑스는 생산과정을 노동과정과 가치형성과정으로 구별하며, 전자를 "인간과 자연 사이의 대사과정"으로 정의한다(칼 맑스, 『자본론』 I권(상), 김수행 옮김, 비봉출판사, 2005, 235쪽). 이러한 대사과정에서 형성되는 인간과 자연의 관계가 생산의 '첫번째 측면'이며, 이것이 생산력을 정의한다. "최초로 확인되어야 할 사실은 이 개인들의 신체적 조직과, 그것을 통해 주어지는 여타 자연에 대한 그것의 관계다. …… 모든 역사 서술은 이 자연적 기초들 및 역사 진행 속에서 인간들의 행동에 의한 이 자연적 기초의 변모로부터 출발할 수밖에 없다."(칼 맑스·프리드리히 엥겔스, 「독일 이데올로기」, 최인호 외 옮김, 『맑스·엥겔스 저작 선집』 1권, 박종철출판사, 1990, 197쪽. 강조는 인용자. 번역은 그대로 따르지 않았다.) 반면 생산관계란 가치형성과정과 결부된 것으로, 생산과 결부된 인간과 인간 간의 관계를 지칭한다. 물론 맑스에게서 이러한 개념들이 명료하고 뚜렷하게 정의되어 있다고 말하긴 어렵다. 이론적 불명료함에 더해 개념의 외연이 뚜렷하지 않은 것은 분업이나 소유처럼 양자 모두와 결부된 요소들이 존재한다는 사실에 기인한다. 그렇지만 맑스가 생산에 대해 새로운 방식으로 사유하기 시작하면서 그 생산의 양상(mode!)을 파악하기 위해 생산에 관여된 다양한 관계들을 개념적으로 파악하려 했다는 점, 그리고 이런 맥락에서 생산의 일차적인 측면이 생산력이라는 개념의 정의구역을 형성한다는 것을 부정할 수 있을까?
6 칼 맑스, 『자본론』 I권(상), 426쪽.
7 더욱이 이는 맑스의 개념이 아니라, 그도 인용하듯이 부르주아 정치경제학의 개념이며, 그가 이 개념을 사용하는 것은 생산력 발전이 아니라 '상대적 잉여가치' 개념에 대해 서술하기 위해서다.
8 가령 구소련의 표준적인 철학교과서는 "생산력의 발전수준은 사회적 노동의 생산성으로 표시된다"고 정의하는데, 그에 대한 실질적 요소들을 언급하면서 노동생산성의 성장 요인인 기술진보 이상을 말하지 않는다. 이어서 생산력 발전은 내적 논리를 갖는다고 하면서, 기술의 발전과 좀더 효율적인 도구나 기계의 출현을 예로 든다(콘스탄티노프 외, 『역사적 유물론: 맑스-레닌

계'라면 **공산주의에서의 생산력**이 자본주의에서의 생산력보다 높다는 점에서만 다를 것이라고, 즉 생산성의 양적인 차이에 지나지 않을 것이라고 대체 어떻게 생각할 수 있을까? 그것은 전적으로 다른 종류의 관계를 표시하는 것이어야 하지 않을까? **자연이나 사물들에 대한 인간의 전혀 다른 관계 양상을.**

그러나 나는 아직 사회주의나 공산주의에서 자연과 인간의 관계가 자본주의에서와 어떻게 달라져야 하는지를 사유한 맑스주의자에 대해 알지 못한다. 양적 성장과 다른 차원에서 혁명과 생산력의 문제를 사유한 맑스주의에 대해 알지 못한다. 이런 점에서 '생산력'에 대한 것만큼이나 맑스주의자에 의해 사유되지 않은 개념이나 주제는 없을 것이다. 인간과 자연의 관계가 지금처럼 문제가 되는 상황에서조차 맑스주의자가 인간과 자연의 관계를 사유한 적이 거의 없다는, 정말 놀라지 않을 수 없는 상황은 정확하게 이런 사태의 한 단면일 것이다. 즉 생산력이란 개념은 맑스주의 역사이론의 가장 밑바탕에 있는 것이면서도 가장 사유되지 않은 채 남아 있는 하나의 공백이라고 해도 좋을 것이다. 그것은 맑스주의자들이 공리주의에 대해 갖고 있는 비판적 적대감에도 불구하고 사실은 언제나 공리주의에서 벗어나지 못했던 역사, 여전히 벗어나지 못하고 있는 현재의 결정적 단면일 것이다.

'생산'의 개념을 다루는 우리의 사유가 일차적으로 생산력에 초점을 맞추게 된다면 이런 이유 때문이다. 그러나 생산력을 이러한 방식으로

---

주의 철학의 기초』, 김창선 옮김, 새길, 1991, 42, 51쪽). '노동의 이중성'에 대한 수준 있는 연구서에서도 생산력은 노동강도와 나란히 노동생산성의 하위개념으로 정의된다. 이 경우 생산력이란 정확하게 "단위시간당 생산되는 사용가치의 양"을 의미하게 된다(빅토르 아파나시예프 외, 『위대한 발견: 노동의 이중성론과 그 방법론적 역할』, 박동철 옮김, 푸른산, 1989, 94~95쪽).

다시 사유하려 하자마자 생산관계도, 아니 생산 자체의 개념도 다시 사유해야 한다는 것을 알게 될 것이다. 그래서 먼저 우리는 생산과 결부된 개념 전반에 대해 다시 검토해 보아야 한다.

## 2. 생산의 경제학, 생산의 자연학

'생산력'이란 개념이 한편에선 생산성 개념을 통해 작동하는 공리주의에 갇혀 있다면, 다른 한편에선 휴머니즘에 갇혀 있다. 휴머니즘이란 알다시피 인간 아닌 모든 것에 대해 인간을 위한 도구적 위치를 부여하며, 도구와 목적의 구별을 통해 목적으로서의 인간과 도구로서의 자연 내지 사물 사이에 근본적 심연을 만들어 놓는다. 자연이나 사물은 인간을 위해 사용되는 도구에 지나지 않으며, 인간이 수행하는 생산과정에서 가공되는 재료거나 가공하는 연장이고, 따라서 인간이라는 '살아 있는 성분'과 대비되는 '죽은 성분'이다. 즉 생산력이 인간과 자연 간의 관계라고 하지만, 휴머니즘은 그 관계를 언제나 목적과 수단의 관계로 획일화하며 자연이나 사물을 인간이라는 주체에 의해 사용되는 대상 내지 연장으로 고정한다. 자연 내지 우주는 인간을 위해 만들어졌으며, 따라서 너희들 마음대로 쓰라는 「창세기」의 잘 알려진 신화는[9] 이러한 서구적 휴머니즘의 오랜 원천이 되어 왔다.

　이러한 이념 안에서 인간과 사물의 관계는 인간이 자연이나 사물을

---

9 "하나님이 그들[인간]에게 말씀하시기를 '생육하고 번성하여 땅에 충만하여라. 땅을 정복하여라. 바다의 고기와 공중의 새와 땅 위에서 살아움직이는 모든 생물을 다스려라' 하셨다."(「창세기」, 1:28)

가공하여 이용하는 양상으로, 그 **이용의 효율성**으로 국한되게 된다. 즉 인간이 도구로서 자연을 이용하는 효율성과 생산성이 바로 생산력이 되는 것이다. 이러한 이념은 자연을 인간과 대립되는 대상으로, 인간에 의해 개발되고 이용되어야 할 대상으로 설정하여 그것을 '정복'하고 '이용'exploitation, 착취!하고자 했던 근대적 내지 자본주의적 자연관에 그대로 이어져 있다. 자연이란 폭풍이나 홍수 등에서 보이듯이 인간의 삶을 위협하는, 인간과 맞서고 있는 대상이고, 과학은 바로 그에 대한 지식을 제공함으로써 그것을 정복할 수 있게 해줄 것이라는 생각("아는 것이 힘이다!")이 근대과학의 밑바닥에 깔려 있었음은 잘 알려진 사실이다. 인간을 위해 자연을 정복하고 통제하려는 휴머니즘적 발상은, 자연의 운동을 계산하고 그것을 적절하게 통제할 수 있는 힘(가장 효율적인 힘, 최적화된 힘)을 계산하고자 하는 근대적 과학 내지 공학을 통해서 현실화될 수 있는 수단을 획득하게 된다.

따라서 근대과학과 휴머니즘만큼이나 공리주의와 휴머니즘은 겉으로 보이는 것보다 훨씬 더 근친적이다. 휴머니즘이 세상을 인간과 대상, 인간과 자연으로 나누고 그 관계에 목적과 수단의 위치를 할당한다면, 공리주의는 그런 목적과 수단 간 관계의 효율성을 계산케 하고 효율성의 극대화를 향해 그 관계를 밀고 가는 것이다. 따라서 인간과 자연의 관계로서 생산력을 올바로 사유하기 위해선 공리주의뿐 아니라 휴머니즘을 넘어서 생산의 문제를, 혹은 자연과 인간의 관계를 사유할 수 있어야 한다. 다시 말해 인간만이 생산의 주체고 자연은 그 대상이라는 고정된 관계에서 벗어나 관계양상의 다양한 잠재성을 사유할 수 있어야 한다.

이를 위해선 인간의 생산활동이나 인간의 노동을 넘어서 생산을 정의해야 한다. 스피노자 식으로 표현하면, 인간의 활동으로 제한된 생산의 개념을 넘어서 '능산적인 자연'의 활동 일반으로 나아가야 한다. 비슷하게 바타유는 "경제적 인간의 제한된 목적을 위해 행해지는 작용으로" 제한된 경제학('제한경제론')을 넘어서 "특별한 목적의 제한을 받지 않는 에너지 작용"을 다루는 '일반경제론'으로 나아갈 것을 제안한다.[10] 그러나 바타유처럼 전자에 '생산'을 할당하고 후자에 '소모'를 할당하는 식의 대비가 적절한 것 같지는 않다. 차라리 제한경제론적 생산과 대비되는 일반경제론적 생산의 개념이 정의되고 사유되어야 한다고 말하는 게 더 적절하다. 이런 점에서 우리는 생산과 대비되는 소모의 개념을 통해 생산주의 내지 성장주의를 비판하고자 했던[11] 바타유보다는 '자연'의 생산하는 능력에 대해, 아니 생산하는 능력으로서의 '자연'에 대해 사유하고자 했던 스피노자[12]에 훨씬 더 가까이 있는 셈이다.

생산의 문제를 인간의 활동을 넘어서 일반화해야 할 또 하나의 현실적이고 '역사적인' 이유가 있다. 그것은 인간의 노동을 넘어서는 범위에서의 생산과 착취가 점차 중요하게 부상되고 있다는 사실 때문이다. 이는 현대 자본주의에서 특히 중요하게 부각되고 있는 생산과 착취의 양상과 결부되어 있다. 가령 황우석 사태가 잘 보여 주듯이, 최근 생명과학이나 유전공학 등을 통해 생물의 생명력을 직접적으로 조작하고 변형·가공하여 이용·착취하는 사태가 급격히 확장되고 있다. 세포치료를 비롯한 의학적 기술, 혹은 온코마우스 같은 새로운 종의 합성이나 변형기술을 통한 생명특허가 새로이 거대한 잉여가치의 원천이 되고 있다.

---

10 조르주 바타유, 『저주의 몫』, 조한경 옮김, 문학동네, 2000, 63쪽.
11 같은 책, 66쪽.
12 스피노자, 『에티카』, 강영계 옮김, 서광사, 1990, 47쪽.

여기서 특징적인 것은 생명활동 자체가 잉여가치를 생산하는 생산활동으로 변형되고 있으며, 자본은 그것을 직접적으로 착취하고 있다는 것이다. 그런데 기존의 정치경제학에 따르면 생명체들이 생산한 잉여가치 및 가치는 그것을 조작하고 변형시킨 인간(과학자들! 자본가들!)의 노동시간으로 환원된다. 그들은 가장 결정적인 생산자로서 활동함에도 불구하고 정치경제학 안에서 그것의 생산은 그것을 변형하거나 채취한 인간의 생산으로 나타나고, 생명체의 생산능력은 그것을 채취하는 인간의 생산능력으로 나타난다. 따라서 이들이 생산한 잉여가치는 실험실에서 그것을 조작한 인간들의 잉여가치로 나타나게 된다. 즉 이들의 생산도, 그들에 대한 착취도 '인간의 노동'에 가려 보이지 않게 된다.[13] 이는 생산의 개념, 잉여가치의 개념을 인간으로부터 분리하지 않는 한 해결될 수 없다. 즉 그들의 생산을 말 그대로 '생산'으로 개념화할 수 있어야 한다.

사실 자연이 갖는 이러한 생산적 능력과 그들이 생산하는 잉여가치는 차액지대의 이론에서 이미 개념화된 바 있다. "노동이 부의 아버지라면 자연은 부의 어머니"[14]라는 맑스의 말은 이러한 자연의 생산적인 능력을 적절하게 보여 주는 것이다. 방금 말한 사태는 이제 생물체의 생명

---

13 이는 인간의 신체, 인간의 생명활동이 과학자들이나 제약회사에 의해 채취되고 착취되는 사태를 통해 좀더 분명하게 드러난다. 존 무어 사건에 대한 미연방대법원의 판결이 그 사례일 것이다. 캘리포니아 대학병원의 의사 데이비드 골디 등은 털세포백혈병에 걸렸던 존 무어를 치료하면서, 그의 신체 속에 있던 특별한 항체를 발견하고 그것을 몰래 채취·배양하여 제약회사에 엄청난 돈을 받고 팔았다. 이를 안 무어는 고소했지만, 연방대법원은 그것이 무어의 신체에 있었다곤 해도 그는 그것을 상품으로 채취하거나 가공할 능력이 없다면서, 변형·가공한 의사에게 그 소유권이 있다고 판결했다(로리 앤드루스·도로시 넬킨, 『인체시장』, 김명진·김병수 옮김, 궁리, 2006, 49~55쪽). 여기서 무어는 가공된 재료(노동대상)였고, 의사들은 가공한 '생산자'였던 것이다. 애초에 그것을 생산한 사람이 아니라 그것을 채취하여 가공한 사람이 생산자로 간주되는 이 어이없는 판결은 기이하게도 노동가치론의 생산 개념에 부합하는 것으로 보인다.
14 칼 맑스, 「고타강령 비판」, 최인호 외 옮김, 『맑스·엥겔스 저작 선집』 4권, 박종철출판사, 1997.

력이나 유전자의 활동능력마저도 새로운 잉여가치 생산의 중요한 원천으로 등장하고 있음을 의미한다. 그러나 이는 단지 자연의 생산능력이 이용되는 양적인 범위의 확장이라고만은 할 수 없다. 생명의 생산적 능력 자체를 착취하기 위해서 생명 자체를 변형시키고 통제하고 조작하는 활동이 본격화되고 있기 때문이다. 그렇다면 지대 개념을 이러한 생명활동 자체에 적용하면 된다고 할 수 있을까? 차라리 역으로 말해야 하지 않을까? 생명활동 내지 생명력 자체가 중요한 착취대상으로 부상하고 있는 현재의 사태는 지대이론 자체를 좀더 근본적인 관점에서 다시 사유할 것을 요구한다고 말이다. 즉 (차액)지대란 단지 '토지'의 비옥도 차이에 따른 노동생산성의 차이를 설명하는 개념이 아니라 자연적 생명력 자체의 생산능력에 대한 일반이론으로, 따라서 인간의 노동으로 환원될 수 없는 자연적 생산능력 자체와 그것의 착취에 대한 일반이론으로 재정의해야 한다는 것이다. 이로써 '정치경제학 비판'은 이들 생명체의 생산활동과 그들이 생산한 잉여가치를 사유하고 개념화해야 한다. '생산의 자연학'을 통해 '생산의 경제학'이 다시 사유되어야 한다.

이와는 다른 차원에서 컴퓨터와 통신기술 등의 발전에 의해 이미 어느 정도 가시화되고 있는 자동화된 기계들은, '인간 없는 공장'만큼이나 '인간 없는 생산'의 또 다른 장이 존재하게 되었음을 보여 준다. 자연적인 생명체와는 다른 방향에서 기계들에 의한 생산이 가시화되고 있는 것이다.[15] 이는 자연과 인간의 대립은 물론 자연과 기계, 생명과 기계의 대립을 넘어서 생산을 개념화할 것을 요구한다. 이는 통상적인 의미에서 사용되는 자연, 즉 문화나 인간, 기계 등과 대비되는 개념으로서의 자연

---

15 이진경, 『미-래의 맑스주의』, 그린비, 2006.

개념을 넘어서, 기계와 인간, 생명과 자연 전체를 포괄하는 '일반화된' 생산의 개념을 발전시킬 것을 요구하는 것이다.

자연이라는 장 안에서, 혹은 생태계라는 장 안에서 인간의 문제를 다루는 생태학이 있지만, 그것은 기계나 인간의 활동과 대비되는 자연의 개념에, 자연적 생태계 개념에 머물러 있다. 그 결과 생태학은 생명체의 생산능력이 기계적으로 변형되고 이용되는 양상과 기계들의 생산능력이 새로운 방식으로 인간이나 자연적 세계와 결합해 들어가는 양상을 전혀 포착하지 못하고 있다. 또한 지금의 생명의 자연학을 과잉결정하는 자본의 힘과 권력을, 이제는 생명력 자체를 착취하는 지점으로까지 침투해 들어간 자본의 '생태학적 작용'을 보지 못하고 있다. 자본의 경제학을 알지 못하는 자연의 생태학이, 생태학적 문제 자체도 적절히 다룰 수 없으리라는 데 긴 설명이 필요하지는 않을 것이다. 생명의 자연학은 생산의 경제학, 자본의 경제학 없이는 불가능해진 것이다. 덧붙이면, 앞서 본 것처럼 생태학은 에너지 관련 물리학의 영향 아래서 '생산성'을 중심적인 축으로 설정하고 있기에, 경제학의 공리주의적 발상 안에 머물러 있다. 여기서 경제학과 생태학이 공유하고 있는 어원적 뿌리(오이코스 oikos, eco-)의 동일성은, 생산의 일반성이 아니라 생산성이라는 공리주의적 전제의 동일성을 표시하고 있는 셈이다.

물론 생태학이 창출한 개념들과 찾아낸 문제영역들은 자연 전체를 포괄하는 생산의 일반이론을 위해 중요한 자원을 제공하지만, 대개는 이러한 이론적 한계에 대해 근본적인 비판을 수행함으로써만 그것은 유용하게 변형되어 이용될 수 있을 것이다. 즉 공리주의와 휴머니즘을 넘어서 생산의 일반이론을 구성하기 위해선 정치경제학 비판뿐만 아니라 생태학 비판 또한 필요한 것이다. 생산의 자연학과 생산의 경제학을 넘나드는 횡단적 일반성을 요청하고 있는 것이다. 이를 위해 우리는 하나의 추상기계를 가동시킬 것이다. 그러나 그 이전에 먼저 생산의 개념을 그러한 일반성에 부합하는 방향으로 추상화해야 한다.

## 3. 생명의 생산

잘 알다시피 맑스의 『독일 이데올로기』는 생산의 문제를 일차적 대상으로 다루고 있을 뿐 아니라 생산을 다루는 새로운 방법을 제시한 텍스트다. 생산을 역사유물론적 방법으로 다루기 위해 다시 이 텍스트를 검토하는 것으로 시작하자. 여기서 맑스는 모든 역사의 '전제'가 되는 것을 사유의 출발점으로 삼고 있다. 그것은 "살아 있는 인간들의 생존"이다.[16] 인간은 자신의 생존을 위해서 자기 이외의 것들, 자신을 둘러싼 세계인 '자연'과 관계를 맺고 활동한다. 이러한 활동을 맑스는 '생산'이라고 파악한다. 그러나 인간만 그런 것은 아니다. 살아 있는 모든 것, 모든 생명체는 자신의 생존을 위해 자기를 둘러싼 세계인 '자연'과 관계를 맺고 살아간다. 생존을 위한 그 활동을 '생산'이라고 말할 수 있다.

맑스는 이러한 전제를 좀더 구체적으로 세분한다. 모든 인간의 실존 및 모든 역사의 첫번째 전제는 "'역사를 만들 수 있기' 위해서는 인간이 살 수 있어야 한다." 생존이라는 이 첫번째 전제를 위해서 "생존의 욕구를 충족시키기 위한 수단들의 창출, 물질적 생활 그 자체의 생산"[17]이 발생한다. 즉 생산이란 생존을 위한 생활 자체의 생산을 의미하는 것이다.

---

16 칼 맑스·프리드리히 엥겔스 「독일 이데올로기」, 197쪽.
17 같은 책, 208쪽.

다음으로 두번째 전제는 "충족된 최초의 욕구 자체, 즉 충족행위 및 이미 획득되어 있는 충족의 도구가 새로운 욕구들로 귀착된다"는 것이다. 새로운 욕구의 창출. 세번째 전제는 "인간이 다른 인간을 만들고 번식하기 시작한다는 것"이다. 생물학적 재생산의 문제, 혹은 생식의 문제.

이러한 세 개의 계기를 맑스는 '생명/삶Leben의 생산'이라는 개념으로 요약한다. 그리고 이러한 생명의 생산은 "노동 속에서 자기의 삶Leben을 생산하는 것과 생식 속에서 다른 생명Leben을 생산하는 것"이다.[18] 이는 하나의 이중적 관계로 나타난다. 즉 한편으로는 자연적 관계로, 다른 한편으로는 사회적 관계로 나타난다. 여기서 사회적이라는 말은 생산활동이 어떤 조건에서 어떤 목적으로, 어떤 방식으로 수행되든지 간에 많은 개인Individuum들의 '협업'Zusammenwirken이란 의미로 이해해야 한다고 말한다.

여기서 생산력과 생산관계를 대비하는 식으로 자연적 관계와 사회적 관계를 대비해선 안 된다. 왜냐하면 자연적 관계 역시 수많은 개체Individuum들의 협업에 의해, 상호의존적인 관계 속에서 구성되고 작동하기 때문이다. 그것은 하나의 관계가 갖는 두 측면이고, 두 개의 관계가 아니라 '이중적 관계'인 것이다. '협업'이 관계의 사회성을 표현하는 개념이면서도 '생산력'에 속한다고 보는 맑스의 생각은 생산력을 생산성과 달리 하나의 관계로 보려는 태도를 잘 보여 줄 뿐 아니라, 그것을 자연적 관계에, 생산관계를 사회적 관계에 일대일로 대응시키며 대립시키는 통상적인 이해방식에 대해서도 거리를 두고 있다.

이제 맑스는 생산의 계기에 관해 협업이란 계기까지 포함하여 역

---

18 같은 책, 209쪽.

사의 "네 가지 계기", "역사적인 관계들의 네 측면"이라고 고쳐 말한다.[19] 그리고 의식이나 정신은 이 네 가지 계기들을 전제로 해서야 고찰할 수 있다고 추가한다. 이는 의식이 개입된 활동, 혹은 합목적적 활동으로서 '노동'이 생산의 세 가지 계기들 이후에야 가능하다는 것을 의미한다. 따라서 노동과 생산은 동일한 개념이 아니며, **노동보다 생산이 일차적이고 더 넓은 외연을 갖는다**. 즉 노동은 생산의 한 요소일 뿐 아니라, 특정한 조건 속에서 생산이라는 활동이 취하는 특정한 형태다.

물론 맑스는 이 텍스트에서 일차적 관심이 인간의 역사였기에 생산을 암묵적으로 인간의 생존과 결부된 것으로 정의하고 있으며, 이로 인해 그가 그토록 경계했음에도 불구하고 '인간학적 요소'가 잔존하고 있음 또한 사실이다.[20] 하지만 인간의 역사에서 자연적 생산 일반이라는 관심 속에서 우리는 생산의 개념을 파악하는 데 이를 적절하게 이용할 수 있다. 왜냐하면 인간 아닌 자연적 생명체 역시 인간과 마찬가지로 **생존**을 위해 활동하며, 이를 위해 주변의 조건('자연')을 이용하여 생명/삶을 생산하고 **생식** 속에서 생명을 재생산하기 때문이다. 물론 노동 속에서 생활의 생산이라는 면이나 새로운 욕구의 생산이란 면은 그대로 끼워맞출 수 없는 요소지만, 적어도 앞의 계기들은 생산이 정의되어야 하는 지점이 어디인가를 보여 준다. 이러한 관점에서 우리는 일반화된 의미에서의 생산을 다음과 같이 정의할 수 있을 것이다: **생존과 생식을 위해 '자연'**

---

19 같은 책, 210쪽.
20 가령 "인간들은 의식에 의해서, 그 밖에 그가 하고자 하는(will) 것에 의해서 동물들과 구별될 수 있다. 인간들 자신은 그들이 그들의 생활수단을 생산하기 시작하자마자 동물들과 구별되기 시작한다"(같은 책, 197쪽)와 같은 말은 동물과 구별되는 존재로서 인간을 정의하기 위해 생산이란 개념을 사용하고 있음을 보여 준다.

을 자신이 영유할 수 있는 것으로 변형하는 활동.

그러나 이것만은 아니다. 인간이 협업에 의해 생산하는 것만큼이나 자연의 다른 생명체 역시 상호의존 속에서, 거대한 **상호의존의 그물망 속에서 생산한다.** 이는 단지 벌이나 개미같이 무리를 이루어 사는 동물들의 사례에 국한되지 않는다. 크로포트킨은 동종 간의 협조뿐만 아니라 이종 간의 협조에 의해 살아가는 수많은 생물들의 사례를 보여 준다.[21] 식물들 또한 다양한 종류의 박테리아나 균류들과의 협업 속에 살아간다. 나아가 흙 속의 거대한 균사들은 동종, 이종을 가리지 않고 수많은 식물들과 하나의 협조와 부조, 공유의 그물망을 형성하고 있다.[22] 협업이란 개념을 인간으로 한정하는 습관을 벗어나서 본다면, 이는 거꾸로 일반화된 의미에서 협업을 정의해 주는 성분이라고 말할 수 있지 않을까? 즉 이렇게 말해야 한다: 협업은 단지 인간의 노동에 고유한 특성이 아니라 자연적 생산 전반에 속하는 일반적 특징이다.[23]

이런 점에서 협업은 언제나 상호의존된 개체들의 집합체로서 '공동체'라는 형태로 나타난다. 협업이나 공동체가 '사회적 관계' 이전에 존재

---

21 표트르 크로포트킨, 『상호부조론』, 하기락 옮김, 형설출판사, 1998.
22 톰 웨이크퍼드(Tom Wakeford)는 이를 '월드 와이드 웹'(WWW)에 비유하여, '우드 와이드 웹'(WWW)이라고 말한다(톰 웨이크퍼드, 『공생, 그 아름다운 공존』, 전방욱 옮김, 해나무, 2004, 43쪽 이하).
23 좀더 나아가, 여기에 인간과 기계, 혹은 생명과 기계의 협업 또한 포함시켜야 할 것이다. 인간과 기계의 협업이 생산력의 거대한 비약을 수반한다는 것은 잘 알려진 사실이지만, 이를 기계의 생산성으로 환원하는 부르주아에 반하여 맑스는 그것이 새로운 집합적 노동의 생산력임을 강조한다. 그러나 그 집합적 노동력이 기계와 협업을 하지 않고선 이룰 수 없는 것이란 점에서 그것은 정확하게 노동자와 기계의 협업이 창출한 생산력이다. 좀더 근본적으로 말하자면, '도구를 이용한 활동'으로 정의되는(프리드리히 엥겔스, 「원숭이에서 인간으로의 진화에서 노동의 역할」) 노동의 개념 자체가, 인간 아닌 것을 도구로 간주하는 인간중심주의에서 벗어나서 본다면, 인간과 도구의 협업, 인간과 기계의 협업이라고 말해야 하지 않을까?

하는 '자연적 관계'라는 말은, 생태학자들이 이러한 상호의존된 개체들의 집합을 지칭하기 위해 일반적으로 '공동체'community라는 개념을 사용한다는 것을 안다면[24] 이해하기 어렵지 않을 것이다. 요컨대 인간을 포함하여 모든 생명체들은 상호의존적인 '공동체'community를 구성하여 살아간다. 그것은 상이한 개체들에 대해서도, 동일한 개체들의 집합에 대해서도 마찬가지로 말할 수 있다. 생물체 간의 경쟁이 존재하는 것 또한 사실이라곤 해도, 그것은 이 거대한 상호의존적 세계 안에서 벌어지는 국지적이고 부분적인 사태에 지나지 않는다.[25] 물론 인간의 세계가 그러했듯이, 특정한 조건이 주어진다면 경쟁이 극단적으로 강화되며 상호의존의 거대한 고리가 수많은 경쟁의 마디들로 절단되는 사태가 있을 수 있다고 해도 말이다.

여기서 또 하나 추가해야 할 중요한 것은, 어떠한 개체도 '공동체'라는 이웃관계 속에서 특정 개체로 '개체화'된다는 사실이다. 즉 하나의 개체가 '무엇인가'는 그를 둘러싼 이웃관계에 의해, 그가 이웃한 것들과 어떠한 관계에 속에 들어가는가에 따라 달라진다는 점이다. 인간 또한 이렇다는 것을 맑스가 포착했을 때, 그리하여 인간이란 그를 둘러싼 관계에 따라 다른 본성을 갖는 존재라고 정의했을 때, 역사라는 이름의 '외부성'을 통해 인간이 사유되기 시작했음을 우리는 잘 알고 있다. 흔히 말하는 '역사유물론'이 탄생했던 것이 바로 그 지점이었음 또한. 이는 인간

---

24 이는 통상 '군집'이란 말로 번역된다. "생태학에서 군집(community)은 어떤 한 지역에 살고 있는 모든 개체군들을 포함하는 생물공동체(biotic community)라는 의미로 사용한다."(유진 오덤, 『생태학』, 이도원 옮김, 사이언스북스, 2001, 45쪽.)
25 표트르 크로포트킨, 『상호부조론』; 매트 리들리, 『이타적 유전자』, 신좌섭 옮김, 사이언스북스, 2001.

아닌 다른 개체들, 혹은 사물들에 대해서도 마찬가지로 말해야 한다. 맑스가 "방적기는 방적기다. 특정한 관계 속에서만 그것은 자본이 된다"고 했던 것처럼.[26] 물론 그 관계를 '자본'이나 통상 '사회'라고 불리는 관계, 혹은 '인간관계'만으로 한정해선 안 된다는 단서와 더불어. 따라서 이른바 '생태적 세계' 역시 정해진 어떤 자연적 본성의 형이상학이 아니라 이웃관계에 따라, 외부적 조건에 따라 그 본성이 달라지는 역사유물론의 작동지대임을 새삼 분명히 해두어야 한다.

## 4. 생산력, 혹은 생산능력

지구상의 모든 생명체들은 외부에서 유입되는 태양에너지로 인해 생존한다. 그 에너지를 이용해서 자신에게 필요한 것을 생산하고 비축하며 살아간다. 가장 넓은 의미에서 생명체들의 생산활동이란 이 에너지를, 혹은 이 에너지의 변형물을 자신들이 이용할 수 있는 형태로 변환시키는 활동이다. 식물들은 태양에너지를 직접 자신들이 이용 가능한 탄수화물 형태로 변형시켜 사용한다. 초식동물이나 인간은 태양에너지를 직접 이용가능한 에너지로 변형시키지 못하기에, 식물이 변형시킨 것을 섭취하여 자신이 이용할 수 있는 형태로 변형시킨다.

그런데 바타유가 일찍이 지적했듯이, 원래 지구상에서 행해지는 모든 생산은 항상 에너지 과잉의 상태로 진행된다. "원칙적으로 하나의 유기체는 자신의 삶을 유지해 주는 활동……에 필요한 양보다 더 많은 에

---

26 칼 맑스, 「임금노동과 자본」, 최인호 외 옮김, 『맑스·엥겔스 저작 선집』 1권, 박종철출판사, 1990, 555쪽.

너지 자원을 확보하며, 그 초과에너지 덕분에 성장이나 번식도 가능하다."[27] 그 과잉은 어떤 경우에는 그 생산자가 직접 이용가능한 형태로 변환된 채 존재하기도 하고, 어떤 경우에는 그가 직접적으로는 이용할 수 없는 형태로 흘러가 버리기도 한다. 가령 지구에 들어오는 태양에너지 가운데 식물들이 광합성을 통해 자신들이 이용하거나 비축할 수 있는 비율은 약 1%에 지나지 않는다. 이 가운데 일부는 호흡작용을 통해서 식물이 자신을 유지하는 데 사용되고, 다른 일부는 성장이나 '생식' 등을 위해 사용된다. 태양에너지의 나머지 99%는 대기 중에 흘러가서 지구의 기온을 일정한 온도로 유지하거나 바다나 강물을 증발시키는 등의 '일'(작용)을 하는 데 사용된다. 그러나 이는 단지 쓸데없는 '낭비'는 아니다. 이는 식물-생산자가 직접 사용할 수 있는 형태는 아니지만, 식물이 생존하는 데 필수적인 온도와 물 등을 유지하고 공급하는 데 사용되는 것이란 점에서 자신이 사용하게 되는 요소들이다. 그것이 충분하지 않으면 식물-생산자는 생존을 유지하지 못한다.

그럼에도 불구하고 이 '과잉'이라는 말이 유의미한 것은, 그러한 에너지의 상태가 그것을 필요로 하는 생산자에 대해서는 항상 '과잉'이기 때문이다. 이러한 '과잉'으로 인해 생산자는 변화와 증식이 가능하게 되며, 그 생산자와 관련된 새로운 양상의 관계가 생성될 수 있다. 즉 그러한 과잉이 없다면 개체의 증식은 불가능하며(새로운 것의 탄생은 성체의 죽음을 통해서만 가능해진다), 개체의 변화 역시 소요되는 에너지의 변화를 수반하는 한 불가능해질 것이다. 하나의 공간이나 영토를 벗어나 다른 곳으로 이동하거나, 기존의 관계에서 벗어나 다른 관계를 구성하고 생성

---

27 조르주 바타유, 『저주의 몫』, 67쪽.

하는 것 역시 과잉상태의 에너지 없이는 불가능하다.

여기서 '과잉'은 생산자의 내부와 외부 어디에나 있다. 광합성으로 생산한 에너지는 식물이 자신의 신체를 유지하는 데 필요한 양 이상이다. 식물은 그 과잉분을 씨나 열매 등 생식을 위해 사용한다. 한편 외부로 흘러나간 에너지는 온도를 유지하고 물을 공급하는 데 사용되지만 거기서도 항상 과잉의 상태가 존재한다. 다만 그 에너지의 경우 직접적으로 생산자가 통제할 수 없다는 점에서 때로는 홍수나 과열 같은 재앙의 이유가 되기도 하고, 때로는 가뭄이나 추위를 피하기 위해 비축되기도 한다. 태양에너지가 계속해서 유입되는 한 이러한 에너지의 잉여는 항상 존재할 것이다.

어떤 생산자의 **생산능력**, 즉 생산력이란 부재하는 힘, 부재하는 에너지를 만들어 내는 능력이 아니라 이렇게 유입된 에너지를, 혹은 그것의 변형된 산물을 자신들이 이용할 수 있는 형태로, 혹은 이용하기에 좀더 유리한 형태로 변형시키는 능력이다. 대기 중에 열로 방출된 에너지와 석유나 석탄 형태로 변형된 에너지가 그렇듯이, 같은 양의 에너지라도 그 형태에 따라 **이용가능한 잠재력**이 다르기 때문이다. 심지어 같은 양의 에너지라도 농축된 정도에 따라 이용가능한 잠재력이 달라진다.[28] 또 어떤 생산자로서는 직접 이용할 수 있는 형태의 에너지가 다른 생산자로서는 그럴 수 없는 경우도 있다. 바람을 타고 나는 새와 그렇지 못한 사람의 경우, 바람이 포함하는 에너지는 전혀 다른 가용성을 갖는다.

이런 점에서 보자면, 어떤 생산자의 생산능력은 그의 변형능력이고, 그 생산능력의 '정도'degree는 일단, 변환의 속도와 '농축'의 강도를 결정

---

28 유진 오덤, 『생태학』, 110쪽.

하는 힘의 크기, 즉 그러한 **능력의 강도**라고 할 수 있을 것이다. 아마도 공리적 계산이 개입하는 지점은 바로 여기일 것이다. 즉 이 능력의 강도를 양적인 지표를 사용하여 표시하기 위해, 변환을 위해 직·간접적으로 사용된 에너지와 그로 인해 획득한 새로운 에너지의 비율을 이용하기 때문이다. 그러나 이것이 변환능력의 강도를 표시하는 하나의 지표임은 분명하지만, 이것이 강도 자체를 표현하는 것은 아니란 점을 잊지 말자. 예컨대 변환을 위해 사용한 에너지의 경우에도 단지 칼로리나 줄 등으로 표시되는 양보다는 차라리 그 에너지를 응축하는 능력이 '능력의 강도'에서 더욱 결정적이기 때문이다. 5000kcal의 에너지를 5번에 나누어 망치질을 하는 사람 A와 단 3000kcal의 에너지를 한 번에 응축해서 사용해 망치질하는 사람 B가 동일한 양의 성과를 얻었다고 했을 때, 계산되는 에너지 효율의 지표가 B가 A보다 더 낮다는 것을 보여 주긴 하지만, 그 강도를 이해하는 데서 결정적인 것은 투입량과 산출량의 비가 아니라 투입량 자체를 응축해서 사용할 수 있는 능력 자체이기 때문이다.

다른 한편 생산능력은 생산에 투여되는 요소들을 결합하는 능력이다. 생산의 소재가 되는 재료들을 다루고 그것을 가공하는 연장들을 다루어 그것들이 적절하게, 특정한 강도로 결합하게 하는 능력이다. 따라서 재료를 선별하고 그것을 가공하는 적절한 수단을 익숙하게 다루는 것이 중요하다. 그 능력에 따라 생산하고자 하는 결과의 일관성이 보장되며, 대상의 변형과정에서 안정성을 확보할 수 있다. 그런데 이는 인간 중심주의를 벗어나 좀더 '일반화된' 관점에서 보면, 노동자인 인간이 동물이나 식물, 혹은 미생물이나 기계 등과 결합하여 작동하는 능력, 그러한 것들과의 '협업'을 조직하는 능력이라고 말해야 한다. 생산력이란 개념 자체에 협업이 결정적인 요소로 포함되어 있었음을 지금 다시 상기하는 것도 좋을 것이다.

생산능력이란 이처럼 자연이나 '기계'에 속하는 요소들과 결합하여 작동하는 능력이다. 그러한 능력에 강약이 있음은 분명하다. 이는 그러한 요소들과 결합하여 작동하는 협조의 강도, 결속의 강도다. 그것은 그 외부적인 요소들의 힘을 최대한으로 끌어내는 능력이고, 그러기 위해 그것과 자신의 신체를 '하나처럼' 움직이고 작동하게 하는 능력, 다시 말해 그 외부적 요소들과 리듬을 맞추어 협-력을 이끌어 내는 능력이다. 그것은 그 자체로 관여된 요소들 사이에 공동성을 창출해 내는 능력이다.

에너지의 변형이든, 아니면 구체적인 소재적 구성물의 생산이든 간에 생산은 언제나 다른 생산자들과 결합되어 진행된다. 이러한 결합은 어떤 경우는 의식적이지만, 다른 경우는 무의식적이며, 어떤 경우는 호혜적이지만 다른 경우는 포식자와 피식자의 관계처럼 '적대적'일 수도 있다. 가족이나 마을에서 함께 쌀을 경작하는 경우, 가족이나 마을사람들은 의식적 내지 무의식적인 방식으로 호혜적인 관계를 구성한다. 하지만 쌀과 사람들은 피식자와 포식자의 관계라는 점에서 직접적으로는 호혜적이라고 하기 어려운 관계다. 그러나 진화생물학자들에 의해 종종 사용되는 어법으로 말하자면, 쌀은 사람들이 먹기 좋은 자질을 형성함으로써 오히려 자신의 생존과 번식에 훨씬 유리한 조건을 획득한 것이고, 이런 점에서 본다면 자신의 번식과 재생산을 위해 유익한 '연장'을 획득한 것이라고 말할 수도 있을 것이다. 즉 쌀과 사람의 경우 피식자와 포식자의 관계가 단지 적대적이라고 하긴 어렵고, 일방적으로 먹고 먹히는 관계라고만 말하기도 어렵다. 어느 것의 '입장'에서 보는가에 따라 생산자와 연장의 관계는 달라질 수 있는 것이고, 따라서 피식자와 포식자의 관계 역시 상호적인 것이라고 서술하는 게 적절할 것이다.

다른 한편 의식적인 연합도 아니고, 피식자와 포식자가 아닌 경우에
조차 생산자들은 서로 의존하고 있다. 가령 식물들은 광합성을 하면서
이산화탄소를 사용하고 산소를 '배설'하고, 동물이나 인간은 그 산소를
사용하여 신체를 유지하며 이산화탄소를 '배설'한다. 서로의 '배설물'이
서로의 '음식물'이 되는 관계 속에서 양자는 서로 의존하며 생존한다. 배
설물이나 생산의 부산물이 다른 생명체의 생산활동에 생산대상이나 수
단이 되는 이런 관계는 두 가지 종의 생명체 간에만 존재하는 것이 아니
라 다수의 생명체들의 순환적인 연쇄 속에 이루어진다. 즉 생명체에 의
한 생명의 생산, 생활의 생산은 언제나 순환계를 형성하는 공동체 안에
서 이루어진다고 할 수 있다. 그 공동체의 형태나 양상은 매우 다양할 수
있겠지만, 어느 경우든 분명한 것은 생명체의 생산활동은 언제나 특정한
공동체적 관계 안에서 행해진다고 말해도 좋을 것이다.

이런 이유에서 생태학에서는 심지어 먹이사슬의 그물망을 형성하
는 경우까지 포함해서, 그리고 나아가 토양이나 물 같은 비-생물까지 포
함해서 모든 것이 상호의존적 공동체 속에서 생존하고 생활한다고 이해
하며, 이를 표현하기 위해 군집community, 공동체이라는 개념을 사용하는
것이다.[29] 물론 생태학자들이 그러한 공동체의 유지와 보전이라는 것을
일차적인 관심사로 하며, 그래서 그 안에 외래종들이 끼어드는 것에 대
해 적대적인 태도를 갖고 있음은 잘 알려진 사실이다. 실제로 새로운 외

---

[29] 클레멘츠는 식물군집과 동물군집을 하나로 통합해서 일종의 '복합유기체'로서 '생물군집' 내
지 '생물군계'를 정의한다. 그리고 그러한 유기체의 동적인 '천이'(遷移)를 진화론적 관점에서
다루고자 했다. 스펜서의 목적론적 진화론이 강하게 배어 있는 극상천이의 관념은 거슬리
지만, 생물을 거대한 집합적 신체로서, 동·식물의 혼합체로서 포착할 수 있음을 보여 주는 점은
시사적이다(도널드 워스터, 『생태학, 그 열림과 닫힘의 역사』, 266~272쪽).

래종의 유입이 공동체 전체를 파괴하는 결과를 야기하는 경우가 있지만, 그것은 '기존 공동체의 보존'이라는 관점에서 보기에 그런 것이다. 그 입지점을 떠나면 그것은 하나의 공동체에서 다른 공동체로의 변화라고 말할 수 있는 경우가 대부분이다.[30]

생태적 공동체 안에서 어떤 종을 제거했을 때에도 유사한 경우가 발생하는데, 거기서 중요한 것은 구성요소의 추가나 제거에 대한 공동체의 '탄력성' 내지 '적응성'이다. 생태학자들은 공동체 안에서 어떤 것의 생태적 지위를 대신할 종들의 잉여redundancy의 존재가 이러한 탄력성 내지 적응성을 높여 준다고 한다.[31] 이는 그 공동체가 외부에 대해 열려 있으면서도 어떤 안정성 —— 항상성 혹은 항류성 —— 을 가질 수 있는 조건을 뜻한다.

생산에서 공동체의 문제가 인간들의 경우에도 마찬가지로 적용된다는 것은 길게 말하지 않아도 잘 알 것이다. 맑스가 이미 몇 개의 중요한 유형들을 개념화함으로써[32] 공동체는 생산의 역사를 다루는 이론에서, 혹은 경제학이나 사회학에서 중요한 개념으로 자리 잡았다. 근대 이전의 생산은 언제나 공동체에 의한 생산이었고, 공동체 안에서 공동체를 통한 생산이었다. 그 공동체 안에서 개인의 위상에 차이가 있다고 해도 말이다.

하지만 여기서도 맑스나 이후의 연구자들의 관심사는 인간의 역사,

---

30 어떤 하나의 종이 공동체 안에서 차지하는 생태적 지위는 이처럼 그것을 둘러싼 외부, 그것과 결합되어 구성되는 공동체에 따라 달라진다. 이는 생태계 역시 우리가 말하는 역사유물론, 즉 외부성의 유물론에 의해 작동하고 있음을 보여 준다.

31 이본 배스킨, 『아름다운 생명의 그물』, 이한음 옮김, 돌베개, 2003, 47~53쪽.

32 칼 맑스, 『정치경제학 비판 요강』 1~3권, 김호균 옮김, 그린비, 2007.

인간관계의 역사로 제한되어 있었기에, 공동체 또한 인간들 간에 형성되는 관계로만 표상하고 있었다. 그러나 공유지 없는 공동체란 상상하기 힘든 것이다. 공동의 경작지만이 아니라 공동의 숲, 공동의 연장이 없이는, 그 공유지에 '속한' 나무나 식물·동물과 수많은 생물들 없이는 공동체 역시 있을 수 없었다. 인간들의 삶에서도 공동체란 생산자인 인간이 생산을 위해 기대고 있는 다른 조건 전체의 집합을 포함하고 있는 것이다. 소위 '아시아적 형태'에서 물과 관개사업의 중요성은 이미 충분히 강조된 바 있다. 인간을 포함하는 이 생산의 공동체 역시 외부에 대해 상대적으로 닫혀 있고, 그 상대적 폐쇄성을 통해 자신을 유지하지만, 외부자의 유입이나 내부자의 유출에 대해 일정한 탄력성을 갖고 있으며, 그 탄력성의 정도에 따라 유출과 유입에 대해 동일한 형태를 유지하는 정도가 달라질 것이다.

협업이 그 자체로 '사회적'이면서도, 즉 집합적인 관계를 이루면서도 인간과 자연 간의 관계로 정의되는 '생산력'에 포함된다는 맑스의 말은, 인간이나 생명체 전체의 생산활동에서 공동체가 갖는 이러한 중심적인 위상을 보여 준다. 협업의 양식, 즉 생산자가 다른 생산자와, 그리고 생산수단이나 생산의 대상과 맺는 집합적인 관계, 공동체적 관계의 양상이 실제로는 생산의 능력을 결정하는 가장 중요한 요인 가운데 하나인 것이다.

여기서 우리는 생산력, 혹은 생산능력에 대한 또 하나의 정의가 추가되어야 한다는 것을 알 수 있다. 생산능력이란 한편으로는 에너지의 형태나 소재적 형태를 자신이 이용가능한 형태로 변형시키는 강도적intensive, 내포적 능력이지만, 다른 한편으로는 생산을 위해 필요한 요소들과 결합하는 능력이고, 그러한 결합의 양상을 통제하여 협-력을 창출해

내는 능력이다. 그 결합의 강도를 조절하는 능력이 '내적인' 의미의 생산
능력을 정의하는 성분이라면, 결합되는 대상들을 선택하고 대체하며 결
합의 폭을 조절하고 변형시키는 능력이 '외적인' 의미의 생산능력을 정
의하는 성분이다. 전자의 경우에는 말 그대로 '강도' 자체가 결정적이지
만, 후자의 경우에는 대상들을 탈영토화deterritorialization하고 재영토화하
는 능력이 결정적이다. 그러나 개별적인 어떤 노동조차도 다른 요소들과
의 결합 없이는 불가능함을 안다면, 그리고 개인의 신체의 움직임조차
이런저런 '기관'들의 협조를 만들어 내는 것임을 고려한다면, 개별적인
노동의 강도조차 사실은 그런 요소들이 '하나처럼' 움직인 결과고, 그렇
게 하여 이끌어 낸 협-력의 강도라고 해야 할 것이다.

　여기에 생산능력이 잠재적인 능력이라는 점을 추가해야 한다. 생산
능력은 지금 현재 어떤 일을 수행하는 정도를 뜻하는 게 아니라, 일반적
으로 어떤 일을 수행할 수 있는 능력을 뜻한다. 즉 그것은 조건이 주어지
면 현재화될 수 있는 현실적인 능력을 뜻한다. 이 능력이란 요구되는 생
산을 위해 주어지는 조건을 수용하면서 자기화하는 능력이고, 다양하게
주어지는 가능한 조건의 집합에, 즉 주어지는 어떤 생산수단이나 대상,
혹은 연합할 생산자 등과 결합할 수 있는 능력, 그것들을 받아들일 수 있
는 능력이다. 따라서 잠재력으로서 생산능력의 크기는 이 경우 그 생산
자가 수용할 수 있는 조건의 폭, 생산자가 결합하여 협-력을 이끌어 낼
수 있는 대상의 이질성의 폭에 의해 결정된다. 이런 점에서 그것은 일종
의 수용능력capacity이다. 강도로서의 생산능력조차 이런 협-력을 구성하
는 능력의 발현이다. 어떤 생산자가 연장이나 대상을 재영토화하고 탈영
토화할 수 있는 능력으로 생산능력을 정의하는 것은 바로 이런 이유에
서다.

## 5. 생산력과 생산관계

개별적인 생물이든 혹은 집합적인 군집체든 간에 개체화된 생명체는 자신이 생산한 에너지를 두 개의 상이한 방향으로 분할하여 투여한다. 하나의 방향은 현재 자신의 신체를 유지하고 생존하기 위해 투여하는 것이고, 다른 하나의 방향은 생식이나 번식 등 미래의 확대된 성장을 위해 투여하거나 비축하는 것이다. 가령 소출이 많은 품종의 벼는 그렇지 않은 것에 비해 생식률에 좀더 많은 에너지를 투여한다. 실제로 야생벼는 자기가 생산한 에너지의 20% 이상을 볍씨에 투여하지 않는다. 반면 좀더 많은 소출을 위해 변형·육종된 '기적의 벼'는 80%를 볍씨에 투여한다. 이 경우 후자는 전자보다 4배나 수확률이 높지만, 에너지의 대부분을 씨앗에 투여하기 때문에, 자기의 생존에 필요한 능력이 현저하게 떨어진다.[33] 줄기는 약해서 바람에 쉽게 부러지고, 해충에 매우 취약하며 영양소를 흡수하는 능력 역시 매우 떨어진다. 그래서 이런 벼의 경우에는 비료나 살충제 등의 '화학적 보조'를 다량 공급하지 않으면 제대로 자라지 못한다.

생태적 개체군의 경우에는 공간적으로 여유가 있고 붐비지 않는 조건이거나 아니면 거꾸로 알이나 새끼가 포식자로 인해 살아남기 힘든 경우에는 새로운 개체들의 번식을 위해 좀더 많은 에너지를 투여하고, 그 반대의 경우에는 성체 자신의 생존능력을 확장하는 데 좀더 많은 에너지를 투여한다. 생태계의 경우에도 에너지는 새로운 개체의 '생산'과 자신의 생존을 위한 '호흡'으로 나뉘어 투여된다. 생태계 천이遷移의 초

---

33 유진 오덤, 『생태학』, 118쪽.

기단계에는 '생산'에 투여되는 에너지가 호흡에 투여되는 것보다 많지만, 후기로 가면서 양자가 거의 비슷한 비율로 투여되는 경향이 있다.[34]

잉여를 포함하여 생산된 에너지를 이처럼 두 가지로 분할하여 투여하는 것은 인간의 경제적 생산의 장에서도 비슷하다. 가령 자신의 생존을 위해 벼농사를 짓는 소농민도 수확한 쌀의 일정 부분을 다음해에 뿌릴 종자로 남겨 두어야 한다. 자본에 의해 진행되는 생산의 경우에는 생산물의 일부는 노동자나 자본가의 생존을 위해 소비되지만, 다른 부분은 좀더 자본 자체의 성장을 위해, 확대된 규모의 생산을 위해 자본으로 축적된다. 자본의 재생산과 유통을 다루는 부분에서 등장하는 축적률이나 생산을 소재적인 측면에 따라 생산재 생산부문(I부문)과 소비재 생산부문(II부문)으로 분할하는 재생산표식은 이를 표현하기 위한 개념들이다. 국민경제 차원의 거시경제에서도 생산물 전체는 생산자나 자본가의 소비를 위한 부분과 경제성장을 위해 투여되는 부분으로 분할된다. 벼가 생식률을 높이기 위해선 자신의 신체를 돌보지 못하는 것처럼, 노동자역시 성장률을 높이기 위해선 자신의 생존을 희생할 것을 요구받는 것을 우리는 잘 알고 있다.

하지만 이와는 다른 층위에서 구별되어야 할 것이 있다. 그것은 '과잉' 내지 '잉여'의 생산, 그것의 영유와 관련된 것이다. 가령 소농민이 자신의 생산물을 자신의 신체를 유지하는 데 사용하는 것뿐만 아니라 자식의 생산과 재생산에, 즉 생식과 재생산에 사용하는 것까지가 통상 '필요노동'이라고 불리는 '사회적 재생산 비용'에 포함된다. 그런데 경작을 위한 종자는 소농민의 생물학적 생활을 초과하지만, 농사를 계속 짓기

---

34 같은 책, 252쪽 이하.

위한 조건이다. 이전과 동일한 규모로 생산하고자 한다면, 그에 필요한 한의 종자는 생산의 지속을 위해 보전되어야 할 부분일 것이다. 그러나 그 이상의 생산물이 있다면, 그것은 종자의 형태를 취한다 해도 이와는 다른 종류의 '잉여'다. 그 잉여는 생산의 확대를 위해 투여되든, 다른 목적으로 이용되든, 생태학에서 에너지 분할을 구별하는 두 범주를 넘어서는 것이다. 이를 따로 '잉여생산물'이라고 명명하자.

과잉인 에너지를 어떻게 분할하고 분배할 것인가 하는 문제는 생산능력 내지 생산력과 관련된 것이지만, 이제 여기서 말한 추가적인 '잉여생산물'의 분할과 영유는 그와 다른 층위의 문제다. 이러한 잉여생산물의 생산과 영유는 특정한 관계 속에서 발생한다. 즉 생산하지 않는 자들이 생산물을 영유할 수 있는 어떤 조건이 주어질 때만 발생한다. 즉 그것은 생산수단 및 직접적 생산자 이외에 다른 요인이 관여하여 이루어진다. 생산수단의 소유자가 그것이다. 이러한 관계는 생산된 잉여생산물을 생산자 아닌 타인이 영유하고 착취exploitation하는 것과 결부되어 있다. 알다시피 이런 관계는 '인간'의 범위 안에서만 확인된다. 이처럼 잉여생산물의 영유를 규정하는 생산자-비생산자 간 관계를 '생산관계'라고 한다. 이는 대개 생산수단의 소유자와 생산자가 서로 분리되어 결합되는 양상으로 표현되기 때문에, 생산수단 소유관계로 정의되기도 한다.

생산수단의 소유/비소유가 발생하는 것은 생산된 잉여가 저장되어 직접적인 소비·소모나 생식 등과 다른 방식으로 사용될 수 있을 때다. 이를 '스톡'Stock이라고 정의하자.[35] 비축된 스톡이 누군가에게 귀속될 때,

---

35 질 들뢰즈·펠릭스 가타리, 『천의 고원』, 이진경 외 옮김, 연구공간 '너머' 자료실, 2000, 13장 참조.

그것을 '소유'라고 명명한다. 스톡의 소유자는 그것을 새로운 잉여의 생산이나 획득을 위해 사용하며, 그 결과를 소유의 대가로 영유한다. 먹지 않고 비축해 두는 씨앗의 스톡이 경작을 가능하게 하고 그것의 반복을, 즉 재생산을 가능하게 한다. 이처럼 '자연과의 관계' 속에서 비축되어 이용되는 스톡을 '일차스톡'이라 하자. 이와 달리 앞서 말한 특정한 조건에서라면 소비하지 않고 비축하여 두는 생산요소의 스톡은, '경제적' 내지 '정치적인' 일정한 대가를 얻기 위하여 그 스톡을 다른 사람들에게 제공하는 경우도 있다. 이처럼 '다른 인간과의 관계' 속에서 특정한 이득을 얻기 위해 비축되어 사용되는 스톡을 '이차스톡'이라고 할 수 있을 것이다. 앞서 말한 '잉여생산물'이란 이 이차적 형태의 스톡에 대응한다.

생산물의 스톡과 그에 따른 영유가능성은, 토지처럼 인간이 생산하지 않은 것조차 스톡으로 변환시키게 하며, 그것을 잉여획득의 새로운 기반으로 전환시키게 한다. 그것이 제공할 수 있는 잠재적 스톡이 사용되기 이전에 이미 그것을 현행적 스톡이 되게 만든다. 이제 토지의 소유자는 그것을 소유하고 있다는 사실만으로 토지생산물의 일부를 영유할 권리를 갖는다. 그처럼 영유의 근거가 되는 것으로서의 스톡(생산수단)은 잉여생산물의 추가적인 영유가능성을 갖고 있기 때문에 그에 따른 잉여생산물의 스톡은 점점 더 큰 규모로 증가할 가능성을 갖는다.

스톡이 존재하는 경우, 생산은 생산에 필수적인 요소를 스톡으로 소유한 자와 소유하지 못한 자의 결합을 통해서 진행된다. 스톡의 소유자는 스톡을 소유하고 있다는 이유로 생산하지 않으면서도 생산된 잉여생산물의 영유권을 요구하며, 생산자는 생산수단을 소유하지 못하고 있기 때문에 생산하고 생존하기 위해서는 스톡을 사용하는 대가로 잉여생산물을 제공해야 한다. 이처럼 스톡의 소유자(비-생산자)와 생산자가 결합되어 생산과 결부된 하나의 관계를 구성할 때, 그 관계가 생산의 양상이나 생산물 영유의 양상을 규정한다는 점에서 '생산관계'라고 명명한다.

여기서 스톡의 소유자는 생산의 또 하나의 결정적 요소를 독점하고 있기 때문에, 자신이 영유할 잉여생산물의 크기를, 그리고 생산을 위해 재투여되어야 할 스톡의 비율을 생산자의 의지로부터 독립적으로 결정하고 강제할 수 있다. 즉 잉여생산물의 영유와 이용의 양상에 일차적인 영향력을 행사한다. 반면 생산물을 생산자 자신의 생활/생명의 생산 및 재생산과 경작의 지속이라는 두 개의 항목으로 분할하여 사용하는 조건에서는 잉여생산물을 생산할 이유가 없으며, 많은 경우 그것의 생산을 차단하고 저지한다. 이른바 '원시사회'에서 생활과 생산에 필요한 양을 초과하는 잉여생산물을 생산하지 않거나 금지하는 것은, 혹은 발생한 잉여물을 파괴하거나 소모해 버리는 것은 그것이 스톡으로 전환되는 것을 방지하기 위한 것이다.[36] 거기서 잉여를 비축하려는 자들에 대한 적대적 태도는 이러한 맥락에서 이해할 수 있다.

스톡이 존재하고 잉여생산물을 영유하는 비-생산자가 존재하는 경우에도 생산은 하나의 공동체를 통해서만 가능하다. 왜냐하면 연장이나 대상, 혹은 토지가 누구의 소유든 간에 그것은 생산자와 결합해야만 하고, 많은 경우 그 결합은 복수의 생산자들의 연합을 수반해야 하기 때문이다. 좀더 치밀하게 본다면, 사람만이 아닌 많은 생산자들이, 그것들의 공동체가 모든 생산에 관여되어 있다. 간단한 예로, 경작하는 사람은 가

---

36 피에르 클라스트르, 『폭력의 고고학』, 이종영·변지현 옮김, 울력, 2002, 182~188쪽; 피에르 클라스트르, 『국가에 대항하는 사회』, 홍성흡 옮김, 이학사, 2005, 240~243쪽; 들뢰즈·가타리, 『천의 고원』 2권, 216~218쪽.

족 등 동료 생산자뿐만 아니라, 벼와 소, 땅속의 지렁이나 미생물 등 다양한 생명체들과 하나의 공동체를 구성하고 있다. 이 공동체는 에너지와 물질의 상호적인 순환을 통해 존속하는 하나의 군집이란 점에서 하나의 '순환계'를 구성하고 있다고 말할 수 있다. 각각의 개체들은 그 순환계 안에서 순환되는 물질과 에너지를 통해 '순환의 이득'을 획득하고 있는 것이다.[37]

그 순환의 이득 안에도 잉여가 발생한다. 그 잉여로 인해 순환계를 구성하는 각각의 개체는 그 순환계로부터 탈영토화되어 다른 활동들을 할 수 있는 것이다. 순환계 안에서 어떤 개체가 확보하려는 순환의 이득이 순환계를 유지할 수 없는 한도로 확장될 때, 그 순환계는 파괴된다. 함께 순환계 내지 공동체를 구성하던 개체들이 획득하던 순환의 이득 전체가 파괴되며, 그 개체들은 적어도 그 공동체 안에서는 존속할 수 없게 된다. 아마도 그 지점이 '이득의 한계지점'일 것이다. 그 한계 안에서 순환의 이득이 유지될 수 있을 때, 통상 말하는 '지속가능성'이 정의될 수 있을 것이다.

그런데 이러한 순환적 공동체에 비-생산자인 소유자가 끼어들어 자신이 소유한 스톡을 기반으로 생산의 양상을, 즉 생산량이나 생산방법 등에 개입할 때 '지속가능성'은 본질적으로 위협에 처할 수 있다. 왜냐하면 그는 순환계 외부에서 오직 그때그때 잉여생산물의 최대치를 척도로 관여하기에 순환의 지속가능성이나 순환계의 유지에는 직접적인 관심이 없기 때문이다. 생산과정에 대한 소유자의 영향력이 공동체 전체의 힘을 능가할 정도로 확대되고, 소유자의 관심이 이윤이라는 오직 하나의

---

37 이진경, 『미-래의 맑스주의』, 367~374쪽.

대상으로 집중되는 근대의 자본주의 사회에서 이는 심각한 문제가 된다.

알다시피 근대 내지 자본주의는 생산과 결부된 모든 종류의 공동체를 해체하여 생산자와 생산수단을 철저하게 분리한다. 토지를 비롯한 생산수단으로 분리된다는 것, 혹은 공동체로부터 생산자가 분리된다는 것은, 생산자가 생산할 수 있는 조건에서 분리되는 것이고, 결국은 생산능력을 상실하고 '불구자'가 되는 것이다. 그러나 이렇게 분리된 상태로는, 즉 '공동체'가 해체된 상태로는 생산은 진행될 수 없다. 거기서 생산수단 소유자는 이렇게 분리된 생산요소들, 그리고 복수의 생산자들을 **화폐적 형식**으로 '통일'하여 자신의 의사대로 통합하고 재통합한다. 공동체 Gemeinde를 화폐Geld가 대신하게 된다. 아니, 사실은 반대의 순서로 말해야 한다. 생산자들이 화폐를 위해 자신의 생산능력을 판매하게 하기 위해선, 그들이 생산자로서 갖는 자립성을 해체하고 생산의 조건을 탈취하여 불구화시켜야 한다. 먹고살기 위해선 좋든 싫든 고용주를 찾게 만들어야 한다. 이런 의미에서 자본주의는 불구를 생산하고 불구에 기초하는 불구의 체계다.

공동체를 화폐가 대신함으로써 근본적인 변화가 발생한다. 이전의 공동체는 물질과 에너지의 순환의 양상에 의해 작동하고 그 순환에 참여하는 각 개체들의 순환의 이득이 일정하게 유지되는 것을 전제로 하며, 또한 그렇기에 그것에 의해 공동체의 외연이나 규모 또한 한정되는 것이었다. 반면 화폐를 통해 결합되는 경우에는 관여된 개체들 간의 에너지·물질의 소재적 순환이나 순환의 이득이 아니라 생산수단 소유자의 이윤만이 직접적인 목표가 되며, 순환적 요소들은 이윤의 최대치를 위해 선택되고 결합되며, 결합되는 요소들의 규모나 외연은 동원가능한 화폐량에 의해 규정된다. 순환의 이득은 이제 '잉여가치'가 된다. 나아가 자본은 그 잉여가치가 발생하는 '고리'를 전체 순환계로부터 분리하여 잉여가치 생산을 극대화하려고 한다.

여기서 생산에 관련된 모든 요소들은 오직 화폐적 기준에 비추어 평가되고 그것의 능력 역시 가치화될 수 있는 결과에 의해 이루어진다. 생산의 목표는 순환계 안에서 함께 공생하는 개체들의 생존이나 유지가 아니라 그 전체를 통합하는 화폐의 증식이 된다. 생산요소들의 능력은 순환계 안에서 공생하는 능력이나 순환계를 원활하게 유지하는 능력, 혹은 그 안에서 새로운 생존의 양상을 만드는 탈영토화/재영토화 능력이 아니라, 생산된 결과물의 가치화 안에서 그것이 차지하는 비중으로 평가된다. 한마디로 말해 '돈이 되는 정도'가 바로 그의 능력인 것이다. 생산력이 화폐 안에, 혹은 생산수단으로서 자본 안에 포섭되고 갇히게 되는 것이다.

## 6. 생산능력의 해방, 혹은 혁명

생산력이란 생산성이라는 하나의 양적 지표가 아니라 항상-이미 집합적인 생산능력을 뜻한다. 생산능력은 한편으로는 어떤 대상을 변형시키는 강도적 능력이고, 다른 한편으로는 생산에 필요한 요소들을 결합시키는 능력이다. 그것은 능력이라는 개념 자체가 그렇듯이 언제나 '할 수 있음'을 의미하며, 그것을 현실화할 수 있는 조건과 만나면서 현재화되는 잠재력이다. 즉 그것은 현재 수행하고 있는 어떤 하나의 생산에 제한되지 않는, 다양한 생산의 장을 향해 열린 능력이다. 따라서 생산력의 '크기', 생산력의 '정도'는 한편으로는 하고자 하는 바를 위해 힘을 응축하여 사용할 수 있는 변형능력의 강도에 의해 결정되고, 다른 한편으로는 그것이 수용할 수 있는 욕망의 폭, 그것이 담지할 수 있는 활동의 폭에 의해 결정된다.

생산이 진행됨에 따라 **생산력의 발전**이란 이러한 **강도적 능력**이 발전함을 의미하는 것과 더불어 공동체적 협동 속에서 그것이 수행할 수 있는 **생산활동의 폭이 확장**된다는 것을 의미한다. 숙련이 강도적 능력의 증가와 결부되어 있음은 분명하다. 그렇다면 맑스가 '코뮤니즘'에 대해 말하면서 "아무도 배타적인 활동의 영역을 갖지 않으며 모든 사람이 그가 원하는 분야에서 자신을 도야할 수 있는" 사회로 정의할 때, 그리하여 "아침에는 사냥을 하고 오후에는 낚시하고 저녁에는 소를 치며 저녁에는 비판"하는 사회라는 식의 유명한 '몽상'의 형식으로 정의할 때,[38] 그것은 일을 하고 싶은 때에 하고 놀고 싶은 때 논다는 한가한 공상이 아니라, 가능한 활동의 폭을 이처럼 자유롭게 선택할 수 있는 생산능력의 '외연'이 확장된 사회에 대해 말했던 것이라고 해야 하지 않을까? 생산력이 발전된 사회로서의 코뮨주의, 그것은 이처럼 생산능력의 외연과 더불어 강도가 최대화될 수 있는 사회를 뜻한다고 말해야 하지 않을까?

이런 점에서 본다면 시간이 지남에 따라 생산력이 항상 발전하리라는 생각이야말로 진정 공상이라고 말해야 한다. 가령 자본주의에서라면 통상적인 경우지만, 특정한 하나의 파편화된 작업만을 하게 된다면, 그래서 다른 종류의 활동을 수행할 수 없게 된다면, 혹은 할 수 있는 일의 폭이 그처럼 제한된다면, 그것이야말로 생산력의 외연이 축소된 것을 뜻하고, 따라서 차라리 생산력은 감소된 것이라고 해야 하지 않을까? 강도적 능력 역시 단지 생물학적 힘의 크기나 기계적 숙련의 문제가 아니라

---

38 칼 맑스·프리드리히 엥겔스 「독일 이데올로기」, 214쪽.

자신의 신체와 욕망을 응축하여 투입할 수 있는 조건과 결부된 것이란 점에서 시간이 지나면 언제나 증가하는 그런 능력이 아니다. 가령 자신이 하고 싶은 일인 경우에는 기술적인 미숙함이 있는 경우에도 엄청난 강도의 집중과 응축이 발생할 수 있지만, 그렇지 않은 경우에는 익숙한 일인 경우에도 대충대충하는 경우가 비일비재하다. 서류를 다루는 관료들의 능력은 아주 익숙하지만 활동의 강밀함을 형성했다고 말할 수 있는 경우는 결코 흔하지 않다. 미쳐서 일하던 컴퓨터 프로그래머들이 대기업에 취업해서 '노동'으로 하게 되는 경우 활동의 강밀도가 급격히 감소한다는 것은 잘 알려진 이야기다. 혹은 누구와 함께 작업하는가에 따라 일에 몰두하는 강도가 현저하게 달라진다는 것 역시 흔히들 아는 이야기다.

따라서 생산력의 발전은 단지 기술의 발전을 뜻하는 게 아니다. 혹은 숙련의 정도가 증가하는 것만도, 생산의 규모가 확대되는 것만도 아니다. 그것은 생산력 발전을 규정하는 조건일 수 있거나, 아니면 그러한 발전에 수반되는 하나의 결과일 수는 있지만, 그것 자체가 생산력 발전을 정의해 주는 요인은 아니다. 그것은 오히려 자신의 능력을 강밀하게 응축하게 하는 조건, 혹은 새로운 활동을 향해 자신을 열고 던져 넣을 수 있게 하는 **관계의 문제**다. 생산력이 무엇보다 협업양식과 결부되어 있다는 맑스의 말은 정확하게 이런 맥락에서 이해되어야 한다.

생산력이 생산관계와 결합되어 있다는 것 역시 이런 관점에서 이해되어야 한다. 가령 생산수단이 스톡의 형태로 소유되어 있는 경우에는 생산방식이나 생산과정의 조직방식에 스톡의 소유자가 큰 영향력을 행사할 수 있다. 이런 이유에서 생산관계는 단지 생산의 결과물을 영유하는 관계만이 아니라 생산 자체의 조직에 작용하고 그것을 규정하는 관계다. 그것은 생산능력이 표현되고 발현되는 현재적 조건을 구성하며, 그 능력의 표현양상을 규정하는데, 스톡의 소유자가 행사하는 영향력이 크면 클수록 생산능력의 표현은 생산자 자신의 의지와 분리되어 작용할 가능성이 커지게 된다. 그것은 많은 경우 생산능력의 발전이나 확장을 가로막고 그것의 표현을 특정한 것으로 제한하는 역할을 한다. "생산관계가 생산력의 발전을 가로막고 양자의 관계가 질곡에 빠지게 된다"는 맑스의 말은 이런 의미로 이해되어야 한다.

이런 점에서 보자면 자본주의가 유례없이 기술과 생산성 발전을 야기한 것은 분명하지만 그것이 정말 생산력의 발전을 가져온 것이었는지에 대해서는 세심한 검토가 필요하다. 예컨대 산업혁명 이후의 기계의 발전은 이전에는 제한적인 사람이 오랫동안 배워야 했던 숙련을 해체시켜 기계적인 동작들의 집합으로 바꾸어 버렸는데, 이는 '할 수 있는' 사람의 외연을 유례없이 확대시켰고, 짧은 시간 안에 작업에 적응할 수 있게 만들었다. 또한 복잡한 동작들을 기계적인 단순동작들로 분해하여 탈코드화했기 때문에, 각각의 노동자가 접근할 수 있는 작업의 폭을 크게 확대시켰다. 산업혁명으로 인해 비약적인 생산력 발전이 있었다고 한다면, 그것은 생산성 발전 이전에 바로 이것을 의미한다고 해야 한다. 그러나 그에 따라 동시에 개개의 작업 자체는 파편화되었고, 작업내용은 정말 몰두하기 힘들 정도로 생산자 자신의 욕망이나 목적, 판단과 분리되었다. 이는 작업의 강밀도intensity를 현저하게 떨어뜨렸다. 이 경우 자본가의 감시나 컨베이어벨트의 속도와 같은 외적 강제에 의해 '노동강도'를 높일 수는 있겠지만, 활동 자체의 강밀도를 그런 식으로 높일 수는 없다. 이는 생산력 발전에 반反하는 결정적인 요인이었다. 하지만 생산능력의 '외연'의 확대 폭이 워낙 현저하여, 그리고 기계를 포함하는 거대한 분업의 확장을 통한 새로운 협업방식의 효과가 현저하여, 전반기에는 이러한 강밀도의 저하를 상쇄하고도 훨씬 더 큰 효과를 가질 수 있었을 것이다.

그러나 개인적인 노동자들의 강도의 저하와 의욕의 축소 등은 '완화된 감옥'인 공장이라는 장치, 자본가의 눈을 대신하는 감시와 훈육 및 강제의 체제 없이는 그것이 결코 현실화될 수 없는 능력이 되게 했다. 자본주의가 외적 강제를 통해서 생산능력의 강밀도를 '노동강도'로 대체하여 강요하는 메커니즘을 생산의 필수적인 요소로 요구하게 된 것은 이런 이유에서였을 것이다. 강도적 능력을 노동의 외적인 형식으로 '객관화'하여 통제하고 강제하고자 했던 테일러주의는 역으로 산업혁명에 의해 야기된 **생산력의 감소에 대한 반응이고 반동**이었다고 해야 하지 않을까? 이러한 외적 강제의 문제를 컨베이어벨트를 통한 기계적 강제로 변형시키고자 했던 포드주의 생산체제는 노동강도의 한계치까지 노동자를 밀고 가지만 그 한계치에 도달하는 데는 그리 많은 시간이 필요하지 않았다.

그리고 이 모든 체제가 '자연과의 관계'에서 존재하는 모든 상호적 관계에서 생산의 고리 각각을 분리시켜 순환계 내부의 모든 순환의 이득을 오직 하나 잉여가치로 전환시키는 데만 몰두했기에, 생명의 생산조건 전체를 전지구적 규모에서 극단적으로 과잉착취하고 파괴하게 되었다. 그나마 살아남은 순환계의 경우에도, 잉여가치 형태로 유출되는 순환의 이득이 폭증함에 따라 순환계 안에서 생산자인 개체들이 이용할 수 있는 이득의 양은 급격히 축소되었고, 생식과 성장의 생태적 선택 양상조차 소유자에 의해 강제되거나 제한되었으며, 그 결과 순환계 안에서 생산자들 각각의 생산능력은 치명적일 정도로 감소되었다. 그러한 생산능력의 치명적 감소를 메우기 위해 자본은 화학비료나 화학적 약품 등의 외부적 투입물을 대량으로 투여해야 했다. 제초제는 물론 항생제나 성장촉진제 없는 농업생산은 생각할 수 없게 되었다. 자연적 생산의 착취와 해체, 그것은 산업혁명 이후 생산의 탈농업화·탈자연화 형태로 진행되었지만, 최근 생명공학의 '발전'을 통해 새로이 유기체 내부의 국소적 순환계를 착취할 가능성이 확보됨에 따라 새로이 세포 내부적 층위로 다시 침투하고 있다. 자본주의의 제국주의적 착취는, 생명력의 보전 내지 강화라는 미명하에 행해지는 이러한 침투가 유기체의 생명력 자체를 착취하고 그것의 생산능력을 약화시킬 것임을 예측하게 해주는 게 아닐까?[39]

생산성과 구별되는 '생산력의 발전'은 새로운 종류의 협동방식을, 새로운 종류의 순환적 공동체를 요구한다. 사회주의 사회는 이 문제를 자본주의적 공장체제를 넘어서 사유하지 못했다. 오히려 생산력은 생산관계와 독립된 것으로 생각하여 거대한 생산력 발전을 야기한 자본주의의 방법을 그대로 도입하여 사용하고자 했지만, 생명을 담보로 하는(노동하지 않으면 죽음을 받아들여야 하는) 생산관계를 그대로 도입할 수도 없었고, 공장체제나 경쟁체제 등을 도입했지만, '노동강도'를 강제로 만들어 내기 위해 자본가들이 사용한 통제와 처벌의 기술을 동일한 양상으로 도입하여 사용할 수 없었기 때문에, 자본주의와 비슷하지만 그보다 저열한 '생산력 발전'의 수준에 머물게 되었던 것은 아닐까? 그러면서도 역시 자본주의처럼 공장 수준의 차원에서만 생산과 생산력의 문제를 보았기에 그러한 결과조차 순환계 전체를 파괴하는 것을 대가로 치러야

---

39 매완 호의 『나쁜 과학』과 로리 앤드루스·도로시 넬킨의 『인체시장』을 참조하라.

했다는 것 역시 잘 아는 사실이다.

따라서 지금 중요한 것은 생산력 발전을 비판하는 것이 아니라 오히려 생산력 발전을 진심으로 추구하는 것이고, 생산을 비판하는 게 아니라 진정 생산의 문제를 진지하게 사고하는 것이다. '자연'과의 새로운 관계를 구성하는 것, 인간 아닌 생명체들의 생존과 공존을 추구하는 것, 인간들의 새로운 '협동방식'을 구성하고 인간을 포함하는 새로운 종류의 공동체를 구성하는 것, 욕망과 생산활동의 거리를 좁힘으로써 생산의 강밀도를 높이고 가능한 생산활동의 폭을 확장하고 다양화함으로써 생산능력의 외연을 확대하는 것 등등. 이 모든 것을 위해서, 잠재성의 진정한 발전을 위해서, 요컨대 생산력의 진정한 발전을 위해서 생산관계를 변혁하지 않으면 안 된다. 생산력 발전을 가로막고 있는 자본주의적 생산관계를 대체한 새로운 종류의 생산관계를 창안하지 않으면 안 된다. 맑스 말대로 생산력 발전이 혁명을 요구하고 있는 것이다. 인간의 영유를 벗어나 생산 자체를 다시 사유할 것을 요구하고 있는 것이다.

# 4장 생명의 추상기계와 구체성의 코뮨주의

## 1. 생산의 일반성과 추상기계

앞서 우리는 생산의 경제학과 생명의 자연학을 대비하면서, 이 양자를 넘나들 수 있는 방식으로 생산의 개념을 '일반화'하고자 했다. 그것은 생명체가 자신의 삶을 지속하기 위해 수행하는 활동과 인간이 자신의 삶을 지속하기 위해 수행하는 활동 사이에, 자연의 생산과 인간의 생산 사이에 어떤 연속성이 있음을 뜻하는 것이었다. 그러나 이러한 연속성은 생명의 생산과 인간의 생산 사이에 존재하는 어떤 유사성을 표시하는 유비적인 관념이 아니며, 그렇다고 양자 사이에 있는 어떤 공통된 본질을 보편화한 개념도 아니다. 사실 양자 사이에 유사성이 없다고는 할 수 없지만, 그보다는 차이가 훨씬 더 크고, 공통된 것 또한 있음이 분명하지만 그에 비하면 대립되는 특징들이 오랫동안 '인간의 본질'로 강조되어 왔음을 잘 알고 있다.

좀더 중요한 것은 생산이라는 활동이 인간과 인간 아닌 것이 항상 결합하고 협-업으로 진행된다는 것이고, 생명의 생산이 경제적 생산으로 이어진다는 사실이며, 경제적 생산이 생명의 생산에 개입한다는 사실이다. 생명산업의 경우 이에 대한 아주 두드러진 사례를 제공하지만, 단지 그것만은 아니다. 농업적인 경작 같은 전근대적이고 '자연적인' 생산의 경우에도 인간과 자연, 인간과 인간 아닌 것은 좋든 싫든 함께 작업하고 함께 생산하며 함께 살아간다. 그 함께-생산함에는 단지 좋은 의미의 협조만이 있는 게 아니라 일방적인 변형도, 먹고 먹히는 관계도 포함되어 있다. 이런 점에서 자연의 생산도 인간들의 생산만큼이나 공동체 속에서 이루어진다. 인간들의 숫자만을 헤아리는 공동체의 관념을 벗어나서 본다면, 사실 모든 공동체는 인간들과 인간 아닌 것들이 항상-이미 섞여 있는 공동체고, 이질적인 개체들이 서로 기대어 사는 공동체다. 이는 인간의 의식적인 활동이나 노동이 관여하지 않는 생태적인 공동체의 경우에도 다르지 않다. 이런 점에서 자연의 생산과 인간의 생산 사이에는, 인간학적 노동의 관념을 넘어서기만 한다면, 거대한 연속성이 존재함을 쉽게 이해할 수 있다.

생산이란 인간과 인간 아닌 것이 하나의 연속성 속에서 연결되고 관계 맺는 장 속에서 진행되는 하나의 동일한 활동이라고 해도 좋을 것이다. 일반화된 생산이론이란 이 일반화된 생산의 개념을 통해 생명의 자연학과 생산의 경제학을 하나의 연속성 속에서 다루는 것이라고 할 것이다. 이를 통해 생산의 경제학에 대한 생명의 자연학의 비판이 가동될 수 있어야 하며, 반대로 생명의 자연학에 대해서도 생산의 경제학적 개념들이 작동할 수 있게 되어야 한다. 그리하여, 문제를 단지 생태학과 경제학을 넘나드는 것이라고 말해선 안 되겠지만, '생태학'에서 정치경제학의 개념들이 작동할 수 있어야 하며, 정치경제학에서 생태학적 개념이 작동할 수 있어야 한다. 자본의 논리 없이 생태학적 문제를 다룬다는 것은 생태학을 하나의 공상으로 만들 것이 틀림없고, 생명과 생태의 문제를 다루지 못하는 경제학은 생명력 자체를 세포 이하의 수준에서 착취하기 시작한 자본의 문제에 대해서조차 제대로 다룰 수 없을 것이 분명하다.

이처럼 생명의 생산과 인간의 생산을 하나의 연속성 속에서 다루기 위해선 양자를 가르는 벽을 넘어다닐 수 있어야 하고, 휴머니즘적 지평을 넘어 양자가 만나고 충돌하며 작동하는 양상을 포착할 수 있어야 한다. 그것은 사실 어떤 종류의 '추상화'를 통해서 가능한 것이다. 생산의 개념을 일반화하는 가운데 그러한 추상화는 이미 작동하고 있었던 것일 게다. 하지만 생명의 자연학과 생산의 경제학을 넘나들 수 있는 추상화, 그것은 단지 공통점을 모으는 식의 추상화로는 충분하지 못하다. 그것은 약간의 변형을 거치면 생명의 자연학에서 생산의 경제학으로, 혹은 반대로 넘나들 수 있는 추상기계여야 한다. 그리하여 역시 변형을 거치면서 이런저런 생산양식의 추상기계로 변환될 수 있는 것이어야 한다. 여기서 공동체의 개념이 또 다시 중요하게 등장하는 것은, 생명이 항상-이미 공동체이며, 생명의 생산이 항상-이미 공동체로서 생산하기 때문일 것이다. 이는 역으로 자연의 공동체와 인간의 공동체를 넘나들며 양자를 하나로 묶어서 다룰 수 있는 장을 만들어 줄 것이다.


## 2. 두 가지 추상화

통상적인 의미에서 '추상화'란 어떤 대상 가운데 핵심적인 것만 남기고 나머지는, 덜 중요한 것은 지우는 것이다. 사실 모든 개별적인 것은 다 다르다. 보르헤스가 플리니우스를 인용하며 말하듯이, "세상 어디에도 똑같은 두 장의 나뭇잎은 없다." 그렇지만 각각 다른 그것들을 묶어서 '나

무'라는 하나의 이름으로 부르고, 소크라테스와 노무현을 묶어서 '인간'
이라는 하나의 이름으로 부르게 해주는 것은, 그 각각에 공통된 어떤 것
만 남기고 다른 것은 지우는 추상화로 인해 가능한 것이다. 이렇게 개별
적인 차이들을 지우며 남겨 두는 것을, 흔히 그 각각을 '나무'나 '인간'이
라고 할 수 있게 해주는 '본질'이라고 한다. 개별자들 간에 존재하는 공
통성의 추상, 혹은 공통형식의 추상을 통해 도달한 이 본질을 '보편성'
내지 '보편자'(보편적인 것)라고 부른다. 이런 점에서 공통형식의 추상은
보편화의 방법이기도 하다. 어떤 것을, 본질을 달리 하는 다른 것과 구별
해 주는 것을 추출하는 이런 방법을 '보편적 추상화'라고 말할 수 있을
것이다. 철학자들이 통상 추상화를 말할 때, 그것은 이처럼 보편성의 추
상과 결부되어 있다. 그것은 공통된 본질, 공통된 형식의 추상이다. 이런
추상화를 통해 도달한 보편성은, 서로 간에 넘을 수 없는 벽을 만든다. 인
간을 돼지와 다르고 나무와 다르게 해주는 어떤 공통의 본질을 넘어서
돼지나 나무가 들어온다면, 그것은 더 이상 인간의 고유한 본질이 아니
며, 인간의 보편성이라고 할 수 없기 때문이다. 넘나들 경우, 그것들을 묶
어 줄 수 있는 다른 본질을, 좀더 큰 보편성을 찾을 수 있어야 한다. 가령
인간과 돼지는 '동물'이란 보편성으로, 인간과 나무는 '생물'이란 보편성
을 통해서만 하나로 묶일 수 있다.

　　그러나 상이한 개체들을 하나로 묶는 것에는 이런 방법만 있는 게
아니다. 반대로 변형을 통해 넘나들 수 있는 것을 하나로 묶는 방법이 있
다. 예를 들어 유클리드 기하학에 따르면 직선은 곡선이 아니며, 원은 타
원과 다르다. 그것을 묶으려면 '선'이라는 더 추상적이고 더 보편적인 본
질을 통해야 한다. 반면 케플러는 포물선은 원의 극한이라고 말함으로
써, 원과 타원, 포물선 간에 연속성이 있음을 발견했다. 가령 원의 중심이

두 점이 포개진 것이라고 보면, 그 두 점 중 하나를 옆으로 밀면 두 초점을 통해 정의되는 타원이 만들어진다. 그 초점을 무한히 밀고 가면 닫히지 않은 타원이, 즉 포물선이 만들어질 것이다. 따라서 원과 타원, 포물선은 어떤 변형의 방법에 의해 하나로 묶일 수 있는 것들이다. 데자르그의 사영기하학은 여기에 더해 쌍곡선과 직선으로까지 하나의 변형방법을 통해 묶일 수 있음을 보여 준다. 즉 빛이 만드는 원뿔모양의 입체에 종이 하나를 끼워 넣어 만들어지는 경계선은, 그 종이의 각도를 달리함에 따라 원에서 타원, 포물선, 직선, 쌍곡선으로 연속적으로 변한다. 이런 점에서 이 다섯 가지 곡선을 '원추곡선'이라는 하나의 이름으로 묶을 수 있다. 변형으로서의 추상의 방법이 전혀 다른 형태의 곡선을 하나로 묶어 주는 것이다.

이는 공통된 어떤 상위의 보편성을 추출함으로써 추상된 게 아니라 변형을 통해 추상된 것이다. 이는 동일한 본질의 추상과 달리 동일성을 깨는 변형에 의한 추상이고, 상위의 보편적 본질을 찾아가는 추상이 아니라 보편적 본질을 넘나들고 가로지르는 추상이란 점에서 '횡단적 추상'이라고 말할 수 있을 것이다. 사영기하학은 하나로 묶이는 이것들 사이에서 어떤 '공통성'을 찾지만(가령 변환에 대해 곡선의 연속/불연속은 불변이라는 성질), 그것은 보편적 본질이라기보다는 그렇게 묶인 것들이 공유하고 있는 성질일 뿐이다. 그것이 공통성이라고 해도, 그 공통성을 통해 이들이 하나로 묶인 것은 아니다. 변환에 대한 연속/불연속의 불변성으로 이들 곡선을 정의할 순 없으며, 이는 이들 이외의 모든 연속적 곡선(가령 구불구불한 자유곡선이나 코흐의 곡선 같은 프랙탈 곡선)이 공유하고 있는 성질이기 때문이다.

이런 추상의 방법을 좀더 극적이고 유머러스하게 보여 준 것은 조프

루아 생틸레르Étienne Geoffroy Saint-Hilaire였다. 그는 생명을 유지하기 위해 수행하는 기능적 본질을 통해 기관들을 분류하고 그것의 상응성을 통해 가령 인간의 다리와 새의 날개는 운동기관, 독수리의 허파와 넙치의 아가미는 호흡기관으로 분류하고, 그것을 통해 종이나 속에서 강, 문, 계 등으로 상승하는 보편성의 체계를 수립했던 퀴비에에 반대하여, 변형에 의해 넘나들 수 있는 방식으로 동물들을 하나로 묶는 방법을 제안한다. 가령 포유류의 팔에 달린 뼈를 분지分枝하여 확대하면 조류의 날개가 되듯이, 척추동물의 척추를 0에 가깝게 줄여 팔과 다리가 머리에 달라붙게 만들면 문어 같은 두족류가 될 수 있다는 점에서 이들은 하나로 묶일 수 있다는 것이다.[1] 퀴비에가 보기에 강綱이나 문門의 보편성을 터무니없는 공상으로 넘나드는 이런 추상은 학문이 아니라 장난에 속한 것이었다. 이는 공통형식을 추출함으로써 개별자들을 포괄하는 방식으로 상승하는 보편적 추상과 변형을 통해 구체적 형태의 차이를 넘나드는 횡단적 추상의 차이를 아주 잘 보여 준다. 이를 '공통형식의 추상'과 '탈형식화하는 추상'으로 대비할 수 있을 것이다.[2]

현대예술의 역사는 이런 횡단적 추상화의 방법을 극한으로 밀고 갈 때 도달하게 되는 지점을 잘 보여 준다. 가령 마르셀 뒤샹이 레디메이드를 예술작품이라면서 미술관에 끌어들였을 때, 그것은 대량생산된 상품(레디메이드)과 예술품의 공통된 본질, 어떤 보편성을 보여 주거나 지적하려는 것은 아니었다. 거꾸로 자전거바퀴든 소변기든, 어떤 기성품도

---

1 프랑수아 자코브, 『생명의 역사, 유전의 논리』, 이정우 옮김, 민음사, 1994; 질 들뢰즈·펠릭스 가타리, 『천의 고원』 1권, 이진경 외 옮김, 연구공간 '너머' 자료실, 2000, 53쪽.
2 이진경, 『노마디즘』 1권, 휴머니스트, 2002, 202~210쪽.

적당하게 변형시키면 예술품이 된다는 것을 보여 준 것이었다. 이는 예술품과 기성품을 하위체계로 분류하면서 상위의 보편성으로 하나로 묶는 게 아니라, 양자를 가로지르는 횡단적 변형에 의해 상위의 보편성 없이 양자를 하나로 묶는 것이고, 예술의 '보편적 본질'이라고 상정되어 있던 것을 와해(!)시키는 방식으로 양자를 하나로 묶는 것이다.

이런 발상은 적절한 변형만 갖추어진다면 모든 것이 예술품이 될 수 있는 잠재성을 갖고 있음을 보여 준다. 이는 사실 예술의 다른 영역에서 활발하게 전개된 것이기도 하다. 소음을 음악에 끌어들임으로써 음악적 소리와 소음을 갈라 놓는 보편적 본질의 벽을 와해시켰던 루이지 루솔로Luigi Russolo나, 악기 아닌 물건의 소리를 음악에 끌어들임으로써 모든 소리 나는 물건이 악기가 될 수 있음을 보여 준 에드가 바레즈Edgard Varèse, 그리하여 철로를 달리는 기차소리나 회전문 돌아가는 소리로 음악을 만들었던 피에르 셰페르Pierre Schaeffer 등 역시 마찬가지다. 이들을 통해 음악적 소리와 소음, 악기 아닌 것의 소리와 악기의 소리는 음악의 평면 위에서 하나로 묶인다. 사이렌 소리, 기차 소리도 약간의 변형을 거치면 음악작품이 될 수 있는 것이다. 「4분 33초」에서 존 케이지는 소리 없는 침묵 또한 음악적 소리가 될 수 있음을 보여 주어, 침묵을 포함한 모든 것이 음악이란 이름 아래 하나로 묶일 수 있음을 보여 주었다. 백남준은 머스 커닝햄의 무용과 택시의 움직임이 '무용'이란 하나의 이름으로 묶일 수 있음을 보여 줌으로써 움직이는 모든 것이, 아니 움직이지 않는 것조차 잠재적으로 무용임을 보여 준 바 있다.[3]

---

3 이에 대해서는 이진경, 「백남준, 기계주의적 존재론과 퍼포먼스의 정치학」, 『부커진 R』 3호, 그린비, 2010 참조.

예술가들이 보여 준 것은, 변형의 방법을 통한 횡단적 추상화의 극한은 모든 것이 하나로 묶이는 존재론적 평면이라는 사실이다.[4] 그것은 모든 소리가, 모든 움직임이, 혹은 모든 존재자가 모든 척도와 위계를 떠나 '하나로 묶이는' 평면이고, 서로가 다른 것으로 변형되는 데 어떤 근본적 장애나 벽이 없는 '평면'이며, 서로가 어떤 다른 것과도 결합하여 새로운 것으로 변형되는 평면이다. 따라서 그 평면 위에서 모든 것은 평등하다. 모든 것은 어떤 척도와도 무관하게 나름의 의미와 가치를 갖는다. 즉 평등한 존재론적 위상을 갖는다. 하지만 모든 것이 나름의 의미를 갖는다는 것은, 그 각자에게 고정된 어떤 의미이나 동일성이 있음을 뜻하지 않는다. 어떤 것도 그것이 결합하고 관계를 맺는 이웃항들에 의해 다른 의미를 갖게 되며, 따라서 다른 것이 된다.

이처럼 모든 것을 횡단하며 존재론적 평면 위에서 하나로 묶어 주는 것을 '평면화'라고 명명할 수 있을 것이다. 그것은 횡단적 추상화의 극한이다. 다만 다시 강조해야 할 것은, '평면'에 함축된 이러한 평등성이 비교가능한 것이 아니라, 각자가 다른 것인 채 평등한 위상을 갖는 것이란 점에서, 어떤 공통의 척도를 갖지 않는다는 점이다. 그것은 이런저런 존재자들을 '존재'라는 보편적 본질 ──이것은 본질이 될 수 없음을 하이데거는 이미 반복하여 지적한 바 있다── 이나 공통성으로 묶어 주지 않는다. 왜냐하면 음악과 비음악이 '음악'이란 이름으로 하나로 묶이는 것이고, 예술과 상품이 뒤섞이며 '예술'이란 이름으로 하나로 묶이는 것이기 때문이다. 이는 상반되는 본질을 갖는 것들을 횡단하여 묶고 연결하

---

4 아마도 들뢰즈·가타리라면 이를 '일관성의 평면'(plan de consistance)이라고 명명했을 것이다.(Gilles Deleuze et Félix Guattari, *Mille plateaux*, pp.307~308.)

고 변형시키는 그런 추상화다.

'존재론적 평면화'라고 명명할 수 있는 이런 추상화를 통해 우리는 모든 소리를 하나로 묶어 주는 '일반화된' 음악의 평면에 도달하게 되고, 모든 것을 작품으로 묶어 주는 '일반화된' 예술의 평면에 도달하게 되며, 모든 동작/비동작을 무용으로 묶어 주는 '일반화된' 무용의 평면에 도달하게 된다. 수많은 요소들이 어떠한 벽이나 심연 없이 넘나들며 만나고 교차하며 접속하고 이탈하는 것으로 묶어 주는 이 평면에 우리는 '일반성'이란 이름을 붙일 수 있다. 이 경우 일반성이란 보편성이나 어떤 고유한 본질을 통한 일반화(보편화)와 반대로 그런 보편성을 가로지르고 고유한 본질을 지우는 방식으로 도달하는 일반성이고, 공통성이나 공통형식의 추출을 통해 도달하는 게 아니라 그것을 탈형식화하는 방식으로 도달하는 일반성이다. 그것은 횡단가능성 내지 변환을 통해 도달할 최대치의 폭을 뜻하며, 넘지 못할 어떤 본질도 없기에 곧바로 다시 가로질러질 경계선이다. 이러한 일반화가 어떤 본질을 특권화하는 것과 반대로 그것의 특권을 무력화하는 일반화라는 것은 굳이 길게 설명할 필요가 없을 것이다.

추상화는 이런 변환과 횡단을 실제로 가동시킨다는 점에서 실제적으로 작동하며 특정한 효과를 산출한다. 그것은 단지 사유의 '속성'을 갖는 층위로 제한되지 않는다. 추상화는 사유를 통해 가동되는 프로세스일 뿐 아니라 신체의 '속성'을 갖는 층위에서도 마찬가지로 작동한다. 음악적 소리의 추상화는 한편에서는 음악적 관념에 대한 추상화를 뜻하지만, 동시에 물리적인 파동들로서 소리의 실제적이고 물리적인 변형을 뜻하기도 한다. 레디메이드를 사용한 미술작품은, 미술의 관념만 바꾸는 게 아니라 작품으로 사고팔리는 어떤 물리적 신체를 갖는 '사물'이며, 이때 추상화란 그 사물을 실제로 변형시키는 실제적인 작용이다. 머스 커닝햄의 무용도, 택시의 '무용'도 모두 관념의 추상화만이 아니라 신체적인 추상화를 수반한다. 덧붙이면, 『자본』에서 맑스가 말하는 '추상적 노동'이란 모든 구체적 형태를 떠나 일반화된 노동이지만, 그것이 성립되기 위해선 노동이라는 신체적 작동이 추상화되어야 했다.[5]

이런 점에서 추상화는 그 자체로는 변형의 실질적인 힘과 방향을 갖는다. 그 추상화의 힘과 방향을 표시하는 것은 하나의 도식diagram에 지나지 않지만, 그 도식은 신체적인 층위와 비신체적 층위 모두에서 '물리적'이고 '기계적'인 변형의 양상을 표시한다. 그것은 형식이나 본질, 혹은 법칙으로 추상화하는 게 아니라 그런 것들을 와해시키며 나아가는 것이기에, 추상적으로 작동하는 힘과 방향만을 표시할 수 있을 뿐인 다이어그램이다. 이처럼 '물리적'이고 '기계적'인 변형의 힘을 표시하는 이 다이어그램을, 들뢰즈와 가타리의 개념을 빌려 '추상기계'라고 명명해도 좋을 것이다.

## 3. 맑스주의에서 추상의 개념

맑스는 『정치경제학 비판 요강』의 모두에서 추상의 개념에 대해 언급한 바 있다. 거기서 명시적으로 제시된 추상의 개념은 탈형식화하는 추상이라기보다는 공통성의 추상에 속한다. 그는 추상이란 "공통적인 것을 강

---

5 들뢰즈와 가타리는 "표준인간에 의해 일률적인 방식으로 들어올리고 끌어당기는 힘의 일정한 평균치를 정의하는 것이 문제였다고 지적하면서, 추상적 노동의 주체가 되는 평균적 인간이 탄생한 곳은 스미스의 핀공장이 아니라 국가의 공공노동과 군대에서 탄생한 것이었다고 말한다.(Gilles Deleuze et Félix Guattari, *Mille plateaux*, pp.611~612.)

조하고 고정시키며, 따라서 우리에게 반복을 덜어 주는 한에서 이해를 돕는 합리적 추상"으로 이해한다.[6] 그러나 그가 가령 '생산 일반'이라는 추상적 개념을 실질적으로 말할 때에는 "농업, 목축업, 매뉴팩처 같은 특수한 생산"을 넘나드는 개념이어야 함을[7] 지적하는 데서 멈춘다. 여기에는 공통된 본질을 통해 '상승'하며 넘나드는 길도 있을 것이고, 그것 없이 넘나드는 길도 있을 것이다. 그런데 맑스는 그 생산 모두에 공통된 본질 같은 것에 대해선 말하지 않는다. 이 경우 생산 일반이란 상이한 형태의 생산을 넘나들며 하나로 묶이게 해주는 추상적 개념에 근접한다. 하지만 아직은 모호하다.

그 뒤에 그는 '총론'이란 미명하에 "모든 생산의 일반적 조건"을 제시하며 그것이 마치 모든 생산의 공통된 본질인 양 서술하며 시작하는 경제학에서의 유행을 비판한다. 그 총론을 구성하는 내용은 생산을 위해 없어선 안 될 조건들, 즉 "생산의 본질적 계기들", 그리고 생산을 촉진하는 조건들이나 그에 따른 생산 발전의 상이한 정도들, 즉 구체적 조건에 따라 다른 결과로 귀착되는 생산의 양상이라고 지적한다.[8] 이러한 경우로 맑스가 언급하는 사례는 존 스튜어트 밀의 책 『정치경제학의 원리: 사회철학에 대한 응용을 포함하여』*The Principles of Political Economy: with some of their applications to social philosophy*이다. '생산'이라는 '일반적' 범주를 모두에 설명하고, 그것을 원리 삼아 이런저런 영역에 적용하는 것, 그것은 '법칙'이라는 공통된 본질을 보편적 추상개념의 자리에 두고 그것의 '적용'

---

6 칼 맑스, 『정치경제학 비판 요강』 1권, 김호균 옮김, 그린비, 2007, 53쪽.
7 같은 책, 54쪽.
8 같은 책, 54~55쪽.

으로 구체적인 것을 설명하는 통상적인 방법이다.

그것은 경제학자 자신이 익숙하기에 자명하다고 가정한 특정 생산형태의 '일반화'(보편화!)이기 마련이다. 그리하여 가령 로빈슨 크루소를 모델로 하는 경제의 관념, 혹은 재화의 희소성, 교환이나 가치, 혹은 이기적 개인 내지 호모 에코노미쿠스 같은 관념이 생산 일반의 관념 자리를 차지한다. 사실상은 부르주아 경제를 모델로 하는 생산의 관념이, 특정한 생산의 형태가 '일반적 원리'의 자리를 차지하며, 모든 사회에 보편적인 원리의 자리를 차지하게 되는 것이다. 그 결과 그러한 원리는 모든 사회에 공통된 법칙, "역사와 무관한 영원한 자연법칙"이 되고, "부르주아적 관계들이 사회 일반의 폐기할 수 없는 자연법칙들로 슬그머니 변조된다."[9] 이러한 비판은 맑스의 다른 책들에서도 빈번히 발견되는 것이다.

추상이, 예컨대 '생산 일반'이라는 추상이 제대로 된 추상이려면, 구체적인 생산형태로부터 완전히 탈각하지 않으면 안 된다. 자신이 익숙하기에 어디에나 공통된 것이라고 생각하여 공통성의 형태로 추상개념에 넣어 버리는 것은, 자신이 당연시하고 있는 생산의 개념을 조건을 달리하는 모든 것에 공통된 어떤 요소나 본질로 오인하게 한다는 것이다. 공통성의 추상은 그것이 어떤 형식이나 본질로의 추상인 한, 이런 난점을 피하기 어렵다.

이러한 비판은 공통된 법칙으로 추상하는 것의 위험을 감지하기에 충분한 것이었다. 『요강』의 이 부분이 생산에 대한 추상적 개념을 다루려고 하면서도 실제로는 명쾌하게 나아갈 길을 찾아 빠르게 나아간다기보다는 그 자리에서 맴돌고 있다는 느낌을 주는 것은(실제로 『자본』을 쓸

---

9 같은 책, 55쪽.

때 그는 이 부분을 포기한다), 이러한 난점과 무관하지 않다고 해야 하지 않을까? 추상이란 '공통성의 추상'이라고 생각하면서도, 부르주아 경제학의 '총론'들 속에서 그렇게 했을 때 발생할 난점들을 감지하여 그리 나아가지 않고 다른 출구를 찾고 있는 것이 아닐까? 따라서 맑스가 생산 일반이란 추상적 개념에 대해 단지 이런저런 특정한 생산을 넘어서 하나로 묶어 주는 것에서 멈추고 있음을 적극적으로 평가할 필요가 있을 것 같다.

맑스가 이 망설임 속에서 생산 개념의 추상적 검토를 밀고 나아가는 것은 그것과 소비, 교환, 분배 등과 같은 개념들과의 관계를 검토하는 방향으로다. 추상적인 수준에서는 생산이 소비인 만큼 소비도 생산이다; 생산은 또한 분배인데, 마찬가지로 분배 또한 생산이다; 교환 역시 이와 다르지 않다. 이를 통해 생산, 분배, 교환, 소비 모두가 서로 연결되어 하나의 전체를 이룬다는 것, 이 경우 생산은 "자기 자신뿐만 아니라 다른 계기들도 총괄한다"는 것, 반면 "교환과 소비가 총괄적인 것이 될 수 없"으며, 분배 또한 다르지 않다는 결론을 끄집어낸다.[10] 즉 생산은 생산물의 생산이란 개념을 넘어서 분배의 생산, 교환의 생산, 소비의 생산이라는 '일반성'을 획득한다는 것이다.

생산 개념의 이 일반성은 이런 점에서 생산과 분배, 교환, 소비를 넘나드는 추상적 일반성이다. 여기서도 맑스는 생산의 어떤 공통된 본질을 말하는 게 아니라, 생산, 교환, 분배, 소비를 넘나들며 그것들을 하나로 묶어 주는 개념으로 작동시키고 있는 것이다. 여기서 우리는 횡단적 추상화가 실질적으로 가동되고 있음을 본다. 다만 여기에 맑스가 하나 추

---

10 같은 책, 69쪽.

가하는 것은 생산이 그 모든 것을 아우르는 총괄적 개념일 뿐 아니라 "생산이 소비, 분배, 교환과 이 상이한 계기들 상호간의 일정한 관계들을 규정한다"는 점이다.[11] 이는 생산의 '일반성'과 더불어 생산이라는 계기를 연구의 출발점으로 삼아야 할 이유를 제공한다.

그렇다면 모든 역사적 형태를 떠나서 생산의 추상적 개념을 어떻게 구성할 수 있을까? 가장 먼저 떠오르는 방법은 모든 역사적 형태와 무관하게 생산이 진행되기 위해선 반드시 있어야 할 어떤 불변적인 요소들을 찾는 것이다.[12] 그리고 그러한 요소들의 관계를 통해 '구체로의 상승'을 꾀하는 것이다. 즉 구체적인 생산양식 개념을 역사적으로 구성하는 것이다. 예를 들어 발리바르가 '생산양식의 일반이론'을 구상하면서『자본』에서 모든 생산양식에 공통된, "형태분석의 불변요소"들을 추출하는 것이 대표적인 경우일 것이다. 그는 노동자, 생산수단(노동대상, 노동수단), 비노동자라는 세 개의 항과 소유property연관과 수취appropriation연관이라는 불변적 요소를 추출한다.[13] 그리고 이 두 가지 연관 속에서 세 개의 항이 어떻게 조합되는가에 따라 이런저런 구체적 생산양식이, 심지어 존재하지 않았던 생산양식까지 구성될 수 있다고 말한다. 레비스트로스의 영향이 강하게 느껴지는 이러한 방법을 통해 생산양식의 이론으로서 역사과학이 정의된다.

퇴케이Ferenc Tökei가 생산의 기본요소를 추출하여 그것을 통해 '사회구성체'의 다섯 가지 형태들을 구성하는 것 역시 이런 맥락에서일 것

---

11 같은 책, 78쪽.
12 이는 사실 환원론적 방법론으로 반복하여 출현하는 원자론적 사고방법에 정확하게 부응한다.
13 에티엔 발리바르, 「역사과학의 기초범주」, 김윤자 옮김, 한울, 1984, 16쪽.

이다. 헝가리의 중국학자인 그는 발리바르와 달리 『독일 이데올로기』와 『정치경제학 비판 요강』을 전거로 하여 모든 생산양식에 공통된 요소를 추출한다. 개인, 공동조직, 생산수단이 그것이다.[14] 그리고 이 세 개의 항을 "생산조건의 소유자와 직접생산자의 관계, 즉 소유와 노동의 관계"를 통해 연결함으로써[15] 생산양식 혹은 사회구성체의 형태들을 구별하여 정의한다. 나아가 노동과 소유의 일치와 분리 양상을 통해 다섯 가지의 사회구성체(혹은 생산양식) 사이에 역사적인 이행의 양상을 규정한다.

이러한 분석은 매우 독창적이고 흥미로운 것이지만, 여기서 사용되고 있는 추상화의 방법은 불변적인 요소들, 공통적인 요소들을 추출하는 공통성의 추상이란 점에서 보편성의 추상이란 방법에 속한다. 그러나 그들이 추출한 불변의 요소들은 과연 역사적 형태와 무관한 것이라고 할 수 있을까? 즉 충분히 역사로부터 추상된 것이라고 말할 수 있을까?

퇴케이가 생각하듯이 개인, 공동조직, 생산수단이 역사적 형태와 무관한 공통적 요소라고 하긴 어려울 것 같다. 왜냐하면 생산자로 관여하는 어떤 인간을 개인 단위로 분절하여 포착하는 것은 개인을 통해 세계를 보는 근대적 사유와 무관하다고 보이지 않기 때문이다. 물론 그렇게 분리된 개인을 공동조직과 노동과 소유의 관계 속에서 연관짓지만, 공동체가 개인을 독립적인 존재로 인정하지 않는 경우라면, 근대 이전의 수많은 공동체들에서 흔히 발견되는 그런 경우라면, 개인이란 범주 자체를 설정하는 것 자체가 이미 잘못된 것이라고 해야 하지 않을까? 생산수단 또한 그렇다. 근대 이전의 많은 공동체에서 공동조직은 공유지를 전제로

---

14 페렌크 퇴케이, 『사회구성체론』, 김민지 옮김, 이성과현실사, 1987, 58쪽.
15 같은 책, 62쪽.

하며 그것을 자신 안에 포함한다. 따라서 공동조직과 개인, 공동조직과 생산수단을 구별하여 불변의 항이라고 설정한 것은, 그가 노동과 소유의 관계에서 '개인'이 자립성을 획득해 가는 과정의 귀착점으로 간주하는 자본주의적 관계가 이전의 관계를 파악하는 데 항상-이미 투영될 수 있음을 뜻하는 게 아닐까?

더불어 퇴케이의 방법론이 매우 '인간중심적'이라는 점을 지적해야 한다. 이는 그가 설정한 '개인'이라는 요소가 직관적인 개체로서의 개인이라는 점에도 함축되어 있지만, 구체적인 생산양식의 형태를 정의할 때, 개인이 생산수단을 통해 공동조직에 관여하는 양상, 혹은 개인이 공동조직을 매개로 생산수단에 관여하는 양상만을 본다는 점에서 더욱 분명하게 드러난다. 즉 관계를 표시하는 모든 화살표는 개인을 출발점으로 한다.[16] 그런데 공동체나 생산수단을 출발점으로 하는 관계는 왜 생각할 수 없는 것일까? 실제로 근대 이전에는 공동체가 개인을 규정하는 경우가 일반적이었음에도 말이다. 덧붙이면, 혹시 생산수단을 출발점으로 삼는 생산양식을 생각할 수는 없는 것일까?

발리바르가 추출한 불변의 요소들인 노동자, 생산수단, 비노동자 또한 공통성의 추상이란 방법에 포함된 이런 난점을 피하기 어려운 것 같다. 일단 이러한 요소가 인간의 경제를 넘어서 생산의 개념을 다룰 수 없다는 점은, 그가 다루려는 생각이 아예 없기 때문에 젖혀 두어야 할 듯하다. 먼저, 노동자와 비노동자의 구별은 이미 비노동자에 의한 노동의 수취라는 착취관계를 전제하고 있는 것이다. 이는 퇴케이처럼 공동체 안에서의 생산에 주목하는 경우라면, 불변의 요소라고 받아들일 수 없는 것

---

16 같은 책, 91쪽, 4번째 도식에는 오식이 있다. 이는 87쪽의 도식이 맞다.

일 게다. 실제로 근대 이전의 공동체적 생산에서 노동자와 비노동자를 구별하는 것은 결코 쉽지 않을 것이다. 가부장적 생산에서 가장은 노동자일까 비노동자일까? 아시아적 형태에서 하급공동체의 장長은 비노동자일까 노동자일까? 이를 구별하는 것 자체가 이미 역사적 생산형태에 속하는 구체적인 문제인 것이다. 따라서 노동자와 비노동자를 미리 구별하여 형태분석의 불변요소로 설정하는 것은 이미 그런 구별이 확연한 어떤 생산형태를 자명한 것으로 가정하고 있는 것이다.

노동자와 생산수단의 구별 또한 그렇다. 노예가 "말할 줄 아는 도구"로 간주되는 노예제적 생산양식에서 노예는 노동자일까 생산수단일까? 노예가 생산수단이라면 노예제 생산양식에서 '노동자'란 대체 누구일까? 노예가 생산수단일 수 없다고 생각하는 것은 인간이란 도구 아닌 목적으로 간주되어야 한다는 근대의 인간학적 통념과 무관하다고 보이지 않는다. 따라서 노동자에 인간을 무조건 대응시키는 것은 그런 근대적 인간 관념의 투영이라고 해야 할 듯하다. '이론적 안티휴머니즘'을 깃발에 적어 넣었던 알튀세르와 함께 작업했던 것임에도 불구하고, 발리바르 역시 방법론적 휴머니즘에서, 따라서 이론적 휴머니즘에서 자유롭지 못했던 것 같다.

한편 앞서 언급했던 존 무어의 경우처럼 인간의 신체가 가공의 대상이 된 생명산업의 경우, 인간의 신체는 '노동대상'이 되었다고 해야 한다. 이 또한 인간과 도구라는 개념을 암묵적으로 노동자와 생산수단의 구별과 동일시하는 것이 부적절함을 보여 주는 경우일 것이다. 요컨대 노동자와 생산수단, 노동자와 비노동자를 구별하는 것 자체가, 아니 그런 범주를 설정하는 것 자체가 사실은 이미 생산의 역사적 형태에 속하는 것이다. 그 요소들은 형태분석을 위한 불변요소가 아니라 역사적 형태에 따라 달라지는 가변요소다. 따라서 그것 역시 역사적 형태로부터 충분히 추상된 추상적 개념이라고 말할 수 없다. 이는 맑스가 지적한 것처럼 특정한 형태를 일반적인 것, 불변적인 것으로 가정할 위험을 피하기 어렵다.

또 하나 지적할 것은 이런 요소들과 이 요소들을 결합하는 '연관'(소유연관과 수취연관, 혹은 노동과 소유의 관계)이 '점적인 것'이라는 사실이다. 생산양식이란 소유 및 수취연관에 의한 불변의 요소들의 결합형태, 혹은 노동과 소유의 관계 속에서 개인과 공동조직, 생산수단의 결합형태가 된다. 가령 퇴케이의 도식들에서 선으로 표시되는 노동과 소유의 관계들은 점으로 표시되는 항들 사이를 연결한다. 즉 점에서 시작하여 점에서 끝난다는 점에서 점적인 것이다. 사회관계나 생산양식이 안정적으로 재생산되고 있다고 보일 때조차, 사실은 변형의 벡터들이 작동하는 과정, 형성의 과정 속에 있음을 고려한다면, 점적인 것을 흐름이나 과정이라는 선적인 것 속에서 포착하고 다루는 '선적인' 추상화가 필요한 게 아닐까?

역사적 형태로부터 완전히 추상하기 위해선 역사의 공통요소를 찾는 게 아니라, 차라리 역사 이전으로 거슬러 올라가는 것이 더 낫지 않을까? 역사적 형태의 생산과 역사 이전의 생산을 횡단할 수 있고, 그 양자를 하나로 묶어 줄 수 있는 지점으로 나아가야 하지 않을까? 역사 이전의 생산, 그것은 이런 점에서 '기원 이전의 기원'일 것이다. 그것은 역사에 속하지 않은 것이란 점에서 '역사 이전'이지만, 좀더 정확히 말하면 역사의 '외부'라고 해야 한다. 역사에 속한 것과 역사에 속하지 않은 것을 넘나들며 하나로 묶는 것, 이러한 횡단적 추상화가 필요한 게 아닐까?

## 4. 역사 이전의 생산

맑스는 역사에 대해 질문하기 위해 역사의 외부로, 역사 이전의 역사로 거슬러 올라간다. 『독일 이데올로기』에서 그것은 역사가 역사 이전의 것으로부터 분기하는 지점을 묻는 것이다. 그는 이를 '역사의 전제'에 대해 질문하는 방식으로 추적한다. 여기서 역사란 상이한 사회형태들이 출현하고 대체되는 과정이라는 통상적인 의미를 갖는다. 역사를 파악한다는 것은 상이한 형태의 사회들이 어떻게 구별될 수 있는지, 그것은 각각 어떤 방식으로 작동하고 존속하는지를 파악하는 것이다. 그것은 다양한 사회들을 하나로 묶어 주는 형태적 본질을 찾아내는 것이고, 그것을 통해 다른 종류의 사회와 구별하는 것이며, 그런 사회들의 작동양상을 시간의 축을 따라 배열하는 것이다. 따라서 사회형태들, 혹은 사회에서 "분업의 다양한 발전단계들"을 구별하기 위해 가령 소유형태의 차이를 주목하는 것은 매우 자연스런 것이라고 할 것이다.[17]

하지만 그 이전에 역사의 '전제'를 질문한다는 점을 다시 주목할 필요가 있다. 왜냐하면 역사의 전제를 질문한다는 것은 **역사 이전**을 묻는 것이고, 역사적 기원에 대해서조차 선행하는 조건을, 역사적 **기원 이전**을 묻는 것이기 때문이다. 역사의 전제, 그것은 역사의 기원보다 선행하는 것이고, 따라서 역사의 기원 이전의 출발점이다. 맑스는 자신이 던진 그 질문에 명확하게 답한다. 모든 역사의 전제, 그것은 "살아 있는 인간

---

17 칼 맑스·프리드리히 엥겔스, 「독일 이데올로기」, 최인호 외 옮김, 『맑스·엥겔스 저작 선집』 1권, 박종철출판사, 1990, 198쪽.

의 생존Existenz"이다.[18] 생존을 위해 생존수단을 구하는 활동이 그 역사의 전제에 속하는 활동이다. 결코 인간으로 제한되지 않는 이러한 활동을 맑스는 '생산'이라고 명명한다. 그것은 이중적인 의미에서 생산이다. 한편으로 그것은 생존수단을 찾아내고 만들어 내는 것이며, 다른 한편으로 그것은 생존수단을 소비함으로써 자신의 생존을, 신체적 생명을 생산하는 것이다.

이러한 생산은 인간에게만 고유한 것이 아니다. 이는 인간의 역사가 시작되기 이전이란 의미에서, 인간 또한 포함하는 '자연'에 속한 생산이다. 인간의 생산과 인간 아닌 것의 생산을 하나로 묶어 주는 그런 생산이다. 인간의 생산과 자연의 생산, 경제학적 생산과 자연학적 생산을 넘나들 수 있게 해주는 생산이다. 역사 이전의 생산, 생산 개념이 모든 역사적 형태로부터 추상화되어야 할 지점은 여기일 것이다. 이 생산은 노동자도 없고 비노동자도 없는 생산이다. 생산수단이 있을 수도 있고 없을 수도 있는 생산이다. 즉 노동자나 비노동자, 생산수단 같은 요소들이 구별되어 존재하기 이전의 생산이다. 이러한 생산은 사실 생존수단의 소비지만, 앞서 보았듯이 맑스는 이를 생산이라는 포괄적 개념으로 파악한다. 그러한 소비조차 사실은 생존을 유지할 수 있는 힘과 에너지의 생산이고, 따라서 생명의 생산이라고 해야 한다.

인간의 생존, 그것은 역사 속에 존재하는 모든 사회들이 만들어지는 목적이다. "'역사를 만들 수 있기' 위해서는 인간이 생존가능해야 한다."[19] 생명을 유지하기 위해 인간은 물질적 생존조건을 생산해야 한다.

---

18 같은 책, 208쪽.
19 같은 책, 208쪽.

생존과 결부된 욕구의 충족수단을 생산하는 것, 그것이 '최초의 역사적 행위'이다. 그것은 생명의 유지라는 기원 이전의 기원, 모든 활동의 즉각적인 목적이지만, 물질적 수단의 생산은 필경 어떤 종류의 사회적 관계, 사회적 형태를 수반하게 마련이기 때문이다. 그것은 역사로 넘어가는 문턱이다.

생명을 유지하기 위한 또 하나의 계기는 생식 내지 번식이다. "인간이 자신의 생활을 나날이 새롭게 만드는 인간이 다른 인간을 만들고 번식하기 시작한다는 것."[20] 이 역시 사회형태 이전에 생물학적 개체로서 인간의 행위란 점에서 역사 이전에 속한다. 그것 역시 인간에게만 속한 것이 아니다. 그것은 '자연'에 속한다. 그것은 또한 비노동자는 물론 생산수단도, 노동자도 없는 생산이다. 하지만 인간의 생식 내지 번식은 특정한 가족관계 속에서, '처음의 유일한 사회적 관계' 속에서 이루어지기에 또한 역사에 속한다. 이 역시 '최초의 역사적 행위'인 것이다.

이런 점에서 역사 이전의 '기원'에 함축된 생산과 생식이라는 두 개의 계기가 역사의 출발점('기원')을 이룬다고 할 수 있을 것이다. 그것은 역사 이전의 기원인 동시에 역사의 기원이다. 노동 속에서 자신의 생명/삶Leben을 생산하는 것과 생식 속에서 다른 생명Leben을 생산하는 것, 그것이 바로 '생명의 생산'이다.[21] 이는 모든 생산에 공통된 어떤 불변의 요소나 원소 같은 게 아니란 것은 긴 설명이 필요없을 것이다. 그렇다고 모든 생산에 공통된 어떤 보편적 본질 또한 아니다. 그것은 다만 '소여'로 주어져 있는 사실일 뿐이다. 그것은 생산의 구체적인 양상들이 펼쳐지고

---

20 같은 책, 209쪽.
21 같은 책, 209쪽.

분화되기 이전의 생산 그 자체다. 생산의 본질이란 이 '주어진' 사실이 조건에 따라 '어떻게 생산되는가'에 따라 규정되는 것이다. 본질이란 그처럼 역사 속에서 규정되는 것이고, 역사가 달라짐에 따라 또한 달라지는 것이다. 그것은 도끼라는 사물, 그 '주어진' 것이 어떤 관계 속에서 어떻게 사용되는가에 따라 도구가 되기도 하고 무기가 되기도 하고, 자본이 되기도 하면서 그 본성을 달리하는 것과 마찬가지다. 맑스가 본성을 물을 때는 '무엇인가'가 아니라 '어떻게'를 묻도록 질문의 방식을 바꾸었던 것은 이런 이유에서였다.[22]

역사 속에서 펼쳐지는 생산의 양상이란, 다시 말해 생산양식mode of production이란 이 추상적 생산이 조건에 따라 변형된 양상, 변형된 양태mode다. 이런 의미에서 생명의 생산은 역사적 변형을 위한 질료라고 말해도 좋을 것이다. 생활수단의 생산과 생식의 생산이라는 두 계기 모두 생명이 생산이라는 질료를, 그때마다의 조건에 따라 가공하고 변형하여 만들어지는 생산의 양태들로 펼쳐진다. 생산양식의 질료적 '기원', 그것 역시 기원 이전의 기원이다. 아마도 들뢰즈·가타리라면 이러한 질료적 '기원'에 대해 주저 없이 '기관 없는 신체'라고 말했을 것이다.[23] 생산의 기관 없는 신체, 그것은 생산이 구체적인 양상으로 펼쳐지고 분화되기 이전의 미분화된 상태고, 모든 기관의 분화가 발딛고 서 있는 질료적 '기원'이다.

생명의 생산이라는 이 질료적 '기원'을 통해 우리는 경제학적 생산

---

22 이는 '외부에 의한 사유'로서 역사유물론을 정의해 주는 것이다. 맑스의 사상에서 이러한 새로운 사유방법의 형성에 대해서는 이진경, 「외부에 의한 사유, 혹은 맑스의 유물론」, 『미-래의 맑스주의』, 그린비, 2006 참조.
23 Gilles Deleuze et Félix Guattari, *Mille plateaux*, p.196 등.

과 자연학적 생산의 분화된 벽을 넘나들 수 있다. 유기체뿐만 아니라 세포나 그 이하의 미시적 층위로까지 침투한 경제학적 생산과 착취의 문제를 생산의 '일반적' 개념을 통해 다룰 수 있고, 생태학적 군체를 변형시키고 파괴하는 자본의 생산과 착취의 문제를 또한 생산의 일반적 개념을 통해 다룰 수 있을 것이다. 반대로 생산이 언제나 생명의 생산임을 상기함으로써, 자본의 생산이 단지 생산의 결과물을 착취하는 데 그치지 않고 생명의 생산 자체를 변형시키고 파괴하는 양상에 대해, 그리고 그로부터 벗어나기 위해 투쟁하거나 나아가야 할 방향에 대해 개념적으로 사유할 수 있을 것이다. 이러한 생명의 생산이, 그 자체로 항상-이미 분할가능한 요소들의 집합체이고 공동체인 생명의 개념과 결부되어 있음을 주목한다면, 이러한 생산의 추상기계가 공동체나 코뮨의 문제를 생산의 일반적 개념 아래 다룰 수 있음을 감지할 수 있을 것이다.

마지막으로, 생명의 생산이라는 추상기계를 통해 생산의 문제를, 생산양식이라는 구체적 역사를 파악하려는 이러한 입장은, 가장 분화된 것을 통해 덜 분화된 것, 미분화된 것을 파악하려는 추상화의 방법과 반대되는 것이라는 점을 덧붙여 두고 싶다. 가장 분화된 것을 모델로 하여 미분화된 것이나 덜 분화된 것을 파악하려는 추상의 방식은 필경 가장 분화된 것의 어떤 요소를 척도로 삼아 다른 것을 보게 한다. 그것은 이전의 것에 대해 자신이 익숙한 것을 포개어 보는 것을 피할 수 없으며, 그 분화된 것을 완성태로 간주하여 다른 것을 미완성으로 간주하고 그 유사성의 정도에 따라 미개와 발전의 위계를 부여하게 될 위험을 처음부터 안고 있는 것이기 때문이다. 나아가 척도로 삼은 것을 덜 분화된 것의 미래로 삼음으로써 미분화된 것에 존재하는 잠재성을 삭제할 위험 또한 내포하기 때문이다.

이런 이유에서 나는 인간의 해부학이 원숭이나 다른 동물의 해부학을 가능하게 해줄 것이라는, 필경 19세기의 생물학과 진화론에서 연원했을 것이 분명한 맑스의 말은 정정되어야 한다고 믿는다. 자본주의 사회의 해부학이 이전 사회의 해부학을 가능하게 해줄 것이라는 말 또한 그렇다고 믿는다.[24] 그것은 원숭이나 동물에 대해 인간을 항상-이미 특권적 척도화하게 되고, 모든 사회구성체에 대해 자본주의 사회구성체를 특권화하게 될 위험을 피할 수 없기 때문이다. 퀴비에의 비교해부학이나 19세기 진화론의 통념과 반대로 가장 분화된 것이 아니라 가장 미분화된 것을 통해, 모든 분화 이전의 것을 통해 분화된 것을 분석해야 한다고 나는 믿는다(인류학이 '원시사회'의 분석을 통해 현대사회를 이해하고자 한다는 것을 이런 맥락에서 이해할 수 있을 것이다). '생명의 생산'이라는 맑스의 추상기계가, 모든 개체가 항상-이미 공동체라는 점에서, 따라서 공동체로서 생명을 생산해야 한다는 점에서 출발하는 생명의 추상기계가, 생명의 생산과 공동체의 생산, 자본주의적 생산에서 생명공학의 경제학에 이르기까지 쉽게 넘나들 수 있는 해부학적 추상기계를 제공해 주리라고 나는 믿는다.


## 5. 생명 혹은 생산의 추상기계

앞서 말했듯이 맑스는 역사의 바깥으로 추상화를 밀고 나갔다. 기원 이전의 기원, 그것은 인간의 생존이었고, 그 생존을 위한 생산과 생식이었다. 생존을 위한 생산과 생식, 이는 생명체가 자신의 생명을 유지하기 위

---

24 맑스, 『정치경제학 비판 요강』 1권, 76쪽.

해 필요한 것을 취득하고(물질적 생산), 생식을 하는 것이란 점에서 '생명의 생산'이라고 요약할 수 있다. 그런데 이러한 의미에서 생명의 생산은 단지 인간에게만 고유한 것은 아니다. 그것은 생명을 갖는 모든 것이 그렇다.

하지만 맑스는 여기서 생산을 통해 인간과 다른 동물을 구별한다. "인간들 자신은 그들이 그들의 생활수단을 생산하기 시작하자마자 동물들과 구별되기 시작한다."[25] 그러나 정말 생활수단의 생산은 인간을 동물과 구별해 주는 변별점을 형성하는가? 맑스로서는 접할 수 없었던 동물행동학은 이런 생각이 부적절함을 수많은 사례를 통해 보여 준다. 가령 개미들은 진드기를 키우는 '농장'을 만든다. 작위적으로 키우거나 하는 것이 아니라고 해도, 모든 동물들은 자신의 생존을 지속하려면 자신이 먹고살 것을 생산해야 한다. 사냥을 하든, 먹기 좋은 잎을 찾아나서든, 먹이들을 찾아 물어다 옮겨 저장을 하든, 혹은 개미처럼 무언가를 키우든. 이는 인간이 하는 것과 전혀 다르지 않다. 또한 움직이는 것과 생산을 동일시하는 것이 부당함을 안다면, 이산화탄소와 햇빛을 섞어 에너지를 만들어 내는 식물들의 활동 또한 생산이라고 해야 한다. 식물도 동물도 아니지만, 박테리아·미생물 전체 역시 마찬가지다.

이런 점에서 인간과 동물을 구별하는 인간학적 통념은 생산의 추상기계가 본격적으로 작동하기 시작하는 출발점이 아니라 스스로 넘어선 경계에 갇혀 망가지는 지점이라고 해야 할 것 같다. 생명의 생산은 문자 그대로 생명을 가진 것 모두를 하나로 묶어 주는 방향으로 나아가야 한다. 인간의 노동, 인간의 생산이란 관념을 넘어 생명체의 생산을, 생명의

---

25 맑스, 「독일 이데올로기」, 197쪽.

유지 자체를 생산이란 일반적 개념으로 다룰 수 있는 방향으로 나아가야 한다. 그것은 생명체들의 활동 전체, 자신의 생존을 유지하기 위한 생산으로 '일반화'되어야 한다. 생명의 생산의 또 하나의 계기를 이루는 생식이야 말할 것도 없다. 이성애만큼이나 특권화된 유성생식이란 관념을 벗어나면, 개체의 생명을 자신의 자식을 통해 지속하려는 활동은 모든 생명체에 '공통된' 것이다. 따라서 생명의 생산이라는 '역사의 전제'는, 기원 이전의 기원인 '질료'로서 모든 생명체들에게 동등하게 적용되어야 한다. 생산의 평면은 모든 생명체들에게 열려 있는 것이다.

그런데 이러한 생산은 자신의 신체를 유지하기 위해 이웃한 어떤 신체를 직접, 혹은 가공하여 섭취하고 이용하는 것이다. "확인해야 할 최초의 사실은 이 개인들의 신체적 조직과 이 신체적 조직에 의해서 주어진, 그 밖의übrigen 자연과의 관계이다."[26] 즉 개인은 자신의 신체를 둘러싼, 자기 이외의übrigen 자연, 종종 '환경'이라고 명명되는 이웃한 신체들의 집합과 관계 속에서 자신의 생명을 생산한다. 이 경우 생산한다는 것은 냉정하게 말하면 이웃한 생명체를 '소비'하여 자기화(수취Aneignung, appropriation)하는 것이다. 혹은 공생체들의 경우처럼 서로에게 필요한 것을 '교환'하는 것이다. 현화顯花식물이 자신의 생식을 위해 이웃한 동물들에게 필요한 것을 나누어 주는 경우라면, '분배'라는 말을 사용할 수 있을 것이다. 생산뿐만 아니라 소비, 교환, 분배 역시 인간의 경제를 넘어 이처럼 일반화될 수 있다. 그렇다면 생명의 생산이란, 이러한 생산, 소비, 교환, 분배 모두를 포괄하는 과정이라고도 말할 수 있을 것이다.

그런데 생태학이 명확하게 밝혀 준 것처럼, 먹이사슬의 죽고 죽이는

---

26 같은 책, 197쪽.

'생산'의 연쇄든, 동물과 식물처럼 서로의 분비물을 수취하고 나누는 관계든, 이러한 생산의 연쇄는 하나의 순환계를 형성한다. 즉 생명을 위해 취득하고 취득당하는 연쇄는 하나의 원환을 이루며 순환된다. 그리고 이처럼 순환계를 이루는 경우, 실제로는 자기 이외의 자연을 소비하는 것을 뜻하는 생명의 생산이, 제한성의 벽을 넘을 수 있게 된다. 먹고 먹히는 생명체의 연쇄 전체라는 관점, 즉 순환계라는 관점에서 보면, 각각의 생명체는 그 거대한 순환계의 한 고리를 이루는 것에 불과하며, 그것의 '생산'은 그 거대한 순환의 일부에 지나지 않는다. 아니, 순환계의 모든 부분이라고 해야 한다. 즉 생산은 순환의 고리들이며, 이런 점에서 순환 안에 있다. 마치 넓은 의미의 생산이 소비, 교환, 분배를 포괄하듯이, 순환은 이 생산 모두를 포괄한다.

이러한 순환계 안에서 이루어지는 생산이기에 그것은 유한성의 장벽, 열역학적 죽음이라는 숙명을 피할 수 있다. 즉 순환계를 통해 구성되는 비평형적 항상성이, 생명체의 소비에 덮쳐올 유한성의 심판을 끝없이 연기시킨다. 아이겐Manfred Eigen은 루프를 만드는 촉매들의 순환계를 통해, '순환계' 자체가 이러한 심판을 무한히 연기시킬 수 있는 힘을 갖고 있음을 잘 보여 준 바 있다. 그것은 새로운 에너지의 비약적 창발을 생산한다. 그것은 슈뢰딩거가 엔트로피 증가에 반反하는(이를 그는 음의 엔트로피라는 의미에서 '네겐트로피'라고 정의한다) 방식으로 자신을 유지하는 것이 생명의 본질이라고 정의하면서도,[27] 그러한 국지적 감소가 전체적인 엔트로피 증가를 야기한다는 점에서 결국 엔트로피 증가를 야기한다고 보았던 것과 달리, 국지적으로 엔트로피 감소를 야기하며 새로

---

27 에르빈 슈뢰딩거, 『생명이란 무엇인가』, 전대호 옮김, 궁리, 2007, 120~121쪽.

운 에너지를 생산한다(이 경우 '생산'은 생산 일반이 아니라 순환계에 의한 '특수한' 생산이다).

열역학적 평형, 즉 열적 죽음에 반하여 '네겐트로피'를 창조하고 창발하는 것이 순환계라는 명제를 생명에 대한 슈뢰딩거의 정의와 결합한다면, 생명이란 순환계를 이루어 네겐트로피를 창조하는 하나의 계라고 말할 수 있을 것이다. 생명이란 이처럼 복수의 하위-개체들이 모여 구성된 집합적 순환계인 것이다. 순환계를 이루는 방식으로 개체화된 공동체, 그것이 생명이다. 생존이란 이러한 순환계의 지속, 비평형적 항상성 homeostasis의 지속을 뜻한다. 그것은 유기체와 같은 생명에 대해서뿐 아니라 유기체 이하의 중-생적 생명체에 대해서도, 또 유기체 이상의 집합적 공동체에 대해서도 마찬가지로 말할 수 있다. 다시 말해 순환계를 구성하는 집합적 요소들의 공동체가 곧 생명이라는 것이다.

따라서 우리는 생명의 생산을 두 가지 층위에서 정의할 수 있다. 하나는 맑스의 명제에서 도출한 것으로, 그 자체로 집합적 공동체인 한 개체가 자신 이외의, 즉 자기 외부의 무언가에 작용하여 자신의 생존을 위해 이용할 수 있는 대상으로 변환시켜(가공) 영유(수취)하는 것이다. 다른 하나는 그러한 공동체 내부에 만들어진 순환계를 통해 공동체를 구성하는 하위개체들이 직접적으로는 이웃한 하위개체를 가공하고 영유하는 방식으로 생산하는 것이 하나의 순환계를 이루어 '순환의 이득'이라고 부를 플러스 섬plus sum의 관계를 가동시키는 것이다. 이러한 순환이 플러스 섬인 것은 그 공동체의 외부(환경)로부터 어떤 것이 유입되기 때문이기도 하지만, 좀더 일차적인 것은 그러한 순환계 자체가 생산하는 새로운 에너지의 창발로 인한 것이다. 공동체 안에서의 하위개체들의 '생산'이 서로 간의 적대적 상쟁으로 귀착되지 않는 것은, 이러한 순환의 이득으로 인해 이웃한 개체를 반드시 해체하지 않고서도 이용/소비할 수 있기 때문이다. 일정한 상동성을 갖는 이러한 개체들의 두 가지 생산은 순환을 통해서 결합되며 교환되고 분배된다. 그러나 이러한 순환계는 결코 닫혀 있는 폐쇄계를 이루지는 않는다. 왜냐하면 환경으로부터의 에너지의 유입, 혹은 이웃한 대상의 영유라는 외부로부터의 유입이 항상적으로 진행되고 있기 때문이고, 그것 없이는 생명을 지속하기 어렵기 때문이다.

하나의 개체로 개체화하는 순환의 흐름을, 공동체 내부의 요소들을 통과하는 '생산'의 흐름을 표시하는 원환적인 벡터는 공동체의 경계, 개체화의 경계를 표시하는 것이기도 하다. 이를 편의상 공동체(Gemeinde, G)에서 시작하여 그 공동체로 다시 회귀하는 화살표로 표시할 수 있을 것이다. 그것은 순환의 이득이 생산되는 순환계의 흐름을 표시한다고 해도 좋을 것이다. 또한 그렇게 생산된 것이 직접적으로 소비되는 회로를 표시한다고 해야 할 것이다. 이것이 생명의 생산 전체라고 할 순 없지만, 그것의 최소치이며 또한 가장 중심적인 회로라는 점은 분명한 것 같다. 다른 한편 그러한 공동체가 자신 이외의 외부('환경')를 변환시키고 영유하는 벡터를, 열린 공백을 갖는 두 개의 화살표로 표시할 수 있을 것이다. 이 역시 활동의 흐름, 생산물의 흐름, 에너지의 흐름을 표시하는 흐름의 벡터라고 할 것이다. 그렇다면 생명의 생산과정을 표시하는 벡터는 공동체의 외연을 그리는 하나의 원환적 흐름의 벡터와 외부를 향해 열린 두 개의 벡터를 통해 표시할 수 있을 것이다. 이는 순환적 공동체를 모든 역사적 형태로부터 추상한 것이란 점에서 '순환적 공동체의 추상기계'라고 할 수 있을 것이다. 또한 이는 그 자체로 하나의 공동체인 생명체가 자신의 생명을 생산하는 것을, 모든 역사적 형태로부터 추상한 방식으로 구성한 것이란 점에서 '생명의 추상기계'라고 할 수 있을 것이다. 아니면 생명의 생산을 통해 포착한, 가장 단순한 형태의 '생산의 추상기계'라고 해도 좋을 것이다.

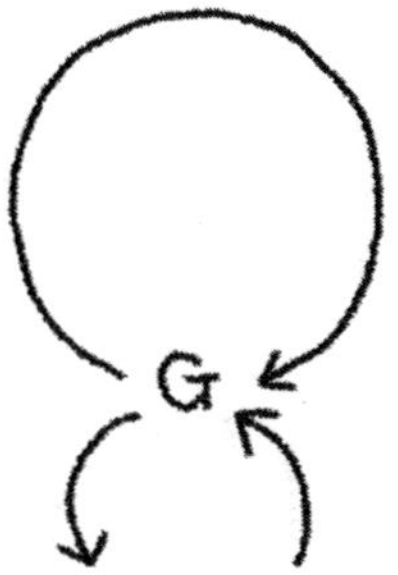

(그림 1) 생명 혹은 생산의 추상기계

　　이러한 순환적 공동체, 그리고 그것의 내부적 순환과 외부적 생산을 통해서 우리는 생명을 생산하는 방식으로 생존하는 집합체를 추상적으로 정의할 수 있다. 인간과 동식물은 물론 모든 생명체를 포괄하는 이러한 순환적 공동체를 통해 역사 이전의 '사회'를 정의할 수 있다. 그러나 이는 사회적 관계 일체를 추상한 정의고, 따라서 그 자체로 사회적 관계 속의 인간에 직접 적용될 순 없으며, 나아가 '자연적 인간'의 어떤 행동이나 본성을 설명하려는 순간, 근본적 오류를 피할 수 없을 것이다. 맑스의 말을 다시 빌리면 추상화를 통해 도달한 일반적 개념이란 출발점일 뿐이기 때문이고, 구체화되지 않고선 무의미한 도식에 지니지 않기 때문이다.[28] 가장 단순한 생명의 생산을 넘어선 모든 것은, 그것의 단순한 추상기계조차 이러한 추상기계의 변형을 통해서만 설명될 수 있을 것이다.

---

28 이런 이유에서 나는 '사회생물학'이 바로 이런 오류를 반복하고 있다고 생각한다. 그것은 인간과 인간 아닌 것들을 넘나드는 추상적 개념들로 인간의 구체적인 행위를 설명하려고 하며, 그런 식으로 자신들의 관념 속에 있는 인간을 정치경제학자들이 생산에 대해 했듯이 자연법칙화하려고 한다.

## 6. 생산의 추상기계의 몇 가지 변형들

생명의 추상기계는 이런저런 구체적인 역사적 조건에 따라, 다른 모습으로 변형될 수 있다. 잘 알려진 생산양식들을 통해 이런 변형의 몇 가지 사례들을 그려 보는 것도 재미있는 일일 것 같다.

생명의 생산은 특별한 잉여의 생산을 수반하지 않는다. 생명의 지속에 필요한 것이면 충분하기 때문이다. 물론 생산은 바타유 말대로 항상 '과잉'이라고 해야 할지도 모른다. 그러한 잉여분이 없다면, 생명의 생산은 약간의 위기만으로도 지속될 수 없을 것이기 때문이다. 그래서 잉여를 저장하는 경우도 있을 수 있다. 그러나 그 경우 저장이란 단지 여분의 소비를 위해 남겨 둔 것에 불과하고, 그런 점에서 정말 '유예된 소비'에 지나지 않는다. 어떤 경우에도 잉여를 목적으로 한 생산은 없다. 그리고 포틀래치potlach가 행해지는 수많은 원시사회에서 보여 주듯이 의도적으로 그 잉여를 파괴하기도 한다.[29] 자연발생적 잉여의 누적이 지속될 경우, 그 잉여가 스톡으로 전환되어 다른 양상의 관계로 전환되는 것을 예감하고 방지하기 위해서다.[30] 따라서 생명의 추상기계에서 생산의 순환은 그 자체로 소비의 궤적을 표시하며, 별도의 분배 흐름을 갖지 않는다.

그러나 잉여의 사적 소유가 굳이 없다고 하더라도, 경작을 하는 경우만으로도 다음해의 경작을 위한 씨앗의 비축이 필요하다. 그것은 직접적인 소비를 넘어선 어떤 잉여가 스톡으로 비축된 것을 뜻한다. 그렇게

---

29 마르셀 모스, 『증여론』, 이상률 옮김, 한길사, 2002, 141~142쪽.
30 피에르 클라스트르, 『국가에 대항하는 사회』, 홍성흡 옮김, 이학사, 2005; 들뢰즈·가타리, 앞의 책, 537~538쪽.

비축된 스톡은 경작을 위해 분배되어야 한다. 이러한 분배는 생산과는 반대방향으로 순환되는, 즉 생산의 흐름이 모인 곳에서 시작하여 역방향으로 분배되는 흐름의 벡터를 필요로 한다. 사적 소유나 비생산자의 영유가 없는 경우에도 생산양식은 생산의 흐름과 역방향으로 도는 또 하나의 흐름의 벡터를 필요로 한다. 이것은 구체적인 분배의 양상이나, 그것이 생산의 흐름을 변형시키는 양상에 대한 어떤 역사적 형태와 상관없는 가장 단순한 생산양식의 추상기계를 구성한다.

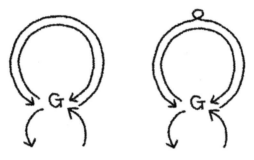

(그림 2) 생산양식의 추상기계

그러나 경작을 위한 스톡의 비축만으로도 이미 스톡의 비축과 그것의 분배를 둘러싼 새로운 관계의 가능성을 함축하고 있다. 비축된 스톡을 경작을 위해 사용하는 것과 다른 방식으로 사용할 수 있게 되었을 때, 그리하여 스톡을 비축한 사람이 그 스톡을 제공한 대가를 사적으로 취득할 수 있게 되었을 때, 스톡의 분배방식은 물론 생산양식 자체가 근본적으로 다른 것으로 변환된다. 이는 스톡에 대한 사적인 취득을 전제하는 것이다. 이를 우리는 앞서 경작을 위한 스톡과 구별해 '2차스톡'이라고 명명한 바 있다.

이러한 사적 취득과 사적인 사용은 스톡의 사적 비축에 그 단서를 갖지만, 사적인 비축이 항상 사적 취득과 사용으로 이어지는 것은 아니다. 왜냐하면 대개 이미 공동체적인 사용의 규칙들이 그런 사적 사용에 우선하기 때문이다. 또한 이런 이유에서 사적 비축에 대해 원시사회가 갖고 있는 적대감은 아주 확연하다. 그럼에도 불구하고 스톡의 비축 자체는 이미 2차스톡의 가능성을 항상-이미 안고 있다고 해야 할 것이다. 스톡의 사적 사용과 비축은 사실 사적 소유를 전제하며, 또한 역으로 그것을 촉진한다. 스톡이 2차스톡의 문턱을 넘었을 때, 생산양식은 사적 소유의 문턱을 넘게 될 것이다. 생산물의 사적 소유가 생산수단의 사적 사용(점유)으로 전환되면, 사적 소유가 생산 일반의 조건으로 변환된다.

생산양식의 이러한 변환은 무엇보다 사적 소유자가 잉여생산물을 영유하고 사적인 방식으로 '분배'(사용)하는 양상으로 진행될 것이다. 이런 점에서 사적 소유가 발생한 조건을 표시하기 위해선 생산양식의 추상기계 역시 약간의 변형이 필요할 것이다. 잉여생산물의 분배 흐름이 소유자가 만든 고리 안에 귀속되고 그로부터 다시 '분배'되는 것. 만약 여기에 정치적인 권력의 흐름의 벡터를 더한다면 사회구성체의 추상기계로 변형할 수 있을 것이다.

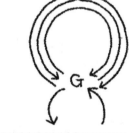

(그림 3) 사적 소유하에서 생산양식의 추상기계의 변형: 사회구성체의 추상기계

만약 생산의 공동체가 이웃한 공동체와 잉여생산물을 교환하기 시작했다면, 공동체를 표시하는 '허리'에 유입과 유출의 화살표를 추가해야 할 것이다. 이는 아마도 소상품생산이라고 명명되는 생산양식에 대응

하는 것이겠지만, 여기서 외부와의 교환은 공동체의 중심을 이루는 생산과 분배의 순환 자체를 크게 바꾸지 않는다. 사용하고 남은 것을 교환하는 데 그치기 때문이고, 그 교환 역시 사용을 목적으로 하기 때문이다. 혹은 공동체 간의 '연대'를 위한 증여나 교환도 있을 수 있을 것이다. 이 역시 원래의 생산의 이중순환은 크게 변화시키지 않을 것이다.

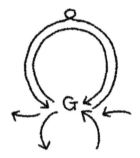

(그림 4) 소상품 생산양식: 도시적 생산양식

하지만 다른 도시와의 교역을 중심으로, 상품을 팔기 위해 생산하기 시작한 중세도시의 경우에는 교역의 흐름을 표시하는 흐름이 지배적인 것이 되면서 그것을 위해 생산의 이중회로가 복무하는 양상으로 변환될 것이다. 아마도 생산된 것 가운데 직접적 소비로 이어지는 내부의 회로는 상대적으로 크게 위축될 것이고, 소유자의 고리를 통과하는 잉여생산물의 회로는 그 교역의 양에 맞추어 크게 비대화될 것이다.

한편 도시적 변형의 경로와는 다른 변형의 경로가 있다. 그것은 공동체들의 공동체 형태로 하나의 생산형태가 구성되는 경우다. 먼저 가장들이 여자와 노예들을 소유하는 오이코스(가정)라는 공동체를 통해 그들의 생산물을 취득하고 소유하며, 그처럼 오이코스를 갖는 가장들이 모여 폴리스를 구성하는 그리스적 도시국가 형태가 그것이다. 그것은 사적소유의 추상기계들로 표시되는 복수의 오이코스들과, 그 오이코스에서 잉여생산물의 순환을 사적으로 취득하는 소유자의 고리들을 포함하는 또 하나의 원환에 '폴리스'라고 써 넣음으로써 묘사될 수 있을 것이다.

다른 한편 게르만적 형태는 영주를 정점으로 하는 장원적인 공동체들이, 맑스에 따르면 자신들의 필요에 따라 다른 장원적인 공동체와 연합하여[31] 또 다른 규모의 집합체를 구성하는 것이란 점에서 사적 소유의 생산양식을 표시하는 복수의 추상기계들을, 허리를 연결하는 또 하나의 원으로 잇는 방식으로 변형시킬 수 있을 것이다. 아시아적 형태는, 논란이 많긴 하지만 마찬가지의 사적 소유의 추상기계들이 수직적인 중심을 통해 하나로 묶이는 3차원적 구조를 이룬다고 말해도 좋지 않을까?

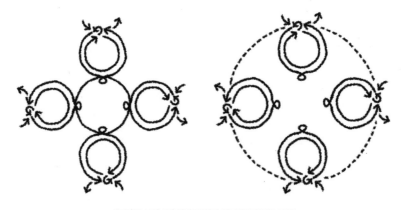

(그림 5) 그리스적 형태(왼쪽)와 게르만적 형태(오른쪽)

자본주의라면 어떻게 변형시킬 수 있을까? 자본주의에서는 생산자들의 순환계가 자본에 의해 절단되고 파괴된다. 생산의 공동체를 해체함으로써 자본주의는 시작한다. 그리고 그렇게 파괴된 생산자들을 잉여가

---

31 맑스, 『정치경제학 비판 요강』 2권, 107~108쪽. '자신들의 필요에 따른 연합'이란 점에서 점선으로 표시했다.

치의 증식을 위한 국지화된 생산으로 끌어모으며, 생산자인 노동자들은 자본에 의해 제공되는 임금으로 생활수단을 구하는 '소순환' 속에서 생존한다.[32] 그리고 이전의 공동체를 형성하던 직접적 생산의 순환은 자본의 순환으로, '대순환'으로 대체된다.[33] 그러한 대순환과 나란히 잉여가치의 거대한 순환이, 아니 화폐자본의 거대한 순환이 만들어진다. 따라서 이전의 공동체를 표시하던 G는 맑스가 말했던 것처럼 그 순환 전체를 장악한 화폐 G(Geld)로 대체된다. 이는 자본의 추상기계의 중심이다. 여기서 G로 이어지는 이중의 순환은 직접적 생산의 순환이 G에서 시작해 G′으로 끝나는 자본의 일반적 공식(G−W−G′)을[34] 표시하는 동시에, G에서 시작해 G′으로 끝나는 화폐자본의 순환(G−W⋯⋯P⋯⋯W′−G′)을[35] 표시하기도 한다. 하나의 자본을 표시하는 이 추상기계는 당연히 다른 자본과의 교환을 표시하는 복수의 선들이 G로 흘러들어 오고 G에서 흘러나갈 것이다. 그리고 이 모두는 사실 화폐가 자신의 외부를 향해 벌린 두 개의 발로 지탱되고 있는 것임 또한 빼놓아선 안 될 것이다.

(그림 6) 자본의 추상기계

32 같은 책, 1권, 277쪽 이하.
33 같은 책, 2권, 277쪽 이하.
34 칼 맑스, 『자본론』 I권(상), 김수행 옮김, 비봉출판사, 2005, 184쪽.
35 칼 맑스, 『자본론』 II권, 김수행 옮김, 비봉출판사, 2004, 67쪽.

## 7. 추상에서 구체로

오해를 피하기 위해 말해 두자면, 여기에서 우리가 앞서의 농담 같은 다이어그램들로 또 하나의 생산양식 일반이론을 재정식화하려는 것은 아니다. 하지만 이런저런 생산양식에 대한 몇 가지 다이어그램들은 생명과 생산의 추상기계가, 기존의 생산양식 개념들 사이로 넘나들 수 있는 충분한 변용능력이 있음을 보여 준다고 해도 좋지 않을까? 공통된 요소나 보편적 불변요소들로 환원하지 않는 추상화, 흐름이나 과정으로의 추상화, 공통형식으로의 추상화가 아니라 탈형식화하는 추상화, 보편성으로의 추상화가 아닌 횡단적 추상화, 그리하여 점적이지 않고 선적인 추상화가 생산양식과 관련해서도 충분히 가능하다는 것을 보여 준다고 해도 좋지 않을까? 여기서 다시 강조하고 싶은 것은 이런 변형을 통해 작동하는 생명과 생산의 추상기계다. 생명과 생산을 하나로 묶어 주고, 그 경계를 넘게 해주는 추상기계. 개체의 생명을 생산하는 것을 공동체 안에서 생산의 순환계를 통해 포착하는 추상기계. 이는 코뮨주의적 존재론의 출발점으로 삼았던 명제를 생명의 자연학과 생산의 경제학으로, 그리고 그 너머로 계속해서 밀고 나갈 수 있음을 보여 주는 것이라고 나는 믿는다.

생명과 생산의 추상기계에 대해 쓰면서 분명히 하고 싶었던 것은 처음부터 말했던 것처럼 생명의 자연학과 생산의 경제학을 넘나드는 횡단적 추상화를 통해 생명과 생산을 하나로 묶어 다룰 수 있는 개념적 장을 만들고 싶었기 때문이다. 이를 앞서 '일반화된 생산'의 장이라고 명명했고, 그것을 통해 '생산의 일반이론'을 시도했지만, 생명의 자연학과 생산의 경제학이 하나의 공통된 법칙이나 본질에 의해 서술되고 추론될 수 있으리라고는 생각하지 않는다. 그것을 하나로 묶는 것은 횡단에 의한 것이지 공통된 본질의 추상에 의해서가 아니기 때문이다. 그것이 하나로 묶이는 장, 혹은 내재적 관계 속에서 만나고 충돌하는 장을 형성함으로써, 생명의 자연학에 대한 정치경제학 비판의 문제설정이 작동할 수 있고 역으로 생산의 경제학에서 생명의 생산을, 생명의 자연학을 다룰 수 있는 이론적 공간이 만들어질 수 있으리라는 생각에서였다. 가령 생명의 경제학과 생명의 정치학은 이 하나의 '일반화된' 장이 우리에게 새로이 제공할 새로운 사유의 영역이 될 것이다.

마지막으로 맑스주의에서 추상화에 대해 말할 때면 항상 빠지지 않는 '추상과 구체'의 개념에 대해, '추상에서 구체로의 상승'에[36] 대해 간단히 추가해 두자. 추상이란 구체적인 조건들을 추상하는 것이고, 그럼으로써 상이한 조건들을 넘나들 수 있는 '일반성'으로 나아가는 것이다. 그것은 현행적인 조건들로부터 추상된 개념을 분리하여 잠재성의 장으로 밀고 가는 것이다. 그러한 잠재성의 장에서 새로운 횡단적 만남을 사유함으로써 새로운 '생산'의 방향을, 또한 새로운 삶의 방향을 엿보려는 것이다. 보편성이나 자명성의 형태로 주어진 모든 초월적 방향이나 법칙을 넘어서, 만나는 이웃항들에 따라 달라지는 방향과 본성에 따라, 그 내재성의 구도 속에서 과거와 미래를, 아니 현재를 사유하려는 것이다.

구체화란 잠재화와 반대로 현행화의 선을 따라 구체적인 조건들을 기입하는 것이며, 기입되는 조건에 따라 달라지는 구체적 배치를 보는 것이다. 동시에 그것은 구체적 조건에 따라 추상기계를 변형시키는 것이다. 따라서 구체화는 추상했던 조건들을 다시 대입하는 것이 아니며, 구체화의 경로는 추상화의 경로를 단지 역으로 되돌리는 것과는 근본적

---

36 맑스, 『정치경제학 비판 요강』 1권, 71쪽.

으로 다른 것이다. 구체적 조건을 차례로 대입함으로써 출발했던 현실로 완전히 되돌아올 수 있으리라고 생각하는 것보다는, 반대로 그 현실로 되돌아온 것처럼 보일 때조차도 사실은 완전히 다른 현실로 빗겨간 것이라고 하는 게 더 적절할 것이다. 그것은 본질적 관계를 통해 포착된 '총체적 현실'이란 의미가 아니라, 수많은 변형과 이탈의 길들로 이미 애초의 길들을 알아볼 수 없도록 조각조각 난 지도란 의미에서 그렇다. 또한 구체화란 역사적 경로를 논리에 따라 복원하는 것과도, 논리에 따라 역사를 할당하는 것과도 거리가 멀다. 그것은 차라리 변형과 이탈의 선들이 표시된 새로운 지도를 그리는 것이고, 보이지 않던 길을 보이게 하는 것이다. 그것은 보편적인 이념이나 '추상적' 개념에 감각적 실재성을 부가하는 것이 아니라, 감각적인 것을 통해 보편적이고 이념적인 길을 가로지르는 것이고, 논리적 추론을 근본에서 다시 생각하는 것이다.

따라서 추상화가 평면화의 방향을 따라가는 것이라면, 구체화는 반대로 요철화의 방향을 따라가는 것이고, 우리가 선택하는 길에 의해 그 요철의 양상이 바뀐다는 것을 확인하는 것이며, 그 달라진 요철들 속으로 삶의 흐름을, 사유의 흐름을, 대중의 흐름을 다시 불러내는 것이다. 그것은 추상으로부터 오직 앞으로만 나아가는 논리적 전진이 아니라, 앞으로 나아갈 때마다 항상 기원 이전의 기원으로까지 거슬러 올라가고, 뒤로 더듬어갈 때마다 항상 도래할 미래를 경유해서 나아가는 실천적 비약이고, 오직 상승의 비행을 있는 힘껏 밀고 가는 것이 아니라, 상승과 하강을 가볍고 자유롭게 오가는 것이다. 코뮨주의적 존재론, 그것이 이 모든 추상화가 항상-이미 도달하는 기원 이전의 기원이라면, 존재론적 코뮨주의, 그것은 이 모든 구체화가 항상-이미 경유하는 현행적인 미래라고 해야 할 것이다. 생명의 추상기계와 구체성의 코뮨주의.

# 생산의 사회학,
# 생명의 정치학

# 5장 역사 속의 코뮨주의

: 역사의 외부로서 코뮨주의

## 1. 공산주의와 코뮨주의

사회주의 체제의 붕괴 이후 '공동체'나 '공산주의'의 꿈이 사라졌다고 믿는 것은, 사회주의 체제의 탄생 이전에 그런 꿈이 없었다고 믿는 것만큼이나 어리석은 것이다. 그런 꿈은 공동체가 삶의 지배적인 형태인 시기에조차 명시적으로 존재했고, 그 공동체들이 전면적으로 와해되거나 파괴된 자본주의 시기에라면 어디서나 존재하는 꿈이며, 심지어 사회주의 혁명 이후에도 결코 사라지지 않은 꿈이었다. 더 나은 삶에 대한 꿈이 사라지지 않는 한, 그것은 결코 사라지지 않을 것이라고 나는 확신한다. 더욱이 끊임없이 계산해야 하는 근대적 삶의 방식이 사라지지 않는 한, 이익과 이윤에 대한 경쟁적 욕망이 삶의 모든 빈틈을 노리고 있는 한, 그리고 그런 욕망에 의해 우리가 사는 지구가 끊임없이 망가져 가고 있는 한, 그것은, 그러한 피곤하고 피폐한 삶의 외부를 꿈꾸는 것이 사라진다는 것은 생각할 수 없기 때문이다.

코뮨주의란 어떠한 시대에도 있었던, 이러한 꿈의 이름이다. 한때는 근대적인 역사 관념의 지배 아래서 자본주의 내지 근대 이후에 오는 세계로 이해되었고, 이를 위해 자본주의 전복이라는 전 사회적 혁명으로 대중들을 밀고 갔던 이념으로서 '공산주의'communism는 이러한 코뮨주의의 19세기적 판본이라고 해야 할 것이다: 그것은 산업혁명 이후 황폐해진 세계 속에서 꿈꾸던 '외부'를, 자본주의의 역사 뒤에 올 역사의 목적이라는, 19세기의 지배적인 역사철학적 형식으로 만들어 낸 이념이라는 점에서. 알다시피 많은 사람들이 이 꿈과 희망에 과학적 근거를 제공하고자 했고, 이를 위해 '공상'과 대비되는 '과학'으로서의 공산주의에 다가가고자 했다. 역사 속에서 공산주의의 자리를 확고하게 하고자 했고, 그러한 역사에 과학이란 말에 값하는 어떤 보편적 법칙을 제공하고자 했다. 그러나 하나의 사회, 하나의 시점에 오직 하나의 생산양식이나 사회구성체를 대응시키는 19세기 역사철학의 선형적 시간 관념을 벗어나지 못하는 한, 그것은 무한히 연기되는 미래를 위해 지금 여기에서의 좀더 나은 삶에 대한 꿈을 포기해야 하는 봉쇄의 빗장이 되고 말 것이다.

이 선형적인 역사적 시간은 기이하게도 국가 단위로 흘러간다. 그러한 시간 속에서 공산주의 또한 언제나 국가적 스케일로, 국가적 단위로 파악되었다. 국가적 스케일이 아니라면, 혁명이란 자족적인 국지성을 가질 뿐이며, 따라서 아무리 근본적이라고 해도 결코 충분하지 못하다는 관념이 거기서 출현한다. 이는 '사회주의' 몰락 이후 새로이 시도되는 코뮨주의적 실험에 대해 제기되는 맑스주의적 비판에서 흔히 반복하여 마주하게 되는 것이기도 하다. 국민국가의 스케일에 이르지 못하는 한, 코뮨이나 공동체를 구성하려는 시도는 아무리 성공적인 것이라고 해도 '자신들만의 천국'이라는 국지적 게토로 간주된다.

이러한 공간적 관념은 통상 '국가'를 장악하고 그것을 '공산주의적' 변환 속에 끌어들이지 않으면 안 된다는 국가적 정치의 관념으로 귀착된다. 여기서 국가의 장악 없이 혁명은 불가능하다는 발상을 다시 발견하는 것은 쉬운 일이다. 그러나 이는 근대적 국민국가의 공간적 조건에 사로잡힌 우리의 공간 관념에 기인하는 것이라고 해야 하지 않을까? 코뮨이란 애시당초 국가와 다른 방식의 정치를 구성하려는 시도였고, 그렇기에 국가와 다른 층위에서, 따라서 국가적 스케일의 전제를 벗어나서 사유되어야 하는 것이라고 해야 하지 않을까? 그것은 국가의 장악이나 '소멸' 이후가 아니면 꿈꿀 수 없는 미래가 아니라, 국가가 존재하는 경우에도 실행되어야 하는 '현실적인 이행운동'이고, 현재의 시제 속에서 현실을 구성하는 것이라고 해야 하지 않을까?

'혁명'을 국가만큼이나 국민국가적 외연 안에서 표상하는 것은 코뮨주의를 사유하기에 너무 크거나 아니면 너무 작은 것이다. 그것은 국가적인 스케일의 '코뮨'이란 상생적인 삶이 구성되는 **실질적인 범위**가 아니라, 하나의 '단위'를 이루는 동질적 공간으로 **상상된 경계의 표상**이란 점에서 너무 큰 것이다. 그런 국가적 스케일의 코뮨이란 불가능한 것은 아니라고 해도 현실적으로 개체들이 만나고 활동하는 실질적인 공동체라고 하긴 어려울 것이다. 그런 공동체란 실제로 만나고 접촉하며 활동하고 관계를 맺는 실질적인 것이 아니라 베네딕트 앤더슨 말대로 19세기에 출현한 '상상된 공동체'에 지나지 않는다.[1] 이와 반대로 국민국가 스케일의 상상된 공동체란 상생적 삶을 사유하기엔 너무 작은 것이다. 프롤레타리아트 국제주의를 통해 그 경계는 지구적으로 확장되긴 하지만, 그것조차 국민국가 단위의 조직의 연합으로, 혹은 국가들 간 연합으로 상정된다는 점에서 국가적 상상력의 변형에서 크게 벗어나지 못한다. 이

---

1 베네딕트 앤더슨, 『상상의 공동체』, 윤형숙 옮김, 나남출판, 2003.

좁은 시야에서 벗어나, 우주적 스케일, 아니 최소한 전지구적 스케일에서 상생적 삶을, 코뮨주의를 사유할 수는 없는 것일까? 이런 면에서 나는 먼지 하나 속에서도 우주를 보는 존재론적 사유의 스케일을 다시 한 번 환기시키고 싶다. 그런 사유를 통해서 국가적 단위로 표상하고 생각하는 제한된 상상력을 해방시킬 것을 제안하고 싶다.

다른 한편 잘 알다시피 공산주의란 일차적으로 자본주의 생산양식을 대체하는 하나의 물질적 생산양식으로 정의되었다. 그것은 임노동관계가 지배하는 사회를 대신할, 능력에 따라 일하고 필요에 따라 분배받는 사회라고 이해되었고, 그렇기에 그것을 물질적으로 뒷받침하는 생산력의 발전이, 고도의 생산성이 존재할 때만 가능한 하나의 생산양식이라고 간주되었다. 그것은 분명 경제적 심급의 일차성을 상정하고 그것으로 사회적 관계의 양상들이 환원될 수 있다고 보았던 오래된 맑스주의의 경제학적 관념, 아니 경제주의적 사고방식의 산물일 것이다. 이런 관념 안에 있는 한, 공산주의란 개념을 통해 공동체를 고려하는 경우에조차 그것은 경제적 생산조직으로서 상정될 뿐인 듯하다. 더불어 communism이란 말을 '공산주의'라고 번역했던 것 역시 이런 경제주의적 관념의 한 징표라고 할 수 있을 것이다.

우리는 코뮨주의가 '코뮨'이란 말에서 나온 것임을 다시 한 번 강조하고 싶다. 코뮨주의는 무엇보다 먼저 코뮨이라는 개념으로 상정되는 어떤 관계나 구성체를 지향하는 '이념'이다. 코뮨이란 단지 경제적인 의미에서 생산조직의 형태로서만이 아니라, 개체들 간의 미시적 관계에서조차 항상 작동하는 실질적 관계를 뜻한다. 그런 점에서 생산과 분배의 척도를 무엇으로 삼을 것인가에 앞서, 교환적인 경제의 관념에 앞서 존재하는 실질적인 관계로서, 생산으로 국한되지 않는 일상적 삶의 구성방식으로서 코뮌주의를 정의해야 한다. 현실화된 사회주의 체제를 보면서, 그것의 미래인 '공산주의'와의 긴장 속에서 코뮤니즘을 다시 사유하려고 했던 시도들이 자리 잡고 있는 지점은 바로 여기일 것이다. 가령 마르셀 모스가 말했던 것처럼 선물로 인해 구성되고 유지되는 관계, 많은 경우 증여와 답례의 의무라는 형태로 강제되며 확산되고 유지되는 관계가 그것일 게다.[2]

그러나 좀더 근본적인 지점에서 본다면, 이러한 코뮌주의라는 개념은 준다거나 받는다는 생각도 없이 주고받는, '선물'이라고 굳이 말하지 않아도 좋을 순환의 체계 속에서 형성되고 지속되는 관계를 통해 다시 정의되어야 한다고 나는 믿는다. 이와 관련하여 우리는 코뮌적 관계가 맑스가 역사 이전의 전제로서 포착했던 '생명의 생산'을 통해, 그리고 물질적 생산과 가족적 생식에 의해 역사화되는 사회적 관계의 생산을 통해 이해되어야 한다고 앞서 강조한 바 있다. 이로써 생명 내지 생태적 생산과 사회적 생산을 가르는 경계를 넘나들 것을 주장할 것이다. 생명의 생산이나 착취를 다루지 못하는 '정치경제학'만큼이나 자본이나 착취를 다루지 못하는 생태학이 무력함을 안다면, 이처럼 경계를 넘어서려는 시도를 단지 아카데믹한 종합의 욕망이라고 비난할 순 없을 것이다. 순환계적 공동체의 가동을 포착하기 위한 생산의 추상기계가 이 양자를 가로질러, 양자가 하나로 묶일 수 있는 사유의 평면으로 나아가야 했던 것은 이런 이유에서였다.

이제 이러한 추상기계를 다시 가동시켜 생명과 생산을 횡단하는 공

---

2 마르셀 모스, 『증여론』, 이상률 옮김, 한길사, 2002; 데이비드 그레이버, 『가치이론에 대한 인류학적 접근』, 서정은 옮김, 그린비, 2009.

동체의 개념으로 다시 돌아갈 것이다. 그리고 사적 소유와 잉여가치, 혹은 자본주의와 착취를 이러한 공동체의 개념 위에서 다시 정의하고자 할 것이다. 자본주의는 공동체의 파괴로 시작했다는 역사적 사실('본원적 축적')이, 단지 인간들로 이루어진 생산의 공동체에 국한되지 않음을 다시 분명히 하고자 한다. 생명의 역사는 물론 인간의 '역사'와 비교할 때, 지극히 짧은 기간에 지나지 않는 자본주의의 역사가 유례없는 속도로 생명의 공동체를 파괴하여 멸종에 이르게 하고 있는 것은 이와 무관하지 않을 것이다.

코뮨, 혹은 공동체를 생명과 생산의 전제를 이루는 지점에서부터, 자본주의와 사회주의에 이르기까지 일관하여 다룸으로써, 우리는 그것이 한편으로는 모든 사회의 '질료적 전제'라는 점에서 '기원 이전의 기원'인 동시에 다른 한편으로는 존재하는 모든 사회적 관계 안에 만들어내야 할 '외부'임을 드러내고자 할 것이다. 역사나 사회를 다루는 가장 통상적인 개념들과의 관련에서, 코뮨주의는 이중의 의미에서 '외부'라고 할 것이다. 그것은 모든 역사 속에서, 그 역사의 외부로서 존재하는 것이다.

## 2. 공동체의 '경제'와 자본

### 1) 생명의 생산과 공동체

인간은 자신의 생존을 위해서 자기 이외의 것들, 자신을 둘러싼 세계인 '자연'과 관계를 맺고 활동한다. 인간만 그런 것은 아니다. 살아 있는 모든 것, 모든 생명체는 자신의 생존을 위해 자기를 둘러싼 세계인 '자연'과 관계를 맺고 살아간다. 좀더 정확하게 말하자면, 인간도, 모든 생명체도 자연 속에서, 자연 속의 다른 요소들과 관계를 맺고 살아간다. 인간은 물론 모든 생명체의 생존을 위한 그 활동을 우리는 생산이라는 '일반적' 개념으로 정의한 바 있다. 생존을 위해서 욕구충족 수단을 생산하고, 생물학적 재생산(생식)을 한다. '경제적' 생산과 '생물학적' 생산이 분기하는, 아니 합류한다고 해야 할 이 일반화된 생산의 개념을 『독일 이데올로기』의 개념을 빌려 '생명의 생산'이라고 정의한 바 있다.

생명의 생산은, 인간의 경우든, 인간이 아닌 경우든, 항상-이미 다른 이웃한 요소들과의 협업을 통해 이루어진다. 이는 한편에서는 자기와 다른 종류의 존재자들과의 협업이고, 다른 한편에서는 자기와 같은 종류의 존재자들과의 협업이다. 가령 인간은 한편으로는 통상 '자연'이라고 명명되는 대상과의 관계 속에서, 다른 한편에서는 자기와 같은 종류의 개체들, 즉 다른 인간과의 관계 속에서 생산한다. 예컨대 농부의 생산은 다른 인간과의 협업만큼이나 다른 개체들과의 협업에 의해 이루어진다. 자연 속에서 다른 생물체들의 생산활동 역시 한편으로는 다른 종적 개체들과의, 다른 한편으로는 같은 종적 개체들과의 협업을 통해 이루어진다는 것을, 앞서 몇 가지 예를 통해 간단히 살펴본 바 있다. 요컨대 인간을 포함한 자연의 모든 생명체는 상호협력 속에서, 거대한 상호의존의 그물망 속에서 생산한다. 협업은 단지 인간의 노동에 고유한 특성이 아니라 자연적 생산 전반에 속하는 일반적 특징이다.

경제학적 생산과 자연학적 생산이 합류하는 이 지점에 있는 것은 바로 '공동체'다. 인간이든 다른 생명체든 항상 동종의 개체 및 이종의 개체들과 협-력하여 생산한다는 것은 이들의 생산이 항상-이미 공동체 속에서 이루어짐을 뜻하기 때문이다. 경제인류학자나 역사학자들이 과거의 인간의 경제적 생산을 다루기 위해 '공동체'라는 개념을 사용하는 것과 마찬가지로, 생태학자들 또한 상호의존적 협력 속에서 이루어진 생명체들의 생산활동을 다루기 위해 일반적으로 '공동체'community라는 개념을 사용하는 것은 이런 점에서 매우 시사적이다.[3] 물론 생명이나 인간의 생산에 이런 협조와 협력만이 존재한다고 생각한다면 순진한 것이고 잘못된 것이다. 그에 못지않게 경쟁과 적대가 존재함은 잘 알려져 있다. 그러나 먹이사슬에서 먹고 먹히는 관계에 있는 생물 간의 관계처럼, 적대적인 관계조차 생태학자들이 표현하듯 상호의존적이다. 반대로 상호의존적 관계 또한 적대를 포함하고 있다고 말해도 좋을 것이다. 여기서 중요한 것은 적대든 협조든 어떤 생명체도 다른 생명체에 기대어 존재하며, 그런 점에서 타자들과 상호의존 관계 속에 존재한다는 점이다. 공동체에서 어떤 선의와 협조의 의미를 걷어낸다면, 이러한 상호의존적으로 기대어 존재하는 생명의 세계를 '공동체'라는 일반적 개념으로 지칭해도 좋을 것이다. 이런 점에서 모든 생명체는 항상-이미 공동체의 일부로서 존재하고 활동한다. 인간들이 만들어 온 여러 가지 형태의 공동체들은 일반화된 이 공동체와 근본적으로 같은 지반 위에 존재한다.

이질적인, 혹은 동질적인 개체들의 이중적인 공동체, 그것은 모든 생명체가 자기와 다른 수많은 개체들과 공생관계 속에서 존재함을 뜻한다. 자작나무와 전나무는 열 가지 이상의 균류 공생체를 공유하고 있으며, 땅속의 거대한 균사 네트워크는 지상의 수많은 나무들을 연결하여 서로에게 필요한 것을 주고받을 수 있게 하고 있다. 지구는 이산화탄소

---

3 이는 통상 '군집'이란 말로 번역된다. "생태학에서 군집(community)은 어떤 한 지역에 살고 있는 모든 개체군들을 포함하는 생물공동체(biotic community)라는 의미로 사용한다."(유진 오덤, 『생태학』, 이도원 옮김, 사이언스북스, 2001, 45쪽.) 하지만 나는 일관성을 위해 '공동체'라고 직역하여 사용할 것이다.

를 이용해 광합성을 하고 산소를 배출하는 미생물이나 식물들과 거꾸로 산소를 이용해 활동하고 이산화탄소를 배출하는 동물이나 호기성 미생물들의 거대한 연결망을 통해 대기의 비율에서 비평형적 항상성을 유지하고 있다.[4]

공생은 각각의 요소들이 기대어 있는 다른 요소들에게 없는 것을 제공한다. 많은 경우 자기에게는 필요 없는 것 내지 과잉인 것을 다른 쪽에게 제공함으로써 이득을 제공한다. 식물들은 동물들에게 먹을 것을 주고, 초식동물은 육식동물에게 먹이를 제공하며, 동물들은 죽어서 미생물들에게 먹을 것을 주며, 그 미생물들이 분해한 것은 또한 식물들에게 주어진다. 여기서 '주고받는다'는 말을 사용하기 위해 '의도'나 '이타성'을 가정할 이유는 전혀 없다. 자신의 몸을 다른 동물에게 주는 것, 그것은 피하고 피하려다 잡아먹히는 것이고 의도에 철저히 반하는 과정이다. 그러나 의도가 어떠하든 그것은 먹는 동물에게는 주어지는 것이고, 그런 동물이 있다는 사실 자체가 생명의 지속을 위한 조건이다. 그것은 인류학자가 좋아하는 표현을 빌리자면, 일종의 '선물'이다.[5] 그러나 그것은 의도와 무관한 선물이고, 답례의 의무가 없는 선물이며, 대칭적인 방향으로 되돌아가지 않는 선물이다.[6] 물론 생명체의 상호의존 관계에 단지 상

---

4 제임스 러브록, 『가이아』, 홍욱희 옮김, 갈라파고스, 2004.
5 마르셀 모스, 『증여론』.
6 이 점에서 나는 답례의 의무를 통해 선물을 교환의 일종으로 간주하는 모스나 레비스트로스(Claude Lévi-Strauss, *Introduction to the Work of Marcel Mauss*, tr. by Felicity Baker, Routledge & Kegan Paul, 1987)에 동의하지 않는다. 또한 선물에 어떠한 의도가 실리는 순간 선물이 되지 않는다는 점에서 선물은 불가능하다고 하는 데리다의 생각(Jacques Derrida, *Given Time I. Counterfeit Money*, tr., by Peggy Kamuf, University of Chicago Press, 1992)에도 동의하지 않는다. 반대로 의도 없는 선물의 일반성을 주장하고 있는 셈이다.

호 이득이 되는 종류의 공생만이 있는 것은 아니다. 일방적인 기생적 관계도 있고, 유기체처럼 다양한 종류의 질료들을 체계적으로 가공·전달하는 체계도 있으며, 생태계처럼 먹고 먹히는 먹이사슬형의 상호의존도 있다.

상리相利공생이나 유기적 순환계는 물론, 생태계의 먹이사슬처럼 먹고 먹히는 적대를 포함하는 순환계에서조차 서로는 서로에 기대어 존재하며, 하나는 다른 하나에 무언가 필요한 것을 주고 다른 것에게서 자기가 필요한 무언가를 받는다. 중요한 것은 생명의 지속이 외부에 의존할수밖에 없는 한, 생명이라는 과정 내지 활동은 서로가 물고 물리는 순환적 관계 속에서 상호의존적으로 진행된다는 점이다. 공동체란 어떤 이득을 생산하는 그런 순환계다. 그 이득은 상이한 개체들이 순환계를 구성하는 순간 발생하는 이득이다. 이를 '순환의 이득'benefit of the circulation이라고 부르자. 순환의 이득, 그것은 의도 없이 주는 선물의 다른 이름이다. 뒤집어 말하면 공동체란 이런 선물의 순환계다. 의도가 없는 이러한 질료적 흐름을, 오해를 피하기 위해 '선물'이라는 말보다는 '순환'이라는 말로 명명하는 것이 더 나을지도 모른다. 순환의 이득을 둘러싸고 진행되는 사건의 양상을 '경제'라고 부를 수도 있을 것이다. 그러나 그것은 희소성을 전제하지 않는다는 점에서, '경제' 이전의 경제고, '경제 바깥의 경제'다. '자연사적' 조건 속에서의 공동체의 '경제학'이 있을 수 있다면, 아마도 그것은 이러한 '경제'를 대상으로 다루는 것일 터이다.

## 2) 자본과 잉여가치

모든 생명체는 자신이 속한 순환계 안에서 순환의 이득을 얻어 살아간다. 그러한 순환의 이득을 획득하는 활동, 혹은 그 이득을 좀더 확대하기 위한 활동을 앞서 말한 일반화된 의미의 '생산'이다. 인간은 이러한 이득을 확대하기 위해, 다시 말해 직접적 이득 이상의 잉여를 얻기 위해 자연적 순환계를 인위적으로 제한하고 축소한다. 가령 경작이 그렇다.[7] 땅에서 자연적으로 자라는 개체들을 인위적으로 제거하고 자신이 필요로 하는, 즉 자신에게 이득을 주는 작물의 재배하며, 그러한 재배를 좀더 용이하게 하는 동물이나 도구들을 새로이 도입하기도 한다. 이처럼 순환계의 변형을 통해 획득되는, 생존에 필요한 최소치를 초과하는 잉여분의 이득을 '잉여이득'이라고 부르자.

이러한 잉여이득이 발생함에 따라 획득한 이득을 다른 종류의 잉여이득과 교환할 수 있는 가능성이 나타난다. 이러한 교환은 대개 상이한 순환계 사이에서 발생한다. 공동체 내지 순환계 사이의 교환은 새로운 차원의 잉여이득을 창출한다. 이전의 순환계에서 어떤 재화나 사물이 갖는 '사용가치'와 다른 '사용가치'를 새로이 끼어들어 간 순환계 안에서 갖기 때문이다. 가령 캐나다나 러시아 사람들에게 사슴뿔은 거의 쓸모없는 물건이지만, 그것이 한국으로 들어올 경우 매우 귀한 약재가 되는 경우가 그렇다. 사실은 이러한 식의 사용가치의 '비약'이, 즉 기존 순환계 안에 들어와 비약적인 순환의 이득을 발생시키는 것이 교환의 일차적 대상이 된다. 이러한 사용가치의 비약은 어떤 것의 '지위'와 용법이 기존의 순환계 안에서의 그것과 달라진다는 점에서 발생한다. 이처럼 사용가치의 비약에 의해 발생하는 '가치'의 변화는 추가적인 잉여이득을 수반한다. 이러한 잉여이득을 위해, 상이한 공동체 간에 교환을 일반화하기 위해 화폐가 도입된다. 그리고 이러한 화폐를 통해 잉여이득은 '가치'의

---

7 윌리엄 맥닐, 『전염병의 세계사』, 김우영 옮김, 이산, 2005.

형태를, 좀더 정확히 말해 '잉여가치'의 형태를 취하게 된다. 순환계 사이에서, 순환계의 치환에 의해 발생하는 잉여가치는 순환계마다 고유한 코드의 변환에 의해 발생하는 것이란 점에서 '코드변환transcodage의 잉여가치'라고 할 수 있다.

화폐를 통한 교환은 순환의 이득이 애초의 발생지점, 애초의 순환계에서 탈영토화되어 이동할 가능성을 창출하고 확대한다. 시장은 이러한 탈영토화의 장이 체계화되는 공간을 제공한다. 교역의 매개물로 만들어진 화폐는 이러한 교환의 결과를 다른 상품과 대체가능한 일반화된 가치로 변환시킬 가능성을 제공한다. 이를 통해 코드변환의 잉여가치는 단순히 증식된 사용가치가 아닌 '보편화된 사용가치'로, 따라서 어떤 다른 것과 대체가능한 추상적 '가치'로 변환될 수 있게 된다. 이는 순환계 안의 어떠한 지점으로도 끼어들어 갈 수 있고, 순환계 안의 어떤 지점에서 필요한 형태로 변신할 가능성을 갖게 되었음을 의미한다. 특정한 사용가치 내지 물질적 형태로부터 탈코드화됨에 따라 대체불가능한 이질적 이득들이 하나의 일반적 형태로 통합되어 누적될 수 있게 된다.

잉여이득이 잉여가치화되고, 순환의 이득 일반이 가치화되게 되면서, 결정적 역전이 발생한다. 이전에는 잉여이득을 교환하고자 했다면, 이제는 잉여가치를 위해서 잉여이득을 생산하려는 경향이 발생한다. 순환의 이득이 가치로 일반화된 조건에서 화폐가 이러한 잉여이득의 생산을 위해, 잉여가치의 생산을 위해 투여될 수 있기 때문이다. 순환계의 자연발생적인 이득의 생산이 아니라, 화폐와 교환하기 위한 이득의 생산이 이루어질 때, 아니 그러한 잉여이득 혹은 잉여가치를 위해 화폐가 사용되기 시작할 때, 화폐는 자본이 된다. '돈이 되는' 이득의 생산을 위해, 순환계 안에서 그 이득의 국지성으로 인해 순환계의 안정성이 파괴되고 순환계의 생산은 그 국지적 요소의 과잉생산을 위해 변형되게 된다. 이로 인해 더 이상 순환의 이득을 얻을 수 없는 요소들이 생겨난다. 이들은 공동체를 뜻하던 이전의 순환계로부터 배제된다. 그 국지적인 잉여이득의 생산에 유용한 요소들은 살아남지만, 그것은 정확하게 그들의 활동이 잉여가치의 생산에 유용한 한에서뿐이다. 자본은 이처럼 공동체에서 발생하는 순환의 이득, 잉여분의 이득을 잉여가치의 형태로 착취한다. 잉여가치란 공동체적 관계에서 발생하는 이득의 착취를 뜻한다. 자본은 공동체를 착취한다. 공동체 안에서 순환의 이득을 주고받으며 공생하는 개체들의 공동성共同性을 착취한다. 잉여가치의 착취를 위해 자연적인 공동체를 파괴하고, 국지화된 잉여이득만을 생산하는 최소공동체로 변형시킨다.

맑스는 이미 화폐란 공동체의 해체를 뜻한다고, 그런 점에서 공동체를 화폐적 관계, 교환관계로 대체한다고 말한 바 있다.[8] 공동체가 공동체 간의 교환에서 사용되던 화폐가 내부로 유입되는 것을 막고 시장의 확대를 저지하려고 했던 것은, 혹은 교환의 담당자를 공동체 외부자나 노예 등으로 제한하려고 했던 것[9]은 이러한 위험과 무관하지 않을 것이다. 다른 한편 자본주의의 본격적인 탄생지를 뜻하는 이른바 '본원적 축적'이 기존의 공동체적 관계에 대한 광범위한 폭력적 해체를 뜻하는 것이었다는 사실 역시 이와 직접 결부되어 있다. 인간들의 공동체가 존재하는 한 개인이 굳이 공장에 가서 노동자가 될 이유가 없기 때문에, 자본주의는 그 공동체를 해체하는 것을 전제로 한다. 맑스가 "생산자와 생산수

---

8 칼 맑스, 『정치경제학 비판 요강』 1~3권, 김호균 옮김, 그린비, 2007.
9 칼 폴라니, 『사람의 살림살이』, 박현수 옮김, 풀빛, 1998.

단의 분리"라고 말했던 것은, 정확하게 생산수단을 공유하고 생산을 실질적으로 조직하는 공동체의 해체를 뜻하는 것이었다. 이는 식민주의자들이 다른 대륙의 원주민들을 임노동으로 끌어들이기 위해서 가장 먼저 한 짓과도 동일했다. "예를 들면 식민지 통치자는 [원주민을 시장으로 내몰려고] 인위적으로 식량부족을 야기시키기 위해 빵나무를 베어 버리기도 하고, 또 원주민들에게 세금을 징수하여 그들로 하여금 세금을 낼 화폐를 벌기 위해서 어쩔 수 없이 자신들의 노동을 맞바꾸도록 강제하기도 했던 것이다. 어느 경우에도 효과는 부랑자 무리를 발생시켰던 튜더 왕조 때의 엔클로저의 결과와 동일하다."[10]

코뮨주의 역시 '선물munus에 의해 결합cum'되는 집합체이고, 개체들의 상호의존적 종합에 의해 발생하는 개체화 속에서 작동하며, 그러한 개체화 안에서 순환의 이득을 통해, 아니 이득의 순환을 통해 작동할 수 있다는 점에서 공동체와 동일한 지반을 공유한다. 코뮨주의란 잉여가치의 착취를 위해 순환계를 해체하거나 축소하고 잉여이득을 위해 이득의 순환을 중단시키는 자본의 권력에 대한, 공동성을 착취하는 자본의 운동에 대한 대항과 대결 없이는 불가능하다. 따라서 코뮨주의에 수많은 형태들이 있을 수 있지만, 자본에 대한 투쟁, 착취에 대한 투쟁 없는 코뮨주의는 코뮨주의가 아니다. '가치의 공정한 배분을 위한 투쟁'이 아니라, '가치법칙에 반하는 활동의 생산'이 코뮨주의를 정의하는 가장 핵심적인 요소가 되는 것은 이런 이유에서다.

그렇지만 코뮨을 창안하고 구성하려는 코뮨주의적 시도가 자본주의 이전에 광범위하게 존재하던 예전의 '공동체'로 되돌아가자고 제안

---

10 칼 폴라니, 『거대한 전환: 우리 시대의 정치·경제적 기원』, 홍기빈 옮김, 길, 2009, 440쪽.

하는 것은 아니다. 우리가 자본 이전의 공동체를, 그것도 '원시적인 것 이전'의 것으로까지 끌어들여 말했던 것은 공동체가 파괴되기 이전의 세계, 하이데거 식으로 말하자면 '고향 상실'에 대한 노스텔지어 때문이 아니라, 자본이 착취하는 것은 바로 그런 순환의 이득을 서로에게 제공하며 살아가는 삶의 공동성이라는 것, 또한 자본이 지배하고 착취하는 지금 이 순간에도 우리는 그러한 공동체적 순환계 속에서 살고 있다는 것, 그것은 서로가 기대어 사는 삶의 새로운 가능성을 찾아가게 하는 현실적 자원이 되어 줄 것임을 말하기 위한 것이다.

마찬가지로, 생명의 순환계에 주목하여 사유하고자 하는 코뮨주의적 시도가 자연발생적 공동체로서 '생태계의 보존'을 사회적 차원으로 확대하자고 제안하는 것도 아니다. 거꾸로 어떤 주어진 상태의 '보존'이란 관념에 기대지 않고 생명의 순환계를, 생태계적 삶의 순환성을 사유할 수 있는 가능성을 찾아야 한다는 것이고, 보존의 관념에 수반되는 '외부자의 배제', '동질화된 안정성'을 넘어서 동적인 안정성, 새로운 비평형적 항상성을 찾아야 한다는 것이다. 사실 기존의 어떤 생태학적 순환계도, 그리고 어떠한 생명체의 진화도 그런 이질성의 유입과 그에 따른 변이의 결과로서 존재하는 것이다. 그렇기에 내외적인 변화에도 불구하고 그러한 항상성이 유지될 수 있었다. 더 나아가 공동체적 순환계가 맑스 말대로 생존을, 생명을 유지하기 위한 것이라고 해도, 그것의 내부에 비-생물이 포함되어 있음을 유의해야 한다. 공동체의 기초인 공유지도, 인간이 사용하는 도구들도 그렇지만, 새들이 집을 짓는 도구들도 다르지 않다. 좀더 근본적인 차원에서 보자면, 분자생물학이나 현대유전학은 유전이라는 생명의 기본적인 메커니즘 자체가 기계적이라는 것을 보여 준 바 있다. 특히 지금처럼 기계가 우리 삶의 필수적 일부, 우리 신체의 연장이 된 조건에서 코뮨적 순환계를 구성하는 것은 기계와 생명의 대개념을 넘어서지 않고선 불가능할 것이다.[11]

## 3. 자본주의와 코뮨주의

맑스는 자본주의의 가장 결정적인 전제란 직접생산자의 '이중의 해방'이라고 지적한 바 있다.[12] 즉 직접 생산자가 한편으론 생산수단으로부터 해방되는 것, 즉 생산수단을 잃고 무산자가 되는 것이고, 다른 한편으론 신분적 예속으로부터 해방되는 것이 그것이다. 이는 공동체 단위로 영유되는 토지의 사적인 점취, 그리고 공동체적 관계의 해체를 통해 진행되었음은 이미 잘 알려진 사실이다. 따라서 '이중의 해방'이란 공동체로부터의 '해방'을, 즉 공동체의 해체를 뜻하는 것이기도 하다. 자유로운 노동력의 흐름은 이러한 이중의 해방의 결과 만들어진다. 이런 이중의 해방을 들뢰즈·가타리는 한편으론 생산자가 토지로부터 탈영토화되는 것이고, 다른 한편으론 신분적 코드로부터 탈코드화되는 것이라고 바꾸어 말한다.[13] 이처럼 탈영토화되고 탈코드화된 노동력의 흐름이 자본의 흐름과 결합할 때 자본주의가 탄생한다. 자본도 노동자도, 자본주의 이전에도 있었지만 자본주의가 그것과 근본적으로 다른 것은 이러한 대대적인 흐름의 결합을 통해 작동한다는 점에 있다.

---

11 이진경, 「인간, 생명, 기계는 어떻게 합류하는가?: 기계주의적 존재론을 위하여」, 『마르크스주의 연구』, 제13호, 2009 참조.
12 칼 맑스, 『자본론』, 1권, 김수행 옮김, 비봉출판사, 2005.
13 Gilles Deleuze et Félix Guattari, *L'Anti-Œdipe: Capitalisme et schizophrénie*, Minuit, 1972.

이런 점에서 자본주의는 탈영토화되고 탈코드화된 흐름에 기초한 사회라고 할 수 있다. 그러나 직접 생산자를 묶고 통제하는 이중의 끈/구속이 사라졌을 때, 무엇으로 그들을 통제할 수 있을 것이며 무엇으로 그들을 다시 생산으로 끌어들여 착취할 수 있을 것인가? 그것은 노동자 스스로 생산의 장으로 찾아가게 만들고 생존하기 위해선 스스로 통제하게 만드는 새로운 규칙들이다. 가령 "일하지 않는 자는 먹지도 말라"는 규칙, "자신이 생산한 가치는 자신이 노동한 시간만큼이다"라는 규칙, "모든 상품은 가치에 따라 교환된다" 등등. 이는 이후 경제학자들에 의해 좀 더 세련된 형태를 취하게 된다. "노동만이 가치를 생산한다", "생산 없이는 분배도 없다", "생산된 가치의 척도는 노동시간이다" 등등. 물론 정확하게 말하려면, 여기에 노동력의 교환이나 판매에 대한 규칙이 더해져야 할 것이고, 이외에도 우리가 지금은 익숙해져서 생각하지도 않고 사는 많은 규칙들이 더해져야 한다.

그런데 이러한 규칙이 노동자에게만 적용된다면, 그것은 또 하나의 신분적 코드에 지나지 않을 것이다. 자본주의에서 이러한 규칙은 '모든 사람'에게 동일하게 적용되는 '보편성'의 형태를 띤다. 그래서 자본가들 자신도 말한다. 우리도 노동을 한다(일하지 않으면 먹지 못한다), 우리도 노동을 통해 가치를 생산하고, 생산한 가치만큼을 받는다 등등. 물론 자기 노동에 대한 임금과 더불어, 자기가 투여한 자본에 대한 이윤을 받지만, 이는 돈을 빌려 주면 이자를 받고, 노동을 하면 임금을 받는 것, 그리고 토지를 빌려 주면 지대를 받는 것과 근본적으로 다르지 않은 것이라고 간주한다. 그리고 이는 돈이 있다면 지금은 공장에서 일하는 노동자 여러분 누구라도 똑같이 할 수 있는 것이다. …… 이런 점에서 형식적으로는 어떤 불평등도 없고, 어떤 신분적 차별도 없다. 다만 돈이 없는 거야, 잘못 만난 부모 탓이거나 열심히 공부하지 않은 자신 탓이니 어쩔 수 없다.

자본주의에서 법이 보편성의 형식을 취하는 것은 이와 무관하지 않다. 신분적 차별이 있는 사회에서, 가령 귀족이나 농노에게 똑같이 적용되는 법이란 애초에 불가능한 반면, 자본주의는 모든 인간에게 동일하게 적용되는 보편적 법의 형식을 취한다. 규칙을 지키지 않을 경우, 신분사회에서는 직접적인 폭력이 가해졌지만('경제외적 강제'라고 한다), 자본주의에서는 굶어죽거나 비참하게 살아야 하기에 싫어도 해야 한다(경제적 강제, 경제적 폭력). 자유주의자들이 입만 열면 말하는 '시장'은 그런 경제적 폭력의 실행장치다.

이처럼 신분적 탈코드화 위에서 모든 인간에게 적용되는 보편적 규칙 가운데, 다른 규칙의 근거가 되는 핵심적인 규칙을 들뢰즈와 가타리는 수학적인 어법을 빌려 '공리'라고 말한다. 교환의 공리, 생산의 공리, 척도의 공리 등등이 그것일 터이다. 자본주의란 그런 공리적 규칙들에 기초하여, 그로부터 추론되는 다른 규칙들이 만들어지고, 모든 사람들을 대상으로 하는 그런 규칙들에 의해 탈코드화되고 탈영토화된 사람들을 통제하고 정착하며 일하게 한다는 점에서 '공리계'라고 말한다.[14] 그런데 계급투쟁이나 저항, 거부하기 힘든 강력한 요구 등으로 인해 기존의 공리로부터 추론되지 않는 어떤 규칙을 받아들이는 경우(가령 '복지의 공리' 같은 것), 그 역시 새로운 공리로서 추가된다. 수학적 공리계 역시 기존의 공리들에 다른 공리가 추가되면서 공리계가 새로운 양상으로 변화되며 유지되듯이, 자본주의 공리계 역시 그렇다는 것이다.

---

14 Gilles Deleuze et Félix Guattari, *Mille plateaux*, Minuit, 1980, pp. 579~580.

그러나 수학자 괴델Kurt Gödel은 어떠한 공리계도 주어진 공리들만으로 참/거짓을 결정할 수 없는 명제(결정불가능한 명제)가 있음을 증명한 바 있다(불완정성의 정리). 수학의 형식화에 결정적 기초를 제공한 집합론조차 '연속체 가설'처럼 결정불가능한 명제를 포함하고 있을 뿐 아니라, '칸토어Cantor의 역설' 같은 모순을 포함하고 있다. 이는 어떠한 공리계도 자기모순적인 것들을, 다시 말해 공리계에 대해 '외부적인' 것들을 포함하고 있음을 뜻한다. 물론 이 결정불가능한 명제를 다시 '공리'로 취할 수 있지만, 그렇게 구성된 공리계는 또 다른 결정불가능한 명제를 포함하고 있다. 따라서 공리계에서 벗어난 요소들을 배제한 완전한 공리계, 닫힌 공리계는 존재하지 않는다. 기존의 공리로 환원되지 않는 새로운 요소들, 혹은 기존의 공리와 모순되는 새로운 요소들이 기존의 자본주의 공리계 안에서 발생하는 것을 막을 수 없으며, 기존의 공리계 안에 그런 요소들을 끼워 넣는 것을 결코 막을 수 없다는 것이다. 물론 그것은 강해지고 전면화될 경우 새로운 공리로서 자본주의 공리계에 포섭될 수 있지만, 그 경우에도 새로운 요소, 이질적 요소들이 만들어질 수 있음을 뜻한다. 이런 점에서 자본주의는 그 외부에 대해서 닫힐 수 없는 사회고, 외부의 형성가능성을 폐쇄할 수 없는 사회, 그 외부에 적응하며 끊임없이 변할 수밖에 없는 사회임을 뜻한다.

이는 자본주의 공리계 내부에서 그 공리계의 외부, 즉 그 공리들과 다른 방식으로 작동하는 활동과 생산, 삶의 방식이 항상-이미 존재하며, 극히 다양한 양상으로 창조되고 형성될 수 있음을 뜻한다. 수학적 공리계에서 하나의 공리를 다른 공리로 대체하는 것은 말할 것도 없고, 새로운 공리를 하나 추가한다는 것도 공리계 양상에 커다란 변화를 가져온다. 가령 유클리드 기하학의 평행선 공리를 다른 공리로 대체하는 순간,

그것은 비유클리드 기하학의 공리계로 바뀐다. 칸토어의 집합론에서 연속체의 가설을 공리로 채택하는 경우, 그렇지 않은 것과 크게 다른 공리계가 구성된다.

자본주의 공리계 역시 마찬가지일 것이다. '복지의 공리'를 채택하는 것은, 비록 자본주의 틀에서 벗어나는 것은 아니라 해도, 자본주의 전체에 큰 변화를 가져온다. 조절학파의 개념을 빌리면 이는 '축적체제 차원에서의 변환'을 뜻한다. 그것은 절약과 축적만을 강조하는 이전의 금욕적인 자본주의에서[15] 국가의 재정으로 인민들의 유효수요를 창출하며 절약 아닌 소비가 미덕이 되는 자본주의로 변환된다.[16] 그런데 '교환의 공리' 혹은 가치법칙의 공리를 선물의 공리 같은 것으로 대체한다면, 혹은 노동만이 가치를 생산한다는 '노동의 공리'를 노동 없는 생산의 공리로, 혹은 바타유 말처럼 '소모의 공리'로 대체한다면 어떻게 될까? 더 이상 자본주의라고 말할 수 없는 공리계가 출현할 것이 틀림없다.

물론 전 사회적 범위에서 이런 공리계를 구성하는 것은, 그런 공리의 대체를 저지하려는 부르주아지의 저항 및 국가장치의 탄압과 필연적으로 대면하게 될 것이다. 혁명은 이처럼 자본주의의 근본적인 공리를 대체하려는 투쟁이라고 할 수 있을 것이다. 그러나 이러한 공리의 대체가 반드시 전 사회적 층위에서만 진행될 이유는 없다. 자본주의가 하나의 공리계라는 것은, 우리들이 사는 삶의 영역에서 다른 종류의 공리계를 구성하는 것을 저지할 수 없음을 뜻한다. 자본주의가 전복될 때까지

---

15 베버가 분석한 '고전적' 자본주의가 그렇다(막스 베버, 『프로테스탄티즘의 윤리와 자본주의 정신』, 김덕영 옮김, 길, 2010).

16 뉴딜형의 자본주의, 케인스주의, 혹은 '소비의 사회'가, 그리고 포드주의 축적체제가 이와 결부되어 있다.

새로운 삶의 방식, 새로운 공리계의 구성을 연기할 이유가 없다고 한다면, 자본주의 안에서 필요한 최소치를 통해 그것과 연결되지만, 자본주의와는 다른 종류의 공리계를 구성할 수 있다는, 아니 구성해야 한다는 것을 알려준다.

이처럼 자본주의 안에 존재하지만 비자본주의적인 공리계를 '자본주의의 외부'라고 말할 수 있을 것이다. 그렇다면 코뮨이란 자본주의 안에 존재하는 이런 비자본주의적 공리계라고 말할 수 있을 것이다. 자본주의가 하나의 공리계라는 것에서 우리는 자본주의 안에 존재하는 비자본주의적 코뮨의 존재가능성을 도출할 수 있다. 자본의 논리에 대해 외부적인 어떤 원칙(공리)에 따라 복수의 요소들이 어떤 순환의 이득들을 생산하고 주고받는 방식으로 하나의 순환계를 형성할 때, 우리는 자본의 외부를 구성했다고 말할 수 있을 것이다. 자본주의 안에서 구성하는 이러한 집합적 순환계 또한 하나의 공동체라고 말할 수 있을 것이다. 이는 항상-이미 주어진 것으로서, 자본에 의해 착취되는 것으로서의 존재론적 공동체와 구별하여 '코뮨'이라고 부르자. 이는 지금 현재의 시제 속에서 실천적으로 구성되어야 할 어떤 것이다. 그리고 자본의 논리에 반하는, 혹은 그것과 대결하는 방식으로 코뮨을 구성하려는 시도들에 대해 '코뮨주의'라는 하나의 일반화된 명칭을 사용할 수 있을 것이다.

코뮨주의란 자본주의 안에서 이러한 외부를, 자본주의와 다른 삶의 방식이나 생산방식, 활동방식을 창안하려는 시도를 뜻한다. 등가교환의 규칙과는 다른 방식으로 생산의 결과물을 주고받는 생산의 방식, 가치법칙과 다른 방식으로 활동이나 그 결과물을 나누는 활동방식, 돈으로 환원될 수 없는 가치를 창안하고 증식으로 귀착되지 않는 화폐의 사용법을 창안하는 것 등등이 그런 것이다. 자본과 대결하는 이러한 시도들이 일정한 자기-조직화를 통해 나름의 경계를 형성할 때, 그것은 생명력 있는 새로운 순환계를, 넓은 의미에서 '공동체'라고 부를 수 있는 외부 지대를 구성한 것이라고 말할 수 있을 것이다. 여기서 좀더 나아가, 우리는 자본주의 사회 안에서 이런 비자본주의적 내지 반자본주의적 외부를 증식시킬 수 있을 것이다. 그리하여 자본주의 사회를 비자본주의적 외부로 가득 채울 수 있을 것이다. 그렇다면 수많은 구멍들로 가득찬 멩거의 스펀지처럼, 자본주의의 부피가 0으로 수렴하고 코뮨적 구멍들의 총 부피가 애초의 부피를 대체하는 그런 입방체를 상상할 수 있지 않을까? 그것은 자본주의를 전복하고 '타도'하는 것과는 다른 방식으로 자본주의를 '철폐'하는 방법이라고, 좀더 정확히는 '무효화'하는 방법이라고 말할 수 있지 않을까?

자본주의 내부에 그 외부가 존재할 수 있다는 것은, 자본주의와 그 외부 사이에 어떤 기회와 위험이 있음을 또한 함축한다. 비자본주의적, 혹은 반자본주의적 코뮨이 자본주의 철폐 이전에, 즉 자본주의 내부에 존재한다는 것은 그것과 공존할 수 있는 어떤 공리를 포함하고 있음을 뜻한다. 그 공리를 통해 우리는 자본주의 공리계와 그것의 외부인 비자본주의적 공리계 사이를 넘나든다. 그 공리들은 자본주의에도, 비자본주의에도 공통된 어떤 공리들일 것이다. 따라서 그것은 비자본주의적 공리들이 자본주의 안으로 침투하여 새로운 결정불가능한 명제를 만들어 낼 가능성을 갖지만, 동시에 비자본주의적 공리계에 자본주의적 공리가 침투할 수 있는 통로가 될 가능성을 갖는다.

잘 알다시피 운동이나 저항, 투쟁은 자본주의가 비자본주의적 공리를 채택하게 만든다. 사회주의 운동이 가령 '복지의 공리' 같은 것을 채택하게 했던 것이 그렇고, 생태주의자들의 저항과 운동이 자본주의적 개발을 저지하는 '환경보존의 공리'를 결정불가능한 명제로 만들어 내며 무시할 수 없는 힘으로 작동하게 만들고 있는 것이 그런 경우일 것이다. '복지의 공리'가 '유효수요'의 경제학을 만들어 낸 것처럼, '환경보존의 공리'는 이전의 노동가치론에서는 경제학적 가치를 부여하지 않았던 생태학적 요소들에 대해 '환경재'로서 가치를 부여하는 '환경경제학'을 만들어 냈음은 이런 변화의 징표일 것이다. 물론 '가사노동'처럼 '환경재'의 개념 또한 가치화되지 않았던 것이 가치화됨을, 그런 점에서 자본주의 경제의 일부로 편입됨을 뜻하지만, 그것은 자본주의 공리계 안에 들어가는 한 피할 수 없는 비용일 것이다. 이산화탄소의 규제, 산소세 같은 개념들 역시 환경 운동이나 생태주의 운동이 자본주의 공리계 안에 또다른 공리로 밀어 넣은 결정불가능한 명제와 결부된 것일 터이다.

이와 반대로 자본주의 안에 존재해야 한다는 점에서 비자본주의 공리계, 혹은 코뮨들이 채택할 수밖에 없는 공리들은 코뮨에 자본주의적 요소들이 자연발생적으로 침투하는 통로가 된다. 가령 가치법칙에 반하는 활동과 교환의 공리를 채택한다고 해도, 코뮨의 구성원이 자본주의적 임금을 받아 자신의 생활수단이나 코뮨의 생활수단을 마련해야 하는 한, 노동의 공리나 교환의 공리를 벗어나기는 어렵다. 즉 그 공리들은 암묵적인 결정불가능한 명제로 코뮨적 공리계에 포함되어 있다. 계산의 공리 역시 마찬가지다. 코뮨의 공간이나 필요한 물자들이 자본주의 공리계로부터 구매되어야 하는 한 계산의 공리를 피하기 어렵다. 암묵적으로 작동하는 이 결정불가능한 명제들을 의식하고 그것을 제어하는 어떤 방법이나 관습을 만들어 내지 못한다면, 이 자본주의적 공리들이 비자본주의적 공리계를 변환시키거나 해체할 수 있음은 분명하다.

따라서 코뮨에서는 이런 자본주의적 공리의 가동에 대해 의식적으로 대결하고 그것을 넘어서게 하는 새로운 공리를 만들어 내고 그것이 실질적으로 작동할 수 있도록 하는 것이 중요하다. 이런 점에서 나는 노동가치론에 대한 옹호가 아니라 활동을 '가치화'하고 순환의 이득을 가치화하는 '노동'의 관념에 대한 비판적 거리가 자본주의의 외부를 창안하는 데 중요하다고 믿는다. 모든 것의 가치를 그걸 생산하기 위해 투여된 '인간의' 노동시간에 의해 규정하는 인간중심주의적 관점에서 벗어나지 않고선, 코뮨을 통해 형성되어야 할 '공동성'에 충분히 도달할 수 없다고 믿는다. 공동체라는 관념에 따라다니는 동질성과 내부성의 관념을 벗어나지 않고선, 공동체라 부르든 코뮨이라 부르든, 그것은 이질성에 대한 개방으로서, 이질적 차이의 긍정으로서 외부성을 핵심적인 원칙으로 삼지 않고선, 공동체를 구성하려는 시도가 또 하나의 배타적 폭력을 산출하게 되리라고 믿는다. 생산력이란 투입량에 대한 산출량의 비율인 생산성을 뜻한다고 보는 통념, 효율성을 생산적인 능력과 동일시하는 이런 공리주의적 관점에서 벗어나지 않고선 자본주의와의 근본적 단절로서 코뮨주의를, 코뮨주의적 생산 내지 생산능력이란 개념을 이해할 수 없으리라고 믿는다.

앞서 우리는 생산력이란 "자연과 인간 간의 관계"라는 맑스의 정의에 따른다면,[17] 자본주의에서 생산력과 코뮨주의, 혹은 사회주의에서의 생산력이 단지 생산성이란 지표의 양적 차이에 지나지 않는다는 생각처럼 부당한 것이 없음을 지적한 바 있다.[18] 좀더 나아가, 자연과 인간 간

---

17 칼 맑스·프리드리히 엥겔스, 「독일 이데올로기」, 최인호 외 옮김, 『맑스·엥겔스 저작선집』 1권, 박종철출판사, 1990, 197쪽.
18 이 문제에 대해선 이진경, 「마르크스주의에서 생산력 개념의 문제」, 『마르크스주의 연구』, 제6호, 2006을 참조.

의 관계를 근본적으로 변혁한다는 것은, 단지 양자의 적대적 관계를 상생적인 관계로 바꾸자는 소박한 역전 같은 것은 아닐 터이다. 그것은 자연에 대한 관념, 그리고 인간에 대한 관념 자체까지 근본적으로 변혁한다는 것을 뜻한다. 인간과 자연의 대립, 인간과 인간 아닌 것의 대립, 생산자와 생산수단의 대립, 목적과 수단의 대립, 그리고 이러한 대립을 밑에서 떠받치고 있는 생명과 기계, 살아 있는 것과 죽어 있는 것의 대립을 넘어서는 것 없이는 그러한 근본적 변혁은 불가능하기 때문이다. 그것을 넘어서지 않는 한, 그리하여 인간이 특권적 중심의 자리를 여전히 차지하고 있는 한,[19] 실제로는 산 것과 죽은 것, 생명과 기계 등의 구별마저 모호하게 만들며 작동하는 이질적 요소들의 거대한 순환계를, 그것의 공동성을, 그 공동성에 항상-이미 포함되어 있는 외부성을 이해할 수 없기 때문이다. 순환의 이득을 오직 인간의 관점에서 '가치화'하는 한, 가치화에 항상-이미 전제되는 '잉여가치화'를, 잉여가치를 위해 순환계를 변형시키고 착취하는 자본의 작동을, 그 끔찍한 효과를 충분히 파악할 수 없기 때문이다.

코뮌주의는 자본주의 이후에 사회주의라는 기나긴 이행의 시기를 거쳐 언젠가 도달할 미래의 시제 속에, 그러나 사실은 무한히 연기되기에 자신의 삶의 현재성이 '아닌' 어떤 것이 되고 마는 오지 않을 미래의 시제 속에 있지 않다. 반대로 자본주의가 지배하는 세계 속에서도 언제든지 구성가능한 것이며, 자본주의 안에서 자본과 대결하며 만들어 내는 자본주의의 외부다. 그것은 미래의 언젠가로 유보하거나 연기하지 않고

---

19 이런 점에서 인간중심주의를 넘어서는 것은 코뮌주의를 사유하고 실천하는 데서 매우 실질적이고 중요한 문제다.

지금 여기에서 자신의 현재적 삶을 변혁하고 구성해 가는 이행운동으로서, 현재의 시제 속에서 진행되는 "현실적인 이행운동 그 자체"다.

## 4. 사회주의와 코뮨주의

자본주의의 여러 공리들을 묶어 하나의 공리계로 만들고 유지하는 일차적인 성분은 자본의 증식욕이다. 좀더 증식된 자본이 되려는 자본의 욕망, 다른 말로 하면 자본을 증식시키려는 자본가의 욕망이 그것이다. 맑스는 이를 '자본의 일반적 공식'을 통해 매우 간명하게 표현한 바 있다: $M-C-M'(M'=M+\Delta M)$[20] 화폐로 시작하여 구매와 판매를 반복하는 자본의 이러한 운동에서 결정적인 것은 증식된 화폐를 표시하는 $\Delta M$이다. 알다시피 이는 '잉여가치'를 뜻한다. 그러나 이 공식에서 중요한 것은 수학적 양의 증가가 있다는 사실보다는 자본의 운동이 바로 이 잉여가치에 대한 욕망에 의해, 증식욕에 의해 가동되고 있으며, 이것이 화폐와 구별되어 '자본으로서의 자본'을 규정한다는 점이다. 위험을 무릅쓰고 멀리 외지에까지 나가 상품을 사다 팔려는 욕망도, 타인의 노동을 이용하여 생산하려는 욕망도 모두 이 욕망의 다른 표현일 뿐이다. 자본 간의 경쟁도, 경쟁적 조건으로 인한 '등가교환'도, 그런 교환의 장인 시장을 확대하고 유지하려는 욕망도 모두 자본 일반의 이러한 욕망에 의해 작동한다. 그리고 이러한 자본의 욕망이 국지적인 노동이나 국지적인 시장을 넘어서 일반화될 때 자본주의가 탄생했다고 할 것이다.

자본의 욕망, 그것은 자본주의의 공리계를 가동시키고 유지하는 핵

---

20 칼 맑스, 『자본론』 I권(상), 190쪽.

심적인 동력이다. 그런데 이를 뒤집어 살펴보면, 자본주의의 공리계를 따라 '생각'하고 판단하고 행동하는 한, 좀더 정확하게는 그 공리들에 따라 욕망하고 행동하는 한, 이미 그는 자본의 욕망 안에 있다고 할 수 있다. 이는 이미 그가 잠재적으로 '자본의 담지자'임을 의미한다. 즉 그에게 먹고사는 데 필요한 양을 상회하는 일정량의 화폐가 주어진다면, 증식을 위해 사용(투자!)하려는 욕망을 갖고 있다는 것이다. 따라서 이미 그는 잠재적으로 자본가, 혹은 부르주아인 셈이다. 실제로 우리 주위의 대부분의 사람들은 이런 욕망을 갖고 있으며, 여분의 돈이 생기면 주식이나 펀드, 부동산 등을 통해 그것을 증식시키기 위해 최대한의 열의를 갖고 움직인다는 것을 잘 알고 있다.

자본에 대한 맑스의 정의가 타당하다면, 그리고 자본이란 "자본의 담지자"라는 명제가 타당하다면, 돈이 있든 없든, 직업이 노동자든 농민이든 상관없이 증식욕에 의해 판단하고 행동하는 사람은 모두 자본가계급에 속한다고 할 수 있다. 그런 욕망에 따라 사는 사람은 모두 부르주아인 것이다. 이런 사람은 또한 그가 직업이 무엇이든, 재산이 있든 없든 부르주아적 '정책'에, 다시 말해 증식에 유리한 조건을 조성하는 정책에, 그런 성향을 가진 사람에 대해 지지할 것이다. 그의 사고나 행동은 경제적으로든 정치적으로든, 혹은 문화적으로든 부르주아지의 그것을 따라갈 것이다. 자본주의 사회에 직업이나 지위가 부르주아지에 속하는 사람의 비율에 비해 노동자에 속하는 사람의 비율이 압도적으로 높은데도 불구하고, 가령 선거에서 대개는 부르주아지가 승리하고 국가권력을 대부분 부르주아지가 장악하고 있는 것은 이런 이유에서일 것이다. 자본에 포섭되어 자본가가 요구하는 대로 생각하고 행동하는 노동자가 '가변자본'에 지나지 않는 것처럼, 자본의 증식욕에 포섭되어 부르주아로서 사고하고 행동하는 사람은 모두 부르주아지에 지나지 않는다. 이런 욕망의 전복이나 해체 없이는, 노동자의 수가 아무리 늘어난다고 해도 혁명은 요원한 일이다. 선진국이 될수록 노동자가 혁명에서 멀어지는 것은 이와 무관하지 않을 것이다. 자본에 반하는 혁명이란 이런 욕망을 전복하는 것이고, 다른 종류의 욕망의 배치를 만들어 내는 것이다.

자본주의적 공리들과 자본의 욕망의 관계를 이해한다면, 자본주의적 공리계가 가정하고 산출하는 '보편적 인간'의 형상이 사실은 부르주아의 그것임을 아는 것도 어렵지 않을 것이다. 이런 이유에서 자본주의적 공리계가 작동하는 사회에서 인간의 보편적 형상은 부르주아지다. 즉 자본주의 사회에는 부르주아지라는 오직 하나의 보편적 계급만이 존재한다.[21] 부르주아적 욕망에 의해 판단하고 행동하는 한, 직업이 무어든, 소득이 얼마든, 재산이 얼마나 있든 모두 부르주아지라는 하나의 계급에 속한다. 자본주의 사회에 부르주아지라는 하나의 계급만이 존재한다는 것이 그 세계에 부르주아만이 존재함을 뜻하는 건 아니다. 부르주아지에 속하지 않는, 다시 말해 '계급'에 속하지 않는 사람들이 다양하게 존재한다. 자본의 공리, 혹은 부르주아지를 구성하는 가치법칙의 공리에 따르지 않는 사람들, 복속되어야 할 부르주아를 갖지 않는 사람들, 혹은 고용되었지만 그들의 의지에서 벗어나는 사람들······. 이들은 단일한 계급적 규정성을 갖지 않는다는 점에서 '비-계급'에 속한다고 해야 한다. 맑스에 따르면, 무산자를 뜻하는 '프롤레타리아트'는 바로 이런 '비-계급'을 표시하는 개념이다. "철저하게 속박되어 있는 한 계급, 시민사회의 계급

---

21 Gilles Deleuze & Félix Guattari, *Anti-Oedipus: Capitalism and Schizophrenia*, tr. by Robert Hurley et al., University of Minnesota Press, 1983, p.253.

이면서도 시민사회의 어떤 계급도 아닌 한 계급, 모든 신분들의 해체를 추구하는 한 신분"이 바로 프롤레타리아트다.[22] '비-계급'이란 부르주아지가 하나의 계급으로 존재하는 한, 필연적으로 존재할 수밖에 없는, 부르주아 계급의 외부다.

따라서 부르주아지와 프롤레타리아트의 계급투쟁은 일차적으로 두 개의 계급 간의 투쟁이 아니라 계급과 비계급 간의 계급투쟁이다.[23] 부르주아지의 계급투쟁은 무엇보다 먼저 생산적인 능력을 생산의 조건(생산수단)으로부터 분리하여 상품화하려는 순간에 시작된다. 계급적 보편성 안에 들어오지 않는 것, 계급적 의지의 외부에 있는 모든 것은 잠재적 적대 속에서 포착된다. 프롤레타리아트의 계급투쟁은 처음엔 부르주아지의 이러한 공격에 대한 방어로 시작되지만, 그렇다고 언제나 부르주아지의 대립물이 되어 그들을 상대하는 것도 아니고, 그들의 공격에 수동적으로 반작용하는 것도 아니다. 오히려 그것은 계급적 포섭, 계급적 지배에서 벗어난, 종종 직접적인 충돌의 형식에서 벗어난 활동의 장이란 의미에서 비계급적 지대를 창출하기도 하며, 새로운 삶의 방식, 새로운 생산의 장을 창안하기도 한다. 오웬이나 푸리에 등의 이름으로 명명되는, '공상적'이라는 이유로 비난받았던 19세기의, 혹은 다른 시기의 수많은 코뮨주의적 운동들이 그렇다. 자본주의의 외부, 계급적 지배의 외부를 창조하는 긍정적 운동들이었다.

그런데 알다시피 계급투쟁은 종종 혁명적 투쟁의 양상으로 펼쳐지

---

22 칼 맑스, 「법철학 비판 서문」, 최인호 외 옮김, 『맑스·엥겔스 저작선집』 1권, 박종철출판사, 1990, 202쪽.
23 이진경, 『미-래의 맑스주의』, 그린비, 2006, 247~248쪽.

며 부르주아지를 하나의 계급으로 통합하는 국가권력을 향하여 돌진하기도 한다. 다양하고 이질적인 집단들이 뒤섞여 하나의 대중적 흐름을 형성하여, 국가장치의 장벽을 해체하고 계급적 지배의 장치들을 부수면서 나아간다. 그것은 많은 경우 계급적 경계들을 해체하고 파괴하지만 그 투쟁의 성과는 집약되거나 응축되지 않으며 혁명의 퇴조와 함께 유실되고 만다. 그렇게 대중이 흘러간 자리를 살아남은 부르주아지가 다시 장악하고 계급적 지배의 장치들을 설치한다. 그리고 부르주아지의 '반동'이 시작된다. 프랑스 혁명은 이러한 사태를 반복적인 양상으로 보여주었다.

이러한 경험이 프롤레타리아트로 하여금 이질적 요소의 혼합적 흐름에서 벗어나 하나의 독자적인 '계급'으로 변환하도록 해야 한다고 생각하게 했을 것이다. 계급적 지배 자체의 철폐를 추구하는 계급, 부르주아지라는 계급에 대항하여 그것을 전복하고 해체하려는 반反-계급 counter-class으로서 프롤레타리아트를 구성해야 한다고 생각하게 했을 것이다. 맑스와 엥겔스의「공산주의 선언」마지막의 유명한 문장에서 우리는 프롤레타리아트를 하나의 반-계급으로 변환시키는 혁명적 창안을 발견한다. 이를 위해 대중운동의 흐름을 조직하여 하나의 계급으로 '묶어세우는' 조직이 출현한다. 프롤레타리아의 당이 그것이다. 이를 통해 프롤레타리아트는 전국적 범위에서 조직되고 유기적으로 통합된 하나의 전全계급적 개념이 된다. 부르주아지와의 적대적 관계 속에서 대립·투쟁하는 또 하나의 '계급'이 탄생한다.[24]

---

24 이는 부르주아지라는 계급 안에서, 혹은 자본의 공리계 안에서 진행되는 '임노동자'로의 계급화와 구별되는 또 하나의 (반)계급화의 경로를 함축한다. 경제주의와 사회주의, 개량주의와 혁

우리는 사회주의와 코뮌주의를 이러한 계급투쟁의 맥락에서 출현한 상이한 전략으로 대비할 수 있을 것 같다. 부르주아지의 지배에 대한 반-계급화의 욕망이 전자와 관련되어 있다면, 계급 자체에 반하는 비-계급화의 욕망이 후자와 관련되어 있다. 먼저 사회주의는 개인들을 사회적 집단으로 조직하고, 생산의 무정부성에 반하는 계획적 통제를 통해 효율적 체제를 수립하고자 한다. 이는 전 사회적 차원에서 인민들을 하나의 단일한 계급으로 조직화하려는 당적 기획과 상응하는 것이다. 결국 사회주의는 노동자계급이 부르주아지를 대신하여 사회 전체를 지배하고 통제하는 사회를 구성함으로써 전 국가적 범위에서 하나의 '보편적 계급'으로서 자신을 완성하고자 하는 기획이었다고 해야 할 것이다.

반면 코뮌주의는 전 사회적 차원에서 노동자나 인민을 하나의 계급으로 구성하려는 것이 아니라 계급적 욕망의 외부, 계급적 지배의 외부를 만들고자 한다. 국가를 통해 전 사회를 하나의 단일한 유기적 통합체로 만들고자 하는 것이 아니라, 각자에게 주어진 조건에 따라 달라질 수밖에 없는 다양한 종류의 코뮌적 구성체들을 만들고자 한다. 그것을 통해 또 다른 비-계급적 실천을 촉발하는 방식으로 그 실천의 폭을 확장할 수 있다고 믿는다. 이로써 부르주아적 욕망과는 근본적으로 다른 욕망의 배치를 창안하고 계급적 욕망(증식욕!)의 해체를 시도한다. 그것은 제값을 받는 노동을 하고자 하는 것이 아니라 가치화된 활동인 노동 자체의 소멸을 추구한다. 국가로 귀속되는 대행자 내지 대리자를 통해 전 사회를 매개하는 식의 정치가 아니라, 자신의 삶 자체를 통해 직접적으로 구

---

명주의, 사회민주주의와 혁명주의의 오래된 구별은 이러한 두 개의 상반되는 계급화 경로를 표현하는 것이었다.

성되는 새로운 삶의 방식, 새로운 사회관계를 구성하며 그 장 안에서 자본의 공리와 대결하는 실천의 체제를 구성하려 한다. 그리고 그러한 코뮌적 구성체들 사이의 접속과 횡단, 혹은 '네트워크'를 통해 자본주의가 존재하는 가운데 그것을 횡단하는 외부지대를 증폭시키고 확장하고자 한다.

하지만 비-계급으로서 프롤레타리아트에 주목했던 맑스가 실제 혁명을 거치면서 반-계급으로서 프롤레타리아트의 개념을 창안해야 했던 것은 충분한 현실적 이유가 있는 것이었다. 그렇기에 둘 중 하나를 택하는 손쉬운 선택이 출구가 되긴 어렵다. 자본주의 안에서 코뮌적 외부를 만들고 지속하는 게 가능하다고 해도, 국가를 통해 행사되는 부르주아지의 계급투쟁을 피할 수 없는 한, 그것에 대항하는 반-계급의 정치 또한 쉽게 면할 수 없기 때문이다. 그것은 계급과 투쟁하기 위해선 피할 수 없는 길이지만, 재-계급화의 아찔한 위험을 감수해야 하는 그런 길이다. 결국 혁명은 비-계급과 반-계급이라는 이 두 가지 상이한 개념의 프롤레타리아트 사이에서 진행되는 것일 수밖에 없을 것이다.

이는 코뮌주의와 사회주의, 코뮌적 외부와 사회주의적 운동의 연대를 적극적으로 사유할 것을 요구하는 것 같다. 그러한 연대란 한편에서는 코뮌주의가 사회주의 운동에 대해 지지하고 동참하는 것을 의미한다면, 다른 한편에서는 사회주의를 코뮌주의적 외부들이 증식하도록 촉발하는 조건을 형성하는 방식으로 재정의할 것을 뜻하는 것 아닐까? 이를 통해서만 사회주의 사회는 자본주의 사회에서 코뮌주의적 사회로 이행하는 이행기가 될 수 있다고 나는 믿는다. 왜냐하면 레닌적인 의미에서 '사회주의', 즉 "능력에 따라 일하고 일한 만큼 분배받는" 사회, 따라서 가치법칙이 해체되지 않고 그대로 가동되는 사회라면, 아무리 생산력이 발전한다고 하더라도 '공산주의' 내지 '코뮨주의' 사회로 이행할 계기란 없기 때문이다.[25] 그 이행의 계기는 처음부터 '코뮨주의적'인 것이지 않으면 안 되며, 그런 코뮨주의적 계기를 사회주의 역시 필수적인 외부로서 가동시키지 않으면 안 되기 때문이다. 사회주의가 코뮨주의적 외부의 증식을 촉발하고 촉진하는 조건이 되는 것, 그것은 사회주의와 코뮨주의가 연대하는 가장 중요한 목표가 되어야 한다. 비계급과 반계급이 상충하는 것만큼이나 역설적이고 이율배반적인 이런 조건에서만, 스스로 소멸해 가는 것을 향해 가동하는 국가, 스스로 소멸해 가는 것을 추진하는 이행기라는 역설적이고 이율배반적인 사회주의 개념이 실질적으로 가동될 수 있을 것이다.

우리는 현실 사회주의의 실패가 반-계급적 혁명의 '성공' 이후에 다시금 비계급적인 새로운 삶의 방식을 창안하고 고무하려 하기보다는 그것을 '반프롤레타리아적인 것'으로 간주하여 금지하고 배제하려 했고, 그럼으로써 부르주아지를 대신하는 또 하나의 계급에 안주하고 말았다는 사실에 기인한다고 믿는다. 따라서 재계급화에 함축된 이러한 위험에 반하는 비-계급화의 전략을, 비-계급적 운동, 비-계급적 정치를 사회주의 사회 안에서도, 혹은 사회주의 운동 안에서도 가동시킬 수 있을 때, 그럴 때에만 혁명은 현실 사회주의의 붕괴로 주어진 어두운 전망을 넘어설 수 있을 것이다. 비계급의 정치학으로서 코뮨주의란 사회주의 안에서 프롤레타리아트의 재-계급화를 저지하는, 비계급화의 벡터를 가동시키는 사회주의의 외부인 것이다.

---

25 이에 대해서는 이진경, 『맑스주의와 근대성』, 문화과학사, 1997, 제8장 참조.

## 5. '신자유주의'와 코뮨주의

한때 테일러주의적 탈숙련화나 포드주의의 획일성의 극복이라고 상찬되었던 '포스트포드주의'의 이면이 이른바 '신자유주의'였음이 드러나기 시작한 것은 1990년대 중반이었던 것 같다. 가령 도요타 자동차의 '간반 시스템'과 '다품종 소량생산' 등과 같은 말로 요약되었던 생산의 유연성은 그에 상응하는 물품이나 자재 조달의 유연성은 물론 노동자들을 필요할 때 끌어 쓰고 필요 없을 때 쉽게 해고하는 고용의 유연성을 전제로 하는 것이었다. 이를 위해 일본경영자단체연맹日經連은 1995년 『신시대의 일본적 경영』이란 보고서에서 "장기축적능력형, 고도전문능력활용형, 고용유연형이라는 3가지 그룹의 비정규고용"을 본격화하여 "노동자를 계층화할 것"을 새로운 일본식 경영의 노사관계 모델로 제안한 바 있다. 평생고용을 요체로 했던 일본의 노사관계에 근본적 전환을 요구하는 제안이었던 셈인데, 1999년 노동자 파견법 개정을 필두로 파견노동을 비롯한 비정규직 노동자의 확대를 야기한 일련의 법들이 만들어진다. 그 결과 2007년 비정규직 노동자는 1,900만 명에 육박하며 전체 노동자의 35% 정도에 이른다.[26] 이들의 평균임금 수준은 정규직의 50% 정도다.[27]

---

26 오학수, 「일본의 비정규직 현황과 노사관계」, 은수미 외, 『비정규직과 한국 노사관계 시스템의 변화(II)』, 한국노동연구원, 2008; 宇都宮建兒, 「反貧困運動の前進」, 宇都宮建兒·湯淺誠 編, 『派遣村』, 岩波書店, 2009, 22쪽; 大久保幸夫, 『日本の雇用』, 講談社, 2009, 21쪽.

27 일본에서 파견노동자 등을 고용하고 관리하는 부서는 보통 '조달부'나 '구매부'라고 한다. 이런 점에서 파견노동자는 노동자가 아니라 물품, 물건과 동일한 차원에서 관리되고 있는 셈이다(小谷野毅, 「社会運動の一部としての労働組合」, 年越し派遣村實行委員會 編, 『派遣村: 國を動かした6日間』, 每日新聞社, 2009, 168쪽).

더욱 상징적인 것은, 미국발 경제위기의 여파라곤 해도, 2008년 말 일본에서 행해진 대대적인 '하켄키리'派遣切り; 파견노동자 해고에서 가장 결정적인 역할을 했던 것이 도요타 자동차였다는 사실이다. 반빈곤反貧困운동을 하는 사람들은 "대대적인 '하켄키리'의 주역이었던 도요타와 캐논 등 일본의 대표적인 대규모 제조업 16개사의 2008년 9월까지의 내부보유금은…… 33조 6천억 엔을 상회한다"는 점에서 이는 경제위기에 따른 불가피한 조치가 아니라 '기업범죄'라고 비판한다.[28] 한국에서도 1997년 IMF의 '권고'로 도입된 '파견자유화' 이후 비정규직 노동자가 급증하여 지금은 전체 노동자의 반을 넘어 60%에 근접하게 되었다는 것 역시 이와 동일한 맥락에 있다 할 것이다. 모든 것을 시장에 맡기라는 미명 아래, 자본의 유연성과 효율성을 위해 노동자나 민중을 극단적인 경쟁과 빈곤, 불안정 속에 밀어 넣었던 '신자유주의'가 바로 이런 체제의 이름이었음은 이미 잘 알려진 것이다.

이런 점에서 한때는 '전 국민의 중산층화'를 이루었다고 자랑하던 일본이 지금은 '하류사회'[29] 내지 '격차사회'[30] 혹은 걸리는 것 없이 그저 밑으로 미끄러져 내려가는 '미끄럼대 사회'[31]로 불리게 되고, 일본 전체가 요세바寄せ場화되었다는[32] 말이 일반화되게 되었다. 안정적인 일자리를 갖지 못한 비정규직 노동자들은 해고와 동시에 먹고 자는 숙소를 잃게 되어, 네트카페(피시방)에서 숙식을 해결하는 일용日雇노동자나 노숙

---

28 宇都宮建兒, 同書, 38쪽; 湯淺誠, 『派遣村』, 10쪽; 小谷野毅, 同書, 173쪽 등.

29 三浦展, 『下流社会: 新たな階層集團の出現』, 光文社, 2005.

30 橘木俊詔, 『格差社会』, 岩波書店, 2006.

31 湯淺誠, 『反貧困』, 岩波書店, 2008.

32 요세바란 날품팔이 노동시장을 말하는데, 도쿄의 산야(山谷), 오사카 부근의 가마가사키(釜ヶ崎), 요코하마의 고토부키초(壽町)가 유명하다.

자가 되는 일이 허다하여, 노동문제가 직접적인 생활의 불가능성을 뜻하는 극단적인 '빈곤문제'로 직결되게 되었다. 경제적 빈곤에 더해 이들을 더욱 어렵게 하는 것은 사회적 고립을 뜻하는 '관계의 빈곤'이다.[33] 일본인의 경우 실업자가 되면서 고립되어 생활문제를 전적으로 혼자 떠안는 경우가 많은데, 이에 비하면 외국인 노동자의 경우 대부분이 비정규직이고 빈곤에 시달리지만 작은 공동체를 만들어 서로 도우며 살아가는 경우가 많다는 점에서 대조적이라고 한다.[34]

신자유주의에서처럼 이런 문제를 자본이나 국가가 해결하기는커녕 그나마 있는 유대의 틀을 깨고 문제를 '각자의 책임'으로 돌려 버리는 경우, 빈곤에 방치된 고립된 사람들이 살아갈 수 있는 길은 코뮨 내지 공동체적인 관계를 통해서일 것이다. 가령 일본에서 반反빈곤운동을 하는 사람들이 고립된 빈민들을 지원하기 위해 만든 단체가 자신의 이름으로 '자립생활 서포트 센터 〈모야이〉(もやい; '공동으로 일함' 혹은 '공동으로 소유함'을 뜻한다)'라는 말을 선택했다는 것은 흥미로운 사례일 것이다. 여기에 더해, 2장에서 언급했던 것처럼 2008년 12월 31일부터 2009년 1월 5일까지 도쿄 한복판의 히비야日比谷 공원에서 개설되었던 '하켄무라'派遣村는, 그나마 밥을 주던 것마저 끊어져 연말연시가 더욱더 괴로웠을 '하켄키리'와 노숙자들, 빈민들을 위해 순식간에 거대한 공동체가 출현한 사건이었다.[35] 공동체라는 함의를 갖는 '무라'村라는 말에 걸맞은 거대한 공동체가 마치 기다리고 있었다는 듯이 순식간에 형성되었던 것이

---

33 宇都宮建兒, 同書, 26쪽.
34 中村かさね, 「痛みを理解し合える社会へ」, 年越し派遣村實行委員会 編, 『派遣村』, 每日新聞社, 2009, 226쪽.
35 湯淺誠, 『派遣村』, 10쪽.

다. 이는 이후 전국 각지에서 다시금 '하켄무라'를 만들게 했다고 한다.[36] 하켄무라는 신자유주의라는 이름으로 모든 것을 개인의 책임으로 돌리며 삶을 황폐화하는 자본주의의 극단에서 코뮨 혹은 공동체의 현실성을 보여 준 사건이라고 해도 좋을 것이다.

그러나 코뮨이나 공동체의 힘과 현실성은 빈곤의 극단이라는 그런 특정한 조건에서만 유효한 것은 아니다. 사실 아주 다른 차원에서, 코뮨적 관계는 현행적인 것으로 작동하고 있다. 인류학자 그레이버는 심지어 자본이 지배하는 공장에서도 우리의 일상은 많은 경우 코뮨적이라는 것을 보여 주는 좋은 실례를 든 바 있다. 가령 공장에서 노동자가 옆의 동료에게 "어이, 거기 스패너 좀 집어 줄래"라고 말할 때, "그럼 너는 대신 내게 뭘 해줄 건데"라고 묻지 않고 그냥 집어 준다. 이처럼 "서로가 돕는다는 가정하에 일일이 내가 당신에게 얼마를 증여했고 당신이 나에게 얼마를 증여했는지를 계산하지 않는 관계를 가진다면, 그것은 코뮨주의적 관계"다. 이는 친구나 연인, 가족 등에서는 일반화된 관계인데, 앞의 예는 단지 거기에 국한되지 않음을 보여 준다.[37] 이는 일상 속에서 수도 없이 벌어지는 일이다. 코뮨적 관계는 우리가 알지 못하는 사이에도 우리의 삶 속에서 현실적으로 가동되고 있는 것이다.

---

36 1923년생인 정치학자 이시다 다케시(石田雄)는 이를 계기로 '모야이'를 지금 조건에 맞는 새로운 것으로 만들어 내는 것(이를 그는 '모야이나오시'もやい直し라고 부른다)을 통해 세상을 바꾸는 것(이를 그는 '요나오시'世直し라고 부른다)으로 나아가자고 제안하기도 한다(石田雄,「'もやい直し'で'世直し'を」,宇都宮建兒/湯淺誠 編,『派遣村』,岩波書店, 2009).

37 David Graeber & 高祖岩三郎,『資本主義後の世界のために』, 以文社, 2009. 이러한 관계를 살린스(Marshall Sahlins)는 답례의 의무가 있는 '균형적 호혜'와 구별하여 '일반화된 호혜'라고 명명한다. 그레이버는 주고받는 것을 일일이 계산하거나 기록하지 않는 이런 관계란 대개 계속 지속될 것으로 간주되는 것이란 점에서 '무제한적 호혜'라고 명명한다. 이에 대해서는 데이비드 그레이버,『가치이론에 대한 인류학적 접근』, 470~475쪽 참조.

코뮨주의는 비현실적인 몽상도 아니고 도래하지 않을 것에 대한 허구적인 약속도 아니다. 그것은 우리의 삶이, 생존과 생명이 항상-이미 발 딛고 서 있는 지반이고, 지금도 세계 도처에서 끊임없이 만들어지고 와해되는 현행적 구성체며, 자본의 착취가 심해질수록 인간이나 생명의 생존을 위해 더욱더 긴요하게 요청되는 현실적 대안이다. 앞서 든 사례들은 코뮨적 활동이 사적 소유와 이기주의라는, 가정된 '인간의 본성'과 달리 그런 활동을 위해 나서겠다는 적극적 의사를 가진 수많은 사람들이 있음을 보여 준다. 이런 점에서 자본이 지배하는 시기, '신자유주의'라는 극단적 착취의 시기처럼 코뮨주의가 현실성을 갖는 경우는 없다고 해야 하지 않을까? 다만 그러한 활동이 자본의 착취에 영유되지 않기 위해선, 자본이 없다고 생각되는 곳에서도 자본과 대결하기 위한 강한 긴장을 잊지 않을 걸 요구하는 것 같다.

덧붙이면, 신자유주의적 체제가 거대한 경제위기로 붕괴한 지금, 신자유주의를 신념으로 갖고 주장하던 자본가들에게, 그들의 신념에 반해서 국가가 개입하여 수천 조 이상의 거대한 공적 자금을 투여하는 아이러니한 사태에 대해서 우리가 너무도 쉽게 용인하는 것은 기업이, 자본이 살아야 고용도 되고 노동자도 민중도 산다는 자본의 논리에 길들어 있기 때문일 것이다. 자본을 매개로 해서만 삶을 사유하는 경제학적 습속 때문일 것이다. 국가의 개입이나 공적인 구제를 부정하는 그들을 위해선, 그들의 신념에 반하여 그토록 거대한 자금을 투여하면서, 적극적인 개입이나 구제를 요청하는 사람들을 위해선 개인적인 경쟁력을 만들어 버텨 보라고 하는 이 반어적인 사태를 우리마저 그대로 용인해야 하는 것일까? 그러나 그렇게 투여되는 자금의 10분의 1, 아니 100분의 1이나 1000분의 1을 민중들의 삶을 위해, 가령 '기본소득'basic income처럼 노동 없이도 살 수 있는 최소한계를 만드는 데 투여할 수 있다면, 재활하자마자 등을 돌릴 자본의 부활을 경유하지 않고 위기의 돌파구를 찾을 수 있지 않을까? 거대한 공적 자금을 위기의 주범인 기업이나 자본가를 위해서 사용하는 것에 비한다면, 공적인 자금을 코뮨적('공동'의) 목적에 맞추어 직접 이용하자는 제안은 결코 뻔뻔스런 것도, 턱없는 것도 아니라고 해야 하지 않을까? 물론 코뮨주의는 이런 공적 자금 없이도 충분히 가능한 현실적 대안임을, 역으로 그런 자금에 의존적이 되는 순간 실패할 수 있다는 점을 잊지 않아야 한다는 말을 반드시 덧붙여야 하지만 말이다.

# 6장 현대자본주의와 생명-정치학

## 1. 자본주의와 생명의 문제

생명복제의 시대, 이는 지금의 사회를 지칭하는 중요한 명칭의 하나다. 혹자들은 이를 과학이 생명의 비밀을 포착해 좀더 유용하게 이용할 수 있게 된 시대라고 이해하고, 혹자들은 이를 과학기술이 생명 자체마저 지배하게 된 시대라고 비판한다. 하지만 우리가 보기에 생명복제의 시대 란 생명력이 상품화되고 생명의 활동 자체가 잉여가치가 되는 시대, 한 마디로 말해 자본의 착취가 유기체나 세포 이하 수준에서 생명체를, 다 시 말해 생명의 순환계를 착취하게 된 시대다. 생명산업이란 이러한 착 취가 '산업적인' 방식으로 진행되고 있음을 보여 주는 말이다. 그렇다면 이러한 사태를 우리는 어떻게 이해해야 할까? 이러한 착취에 대해 어떻 게 투쟁해야 할까?

기존의 맑스주의 '정치경제학'Political Economy은 이러한 생명의 착취 를 적절하게 사유하게 해주고 있는가를 묻는다면, 안타깝게도 '아니오' 라고 답해야 할 듯하다. 고전적인 노동가치론은 생명체의 착취를 그 일 에 종사하는 인간의 '착취'라고 이해한다. 그러나 가령 젖에서 거미줄을 만들어 내도록 변형된 염소가 제공하는 잉여가치는 염소의 유전자를 변형시킨 과학자의 노동을 착취한 것일까? 실험을 위해 암세포를 갖고 태어나도록 변형된 온코마우스에서 발생하는 잉여가치는 그 변형방법을 발명한 과학자나 변형작업에 참여한 실험실의 대학원생들을 착취한 것이라고 해야 할까? 이것은 생명의 착취를 이해하는 방법이 아니라, 생명의 착취를 인간의 노동으로 정당화하는 방법 아닐까?

이러한 난점은 인간 자신의 생명력이 유전자 변형으로 상품화될 때 아주 명료하게 드러난다. 존 무어의 사례가 그렇다. 캘리포니아 대학의 의사들은 그를 치료하는 과정에서 그의 몸에 특별한 항체가 형성된 것을 발견했고, 이를 분리 배양하여 '모세포주'라는 이름으로 특허권을 얻어 상품화했고, 이 특허권을 제약회사에 팔아 엄청난 이익을 얻었다. 무어 본인에겐 알려 주지도 않은 상태에서. 이를 안 무어는 그들을 고소했지만, 연방대법원은 의사들의 손을 들어주었다. 즉 무어의 신체에서 형성된 것이지만, 그는 그것을 변형 가공할 능력이 없기에, 그것을 가공하여 상품화한 병원측이 소유권을 갖는 게 정당하다는 것이다.[1] 자본이 생명과학 연구에 투자되는 것을 위한 조치임을 명시한 이 판결로 인해 이제 우리는 자신의 신체의 일부조차 스스로 가공하여 상품화할 능력이 없다면, 소유권을 주장할 수 없게 되었다.

이러한 판결은 신체권이나 소유권에 대한 우리의 통념에 반하지만, 노동가치론과는 부합하는 것처럼 보인다. 노동가치론에 따르면 자연적인 대상은 가치를 생산하지 않는다. 그것을 변형시킨 자가, 그 변형에 필요한 노동시간만큼의 가치를 생산하는 것이다. 따라서 모세포주로서 잉

---

1 로리 앤드루스·도로시 넬킨, 『인체시장』, 김명진·김병수 옮김, 궁리, 2006, 5~7쪽.

여가치를 생산한 것은 자연적 신체(원료!)의 소유자였던 무어가 아니라 그것을 변형시킨 과학자인 것이고, 따라서 그 잉여가치의 소유권은 과학자가 가져야 한다. 그것은 마치 돼지를 가공하여 이식용 신장을 만들어 낼 경우 그로 인한 잉여가치가 돼지 아닌 가공자(인간)에게 귀속되는 것과 마찬가지다. 거미줄을 내는 염소도, 온코마우스도 마찬가지다.

그러나 이런 식으로는 지금 생명복제나 생명산업에서 잉여가치를 생산하고 착취하는 사태를 제대로 이해할 수 없을 것이다. 인간의 생명 자체가 복제나 증식의 중요한 대상이 되고 있는 지금이라면 더더욱 그렇다. 그렇다고 아감벤처럼 이러한 문제는 인간을 '날 것의 생명'Bare Life으로, 동물적인 생명과 동일하게 다루는 데서 기인한다고 보는 것으론[2] 이 사태를 더욱더 이해하기 어렵다. 왜냐하면 인간의 생명을 예외로서 제외하여 동물이나 식물의 생명만을 그런 식으로 착취하는 체제가 된다고 해도, 생명산업과 생명의 착취는 마찬가지로 진행될 것이 분명하기 때문이다. 문제는 인간을 동물적 '생명'zoe에서 구해 내는 문제가 아니라, 인간을 포함한 생명 전체를 착취하는 체제에 있는 것이고, 그러한 체제에 대해 어떻게 투쟁할 것인가 하는 것이기 때문이다. 여기서 인간을 다른 생명체와 분리하려는 휴머니즘은 문제를 해결하게 해줄 열쇠가 아니라 문제를 오해하게 만드는 근본적인 장애다.

전통적인 '정치경제학'이 이 문제를 해결할 수 없음은 분명하다. 그러나 우리는 생명에 대한 '자본의 착취'가 자본주의에 대한 맑스적 분석을 떠나서 제대로 이해될 수 있으리라고도 생각하지 않는다. 그렇다면

---

2 Giorgio Agamben, *Homo Sacer: Sovereign Power and Bare Life*, Heller-Roazen tr. by Daniel Heller-Roazen, Stanford University Press, 1998, p.3, pp.124~127.

어떻게 자본의 착취에 대한 이론 속에서 생명의 착취를 이론적으로 규명할 수 있을 것인가? 여기서 『자본』의 부제가 '정치경제학 비판을 위하여'였음을 상기할 필요가 있다. 즉 자본주의에 대한 맑스의 연구는 스미스, 리카도에 이어 또 하나의 '정치경제학'을 만들어 낸 게 아니라, 정치경제학 자체에 대한 비판을 통해 형성된 것이라는 것이다. 그렇다면 생명복제 시대의 자본주의는 또 다시 우리에게 '정치경제학 비판을 위하여'라는 맑스적 기획을 믿고 나갈 것을 요구하고 있는 게 아닐까?

이하에서 우리는 이러한 '정치경제학 비판'의 관점에서 자본에 의한 생명의 착취를 착취의 일반적 개념과 관련하여 개념화하고, 그로부터 '생명권'生命權, right of life을 하나의 실천적 개념으로 제시하고자 시도할 것이다. 이를 위해 우리는 다시 집합적인 순환계로서의 생명 개념으로, 코뮨적 존재의 존재론으로 되돌아가서 시작해야 할 것이다.

## 2. 생명, 중-생적 순환계

서구에서 '생명'이 특권적인 지위를 차지하게 된 것은 19세기에 들어오면서부터였다. 라마르크가 생물에 대한 연구를 자연사natural history에서 분리하여 '생물학'biology으로 독립시켰던 것은 이런 맥락에서였다. 이때 생명은 비샤Marie François Xavier Bichat 말처럼 '죽음에 저항하는 능력의 총체'로, 즉 죽음의 부정으로 정의되었다. 그래서인지 생물의 기본단위를 이루는 '개체'individual는 죽음에 의해 구별 분리되는 단위로 정의되었다. 즉 분리하면 죽기에 '더는 분할할 수 없는'in-dividual 것이 개체인 것이다.

이러한 개체의 직관적 단위는 애초에 유기체organism였지만, 이는 곧 하위 수준의 기관organ이나 조직tissue으로 개념적으로 분할되었고, 세포가 발견되면서 생물의 기본단위의 자리는 세포로 넘어가게 되었다. 그러나 유기체는 100조 개의 세포들의 집합체고, 그 세포들은 분리되어 생존할 수 있음을 알게 되었다. '분할할 수 없는'in-dividual 것이 무수히 많은 '분할가능한'dividual 것들의 집합체임이 분명해진 것이다. 심지어 세포조차 세포소기관이라는 수많은 분할가능한 것들의 집합체임이 드러난다.

이는 유기체 이상의 수준에서도 마찬가지였다. 앞서 언급했듯이, 개미나 벌은 수많은 '개체'들이 모여 하나의 군체를 이루며, 하나하나의 '개체'들로는 생존하지 못한다. '개체'들이 모인 군체 단위로만 생존한다. 이는 박테리아들의 군체인 우리도 마찬가지다. 세포 하나하나, 혹은 역시 세포들의 군체인 기관 하나하나를 떼어 내서는 생존하지 못한다. 집단 안에서 역할이나 기능을 달리하는 벌이나 개미들의 분화는 우리의 신체 안에서 기관들의 역할과 기능의 분화와 동형성을 갖는다. 그렇다면 여러 개체가 모여 사냥을 하거나 생산하고 생식하고 활동하는 인간의 집단이 일개미, 병정개미, 여왕개미 등으로 분화되어 하나의 집단을 이루는 개미와 동형성을 갖는다고 해야 하지 않을까? 이는 개미나 벌, 인간만은 아닐 것이다. 군체 내지 집단을 형성하여 살아가는 대부분의 동물이 그렇다고 해야 하지 않을까?

동일한 종류의 개체들이 군집을 이루는 것과 달리, 상이한 생물들이 서로 기대어 사는 양상은 생물계에서 널리 발견된다. 가령 지구상의 거의 모든 바위를 덮고 있는 지의류地衣類는 조류藻類와 균류의 공생체다. 식물과 균류도 사실은 서로 기대어 사는 공생체다. 균류는 식물뿌리가 인산과 같은 무기 영양소를 흡수하는 것을 도와준다. 반면 균류는 식물이 생산하는 영양소를 끌어쓰고 뿌리세포와 연결되어 당류를 공급받는다. 이러한 공생의 양상은 사실 세포적인 수준으로까지 내려간다. 가령 마굴리스가 유전학적으로 입증한 것처럼, 자기만의 DNA를 가지며 독자적으로 분열하기도 하는 미토콘드리아는 홍색세균이, 광합성을 하는 엽록소 역시 시안세균(남조류)이 박테리아에 잡아먹힌 채 소화불량으로 살아남아 공생하게 된 결과 탄생한 것이다. 진핵생물이 그렇다면, 다세포생물 또한 그러한 공생의 방식을 통해 진화된 것임을 이해하는 것은 훨씬 쉬운 일이다. 이 점에서는 아메바 같은 원생생물이나 바퀴벌레, 개미 혹은 원숭이와 인간 모두 다르지 않다. 즉 인간 역시 서로 먹고 먹힌 박테리아들이 거대한 규모로 통합된 하나의 군체인 것이다.[3] 우리의 신체 자체는 이질적인 세균들의 공생체들이 거대한 규모로 모여 구성된 하나의 집합체인 것이다. 식물들 또한 마찬가지다. 식물들 생존에 결정적인 역할을 하는 엽록체는 녹색세균이 다른 박테리아에 잡아먹힌 채 살아남아 공생하게 되면서 탄생한 것이다. 즉 모든 식물들 또한 박테리아들의 거대한 군체인 것이다.

따라서 이렇게 말해야 한다: "모든 개체는 중-생衆-生이고, 모든 생명체는 공동체다." 이런 점에서 앞서 1장에서 말했던 것처럼 개체와 집합체를 대립시키고, 개인과 공동체를 대립시키는 19세기적 '개체' 관념에서 벗어나야 한다. 이런 관점에서 우리는 스피노자처럼 개체란 개체화의 결과고, 따라서 개체화가 다양한 양상으로 진행될 수 있는 한 다양한 양상의 개체들이 존재할 수 있음을 지적한 바 있다. 개체화에 '말려-들어가는'in-volve 수많은 하위-개체sub-dividual들의 집합체가 하나의 신체를 구성할 때, 우리는 그렇게 구성된 신체를 모두 개체라고 정의할 수 있다. 개체란 언제나 다수의 요소들이 무리지어 하나의 신체로 개체화된 존재,

---

3 린 마굴리스·도리언 세이건, 『생명이란 무엇인가?』, 황현숙 옮김, 지호, 1999, 204쪽.

즉 '중-생'multi-dividual이다. 그것은 각각의 개체가 항상-이미 복수의 요소들이 서로 기대어 사는 '공동체'임을 의미한다.

　이러한 중생적 집합성이 단지 생명체에 대해서만 적용되는 것은 아니다. 이는 모든 개체화된 것에 대해, 스피노자의 개념으로 말하면 '양태 일반'에 대해 타당하다. 여기에서 '산 것'과 '죽은 것', 기계와 생명의 차이는 없다. 기계와 생명을 갈라놓는, 넘을 수 없는 심연 같은 것은 없다. 그것들은 모든 존재자를 하나로 묶어 주는 하나의 동일한 평면에 존재한다. 중생적 집합성, 중생적 공동체성은 이러한 존재론적 평면상에서 모든 양태들, 모든 '개체'들이 갖는 공통성이라고 할 것이다. 이 평면상에서 모든 것은 동등하게 스피노자가 말하는 바 '자연'이고, 또한 들뢰즈·가타리가 말하는 바 '기계'다.

　그렇지만 이러한 존재론적 '평등성'이 '산 것'과 '죽은 것', 생명이 있는 것과 없는 것이 동일함을 뜻하는 것은 아니다. 하나의 평면 위에서 개체들의 수많은 분류가 존재하듯이, '산 것'과 '죽은 것'을 나누는 분류 또한 존재한다. 무엇이 이들을 구별하게 해주는가? 여기서 다시 생명체의 본성을 '생명'으로 정의하는 식의 동어반복을 반복해선 안 될 것이다. 그러한 동어반복은 사실 생명이란 그것 없는 것과 본질적으로 다르다는 '생기론적' 주장을 반복하는 것이고, 생명과 비-생명 사이에 다시 넘어설 수 없는 심연을 끌어들이는 것이다. 생명이란 복수의 요소들이 모여 형성되는 집합체를, 다른 종류의 집합체와 구별해 주는 어떤 요인에 의해 규정되어야 한다. 그런 요인이 존재하는 한, 어떤 요소들의 집합이든 '살아 있다'고, '생명체'라고 말할 수 있어야 한다. 그것은 자연의 특정한 양상, 혹은 기계의 특정한 양상을 표현하는 어떤 요인이어야 한다.

　먼저 생명을 '물리학적' 관점에서 정의하고자 했던 슈뢰딩거를 참조할 수 있을 것이다. 그는 생명이란 엔트로피의 증가라는 자연발생적 경향(열역학 제2법칙)에 반反하여, 엔트로피의 증가를 저지하거나 반대로 감소시키는 능력에 의해 생명을 정의한 바 있다.[4] 그러나 엔트로피 감소는 결과적으로 나타나는 현상이지, 그 자체가 생명을 유지하는 요소는 아닐 것이다. 그것은 오히려 엔트로피 증가를 상쇄하고도 남는 새로운 에너지의 생산에 의해 발생하는 현상이라고 해야 할 것이다. 화학자 아이겐은 순환적으로 촉매역할을 하는 복수의 효소들이 하나의 순환적 사이클을 이룸으로써 이러한 일이 분자적인 수준에서 발생할 수 있음을 보여 준 바 있다. 즉 $E_1 \rightarrow E_2 \rightarrow E_3 \rightarrow \cdots\cdots E_i \rightarrow E_1$처럼 $E_2$의 촉매인 $E_1$, $E_3$의 촉매인 $E_2$ 등이 하나의 루프를 이루게 될 때, 반응속도의 폭발적 비약이 발생하면서 비평형적 안정성에 도달한다.

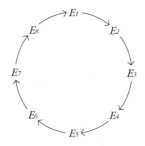

이러한 순환적 자기조직화self-organization를 통해 엔트로피 증가에 반하는 안정된 상태가 존재할 수 있게 되는 것이다. 나중에 '창발'創發, emergence이라고 명명되는 이러한 현상은 대체로 이처럼 무언가에게 필요한 것을 주고 다른 것에게서 필요한 것을 받는 복수의 요소들이 하나

---

4 에르빈 슈뢰딩거, 『생명이란 무엇인가』, 전대호 옮김, 궁리, 2007. 슈뢰딩거는 엔트로피 증가에 반하는 상태를 네겐트로피(Negentropy)라는 개념으로 정의한다(같은 책, 119~124쪽).

의 순환계를 이룰 때, 그리고 그것이 비평형적 항상성을 획득할 때 발생한다. 마굴리스가 발견한 공생은 박테리아들이 서로에게 필요한 것을 주고, 또한 자기가 필요한 것을 서로에게서 얻는 이러한 순환계가 형성된 것을 뜻하는 것이다. 마투라나와 바렐라는 이러한 순환계가 외부와 구별되는 어떤 '막'膜, membrane을 가질 때에만 그러한 비평형적 안정성을 유지할 수 있음을 주장한다.[5]

따라서 생명이란 이런 순환계를 구성하고 유지할 수 있는 능력, 혹은 그에 가담하여 그로부터 어떤 이득을 얻을 수 있는 능력에 의해 정의된다. 달리 말하면 생명력이란 중생적 공동체를 구성하고 유지할 수 있는 능력, 혹은 그런 공동체에 가담하여 이득을 획득할 수 있는 능력을 뜻한다. 이러한 집합적 구성체를 하나의 신체로서 유지하고 움직이며 활동하게 하는 것이 바로 생명력이다. 그런데 이러한 능력은 '생명의 경제'라는 관점에서 본다면, 하나의 중-생적 구성체가 그 구성요소들 사이의 물질순환('신진대사')을 유지하는 능력이다.[6] 이 역시 단지 유기체 내부에 한정되지 않는다. 유기체들 간의 공동체 역시 대사적 순환계를 형성하고 있다. 가령 이산화탄소를 이용해 광합성을 하고 산소를 배출하는 미생물이나 식물들과 거꾸로 산소를 이용해 활동하고 이산화탄소를 배출하는 동물이나 호기성好氣性미생물들의 거대한 연결망을 통해, 지구는 비평형적 항상성homeostasis을 유지하고 있다. 전지구적 수준에서 이렇게 이어진 순환계를 러브록은 '가이아'라는 이름을 붙여 하나의 생명체임을 주

---

5 움베르토 마투라나·프란시스코 바렐라, 『앎의 나무』, 최호영 옮김, 갈무리, 2007.
6 이진경, 「생명과 공동체」, 『미-래의 맑스주의』, 그린비, 2006, 359쪽 참조.

장한 바 있다.[7] 생태계 역시 그렇다. 먹이사슬로 이어진 생태적 순환계는 하나의 고리에게 다른 고리가 먹을 것을 '제공'하며, 그 고리는 또 다른 고리에게 섭취할 것을 '제공'한다. 그렇게 이어지는 순환 사슬이 하나의 생태계를 하나의 생명으로 구성하고 지속하게 한다.[8] 서로 간에 순환적으로 무언가를 받고 주며 이어지는 사람들의 공동체 또한 다르지 않다.

이런 의미에서 모든 생명은 하나의 순환계 속에 존재한다. 서로 기대어 무언가를 주고 받는 연쇄적 관계의 망 속에서만 생명은 존재한다. 그 순환계는 생명의 지속을 위해 필요한 영양의 흐름, 호흡에 필요한 대기의 흐름, 대기나 영양을 공급하는 체액의 흐름을 순환시키며 필요한 곳에서 절단·채취하며 작동한다. 이는 아이겐이 보여 준 것처럼 촉매효소들이나 마굴리스가 보여 준 것처럼 세포들 간에서만 그런 게 아니라, 공동체를 이루는 인간 간에도 마찬가지다. 요컨대 어떤 대사적인 순환계를 구성하는 것만으로도 순환계를 이루는 요소들 간에는 비약적인 이득이 발생한다. 이를 '순환의 이득'이라고 정의한 바 있다.


## 3. 생명과 자본

그런데 순환계에 인간이 관여되어 있고, 그에 의해 순환의 이득의 잉여분surplus이 순환계 간에 이전될 때 교환이 발생한다. 여기서 순환계는 물

---

7 제임스 러브록, 『가이아』, 홍욱희 옮김, 갈라파고스, 2004.
8 여기서 서로에게 이익이 된다는 것은 흔히 의심되듯이 어떤 '이타성'에 의한 행동이 아니라, 각자 자신이 필요한 행위를 하고 그 결과 산출된 것이, 그것을 필요로 하는 다른 생명체가 이용하는, 어떤 '의도'도 어떤 '합의'도 없는 자연적 '적응' 과정이 오랜 시간을 두고 진행되며 만들어 낸 하나의 항상성이다.

론 인간이 포함된 자연적 순환계나 경작의 순환계, 그리고 인간들의 공동체로 분류되는 사회적 순환계 모두에 해당된다. 인간이 어떤 식으로든 그 순환계에 포함되거나 관여된다는 조건에서. 물론 순환계 내지 공동체 사이의 잉여이득의 이전이 항상 교환의 형식을 취하는 것은 아니다. 그것은 상이한 순환계 간에 증여의 형식을 취하는 경우가 오히려 일반적이다. 그러나 어떤 이유에서든 독립적 순환계 사이에 교환이 요구될 때 화폐가 발생한다. '교환수단'으로서 화폐는 이러한 공동체 사이의 교환을 매개하기 위한 것이었다. 그것은 '선물'의 순환으로 결합되는 공동체를 파괴할 위험이 있었기 때문에, 공동체 외부의 교환으로 한정되어 사용되었다.

순환계 간의 교역, 혹은 인간 집단 간의 교환은 순환의 이득이 애초의 발생지점에서, 나아가 애초의 순환계에서 탈영토화되어 이동할 가능성을 창출하고 확대한다. 시장은 이러한 탈영토화의 장이 체계화되는 공간을 제공한다. 이는 순환계 안의 어떠한 지점으로도 끼어들어 갈 수 있고, 순환계 안의 어떤 지점에 필요한 형태로 변신할 가능성을 갖게 되었음을 의미한다. 화폐를 통해 '이득'은 사용가치 내지 물질적 형태로부터 탈코드화되고 그 결과 대체불가능한 이질적 이득들이 하나의 일반적 형태로 통합되어 누적될 수 있게 된다.

그런데 화폐가 순환계 안으로 들어가고, 순환되는 질료의 흐름을 따라 운동할 수 있게 된다면, 순환계 전체를 뒤바꾸는 거대한 변환이 나타나게 된다. 화폐는 먼저 사용되고 남는 순환의 이득의 모든 잉여를 그때그때 소모되는 것에서 일반화된 가치로 변환시키고자 하는 경향을 창출한다. 물론 일차적으로 그것은 외부의 다른 순환계로 유출되면서 화폐로 변형되어 환류할 것이다. 이러한 교환의 체제가 수립되면 순환계 안의 모든 잉여를 화폐화하려는 경향이 발생하게 된다. 더욱이 화폐로 변형된 '가치'는 그때그때의 직접적인 사용에서 분리되어 저장될 수 있게 된다. 과잉된 순환의 이득의 변환가능성과 그것의 저장가능성으로 인해 이제 화폐는 순환계 안에 존재하는 모든 잉여, 모든 과잉의 이득을 흡수하려는 경향을 갖게 될 것이다. 잉여를 그때그때 소모하지 않고 나중에 사용가능한 형태로 일반적 가치의 형태로 변형시켜 저장하는 것. 이로써 이제 자연적 과잉인 순환의 이득은 비축가능한 일반화된 가치인 부富로 변형된다.

이러한 변형은 과잉인 채 방치되어 누구든 접근가능한 순환의 이득을 극소화함으로써 순환계 안에 새로운 요소가 끼어들어 함께 살아갈 여지를 극소화하며, 기존의 순환계 안에 있는 개체들 또한 환경의 변화에 적응할 여유를 극소화한다. 즉 순환계의 변환능력, 순환계의 수용능력capacity을 축소시킨다. 순환계 내지 공동체에는 화폐가 내부로 유입되는 것을 막고 시장이 일반화되는 것을 막으려는 태도가 일반적인데, 순환계에 야기되는 이러한 능력의 감소, 생명력의 감소와 무관하지 않을 것이다.

순환의 이득이 화폐화될 때, 그것을 비축하여 직접적인 용도와 무관하게 사용할 가능성은 비약적으로 증가한다. 더구나 화폐의 물리적 특성은 그런 비축을 매우 용이하게 한다. 이제 그것은 특정한 대가를 얻을 목적으로 사용되게 된다. 그것은 사람들을 자기 주변에 끌어모아 자신이 바라는 어떤 일을 하게 하는 데 사용될 수도 있고, 다른 재산을 구입하는 데 사용될 수도 있다. 하지만 좀더 결정적인 것은 그렇게 스톡이 된 화폐가 다시 화폐를 증식하기 위해 사용되는 경우다. 알다시피 맑스는 이처럼 화폐의 증식 자체를 목표로 하는 화폐를 '자본'이라고 정의한다. 그리

고 이때 증식된 화폐가 '잉여가치'다.[9]

잉여가치란 직접적으로는 화폐의 특정한 사용을 통해 증식된 화폐를 뜻하지만, 발생적으로 보면 그것은 잉여적인 순환의 이득이 화폐적 형태로 치환된 것이다. 또 공시적으로 보자면 그것은 순환적으로 결합된 집합적·공동체적 생산물의 일부가 자본의 소유자에게 귀속되는 사적 수취의 대상으로 변환된 것이다. 그것은 공동체의 집합적인 생산의 결과를 사적으로 영유하는 것이다. 그런데 자본이 잉여가치를 위해 투여되고 사용된다는 말은 사적으로 영유될 잉여가치를 위해 집합적인 생산 자체에 투여되고 그것을 규정하게 되는 사태를 의미한다. 생산수단 소유관계가 생산 자체를 규정하게 되고, 잉여의 영유방식이 생산방식 자체를 규정하게 된다.

이제 자본은 단지 순환계 외부와의 교환을 위해 사용될 뿐 아니라 잉여가치를 위해서 순환계 내부를 향하게 된다. 즉 잉여가치를 위해서 순환계 안에서의 생산 자체에 투여되고 생산자체를 규제하고자 하게 된다. 생산물을 특정화하고, 생산량을 결정하며, 그 생산물의 이동(유통!)을 결정한다. 그 결과 자본은 생산의 성격을 근본적으로 바꾸어 놓는다. 애초에 생산이란 생명인 중-생적 집합체 안에서 서로가 서로에게 무언가를 주는 증여적 순환의 연속체였고, 생산이란 생명의 지속 이외의 어떤 특별한 목적을 갖지 않는 생명체 자체의 활동이었다. 거기서 가장 중요한 것은 순환적으로 연결된 개체들의 상호의존적 생존이었다.

그러나 자본이 욕망하는 잉여가치의 증식이 생산의 목적이 되자마자, 증식을 위해 겨냥되어 투여되는 순환계 안의 국지적인 이득만이 중

---

9 칼 맑스, 『자본론』 I권(상), 김수행 옮김, 비봉출판사, 2005, 195쪽.

요하게 된다. 즉 자본은 자신이 목표로 하는 특정한 국지적 이득만을 집
중적으로 생산하게 하며, 그것이 순환계 내 다른 순환의 이득의 순환과
갖는 관계나 연관은 고려되지 않고 추상된다. 자본이 생산하고자 하는
것으로 생산은 국지화되고 파편화된다. 그리고 그를 위해 필요한 자원을
집중적으로 사용하게 된다. 특정한 생산물의 암세포적 과잉-증식과 이
를 위한 자원의 과잉-사용이 발생하고, 비평형적 항상성을 유지하던 순
환계 전체의 균형은 교란된다.

이런 점에서 자본에 의한 생산의 통제는 순환계로서 공동체 내지 생
명체의 해체가능성을 항상-이미 잠재적으로 함축한다. 우리의 정의에
따르면 그것은 생명체의 죽음을 의미한다. 이런 점에서 생명체의 대립물
은 기계가 아니라 자본이다! 그렇게 해체된 공동체의 요소들을 자본은
화폐에 의해, 아니 화폐자본에 의해 재통합한다. 그것이 자본주의적 생
산의 배치의 요체다.


## 4. 생명공학과 생명의 착취

분자생물학의 발전은 생명의 가장 심층에서 진행되는 유전이나 단백질
형성 메커니즘이 핵산들의 기계적인machinique 과정임을 보여 주었다.[10]
그리고 역전사 RNA의 발견은 유전자의 배열을 인위적으로 변형시킬 수
있는 길을 알려 줌으로써 유전공학을 가능하게 했다. 이것이 생명산업의

---

10 물론 여기서 '기계적'이란 말은 기계론적(mechanic)이란 말과 다르다. 기계론(mechanism)이
사전에 프로그램된 것의 차이 없는 반복으로 정의된다면, 기계주의(machinism)는 '차이화하
는 반복'과 '창발'을 포함하는 과정이다.

출발점이 되었다. 이는 유기체 이하의 수준에서 하나의 순환계를 이루고 있는 생명체 내부로까지 가공하고 변형시키는 인간의 손길이 침투할 수 있게 되었음을, 그리고 그러한 변형이나 가공이 '산업화'될 수 있게 되었음을 뜻한다. 잘 알다시피 그 '산업'은 자본에 의해 처음부터 포섭되어 있으며, 이윤을 위한 생산의 형태로 진행된다. 이는 생명의 프로세스가 변형과 통제, 가공을 통해 진행되는 새로운 생산의 장이 되었음을 뜻하는 동시에, 그것이 자본의 이윤을 위한 착취의 영역이 되었음을 뜻한다. 생명에 대한 연구에 벤처자본의 투자를 저지할까봐 신체에 대한 인간의 소유권조차 부정했던 무어 사건의 판결이유는 이를 아주 노골적으로 보여 준다. 이런 점에서 생명산업이란 생명 자체가 산업적인 생산과정의 가공대상이 되었음을 보여 주는 징표다.

마찬가지로, 생명복제의 시대란 유기체가 자신의 신체를 구성하는 능력을 기계적으로 통제하고 조작하여 변형시키는 능력이 현실화된 시대, 그것에 의해 현실적인 생명체에 변형이 가해지거나 새로운 종류의 생명체가 만들어지게 된 시대다. 그러한 변형과 조작이 유전자 내부로까지 깊이 침투하게 된 시대다. 그러나 동시에 그러한 능력이 자본에 의해 소유되고 영유되어 생명력이 아주 근본적인 층위에서 이용되고 착취되게 된 시대다. 즉 자본의 권력이 유기체와 세포는 물론 유전자에게까지 침투하여 그 순환계를 파괴하여 생명의 흐름을 착취하게 된 시대다. 이전에는 유기체 이상의 수준에서 유기체가 생산하는 활동을 분리하여 절단·영유하는 방식으로 착취할 수 있었다면, 이제는 유기체의 가장 깊은 심층에까지 침투하여 순환계의 고리를 절취하여 잉여가치를 위해 가공·착취하게 된 것이다.

이러한 가공·착취는 매우 다양한 수준에서 진행된다. 예를 들면, 나중에 성공 여부가 문제가 되긴 했지만, 거미줄 성분을 젖에 포함하도록 조작된 염소의 경우는, 젖을 만드는 생명체의 능력이 인간의 욕망——사실은 자본의 욕망——에 따라 염소라는 생명체의 순환계로부터 분리되어 변형·절취되는 것이다. 염소 젖은 원래 자기 새끼에게 먹이기 위한 것이지만, 이 경우 먹일 수 없는 형태로 변형된다. 따라서 기존의 생명의 순환계에서 분리되고 이탈된다. 거미줄 역시 원래는 거미의 생명활동의 구성요소지만, 거기서 분리되어 섬유를 만들기 위해 채취되고 착취된다. 염소나 거미 모두가 유용한——돈이 되는——특정한 성분을 배타적으로 추출하려는 자본의 권력에 의해 생명력이 착취당하게 된 경우다.

암에 관한 동물실험을 위해 유전자를 변형시켜 만들어 낸 온코마우스는 생명력 자체가 자본에 의해 암적 형태로 변형된 경우다. 그들의 신체는 처음부터 균형과 항상성을 잃은 신체고, 암세포의 증식에 의해 파괴된 채 탄생되는 신체며, 죽음을 견디는 실험을 위해 태어난 신체다. 생명을 죽음으로 몰고 가는 자본의 암적 권력이 과학의 힘과 결합하여 쥐의 생명의 탄생지점 자체를 장악해 버린 것이다.

자본의 이윤이 새로운 '종'의 탄생을 야기하는 가장 명료한 사례는 유전자 변형 곡물일 것이다. 유전자 변형을 통해 만들어진 새로운 옥수수, 콩, 토마토 등의 새로운 아종亞種들이 종자회사나 거대 곡물자본의 이윤을 위해 만들어지고 재배된다. 잘 알다시피 이러한 이윤을 위해 씨앗을 받아 다시 쓸 수 없게 하는 '터미네이터 기술'이 도입되었는데, 이는 자본의 이윤을 위해 탄생한 곡물조차도 자본은 생명의 자연적 번식과 순환을 차단하면서 독점적으로 영유appropriation하려 한다는 것을 아주 잘 보여 준다. 이윤이 이들 새로운 종을 만들고 재배하게 하지만, 그 이윤이 이들 곡물 전체를 번식할 수 없는 '고자'로 만든 것이다. 순환의 이득이 잉여가치가 되는 순간, 이득을 제공하는 요소들은 생명의 순환계를 이탈하여 자본에 의해 독점적으로 영유되며, 생명력과 무관한 삶을 살게 된다는 사실이 아주 선명하게 드러난다.

이런 점에서 '생명산업'이라는 말처럼 아이러니한 말도 없다. 그것은 생명력을 상품화하고 생명력을 착취하여 돈을 버는 산업이고, 생명체의 생명력 자체를 그것이 속한 순환계와 무관하게 절취하여 착취하는 산업이며, 따라서 생명력의 해체를 '생산'과 '착취'의 일반적 방법으로 사용하는 산업이란 점에서 생명산업이 아니라 '죽음산업'이다. 그것의 이론적·기술적 기초를 제공한 과학과 기술 역시 지금은 '생명기술'Bio-technology, BT이란 이름으로 불리지만, 생명산업의 의미와 정확하게 동일한 의미에서 그것은 생명을 착취하는 기술이고 실질적으로는 죽음의 기술이다. 자본이 생명을 착취하는 기술, 자본이 생명력을 잠식하는 기술.

생명산업은 지금, 그리고 향후 오랫동안 막대한 이윤을 낳을 첨단산업이다. 이런 전망 속에서 종자회사나 제약회사를 비롯해 다양한 종류의 초국적 거대자본들이 생명을 통제하는 생명공학이나 생명기술에 막대한 자금을 투여하고 있으며, 이른바 생명과학은 이 거대한 자본을 먹으며 급속하게 성장하고 있다. 이젠 과학자나 연구소 자체가 생명 관련 자본가가 되는 일도 드물지 않은 일이 되었고, 그 정도는 아니어도 대부분이 생명산업과 이해관계를 같이 하며 생명력을 착취하여 돈을 버는 기능적 자본가의 일부가 되어 버렸다고 해야 하지 않을까?

이들 자본과 과학자들을 하나로 결합하여 일종의 초국적 과학·산업 복합체를 형성하게 만드는 결정적인 계기, 아니 자본으로 하여금 생명의 능력 자체를 사적으로 소유하고 영유하고 착취하게 만드는 결정적인 요소는 바로 소위 '생명특허권'이다. 생명특허는 생명력을 생명의 순환과 무관하게 절취하여 이용하고 착취할 권리다. 그것은 순환의 이득을 순환계의 사슬로부터 분리하여 배타적으로 영유하는 방법을 '자본의 권리'로 귀속시킨다! 생명산업을 주도하고 있는 미국이나 유럽은 1980년 차크라바티 사건에 대한 미연방 대법원의 판결을 분기점으로 하여 이러한 생명특허에 대한 배타적 권리의 강도와 외연을 점차 확대하고 있다.[11] 이후 생명과 관련된 연구들의 특허신청이 쇄도했고, 심지어 1990년의 무어 사건에서 보이듯이 항체에 대한 권리를 그 신체의 보유자가 아니라 연구자와 기업에게 넘겨주는 극단적인 사태가 발생했다. 근대적 소유권의 기본 거처가 자신의 신체였음을 고려한다면, 이러한 사태는 이미 자본의 권리가, 아니 자본의 권력이 근대의 경계를 넘어서까지 확장되고 있음을 뜻하는 것인지도 모른다. 적어도 분명한 것은 자본의 권리가 인간에 대해서조차 생명 자체를, 생명이 거주하는 신체 자체를 위협하고 포획하며 착취하게 되었다는 사실이다.

이런 점에서 볼 때, 자본에 의한 생명의 착취와 관련하여 생명특허에 대한 투쟁이 매우 중요하다. 에이즈약의 카피 기술이 잘 보여 주듯이, 여기서도 일종의 '카피 레프트 운동'이 필요한 게 아닐까? 그것은 생명산업의 거대한 권력이 생명 전체를 장악해 가는 과정을 저지하고 약화시키기 위한 중심고리라고 해도 좋을 것이다. 생명특허의 범위를 확대하지 못하게, 아니 축소하게 해야 하며, 생명특허로 인한 이윤의 폭을 줄이도록 해야 한다. 그리고 아직도 생명과학, 아니 과학에 애정을 가진 사람

---

11 바다로 유출된 원유를 정화하도록 유전자 조작된 박테리아에 대해 신청된 특허권은 '살아 있는 생명체에 대한 특허는 내줄 수 없다'며 기각되었지만, 대법원은 인간이 변형시킨 것이란 이유로 자연의 산물이 아니라고 하여 특허권을 인정해 주었다(로리 앤드루스·도로시 넬킨, 『인체시장』, 83~84쪽).

들을 위해 말하자면, 그것이야말로 자본과 과학의 일체화된 결합에서 과학이 다시 분리될 수 있는 계기고, 과학이 돈에 대한 욕망에서 벗어나 자유롭고 창의적인 사유를 하게 해줄 계기며, 과학이 자본이 아니라 민중이나 생명을 위해 활약할 수 있게 해줄 계기일 것이다.

## 5. 전지구적 자본주의와 생명의 식민주의

한미FTA의 협상과정에서 미국은 의약품을 비롯해 생명특허와 관련된 것의 '지적소유권'을 보호하는 데 특별히 강한 관심을 표시한 바 있다. 인도의 WTO 가입요청에 대해 미국은 무엇보다 먼저 물질특허의 개념을 미국화할 것을 요구했고, 이로써 그동안 해왔던 에이즈약을 비롯한 수많은 카피약의 제조가 불가능하게 되었다. 신자유주의로 표현되는 지금의 전지구적 자본주의가 생명특허권에 특별한 관심을 갖는 것은, 차세대 첨단산업이 생명산업임을 안다면 특별히 새로운 것도 없다. 문제는 이로 인해 이제 전지구적 수준에서 생명체의 삶이 자본의 독점적 권리를 위해 훼손되고 생명의 순환계 전체가 더욱 근본적인 위기에 처하게 되었다는 것이다.

다른 한편 생명특허의 문제는 전지구적 수준에서 새로운 식민주의 문제로 변환되고 있다. 생명특허는 가령 어떤 풀이나 나무의 효능이라도 서구과학의 분석적이고 임상적인 실험을 통해서만 인정되고 취득될 수 있다는 점에서, 서구과학에 배타적 특권을 제공한다. 그리고 수많은 생명특허 해적들이 잘 보여 주듯이 이러한 특허권은 동양이나 제3세계에서 민간요법으로 흔히, 그리고 쉽게 사용되던 것을 비싼 값을 주어야 사용할 수 있는 것으로 바꾸어 버리며, 그 결과 이전처럼 일반 대중들이 사용할 수 없는 것으로 만들어 버린다. 이는 사람들이 자신과 이웃한 생명 체들에게서 얻어 오던 순환의 이득을 배타적인 잉여가치로 변형시켜 자 본의 소유물로 만들어 버리는 사태를 다른 양상으로 보여 준다. 인도의 님Neem나무는 이러한 경우의 대표적인 사례일 것이다.

그 종자의 기름이 살충성과 각종 의료적 특성을 지닌 인도의 님나무는 수천 년 동안 자유롭게 이용되어 왔으며, 인도의 전체적인 보건시스템 은 이 님나무에 크게 의존하고 있다. 그러나 미국의 W. R. 그레이스사가 이 님나무를 '발견'하고 특허를 내자마자 그것은 희귀한 상품이 되었다. 불과 2년 사이에 님나무의 시장가치는 100배나 급등하여 대부분의 서 민들이 도저히 사용할 수 없는 것이 되었다. 당연히 국가보건 시스템은 심각하게 훼손되었다.[12]

따라서 서양의 소위 '대체의학'이나 제약회사의 '생명사냥꾼'들이 순환의 이득을 이용하는 비서구의 유전자나 치료물질 등의 다양한 생 명의 능력, 생명의 권리를 '생명특허'라는 이름으로 자본의 권리, 자본의 권력으로 전환시키는 것을 저지하는 저항과 투쟁은 특별한 중요성을 갖 는다. '고립된 부족집단'의 유전자를 수집하여 보존하겠다는 명분으로, '토착민'들의 유전자를 수집하여 이용하려고 했던 소위 '인간게놈 다양 성 프로젝트'란[13] 원주민들을 실험동물로 이용하여 그들의 유전자에 대

---

12 매완 호, 『나쁜 과학』, 이혜경 옮김, 당대, 2005, 58쪽.
13 이 프로젝트에 대해서는 A. M'Charek, *The Human Genome Diversity Project(An Ethnography Of Scientific Practice)* 참조.

한 특허권을 얻으려는 유전자 사냥 프로젝트고, 원주민들 말마따나 '흡혈귀 프로젝트'였다. 중앙오스트레일리아 원주민회의 의장 존 리들은 말한다. "지난 200년 동안 외부인들은 우리의 땅, 언어, 문화, 건강, 심지어 우리의 아이들까지 빼앗아 갔다. 이제 그들은 우리의 정체성을 구성하는 유전물질까지 빼앗으려 한다."[14]

이런 맥락에서 여러 원주민들이 모여서 서명한 「인간게놈 다양성 프로젝트에 관한 서반구 토착민들의 선언」은 생명특허 자체에 대해 반대하고 투쟁해야 함을 분명하게 선언한다. "우리는 모든 천연유전물질에 대한 특허부여에 반대한다. 우리는 생명이 사거나 소유하거나 팔거나 발견하거나 특허를 낼 수 있는 것이 아니라고 주장한다. ……우리는 지적 재산권, 특허법, 인지된 동의절차와 같은 장치들이 서구의 기만과 절도에 동원되는 합법화된 도구라는 사실을 고발하고자 한다."[15]

인간의 유전자뿐만 아니라 인간 아닌 생물의 다양성을 보호하겠다는 프로젝트 역시 이와 마찬가지로 서구에 의한 비서구, 선진 자본주의에 의한 제3세계에 사는 생명의 권리를 자본에 의해 독점하고 착취할 기획이라는 점 역시 유사한 맥락에서 이해할 수 있다. 가령 매완 호는 1992년 체결된 「UN생물다양성협약」조차 유전자특허와 지적재산권의 비호를 받으며 상업적 가치가 높은 유전자원을 찾아내는 유전자 사냥을 독려하고 있으며, 남반구 유전자의 북반구로의 유출을 막기 위한 장치가 전혀 없다는 점에서, 그리고 수집대상에서 북반구 국가들은 제외되어 있

---

14 로리 앤드루스·도로시 넬킨, 『인체시장』, 121쪽에서 재인용.
15 "Declaration of Indigenous People of the Western Hemisphere Regarding the Human Genome Diversity Project"(Phoenix, Ariz., February 19, 1995), http://www.ipcb.org/resolutions/htmls/dec_phx.html.

다는 점에서 오히려 남반구 유전자원의 착취 및 전체적인 생물다양성의 탈취를 강화할 것임을 지적한다.[16] 전지구적 자본주의는 전지구적 범위에서 새로운 방식으로 생명의 식민주의 체제를 수립하고 있는 것이다.


## 6. 인권에서 생명권으로

아감벤이 예외상태 내지 비상사태를 통해 생사여탈권을 행사하는 주권으로 대충 뭉뚱그려 생명권력 개념을 정의하는 것과 달리, 푸코는 "죽게 만들고 살게 내버려 두는" 17~18세기의 군주권과 "살게 만들고 죽게 내버려 두는" 근대적 권력의 비대칭성을 정확하게 지적하며, 전자가 죽음의 권력이라면 후자야말로 생명권력이라는 말에 부합한다고 본다.[17] 출산율과 사망률, 평균수명을 조사하고 관리하는 권력, 공중보건, 빈민구제기관, 보험이나 사회보장제도 등을 다루는 섬세한 조절의 메커니즘이 탄생한 것은 바로 이러한 근대의 생명권력과 결부된 것이었다. 푸코의 관점에서 본다면, 프랑스 혁명이 신체적 안전을 인간의 타고난 권리로 선언했던 것은 아감벤의 말처럼 근대가 벌거벗은 삶(태어났다는 것에 기초한 생물학적 신체의 안전) 자체를 정치의 대상으로 하게 되었음을 뜻하는 것이 아니라,[18] 죽게 만들 수 있는 권력을 행사하는 군주권에 대해서

---

16 매완 호, 『나쁜 과학』, 60쪽.
17 미셸 푸코, 『"사회를 보호해야 한다"』, 박정자 옮김, 동문선, 1998, 278~279쪽.
18 Giorgio Agamben, *Homo Sacer: Sovereign Power and Bare Life*, pp.123~135. 사실 이렇게 본다면, 호모 사케르를 통해 정의되는 '벌거벗은 삶'은 근대인 모두의 삶과 근본적인 동일성을 갖게 된다. 즉 호모 사케르는 예외가 아니라 일반적인 것이 되는 것이고, 정상적인 것이 되는 것이다. 물론 아감벤은 그렇게 말하고 싶어한다. 근대란 호모 사케르가 일반화된 시대라고. 그러나 호모 사케르가 일반화되는 특정한 조건 없이 이렇게 일반화한다면 호모 사케르

살고자 하는 권리를, 즉 생명을 지속하려는 '생명권'을 선언하고 그것의 이름으로 싸운 것이었다고 해야 한다. 푸코가 말한 '인구'를 대상으로 하는 19세기의 생명권력화는 '인간'을 대상으로 하는 이러한 생명권의 요구가 혁명을 통해 정치적 문제의 전면에 부상하게 되었다는 사실에 기인하는 것이다.

그러나 그것은 죽게 하려는 권력이 문제가 되는 영역이 인간의 생명이었기에(즉 다른 생명은 문제도 되지 않았기에), 생명의 권리는 오직 인간에 한정된 것으로 이해되었고, 그 결과 그것은 인간의 권리(인권)의 일부가 되어 버렸다. 하지만 우리는 여기서 생명권이 비록 '인권'의 외피를 둘러서 잘 보이지 않게 되었다고 해도, 현실적인 정치적 사안으로, 근대를 여는 일차적인 사안이었다는 점을 새삼 주목할 필요가 있다. 또한 이와 더불어 근대의 생명권력은 그러한 생명권이라는 투쟁의 장을 관리하고 통제하기 위해 탄생한 것이었다는 점을 분명히 해야 한다. 가령 푸코가 예로 들고 있는 19세기 노동자 주택단지에서 훈육권력의 메커니즘과 생명권력의 조절 메커니즘은,[19] 사실 자본의 권력에 대항하기 위한 노동자들의 투쟁을 포섭하기 위해, 특히 '파밀리스테르'로 대표되는 코뮌주의자들의 투쟁에 대항하여 노동자들의 삶을 포섭하고자 한 박애주의자들과 위생개혁가들의 활동을 통해 탄생한 것이다.[20] 살게 만드는 권력, 그것은 근대적 권력의 인간적인 본성에 기인하는 것이 아니라, 그 권력의 탄생기에 혁명적 운동들에 의해 권력 자체에 강력하게 새겨진 흔적

---

라는 개념은 무효화된다. 즉 벌거벗은 삶은 근대를 사는 일반적인 '인간의 조건'이 되고 만다.
19 푸코, 『사회를 보호해야 한다』, 289쪽.
20 이진경, 『근대적 주거공간의 탄생』, 그린비, 2007, 제6장 참조.

이라고 해야 한다.

하지만 동시에 그것은 생명권을 오직 인간이라는 특권적 형상 안에 가두어 두는 한, 근대적 권력의 자장에서 한 발자국도 벗어나지 못하리라는 것을 보여 주는 것이기도 하다. 다시 말해 생명권을 오직 인간의 권리로 제한하고, '인권'이라는 치환된 형식 안에 가두는 것, 그것이야말로 인간이란 존재가 특권화된 시대로서 근대의 요체이기 때문이다. 이런 점에서 동물적 삶에 대한 비판 속에서 인간에 고유한 삶을 되살려 내려는 인간중심주의적(!) 시도는 근대의 생명권력에 대한 전복은커녕 그것의 짝으로서 기능하게 되리라고 말해야 하지 않을까?

존 무어의 사례가 잘 보여 주는 것처럼, 세포를 일부 떼어 내서 배양하거나 변형시키는 것도 사실은 인간보다는 인간의 **신체 자체**를 장악하고 소유하기 위한 시도이고, 그 신체를 가진 사람의 의지와 무관하게 그 신체를 통제하고 변형시켜 그것이 자신의 존속을 유지하려는 능력을, 그 신체의 생명력을 장악하고 착취하려는 시도인 것이다. 즉 이런 실험의 일차적 목표는 원천이 된 신체의 생명과 무관하게 그 신체의 생명력을 착취하기 위해 그 능력을 통제하고 변형시켜 이용하는 것이다. 이는 인간 아닌 동물을 이용한 실험에서라면 아주 극명하게 드러나는 것이다. 그러나 그 경우 그러한 사태의 본질은 '인간을 위하여' 행해진다는 이름으로, 인간이 목적의 자리에 할당되어 있다는 이유로 쉽게 잊혀지는 것이었다. 그러한 목적성의 자리가, '인간을 위해서'라는 명분이 정당화될 수 있는 한, "좀더 정확한 실험을 위해"(나치 생체실험의 총책임자였던 의사 라셔Sigmund Rascher의 말이다!) 인간의 세포를 이용하고, 직접적인 '치료'를 위해 인간의 세포를 변형시키는 것이 무슨 큰 문제가 될 수 있을까? 복제물과 대비되는 원본적 생명의 고귀함에 대한 모든 관념이, 복제된 생명에 대한 손쉬운 착취와 통제·변형을 더욱 용이하게 할 것이다.

거기서 동물과 인간 간에 근본적 단절을 만드는 것은 과학적 사유 안에서는 애시당초 불가능한 것이 아니었을까? 복제물이 제공하는 용이함은 원본의 '고귀함'을 손상하지 않는 독립된 실험을 가능하게 함으로써 동물실험과 인체를 이용한 실험 간의 근접성을 더욱 가속화한다. 이전에 강제수용소가 실험실의 연장이고 인체실험이 정확성을 높이기 위한 동물실험의 연장이었듯이,[21] 생명복제의 시대에 인간의 세포는 동물세포의 연장이고 인간세포를 이용한 실험과 변형, 상품화와 착취는 동물의 그것을 이용한 동일한 사태들의 연장일 뿐이다. '생명특허'란 이윤과 투자를 위해 행해지는 그러한 실험과 변형, 상품화와 착취에 대한 법적인 보장이다.

생명을 통제하는 권력, 생명을 변형시켜 '개선'하거나 '치료'하기도 하고, 그것의 일부를 떼 내어 별도로 배양하기도 하는 권력, 바로 이것이 지금 시대의 생명권력일 것이다. '살게 만드는 권력', 살게 하기 위해 조사하고 실험하는 권력, 이런 이유로 생명체를 다루며 그 생명에 대한 통제력을 확보하려는 권력, 그리하여 생명 자체를 인간에 의해 통제가능한 것으로 만들려는 권력. 19세기에 생명권력이 인구를 대상으로 인간이라는 종의 생명을 다루는 것으로 출현했다면, 생명복제라는 개념으로 명명된 지금 시대에 그것은 인간을 포함한 모든 생명체의 생명력 자체를 다루는 것으로 다시 출현한다.

이런 의미에서 생명복제의 시대는 자본이 인간의 노동력뿐만 아니

---

21 강제수용소가 실험실 모델의 연장이라는 점에 대해서는 이진경, 「근대적 생명정치의 계보학적 계기들: 생명복제시대의 생명정치학을 위하여」, 『시대와 철학』, 2007년 겨울호 참조.

라 생명체의 생명력 자체마저 세포 이하의 영역으로까지 침투하여 착취하는 시대다. 생명력에 대한 자본의 독점적 영유가 인간 신체의 일부마저 분리하여 상품화하고 신체에 대한 가장 기본적인 권리조차 부정하는 시대다. 이로 인해 자본이 그동안 착취한 것은 단지 인간만이 아니었음이 역으로 명확히 드러나게 된 셈이다. 따라서 동물이나 다른 생물에 대해 인간의 생명을 특권화하는 것과는 반대로, 인간의 권리라는 개념으로는 포섭되지 않는 수많은 생명체들의 권리가, 그들이 자신의 생명을 지속할 수 있는 권리가 철학적으로 사유되어야 하고 정치적으로 개념화되어야 한다. 인간의 권리조차 자신의 신체적 순환계를 유지하고 생명을 지속할 수 있는 생명의 권리 안에서 이해되어야 한다.

생명을 권력의 대상으로 설정하고 그것에 직접적으로 권력이 작용하는 영역으로서의 생명정치학이 있다면, 그것은 무엇보다도 생명권력과 생명권이 대결하는 이러한 사태와 더불어 존재한다고 해야 한다. 그리고 그것은 이러한 사태의 확장과 더불어 일반화될 것이다. 여기서 동물적 삶에게 주어지는 통제와 실험, 착취와 죽음을 문제삼지 않은 채, 인간에 고유한 삶을 거기서 구해 낼 수 있을까? 아감벤처럼 이러한 생명권력의 문제가 정치적 공동체에서 배제되어 일체의 정치적 권리를 상실한 채 다만 '벌거벗은' 생물학적 삶을 영위하고 있는, 그래서 죽여도 살인이 되지 않는 그런 예외적 존재가 소멸하는 순간 해결될 거라고 믿어도 좋을까? 예외적 존재들이나 겪는 그 동물적 삶에서 인간 자신의 고유한 삶을 분리해 낼 수 있으리라는 믿음이, 그리하여 정치적 사유의 영역에서 동물적 삶을 배제할 수 있으리라는 믿음이 이러한 사태로부터 인간을 구해 낼 수 있을까? 이것이야말로 사태를 근본적으로 거꾸로 보고 있는 것이 아닐까? 우리는 다시 한번 말해야 한다. 생명의 정치화에서 문제가 되는 것은, 인간에 고유한 정치적 삶을 동물적인 필연적 삶/생명으로 전락시켜서가 아니라 거꾸로 자연적·동물적 능력으로서의 생명을 경제적인 착취의 대상으로 삼고 정치적인 통제의 대상으로 변환시켜서라는 것을. 생명권력에 대한 투쟁, 그것은 바로 생명을 직접적인 착취의 대상으로 삼고 그것에 법적·정치적 보증을 제공하는 저 생명권력에 대한 투쟁을 의미하는 것이라고.

이런 관점에서 우리는 '인권의 정치'가 '생명권의 정치'로 변환되어야 한다고 믿는다. 새만금 바다에서 사는 어부들의 '생존권'과 그 갯벌에 사는 수많은 생명체들의 생명 모두가 '생명권'이란 관점에서, 경제적 개발이란 이름으로 행해지는 자본의 착취로부터 보호되어야 한다. 광우병의 위험이 있는 쇠고기를 먹지 않을 인간의 권리를 '생명권'으로서 확보하는 것이 중요하다면, 그것만큼이나 소들이 동물사료를 먹지 않을 권리 또한 '생명권'이란 관점에서 확보되어야 한다. 이러한 문제들을 근본에서 다시 사유하기 위해 '조개-되기', '소-되기', '동물-되기'를 해야 한다.

또한 미군기지를 위해 쫓겨나게 된 평택 농민들의 삶이, 땅과 거기에서 자라는 작물들, 그들이 키우는 동물 등으로 연결된 생명의 순환계를 지속할 권리라는 관점에서, 자신이 살아왔고 계속 살고자 하는 땅에서 살 권리로서 '생명권'이란 관점에서 보호되어야 한다. 보호시설에 갇혀 구차하게 '생존'을 유지하고 있을 뿐인 중증장애인의 삶은, 생명체로서 원활하게 활동할 조건을 확보할 권리로서 파악되어야 한다. 생존권이 아닌 생명권으로서. 비서구의 인민을 포함하는 생명체의 권리를 위해, 특허권의 척도를 선점하고 생명의 능력을 특허권으로 변형시킬 조건을 대부분 독점하고 있는 서구의 생명산업이 본격적으로 시작하고 있는 생명의 식민주의에 반하여 투쟁해야 한다. 그리고 자본에 의해 유전적 성질마저 변형되어 태어나고 죽는 모든 생명들의 권리에 대해, 그들의 삶에 대해 진지하게 다시 생각하기 시작해야 한다.

　　인간의 경계를 넘어서 생명의 문제를 사유하고 생명의 활동을 확보하는 것, 인간의 권리를 넘어서 생명의 권리를 정의하고 그것을 정치적 투쟁의 장으로 만들어 가는 것, 인간과 동물, 원본과 복제의 심연을 넘어서 그것의 연속성을 실재하고 작동하는 그대로 이해하는 것, 그리고 동물이나 복제된 것이라는 이유로 '자유롭게' 행사되는 지식(과학!)과 자본의 권력이 그저 그것만을 겨냥하고 착취하는 데 멈출 것이라는 순진한 믿음을 혁파하는 것. 이럼으로써 우리는 근대적 '인권', 근대적 휴머니즘의 경계를 넘어서 인간과 인간 아닌 것, 원본과 복제본이 함께 기대어 살아가는 새로운 시대의 문턱을 넘게 될 것이라고 해야 하지 않을까?

IV부

# 코뮨-기계를
# 어떻게 구성할 것인가

# 7장 존재론적 평등성과 코뮌주의

## : 코뮌-기계 가동의 몇 가지 원칙들

지금까지 우리는 존재론적 차원에서 시작하여 역사적 혹은 사회·경제적 차원에서 코뮌주의에 대해 살펴보았고, 여기서 더 나아가 그러한 코뮌적 존재, 코뮌적 생명의 개념을 통해 세포 이하의 수준에까지 침투한 자본의 착취를, 그리고 그에 대한 저항의 문제를 '생명권'이란 개념을 통해 드러내고자 했다. 이는 통해 코뮌주의란 단지 국지적으로 고립된 하나의 영토를 만드는 소박한 '철학'이 아니라 사회·경제적인 차원에서의 이행 운동이자 새로이 시작되어야 할 저항의 정치학임을 분명히 할 수 있었다고 나는 믿는다. 중-생적인 집합체로서의 개체 개념과 순환적 공동체의 개념은, 인간 내지 '역사' 이전의 개체적 생명과 인간이 만들어 낸 생산의 공동체를 횡단하면서 사유할 수 있는 하나의 추상기계였던 셈이고, 이를 통해 우리는 순환적 공동체로 존재하는 모든 것을 넘나드는 하나의 '일반성' 속에서 사유할 수 있었다. 아니, 우리는 사실 그러한 '일반성'에서, 혹은 추상기계에서 시작하여 구체적인 배치가 구성되고 작동하는 양상을 따라가는 '구성의 평면'에 있었다고 해도 좋을 것이다.

좀더 나아가야 한다. 이론적인 요소들이 실제적으로 작동하는 구체적인 코뮌의 구성을 향해 좀더 나아가야 한다. 앞서 제안한 철학적이고 사회학적인 관념들이 코뮨-기계의 작동을 규정하는 실제적 양상을 구성하고, 그것에 함축된 코뮨적 삶의 방식의 윤곽을 그리는 지점으로까지 나아가야 한다. '윤리'라는 말이 '정치'라는 말을 대신하면서 탈정치화의 정치를 가동시키는 경우가 종종 있지만,[1] 미시적인 권력이 작동하는 지점이 삶의 모든 지점임을 안다면, 역으로 '윤리'라고 불리는 삶의 영역이야말로 정치적 사유가 가동되어야 할 곳이라고 할 수 있을 것이다. 그곳은 우리가 때론 명시적으로, 때론 암묵적으로 빈번하게 기대어 왔던 스피노자적 의미에서 윤리학이 가동되어야 할 지점일 것이다. 이런 의미에서 윤리란, 들뢰즈와 가타리가 뚜렷하게 해주었던 것처럼, 도덕moral과 대비되는 것일[2] 뿐 아니라 '미시정치학'과 동일한 의미를 갖는 것이라고[3] 해야 할 것이다.

우리는 지금까지 코뮨이나 공동체에 대해 말하면서, 그것을 구성하는 요소가 '인간'으로 제한되지 않음을 일관되게 강조해 왔다. 공동체의 '구성요소'라는 말을 반복해서 사용한 것도, 생산자/생산수단이란 대개념에 함축된 인간/비인간의 암묵적 대응을 비판했던 것도 이런 이유에서였다. 스피노자의 관점에서 볼 때 윤리학 역시 단지 인간만이 아니라 모든 양태 전체를 전제로 하는 양태의 윤리학이다. 양태의 윤리학은 양태들 간 관계의 이론이란 점에서 양태 전체를 대상으로 하며, 양태 전체를 하나의 평면 위에 놓고 삶의 윤리학을 사유하고 가동시킬 것을 요구한다. 그것은 양태들의 자연적인 '운동방식'들에 따라, 자연적인 생명의

---

1 자크 랑시에르, 『미학 안의 불편함』, 주형일 옮김, 인간사랑, 2008, 171~174쪽.
2 질 들뢰즈, 『스피노자의 철학』, 박기순 옮김, 민음사, 1999, 38~40쪽.
3 Gilles Deleuze et Félix Guattari, *Mille plateaux*, Minuit, 1980, 1장.

생산방식들에 따라 살아가는 방법이란 점에서 자연학적 윤리학이다.

그러나 우리가 정치나 윤리에 대해 말하고자 할 때, 그것이 의식적인 구성의 방향을 제안하는 것이 되는 한, 인간을 독자로 하여 쓰게 되는 것은 피할 수 없는 것 같다. 이는 인간이 특권적인 위치를 가져서도 아니고, '의식'이 신체에 비해 우월한 지위를 갖기 때문도 아니다. 그보다는 차라리 의식이 강함으로 인해 신체의 자연학적 운동에서 빈번히 벗어나기 때문이고(의식은 신체와 속성을 달리하기에 신체에 대해 잘 모른다), 인간의 특권적 위상에 대한 의식이나 관념이 자연학적 삶을 훼손하고 망쳐 놓기 때문이라고 해야 할지도 모른다. 인간을 위한 수많은 개발들이 자연을 유례없는 속도로 훼손하고 급기야 또 한 번의 전지구적인 멸종기를 초래했음은 이를 입증하는 것이 아닐까? 의식의 선택이 신체를 망쳐 놓는 길로 인도하기 십상임을 알기 위해선 미국의 거대한 비만인구를 상기하는 것으로 충분할 것이다(물론 미국만의 문제가 아님을 명심해야 할 것이다). 나아가 공동체적 순환계를 착취하고 파괴하는 화폐와 자본은 오직 인간의 고안물이고, 인간을 움직여 가는 동력이며, 인간의 모든 의식을 장악하고 있는 것이기에, 그런 인간에 의해 함께 사는 모든 양태들이 영향을 받고 '망가진' 삶을 살아가고 있기에, 윤리학은 특별히 인간을 대상으로 할 이유가 있다고 할 것이다.

## 1. 코뮨주의와 '연대의 쾌감'

아마도 인간을 염두에 두고 한 말이겠지만, 맑스는 코뮨을 "자유로운 개인들의 자발적 연합"이라고 정의한 바 있다. 그 자발적 연합에 인간 아닌 양태들은 비자발적으로 말려-들어간다in-volve. 그리고 그 자발적 연합 속에서 살고 그 안에서 작동한다. 그것들은 '연합'의 자발성에 의해, 그 자발성의 양상에 의해 영향을 받는다. 항상은 아니라 해도 자발적으로 연합을 구성하고 활동하는 경우, 자신이 끌어들이는 요소들에 대해서 그 자발성에 속하는, 자발성의 일부로 간주하기 십상이다. 반면 취업이나 취학처럼 자발적이지 못한, 혹은 불가피한 '연합' 또한 인간 아닌 요소들이 말려-들어가지만, 자발적 의지가 없는 사람들이 이런 요소들에 대해 동료로 간주할 가능성은 거의 없다고 봐도 좋을 것이다. 공장에서 '소외된 노동'——자발성에 반하는 노동——을 해야 하는 노동자와 장인이나 예술가들이 도구나 기계에 대해 느끼는 애정이 크게 다름은 잘 알려진 사실이다. '소외'의 감각은 특히 이웃한 요소들에 대해 무감각해지게 하고 일방적인(소외적인!) 태도를 야기한다. 소외감으로 힘들고 지친 사람이 소외된 활동을 함께 구성하는 이웃한 요소들에 관심과 애정을 갖기는 힘들 것이기 때문이다.[4] '소외된 인간'은 '소외된 사물'을 낳는 것이다.

그런데 무엇이 사람들로 하여금 자발적으로 연합하게 하는 것일까? 합목적성 혹은 '연대의 쾌감'이 그것이다. 코뮨도 분명 어떤 목적을 갖고 만들어진다. 돈으로 재단되지 않는 삶을 살기 위하여, 틀에 박힌 공부에서 벗어나 하고 싶은 공부를 하기 위하여, 농촌으로 돌아가 농사짓고 살기 위하여 등등. 그러나 코뮨의 구성원이 그 목적을 동일하게 공유하고 있는 것도 아니고, 그나마 목적이 달라져 버리는 경우가 적지 않으며, 때로는 그런 목적의 달성가능성조차 그리 중요하지 않다. 따라서 코뮨은

---

4 소외된 인간에 대해 공감하며 그들에게 연합의 손을 내미는 것은 대개 소외되지 않은 사람들, 혹은 이미 그 소외를 넘어선 어떤 연합을 꿈꾸는 사람들이다. 소외된 자들의 조직, 그것은 소외를 넘어선 자발적 연합을 통해 만들어지는 것이지 소외 그 자체가 만드는 것은 아니다.

특정 이익을 위해 만들어진 단체와 근본적으로 다르다. 코뮌 또한 이익을 위한 것이라고 할 수 있겠지만, 그 이익은 명확히 규정된 것이 아니라 각자가 자기 멋대로 정하는 것이고, 그 획득 정도를 계산할 수 있는 것도 아니다.

이런 의미에서 코뮌의 합목적성은 칸트의 말을 빌려 '목적 없는 합목적성'이라고 말하는 게 적절할 것 같다. 그것은 특정화될 수 없는 목적이고, 발산하기 마련인 목적이다. 특정한 목적보다는 그러한 목적을 초과하는 연합 그 자체의 쾌감이, 종종 어떤 손해나 '비용'마저 감수하며 그런 연합을 자발적으로 추구하게 만든다. 나 아닌 타자들과 함께 어떤 활동을 하고, 타자들과 더불어 무엇을 한다는 사실 자체가 주는 기쁨, 동료들과 함께 살아간다는 것 자체가 주는 기쁨의 감응, 그것이 코뮌을 만들고 지속하도록 추동하는 힘이다. 이런 기쁨의 감응을 다니가와 간谷川雁은 '연대의 쾌락'이라고 명명한 바 있다.[5] 하지만 나는 그것이 기쁨의 감응이란 점에서 '쾌락'보다는 '쾌감'이라고 바꿔 쓰고 싶다. '연대의 쾌감', 그것은 어떤 목적을 넘어 연대 그 자체가 주는 쾌감이다. 그것은 다시 칸트의 말을 이용해 바꿔 쓰자면, '이익interest 없는 이익'이 주는 쾌감이고, '사심interest 없는 관심interest'이 주는 쾌감이다.

이는 칸트가 앞서의 개념을 통해 분석했던 미적 판단의 경우보다 코뮌의 경우에 더 결정적인 것 같다. 왜냐하면 20세기에 예술은, 가령 뒤샹의 「샘」이나 쓰레기로 미술관을 가득 채운 아르망Arman의 '누보 레알리슴'Nouveau Réalisme을 생각해 보면 알 수 있듯이, 이미 쾌감을 넘어서, 쾌

5 谷川雁, 「政治的前衛とサークル」, 岩崎稔·米谷匡史 編, 『谷川雁セレクション』I, 日本經濟評論社, 2009, 363쪽.

감에 반反하여 미적 판단을 요구하고 있지만, 코뮨은 연대의 쾌감 없이는 존재할 수 없기 때문이다. 아니, 좀더 정확히 말하면 그것 없이 존재하는 건 아닌지, 그 쾌감을 대신한 어떤 목적/이익이나 쾌감 없는 관성에 의해 존재하고 있는 건 아닌지 항상 주시하고 질문해야 하기 때문이다.

하지만 연대의 쾌감을 목적으로 한다고 해도, 코뮨이 언제나 조화로운 통일체라고, 항상 기쁨에 넘치는 곳이라고 할 수는 없다. 여기서도 오히려 반대로 말하는 것이 적절할 것이다. 코뮨은 항상 이견과 불화로 가득 찬 곳이고, 그런 갈등과 대립으로 인해 분열의 위험이 상존하는 집단이다. 왜냐하면 연대를 위해 자발적으로 다가오는 외부적 요소들, 뜻하지 않은 요소들에 열려 있는 한, 코뮨은 이질적인 것들이 만나고 섞이는 곳이며, 그 이질성으로 인해 충돌과 불화가 끊이지 않는 곳일 터이기 때문이다. 더구나 특별한 목적도, 특정한 하나의 척도도 전제되지 않기에, 상이한 척도들로 인해 동일한 '목적'을 위한 활동조차 이견들로 분열되기 십상이다. 이런 의미에서 코뮨은 어쩌면 항상 갈등과 충돌이 존재하는 '전쟁 중인' 집단이라고 해야 할지도 모른다. 이런 갈등과 분열에도 불구하고 코뮨이 하나의 집단으로서, 하나의 개체로서 지속할 수 있게 해주는 것은 그 불화의 정도를 초과하는 연대의 쾌감이고, 연대의 쾌감으로 인해 만들어진 신뢰의 포텐셜이다.

연대의 쾌감 그 자체가 목적이란 점에서 코뮨은 어떤 목적을 위한 '수단'이 아니라, 그 존재 자체가 목적이다. 쾌감을 주는 연합의 과정 그 자체가, 코뮨적 활동 그 자체가 목적이다. 나는 낭시로 인해 유명해진 '무위'無爲라는 말이 공동체와 관련하여 사용될 수 있다면,[6] 이런 의미에서

---

6 ジャン=リュック・ナンシー(Jean-Luc Nancy), 『無爲の共同体』, 西谷修 外 訳, 以文社, 2001.

라고 생각한다. '억지로 하려고 하지 않음'이란 '하려 함'과 '하지 않으려 함'의 어떤 모호한 중간이 아니라, '좋아서 하는 것'이며 그래서 '한다는 생각도 없이 어느새 하게 되는 것'이라고 믿기 때문이다. 무위가 어떤 목적도 갖지 않는 것이라고 한다면, 그것은 연대의 과정 그 자체가 어떤 목적도 초과함을 뜻한다고 믿기 때문이다. 아무것도 공유하지 않지만, 아무것도 공유하지 않고 행해지는 공동의 활동이, 공동성 그 자체가 이들을 하나로 묶어 주는(연대, 연합) 어떤 끈을, 어떤 포텐셜을 만들어 준다고, 그런 포텐셜을 공유하게 해준다고 믿기 때문이다. 따라서 '무위의 공동체' 같은 것이 있다면, 그것은 "공동체에 속하지 않은 자들의 공동체"나, 죽음 앞에 출두함으로써 공동의 운명을 나누는 단수적 존재의 존재론적 공동성이 아니라, 연대의 쾌감을 통해 존재하는 이 목적 없는 합목적성의 공동체라고 해야 하지 않을까?

　욕망이 반드시 직접적 쾌감을 목적으로 하지는 않는다고 해도, 욕망이 하고자 하는 바를 향해 나아가는 동안, 혹은 하고자 하는 바를 얻었을 때 기쁨의 감응이 발생한다는 점은 분명하다. 이 기쁨의 감응을 쾌감이라고 말할 수 있다면, 연대의 쾌감은 코뮨이 욕망을 긍정하는 욕망으로 촉발되는 집단이어야 함을 함축한다. 코뮨의 구성원이 갖고 있는 욕망이 이질적이고 다양하리라는 것은 길게 말할 필요가 없다. 그러한 욕망을 하나의 욕망으로 통일하는 것, 혹은 하나의 욕망에 귀속 내지 복속시키는 것으로 코뮨의 '집합성'을 이해하는 것만큼 코뮨을 오해하는 것은 없다. 코뮨은 그 이질적이고 다양한 욕망이 함께 작동하며 만들어 내는 공동성을 통해, 그리고 그 공동성에 의해 피드백되며 변환되는 욕망의 연대에 의해 존재하는 것이다. 코뮨이란 연대의 쾌감을 욕망하는 것이란 점에서 '연대의 욕망'일 뿐 아니라, 그 다양한 욕망이 공동으로 작용하며 그때그때 '하나의 결과'를 산출하는 것이란 점에서 '욕망의 연대'다.

　물론 개인의 욕망이 공동성이나 연대의 쾌감을 넘어서 특정한 목적이나 이익을 추구할 수 있음을, 사심 있는 욕망이 될 수 있음을 부정할 순 없을 것이다. 그런 욕망이 코뮨적 공동성을 와해시키거나 코뮨적 집단성을 특정 목적에 이용할 수 있음 또한 부정할 순 없을 것이다. 반대로 연대의 쾌감을 통해, 연대가 주는 기쁨의 감응을 통해 그런 욕망이 변환될 수 있음 또한 부정할 순 없을 것이다. 또한 어떤 사적인 욕망에 반하는 다른 욕망들의 존재를 통해 그 욕망이 고립되거나 약화될 수 있음을 부정할 수도 없을 것이다. 그렇다면 사적인 욕망에 대한 '규제'는, 그런 욕망에 대한 비난이나 욕망 자체에 대한 억압을 통해서가 아니라, 그런 욕망마저 다양한 이질적 욕망의 만남과 충돌, 연합과 분리의 자연학적 과정 속에서, '선택'의 내재적 과정을 통해 이루어질 수 있을 거라고 말할 수 있지 않을까? 타인에 대한 배려 없는 '자신에 대한 배려'가 '타인에 대한 배려'를 통한 '자신에 대한 배려'로 변환되는 것을 통해, 코뮨적 욕망의 배치가 형성될 수 있다고 말할 수 있지 않을까? '연대의 쾌감'이 이런 욕망의 배치를 위한 '쾌감의 활용'으로 이어질 수 있으리라고 말할 수 있지 않을까? 연대의 기쁨을 통해 연대에 대한 욕망이 생성될 수 있을 것이라고 말해야 하지 않을까? 코뮨이 욕망을 긍정하면서도 욕망에 잡아먹히지 않을 수 있는 것은 이런 욕망의 변환을 낳는 배치를, 새로운 코뮨적 욕망이 발아하고 성장하는 욕망의 배치를 만들어 냄으로써일 것이다.

　반면 사적인 욕망과 코뮨적 욕망의 손쉬운 대립을 통해, 코뮨적 욕망을 위해 사적인 욕망을 억압하는 금욕주의적 배치가 쉽게 등장할 수 있음 또한 부정할 수 없다. 코뮨주의에서 미리 억압의 냄새를 맡는 것은 바로 이런 경우 때문일 것이다. 좀더 난감한 것은 억압에 의한 욕망의 희생이 '희생의 욕망'으로 변환되는 경우일 것이다. '희생과 봉사의 정신'은 희생의 슬픔에 기뻐하고, 부과된 의무를 자신의 '가능성'으로 승인하는 도착된 욕망의 징표다. 이 경우 코뮨적 대의는 어떤 '숭고한' 이념이되고, 숭고의 정치학이 집단적 힘을 만들어 내게 된다. 욕망의 억압(금욕)은 슬픔의 감응을 야기하지만, 그 슬픔의 감응이 어떤 거대한 대의를 통해 '숭고'로 넘어가면 집단성을 유지하고 때론 아주 강화할 수 있기 때문이다. 여기서 연대의 쾌감은 칸트 말대로 숭고한 대상을 위해 고통을 넘어서는 데서 오는 쾌감으로, 슬픔을 넘어서는 데서 오는 기쁨으로, 그대상이나 대의를 위해 자신을 희생하려는 욕망으로 변형된다. 역으로 이를 위해 어떤 대의를 숭고한 목적으로 변형시키고 그것을 위해 '욕심을버리고' 현재의 고통을 기꺼이 감수하며 남들을 위해 '봉사'나 '희생'(종종 '선물'이란 말로 표현되기도 한다)을 요구하는 일이 빈번히 발생한다. 결단을 요구하는 비장함의 감수성을 수반하는 이런 공동체는 종교적 공동체에서 쉽게 발견된다. 어떤 공동체가 불화나 갈등을 초과하는 지점으로까지 연대의 쾌감을 유지하지 못하여 욕망의 긍정 대신 욕심을 버릴 것을 요구하기 시작하게 될 때, 공동체를 유지하기 위해 취하는 통상적인 경로는 바로 이런 것이다.


## 2. 코뮨주의와 우정의 정치학

우리는 예전에 맑스주의 정치학이 본질적으로 적대의 정치학이었음을 지적하면서 그와 대비하여 '우정의 정치학'을 제안한 바 있다.[7] 계급의

---

7 이진경, 「코뮨주의와 정치: 적대의 정치학, 우정의 정치학」, 『코뮨주의 선언』, 교양인, 2007.

적과 대결하는 것이 아니라 '자발적으로 연합한' 동료들과의 공동체를 전제로 하는 코뮨주의가 적대의 정치학이 아니라 우정의 정치학과 짝을 이룬다는 것은 긴 설명을 필요로 하지 않는다. 그러나 코뮨 또한 이질적인 요소들의 충돌로 가득 찬 곳이란 점에서 대립이나 적대의 가능성을 피할 수 없으며, 따라서 의도와 무관하게 적대의 정치학이 가동될 수 있음을 지적해야 한다. 그러나 그것은 단지 적대를, 적과의 관계를 어떻게 다룰 것인가의 문제 이상으로 친구와의 관계를 어떻게 다룰 것인가의 문제에서 적대의 정치학과 우정의 정치학은 어떻게 다른지를 좀더 분명하게 할 것을 요구한다. 사실 적대의 정치학과 우정의 정치학은 양자 모두 적과 동지(친구)의 이분법에 기대고 있다. 만약 우정의 정치학에서 적과 동지의 개념이 적대의 정치학에서의 그것과 다르지 않다면, 우정의 정치학은 적대의 정치학과 대칭적인 동일성을 피하기 어려울 것이다. 그것은 포지션만 달라진 적대의 정치학에 불과할 것이다.

먼저 적대의 정치학에 대한 간단한 요약에서 다시 시작해야 할 듯하다. 적대의 정치학이란 운동이나 혁명, 혹은 사건과 관련된 모든 세력을 적과 동지로 구별하는 것에서 시작한다. 스탈린에 따르면 혁명의 전략이란 혁명의 적과 동지를 구별하는 문제라는 것, 그리고 그러한 구별에 따라 중간적인 세력을 주요타격방향과 예비군으로, 즉 잠재적 적과 잠재적 동지로 재구별하는 것이다.[8] 이러한 적대의 논리는 자본주의 사회의 계급적대에 기인한다고 본다. 이런 적대의 정치학은 당이나 조직 안에서 이견이 발생할 경우에 대해서도 마찬가지로 적용된다. 종종 노선의 차이라고 명명되는 이러한 이견들 역시 자본주의적 계급적대가 조직 내부에

---

8 이오시프 스탈린, 「레닌주의의 기초」, 서중건 옮김, 『스탈린 선집』 1권, 전진, 129쪽.

반영된 것이라는 것이다. 이는 조직 내부의 이견조차 적대의 논리에 따라 다루어야 함을 뜻한다. 즉 어떤 사안에 대해 이견을 갖는 것이 '계급적 적'이 되는 것을 뜻한다. 여기에서 '차이'가 존재할 여지는 없다. 차이는 적대의 이편과 저편 사이의 어느 하나로 귀착된다. 의도가 무엇이든 이견을 주장하는 것은 적과 다름없는 행위로 간주되는 것이다! 이것이 종종 상대세력을 '적의 스파이'로 몰아세우기까지 하는 처절한 숙청의 논리로 이어졌다는 것은 잘 알려진 사실이다.

이러한 적대의 정치학이 정치의 본질에 대한 슈미트의 주장과 동형적이라는 점은 매우 시사적이다. 슈미트는 정치란 "적과 동지를 구별하는 문제"라고 정의한다.[9] 이러한 구별에 의거하여 '정치적'인 것과 관련된 수많은 2차적 개념이 생겨난다.[10] 적과 동지의 구별에 기초하여 이루어지는, 모든 정치적 결정의 불가피한 주관성을 그는 '당파성'이라고 정의한다. 이는 어떤 사건이나 행위 혹은 주장에 대해, 그것이 적의 편에 선 것인지 나의 편에 선 것인지에 따라 판단하는 것이다. 여기서 '객관적' 타당성이나 의미 같은 것은 부차적이다. 중요한 것은 그것이 결국 나의 주장에 동조하는 것인가 적의 주장에 동조하는 것인가이다. 결국 슈미트가 말하는 '정치'의 요체는 모든 문제를 적과 동지로, 반대자와 동조자로 편 가르는 문제로 보는 것이다.

친구에 대해 말하고, 친구의 중요성에 대해 말하면 우정의 정치학에 속한다는 생각만큼 잘못된 것도 없음을 분명히 해둘 필요가 있다. 슈미트가 잘 보여 주듯이, 친구/동지는 적대의 정치학에서도 모든 구별의 근

---

9 칼 슈미트, 『정치적인 것의 개념』, 김효전 옮김, 법문사, 1992, 31쪽.
10 같은 책, 37쪽.

저에 자리 잡고 있는 가장 일차적이고 중심적인 범주다. 적에 대해 강조하는 것이 적대의 정치학이고, 친구에 대해 강조하는 것이 우정의 정치학이라는 생각처럼 소박한 것은 없다. 물론 우정의 정치학에서도 친구는 일차적인 범주일 게 틀림없다. 양자의 차이는 맑스 식으로 말하면, '무엇을' 말하는가가 아니라 '어떻게' 말하는가이다. 즉 친구에 대해 말하는가 여부가 아니라 친구에 대해 어떻게 생각하고 어떻게 말하는가이다.

적대의 정치학에서 일차적인 것은 적이나 친구가 아니라 적대다. 적대가 친구를, 그리고 적을 규정하는 것이다. 어떤 사안이나 행동에 대해 적의 편인지(적인지) 나의 편인지(친구인지)를 기준으로 판단하는 것, 그것이 정확하게 적대의 정치학의 요체다. 여기서 친구란 적대의 이쪽 편에 서는 자, 즉 동조자를 뜻한다. 따라서 친구와 적은 때에 따라 달라진다. 어떤 사안을 둘러싸고 나에게 동조하는 자가 친구고, 반대하는 자가 적이기 때문이다. 아무리 오래된 친구라고 해도, 어떤 문제를 둘러싸고 반대하고 대립한다면, 그는 더 이상 친구가 아니라 적이다. 반면 지금까지 싸우던 사람도 어떤 사안에 대해 나를 지지하고 나의 편에 선다면 그는 더 이상 적이 아니라 친구다. "정치에는 영원한 적도, 영원한 친구도 없다"는, 통상적인 정치가들이 즐겨 쓰는 금언은 정확히 이런 의미로 사용된다.

'의리'나 '신의'에 대해 흔히들 하는 말 역시 많은 경우 이런 의미로 사용된다. '의리'란 많은 경우 적대를 넘어서, 적대에도 불구하고 지속되는 어떤 우정이나 호의적 관계를 뜻하는 게 아니라, 적대의 저편으로 넘어가선 안 된다는 것을 주장하기 위해, 다시 말해 '배신'을 저지하거나 비난하기 위해 사용되는 말이기 때문이다. '배신'이란 말과 짝을 이루는 '의리', 그것은 '배신'에 대해 비난하고 많은 경우 '복수'를 다짐하는 '의리'다. 그것은 정확하게 적대적 분할의 이편과 저편을 지칭하는 말이며, 적대의 정치학을 가동시키는 말이다. 적대의 저편에 서게 된 순간, 이전의 아무리 오래된 '우정'도 물거품이 되고 만다는 것을, '의리'나 '친구'라는 말이 이런 적대 앞에서 얼마나 무력하게 와해되는가를, 수많은 조직폭력배 영화나 마피아 영화는 아주 잘 보여 준다. '의리'라는 말은 거기에 아무리 높은 가치를 부여한다고 해도, 아니 그러면 그럴수록, 이런 적대를 가로지르고 그것을 넘어서 지속되는 어떤 우정을 뜻하지 않는 한, 우정의 정치학과는 아무런 관련이 없다고 단언해도 좋을 것이다.

이런 의미에서 적대의 정치학은 슈미트가 생각하는 국가적인 관계나, 이른바 '정치인'들의 세력다툼에서만 발견되는 것이 아니다. 그것은 또 마피아나 조직폭력배처럼, 무리를 지어 세력을 다투는 집단 사이에서만 작동하는 것도 아니다. 그것은 차이나 이견이 있을 수 있는 곳이라면, 나와 다른 생각을 하고 나와 다른 행동을 하는 사람과 만나는 장이라면 어디서나 작동하는 것이다. 이질적인 성향이나 태도들이 만나 공동의 삶의 구성해야 하는, 그렇기에 의견의 충돌이나 대립이 상존할 수밖에 없는 코뮌이라면 더더욱 피할 수 없는 일상의 정치학이다. 친구나 우정의 중요성에 대한 강조로 이것을 넘을 수 있다는 생각처럼 맹목적이고 전도된 것은 없다. 동조하지 않거나 비판하는 것에 대한 반감을 넘어서지 못하는 한, 혹은 이른바 '배신'을 넘어서지 못하는 한, 우정이란 정확히 적대의 정치학의 중심범주다. 마찬가지로 '배신'에 대한 비난과 떨어지지 못하는 의리야말로 적대의 정치학의 침로를 표시한다.

적대의 정치학은 '내부성의 공동체'와 밀접하게 결부되어 있다. 그것은 내외를 가르는 분할의 선에 일차적인 지위를 부여하기 때문이다. 적대의 정치학에서 친구란 정확하게 내부자, 그 분할선의 이편에 있는 자이고, 적이란 그 선의 저편, 즉 바깥에 있는 자인 것이다. 내부자에 대해선 '천국'을 약속하고, 외부자에 대해선 '지옥'을 약속하는 것, 그것이 친구와 적, 의리와 배신이란 말이 작동하는 방식임을 우리는 수많은 사례를 통해 익히 잘 알고 있다. 여기서 좀더 나아가면, '우정'이나 '의리'의 정도에 따라, 다시 말해 '충실성'의 정도에 따라, 내부자에 대해서도 상이한 태도의 집합을 대응시키는 점층적 위계화가 출현하기도 한다. 얼마나 오래된 성원인지, 얼마나 충실한 성원인지에 따라 상이한 태도를, 심지어 동일한 사안에 대해서도 상이한 기준을 적용한다.

적대의 정치학이 적대를 통해 모든 것을 적과 친구로 가른다면, 우정의 정치학은 적대를 넘어서 적과 친구를 정의한다. 그것은 친구를 적의 대개념으로 보지 않고 양자의 경계를 횡단하며 사유한다. 가령 나의 입장에 대한 비판을, 나에 대한 공격으로, 적대행위로 보는 것이 아니라 나의 오류를 정정하기 위한 것으로 보라는 것은 "동서고금의" 수많은 사람들의 가르침이었다. 그래서 비판자는 적이 아니라 친구, 아주 소중한 친구라는 사실은 누구나 수긍한다. 물론 실제로 그렇게 하는 것은 결코 쉽지 않다. 그런데 이를 좀더 밀고 나가면, 적대의 저편에서 나에 대해 공격하고 비난하는 것에서조차 숨겨진 나의 오류를 찾고 그것을 정정할 기회로 삼는다면, '적'도 나의 친구일 수 있음을 이해하긴 그리 어렵지 않을 것이다. 이는 단지 나에게 말하는 어떤 '인물'들로, 사람으로 제한되지 않는다. 내가 나아가는 길을 막는 장애물을 친구로 삼을 수 있을 때, 명시적인 적이나 이른바 '마구니'조차 '친구'로 삼을 수 있을 때, 나를 가로막을 수 있는 것은 없어지고, 나를 저지하는 적은 실질적으로 소멸한다. 적대의 횡단.

반면 항상 나의 의견에 동조하고, 나의 의견의 타당함이나 탁월함을 상찬하는 '친구'야말로, 나의 귀와 눈을 가리고 나의 오류를 가려 그것을 정정할 기회를 빼앗는 최대의 '적'임 또한 역사적 사례들을 통해 수없이 지적되어 왔다. 굳이 '아첨'이라는 상투적인 단어를 끄집어내지 않아도, 가장 가까운 친구가 적일 수 있음을 이해하지 못한다면, 가장 가까운 친구를, 의도와는 무관하게, 실질적인 적으로 만드는 것이 되고 말 것이다. 이런 점에서 적과 친구의 개념이 인간으로 국한되지 않음은 물론 '편을 들려는', 또한 적대하려는 의도와도 무관하다는 점을 추가해야 한다. 선의를 가진 친구가 실제로는 적이 되는 경우가 있는 것처럼 악의를 가진 적조차 친구로 삼을 수 있어야 한다. 성공과 실패에 대해서도 마찬가지로 말할 수 있다. 나를 안주하게 하는 친구가 그렇듯이, 성공에 안주하는 순간 성공은 더 큰 실패의 이유가 된다. 반대로 실패에 달라붙어 그 속에서 배우려 하는 순간, 실패는 새로운 성공의 계기가 되고, 더없이 소중한 친구가 된다. 성공 속에서 위험을 보고, 실패 속에서 새로운 가능성을 찾는 것, 그것은 성공과 실패를 모두 친구로 만든다.

적을 친구로 삼고, 친구가 적일 수 있음을 보는 방식으로 적대를 횡단하는 것, 그것은 적대를 통해 모든 것을 둘로 가르는 적대의 정치학을 넘어서 우정의 정치학을 가동시키는 출발점이다. 그것은 달리 말하면, 적과 친구의 구획이 갖는 근본적 난점, 근본적 불가능성을 보는 것이기도 하다. 데리다라면 "친구와 적의 구별불가능성"이라고 말할 것이다.[11] 나는 이를 "친구와 적의 횡단가능성"이라고 말하고 싶다. 친구와 적을 가르는 분할선의 일시적인 잠정성에서, 그때마다의 친구와 적을 선별하는 문제가 아니라, 친구와 적의 횡단가능성을 본다. 이 경우 "영원한

---

11 Jacques Derrida, *Politiques de l'amitié*, Galilée, 1994.

적도, 영원한 친구도 없다"는 말은 그러한 분할의 무상함을 뜻하는 명제로 변환되고, 적과 친구의 구획을 가로질러 우정을, 의도나 적대를 넘어서 우정을 발견하라는 의미로 이해된다. 따라서 관계의 임계점critical point을 넘어간 경우에도 친구의 범위에서 '배제'하거나, 대립이나 적대의 저편으로 넘어간 경우에조차 미움이나 분노의 감정 속에서 '배신'을 비난하지 않을 때, 부적절하다고 보이는 태도나 상황에 대해 비판적으로 개입하며 또 다른 변화를 기다려 줄 수 있을 때, '우정'이나 '신의'라는 말은 적대의 정치학에서 벗어난 개념이 될 수 있을 것이다.

결국 이러한 횡단에서 일차적으로 중요한 것은 어디서나 친구를 찾는 것이다. 즉 친구와 적의 횡단가능성은 적조차 친구로 만들 능력을 위한 것이지, 친구를 적으로 만들기 위한 것은 아니다. 친구에 대해 비판을 하는 것은 그를 적으로 만들기 위한 게 아니라 친구로서 관계를 지속하기 위한 것인 것처럼, 친구조차 적일 수 있음을 보는 것은 친구를 계속 친구로 삼기 위한 것이다. 이런 점에서 우정의 정치학은 적대를 넘어서 모든 것을 친구로 삼는 것이며, 적대를 넘어서 모든 관계에서 우정을 발견하는 것이다. 적대의 정치학이 모든 정치적 분할에서 '적대의 보편성'을 믿고 있다면, 우정의 정치학은 그 분할을 가로지르는 '친구의 일반성'을 믿는 것이다. 나와 친구를 하나로 묶는 경계 외부에서 다가오는 모든 것들 속에서 그런 친구의 일반성을 발견하는 것이다.


## 3. 코뮨주의와 선물

자본주의나 시장이 교환의 체제로 특징지어지는 것에 반해, 코뮨이 선물 내지 증여의 체제로 특징지어진다는 것은 이미 잘 알려진 사실이다. 이는 마르셀 모스가 소련 식의 사회주의에 대한 대안을 찾기 위해 이른바 '원시인'들의 증여에 대해 연구를[12] 했을 때의 문제의식이었다. 그가 서로 간에 주고받는 선물을 통해 상품교환과는 다른 원리에 의해 구성되는 사회적 관계를 주목하게 했고, 그런 종류의 공동체적 관계가 매우 일반적임을 보게 했음을 우리는 알고 있다. 하지만 그는 이러한 선물이 쌍방적일 뿐 아니라 대개의 경우 선물을 하는 것과 받는 것, 그리고 그에 대해 답례하는 것을 의무로서 규정하고 있다는 점을 들어 선물을 교환의 개념 아래 포섭한다. 선물의 교환, 그것은 교환의 일종이라는 것이다. 그러나 의무에 의해 규정된, 상호적인 선물이라고 하더라도, 그것은 교환과 근본적으로 다른 것임을 강조할 필요가 있다. 첫째, 교환과 달리 선물은 주고받는 물건의 등가성을 의도적으로 피하며, 그것의 가치를 재는 것 자체를 피하고자 한다는 점에서 교환과 다르다. 둘째, 교환은, 가령 어음처럼 물건이나 돈이 없을 때는 어떤 대체물을 끌어들이는 식으로, 주고받는 행위의 동시성을 전제로 하는 반면, '선물의 교환'은 의도적으로라도 그 동시성을 피하고자 한다. 셋째, 선물은 주고받는 물건의 교환가치는 물론 사용가치와도 독립적인 것이란 점이다. 가령 O. 헨리의 유명한 소설 「크리스마스 선물」은 사용가치가 사라졌음에도, 아니 사라졌기에 거꾸로 더욱 값진 선물을 통해 선물이란 모든 교환가치와 사용가치로부터 독립된 것임을 보여 준다. 요컨대 '선물의 교환', 교환의 일종으로서의 선물이란 관념은 두 번의 선물을 한 번의 교환으로 대체하고 오인함으로써 출현하는 것이다.

교환과 구별되는 이러한 선물의 특징은 그것이 처음부터 '가치법칙'

---

12 마르셀 모스, 『증여론』, 이상률 옮김, 한길사, 2002.

에 반하는 것임을 보여 준다. 상품교환에 수반되는 교환의 등가성과 동시성은 시장이나 자본주의에서 작동하는 가치법칙의 일차적인 특징이기 때문이다. 나아가 가치법칙에 의한 분배, 그에 따른 생산의 재조정 같은 기능 역시 선물의 '법칙'과는 거리가 멀다. 따라서 가치법칙에 반하는 집합적 관계, 가치법칙의 외부로서 코뮨이 교환 아닌 선물을 그 작동원리로 포함하는 것은 지극히 자연스런 것이다.

이는 단지 어떤 '사물의 교환'을 넘어서 활동이나 '노동' 그 자체로까지 확장된다. 가령 사회주의 초기에 레닌은 '수보트닉스'(공산주의적 토요일)에서[13] "사회의 이익을 위한 무보수 노동"을, "보상을 예견하지 않으며 보상을 조건으로 하지 않고 수행되는 노동"을, 요컨대 '공산주의적 노동'을 발견한다.[14] 보상이나 대가를 기대하지 않고 수행하는 노동, 그것은 교환의 체제를 벗어난 노동이고, 선물로 증여되는 노동이다. 그것은 "능력에 따라 일하고, 일한 만큼 분배받는" 사회주의의 가치법칙과도 근본적으로 다른 체제에 속한다. 사회주의에서 '공산주의'로의 이행의 계기는 사회주의를 정의해 주는 가치법칙에 있는 게 아니라, 그것의 외부인 이러한 요소들에 있다고 해야 한다.[15] 코뮨에서의 활동의 '분배', 혹은 활동의 생산 역시 가치법칙에 반하는 이러한 원칙에 따라야 함이 분명하다.

---

13 수보트닉스는 '철도 전쟁'이기도 했던 1918~19년 내전 중의 러시아에서, 수송의 재활성화를 위해 토요일에 6시간의 추가노동을 보수의 지불 없이 수행했던 것으로, 1919년 5월 모스크바와 카잔 구간의 철도에서 처음으로 시작되었다(V. I. Lenin, "A Great Beginning: Heroism of the Workers in the Rear", *Collected Works*, vol. 29, p.412).

14 V. I. Lenin, "From Destruction of the Old Social System to the Creation of the New", *Collected Works*, vol. 30, p.517.

15 이에 대해서는 이진경, 『맑스주의와 근대성』, 문화과학사, 1997, 8장 참조.

그러나 선물이나 답례가 의무가 되는 경우 선물의 개념에 어떤 근본적 난점이 발생하는 것은 사실인 것 같다. 의무가 된 선물의 개념은 어떤 보상이나 대가를 바라지 않고 타인, 타자들을 위해 수행하는 코뮨주의적 '노동'(활동)의 개념에서도 미묘하게 벗어나는 것 같다. 왜냐하면 자발적이지 않은 '코뮨적 노동'이란 형용모순으로 보이기 때문이다. 보상 없는 노동이 의무화될 때, 그것은 강제노동과 뒤섞이며 구별불가능한 것이 되기 때문이다. 심지어 그런 자발성마저 강요하는 경우조차 있을 수 있다. 보상 없는 활동을 '자발적으로' 하라는 요구가 쉽사리 출현할 수 있음을 우리는 다양한 사례를 통해서 알고 있다. 노예노동, 전근대적 공동체에서의 노동, 혹은 봉사와 헌신을 요구하는 '종교적' 공동체에서의 노동, 혹은 스타하노프Stakhanov 운동 같은 사회주의적 노동의 경쟁 등. 그렇다면 '자발적으로'라는 규정을 덧붙임으로써 강제노동과 코뮨적 노동을 구별하는 것도 결코 쉽지 않을 것이다.

'선물의 교환' 자체가 비슷한 난점을 안고 있는 것 같다. 사실 선물을 받았다면, 그게 응하여 다시 선물을 하는 것은 매우 자연스러운 '윤리'에 속한다고 할 것이다. 이것은 상호부조적인 관계들의 형성으로 이어진다. 이전의 공동체에 존재하던 수많은 상호부조 '제도'들은 이런 사례일 것이다. 이른바 '원시사회'에서 의무화된 선물의 교환은, 선물의 순환을 통해 공동체적 관계를 형성하고 유지하는 메커니즘이었다. 고립되기 마련인 부족이나 집단들을, 선물을 순환시킴으로써 하나의 공동체로 묶고 유지하기 위한 방법이었다. 선물이 순환되는 범위가 그 공동체의 외연을 규정했다.

그러나 선물에 대한 답례의 의무는 자칫하면 선물을 갚아야 할 채무로, 혹은 받아야 할 채권으로 변환시킨다. 사실 채무의식을 환기시키며 선물에 '답할 것'을 요구하는 것만큼 선물의 개념에 반하는 것은 없다. 그것은 선물이란 말로 채권/채무관계를 만드는 것이다. 이런 식으로 '의무화된' 선물의 교환은 모스의 지적처럼 교환관계에 속한다기보다는 차라리 '채권/채무관계'에 속한다고 해야 적절할 것 같다. 이는 선물을 받은 것에 대한 감사의 뜻으로 답례를 하는 그런 관계와 구별하기 힘들게 뒤섞인다.

데리다가 주는 자가 보상을 기대하거나 받는 자가 채무의식을 느끼는 순간 선물은 더 이상 선물일 수 없음을 강조하는 것은 이런 이유에서 정당하다. 그러나 이는 좀더 근본적인 난점으로 인도한다. 선물을 주며, 혹은 받으며 선물임을 의식한다면, 그에 대해 어떤 식으로든 답해야 한다고 느끼게 마련이고, 그런 생각은 정도가 어떠하든 채무의식의 일종임에 틀림없기 때문이다. 다시 말해 주는 자든 받는 자든 선물을 선물로서 의식하거나 자각한다면, 선물은 더 이상 선물이 아니라는 것이다. 그것은 채권/채무의 형태로든, 교환의 형태로든 온 곳으로 되돌아가는 경제적 순환의 일종이다. 선물이 '선물'이 된다면 선물이 아니게 된다는 것, 그것이 선물의 근본적인 역설이다.[16]

이런 점에서 데리다는 "선물은 불가능하다"고 말한다. 모스의 분석처럼 상호적인 교환의 관념, 의무화된 답례의 제도 안에서 선물은 선물이 아니다. 모스의 『증여론』에 결정적으로 결여된 것은 '선물'이라는 데리다의 아이러니한 지적은 이런 의미에서다. 그것은 교환이 된 선물 혹은 채권/채무가 선물에 대해서만 말하고 있을 뿐이기 때문이다. 이는 거

---

16 Jacques Derrida, *Given Time I. Counterfeit Money*, tr., by Peggy Kamuf, University of Chicago Press, 1992, 1장 참조.

꾸로 교환이나 채권/채무가 선물의 교환에 기대어 있음을 함축하는 것이기도 하다. 선물이 교환이나 채권/채무의 '발생적' 기원인 셈이다.

선물에 대한 모든 입론을 궁지로 몰아넣는 이러한 역설은 대체 무엇을 뜻하는 것일까? 나는 이러한 선물의 근본적인 불가능성이, 현존하는 선물, 즉 구체적인 관계나 제도 혹은 의도나 태도 속에서 실재하는 선물들에 대해, 그 선물의 '진실'에 대해 근본적으로 다시 묻게 하는 것이라고 이해한다. 가령 데리다가 환대의 불가능성을 통해서 제도화된 구체적 환대들, 사실은 뒤집어보면 적대의 다른 이름인 그러한 환대들을, 그 환대와 적대의 경계들을 질문에 부치고, 그 질문을 통해 현존하는 상대적 환대의 경계를 가변화하려고 했던 것처럼,[17] 불가능한 선물을 통해 구체적으로 존재하는 선물들을, 선물과 결부된 제도나 관념을 질문에 부치고 그 질문을 통해 그 선물들이 선물이 아니게 되는 지점을 보게 하려는 것이 아니었을까? 우리가 주고받는 어떤 선물이 채무/채권이 되고 있는 것은 아닌지, 교환 속에 있는 것은 아닌지 항상 주시할 것을 요구하고 있는 게 아닐까?[18]

그러나 나는 이러한 역설을 고려한다고 해도, 절대적 차원의 선물이 존재한다고 믿는다. 절대적 선물, 그것은 준다는 생각 없이 주는 선물이다. 받는다는 생각 없이 받는 선물 또한 가능하다고 믿는다. 예를 들어 『금강경』에서 설파하는 무주상보시無住相布施가 그런 경우일 것이다. 그것은 "(준다는 생각에) 머물지 않는 보시", 즉 준다는 생각 없이 주는 선

---

17 자크 데리다, 『환대에 대하여』, 남수인 옮김, 동문선, 2004, 70쪽 이하, 104쪽 이하 참조.
18 블랑쇼가 '불가능한 것'을 통해서 하고자 했던 것 또한 나는 이런 맥락에서 이해한다(모리스 블랑쇼, 『정치평론 1953~1993』, 고재정 옮김, 그린비, 2009, 146, 215쪽).

물이다. '무주상보시'를 설하는 이유는 분명하다: 준다는 생각이 수반될 때, 그것은 필경 (답례가 아니면 '감사'라도) 받으려는 생각, 받았다는 생각, 따라서 무언가 돌려주어야 할 것 같은 생각이 일어날 것이 필연적일 것이기에, 준다는 생각 없이 선물할 것을 설파하는 것일 게다. 이것이 힘들다면, 주고는 곧바로 주었다는 생각을 잊어버리는 것, 받고는 곧바로 받았다는 것을 잊어버리는 경우를 떠올려도 좋을 것이다. '망각', 그것은 선물이 절대적 선물로 되는 또 하나의 경로를 제공한다.

그러나 절대적 선물이란 말에 개념적 난점이 포함된 것은 부정하기 어렵다. 준다는 생각 없는 선물을 '선물'이라고 할 수 있는가 하는 질문을 피할 수 없기 때문이다. 그러나 그것은 단지 '개념적인' 난점일 뿐이다. 선물이라고 규정하지 않은 채 주는 선물을 '선물'이라고 말할 수 있는가 여부는 사실상 선물이란 '말'을 사용할 수 있는가 여부에 국한된 것에 지나지 않기 때문이다. 선물이라는 관념 없이 주고받는 것이 가능하다면, 그것을 '선물'이라고 부를 수 있든 없든 별 상관이 없을 것이다.

이런 식의 선물이 정말 가능할까? 가령 여름날 더위를 식히는 시원한 바람은 대기의 선물이고, 벼와 사과를 키우는 강렬한 햇빛은 태양의 선물이며, 그 빛을 피해 숨어들 수 있는 그늘은 나무, 혹은 묵뚝뚝한 지붕의 선물이다. 대기도, 태양도, 나무나 벽체도 준다는 생각 없이 그것들을 준다. 그것이 선물임을 알 때, 우리는 주지 않은 선물을 받는 것이다. 그것이 선물임을 모를 때에도 그것이 선물임은 분명하다. 그때 우리는 받는다는 생각도 없이 선물을 받는다. 이는 하이데거가 말하듯[19] '죽을 자'들이 대지나 하늘, 혹은 사방의 신들에게 받는 그런 것들로 제한되지 않

---

19 마르틴 하이데거, 「사물」, 『강연과 논문』, 박찬국 옮김, 이학사, 2008, 223~224쪽.

는다. 스피커에서 나오는 저 음악은 오디오의 선물이고, 방안의 열기를 식히는 바람은 선풍기의 선물, 나를 원하는 곳으로 빠르게 이동하게 해주는 이 속도는 자동차의 선물이고, 우리가 생활하고 공부하는 이 공간은 주거-기계의 선물이다. 앞에서 존재론적 공동성에 대해 말했던 것처럼, 태양이나 대기만이 아니라 나를 존재하게 만드는 모든 것이 그러하다. 하이데거가 '생기'Ereignis라고 명명했던 특별한 사건만이 아니라, 사건으로조차 인식되지 않는 사소한 것들의 움직임, 내겐 보이지도 않는 저 먼 곳에 존재하는 작은 기계조차 그러하다. 절대적 선물, 그것은 준다는 생각 없이 주는 선물이고, 존재한다는 사실 자체만으로, 작용한다는 사실 자체만으로 무언가를 주는 것이다. 존재 자체가 선물이 되는 것! 이는 모든 존재자가 선물이 되게 한다. 선물의 '일반성'!

그러나 그것들은 반대로 선물 아닌 재난일 수도 있다. 비와 바람, 방안의 냉기와 스피커에서 나오는 음악에서 고통의 이유를 발견할 때, 우리는 선물이 아닌 재난을 받는다. 존재하는 어떤 것을 선물로 받는지 재난으로 받는지는, 그것을 주는 쪽이 아니라 받는 쪽에 의해 결정된다고 해야 하지 않을까? 사실 우리는 주위에서 주는 선물도 받지 못하는 사람들만큼이나 주지 않은 것도 선물로 받는 사람을 무수히 보지 않는가! 그렇다면 우리는 절대적 선물이란 준다는 생각 없이 주는 선물이라기보다는 주지 않은 것을 선물로 받는 능력에 의해 정의된다고 말해야 할 듯하다. 홍수나 소음에서조차 선물을 발견할 수 있는 능력, 그리하여 존재하는 모든 것에서 선물을 발견할 수 있는 능력.

주는 쪽에서 정의되는 절대적 선물이 준다는 생각 없이 주는 선물이라면, 받는 쪽에서 정의되는 절대적 선물은 모든 것을 선물로 받는 능력이다. 받는다는 생각이 있음에도 불구하고 그것이 절대적 선물일 수 있는 것은, 즉 갚아야 한다는 채무의식에 매이지 않을 수 있는 것은, 모든 것이 선물이기에 증여되는 어떤 특정한 것에 특별히 채무의식을 가질 이유가 없기 때문이다. 선물의 일반성, 그것은 채무의식 없이 증여받는 것을 가능하게 한다. 혹은 반대로 말하는 게 더 나을 것 같다. 존재하는 모든 것을 선물로 받기에, 존재하는 모든 것에 무언가 갚아야 한다고 생각하는, 그렇기에 어떤 특정한 증여자나 증여물에 특별한 채무의식을 가질 이유가 없는 채무의식, 존재하는 모든 것에 대해 선물로 응수해야 한다고 생각하는 '일반화된 채무의식'이 절대적 선물의 상관물이라고. 그리하여 삶의 모든 순간, 모든 행위를 선물로 채우려는 일반화된 선물, 모든 것을 증여로 만들려는 그런 태도야말로 절대적 선물에 부합하는 절대적 짝이라고. 이 경우 굳이 선물을 받았음을 상기시키는 것도, 그것에 대해 어떤 답례를 요구하는 것도 쓸데없는 일이 될 것이다. 우리는 항상 선물을 받고 있기에 모든 것에 대해 항상 선물로 응수해야 하기 때문이다. 항상 주려고 하기에, 어떤 특정한 증여에 대해 준다는 생각을 특별히 가질 이유가 없는 그런 일반화된 증여로.

따라서 "절대적 선물은 불가능하다"고 말할 것이 아니라 반대로 말해야 할 것 같다. "모든 것이 절대적 선물이다." 준다는 생각 없이 주는 선물이 가능하다는 것을 통해서뿐만 아니라, 모든 것을 선물로 받는 것을 통해서, 그리하여 모든 것을 선물로 주려고 하는 그런 태도 속에서, 절대적 선물은 가능하다고 말할 수 있다고 나는 믿는다. '선물의 일반성'이란 이처럼 모든 것을 선물로 받고, 모든 것을 선물로 주는 삶의 방식이라고 말해도 좋을 것이다. 선물의 원리를 통해 코뮨을 가동시킨다는 것, 그것은 이런저런 방식으로 오가는 선물들을 통해 오고가는 모든 것이 선물임을 배우는 것이고, 존재하는 모든 것이 선물임을 인식하는 것이며,

오고가는 그 모든 것에 선물로 응수하려는 태도를 만들어 가는 것이며, 그것을 통해 어떤 채무의식도 없이 항상 선물로 '갚아 주려는' 삶의 방식을, '일반화된 채무의식'을 만들어 가는 것이라고 해야 하지 않을까?

## 4. 코뮨에서의 민주주의

코뮨은 구성요소들이 모이고 결합되는 양상에 따라, 그 특이적 요소들의 분포에 따라 그때마다 상이한 개체화를 통과한다. 특정한 분포상태가 지속될 수는 있지만, 그 지속 안에서조차 끊임없는 작은 변화의 선들이 그려진다. 또한 어떤 상태를 지속하게 하기 위해 규칙을 정하기도 하지만, 그 규칙은 고정된 지위를 재생산하지 않으며 어떤 '지위'에도 권력을 할당하지 않는다. 활동의 진행을 위해 '권한'을 부여하는 경우가 있을 순 있겠지만, 아마도 그 권한은 다른 요소들의 개입과 관여에 의해 끊임없이 '침해'당할 것이며, 그러한 교란 속에서만 작동할 수 있을 것이다.

명시적으로 쓰는 것만으로도 이상해 보일 이 모든 것은, 코뮨에서의 활동이 대부분 직접적이고 대면적이라는 사실에 의해 매우 자연스럽게 이루어진다. 그래서 많은 경우 '절차적' 합리성을 규정하는 요소는 물론 명시적인 형식적 규정도 쉽게 이탈하며 진행된다. 흔히 '민주주의'라는 말로 명명되는 그런 요소는 대개 활동의 양상이나 규모가 직접적 대면성을 넘어서는 경우에 필요한 '매개적' 요인들이기 때문이다. 이런 이유에서 종종 조직 내 '민주주의'를 말하는 것은 우습고 쓸데없는 것처럼 간주되기도 한다. 하지만 그것은 코뮨주의와 '민주주의'의 무연성 때문이 아니라, 직접적인 관계 속에서 민주주의가 작동하기 때문이다.

서로 간에 '좋은' 관계를 만들고 능력의 증가를 야기하려는 자연학적 윤리학이 작동하는 한, 이런 직접적인 민주주의는 형식적 민주주의에 비교할 수 없는 강점을 갖는다. 하지만 코뮨의 규모가 커지고 활동의 폭이 확장되면, 직접적 대면의 정도에 차이가 커지게 되고, 직접적 접촉이 제공하는 '가담'과 개입의 영역이 축소되면서, 대면의 폭과 개입의 강도가 큰 요소에 의해 활동이 규정되는 일이 발생하기 쉽다. 물론 직접 민주주의가 모든 요소에 동일한 정도의 개입을 전제하지 않으며, 코뮨주의 역시 특이성의 강도에 따라, 가담이나 몰두의 강도에 따라 다른 개입의 정도를 전제한다. 자연학적 구성의 방식은 자연학적 가담과 집중, 흡인과 반발에 따라 작동하기 마련이기 때문이다. 그러나 규모의 확대는 이런 집중과 가담, 흡인과 반발의 강도가 자연학적으로 분산되기 어려운 공백지대를 확장한다. 이럴 경우 이전의 코뮨에서 분배된 흡인과 반발의 강도들이 그 공백지대의 분할을 통해 상대적으로 고정될 위험이 있다.

이러한 경향이 포착되면, 의도적으로 이러한 분배의 고정성을 깨는 배치를, 활동의 새로운 선들을 만들어 내야 한다. 말할 기회가 별로 주어지지 않는 사람들이 좀더 쉽게 말할 수 있게 해야 하고, 그들이 활동할 수 있는 계기를 의식적으로 만들어 내야 한다. 반대로 이미 영향력을 강하게 행사하던 사람들은 가능하면 뒤로 물러서야 하며, 그런 사람들의 견해가 직접 가동되기 전에 회원들 전체가 타당성을 검토하고 동의 여부를 확인하는 '절차'를 만드는 것이 필요할 수도 있다. 왜냐하면 이는 절차적인 민주주의보다 더 나쁜 배치로 귀착될 수 있기 때문이다.

단지 규모나 조건에 따라 형식적 절차를 도입해야 한다는 것을 말하려는 것은 아니다. 그것은 '덜 나빠지기 위한' 방법일 뿐이다. 사실 문제는 좀더 근본적이다. 꼭 이러한 분할 때문만은 아니겠지만, 코뮨이 지속됨에 따라 '경험 있는 자'와 없는 자, '오래 활동한 자'와 그렇지 않은 자,

'영향력이 큰 자'와 그렇지 않은 자, '능력 있는 자'와 '능력 없는 자'의 분할이 만들어지는 경향이 있다. '경험 없는 자'나 '초심자'라는 이유로, 혹은 평소에 개입하지 않거나 '집중'하지 않았다는 이유로 어떤 견해를 무시하거나, '경험 많은 자'나 '고참'이라는 이유로, '열심히 참여하는 자'라는 이유로 어떤 판단이나 견해의 타당성에 정당성을 부여하는 것은, 코뮨의 작동을 치명적인 방향으로 몰고 갈 것이다. 그것은 '경험의 유무', '능력의 유무', '활동경력의 장단(고참/신참!)'을 발언하고 행동할 '자격'의 유무로 만들어 버리고 말 것이며, '경험 없는 자', '능력 없는 자', '초심자'들이 말하고 활동할 자격을 박탈하는 결과로 이어질 것이다. 그것은 이미-주어진(확보된!) 위치, 이미-분배된 자리에 고정성을 부여할 것이고, 그 자리에 영향력과 결정권을 부여할 것이다.

그것은 필경 경험과 능력 등이 없다고 간주되는 자들로 하여금 말하고 생각하고 행동할 기회를 박탈할 것이며, 코뮨에서 주도적으로 활동할 여지를 제거할 것이고, 그 결과 무능하고 경험 없는 자로서의 지위를 더욱더 벗어나기 힘들게 만들 것이다. 이런 악순환은 영향력 있는 자와 없는 자, 자격 있는 자와 없는 자 사이의 거리를 더욱더 확대할 것이며, 그런 분할을 재생산할 것이다. 능력의 대조는 자격의 대조로 이어지고, 자격의 대조는 '발언권'이나 개입할 권리 즉 권리의 분할로 이어지며, 권리의 분할은 지위의 분할로 이어지기 마련인 것이다. 이러한 분할과 대조가 재생산되게 될 때, 그것은 권력의 분할로, 권력을 행사하는 자와 그 권력에 의해 행동하는 자의 분할로 이어질 것이 분명하다. 능력의 차이나 경험의 차이가 자격의 분할을 통해 권력의 분할로, 권력이 작동하고 재생산되는 체제로 넘어가는 것은 결코 어려운 일이 아니다. '공동체'라는 자기-규정이, 혹은 '코뮨'이라는 이름이나 '아이덴티티'가 이런 '이행'을 막아 줄 수 있으리라고 믿는 것보다 소박하고 순진한 것은 없을 것이다.

코뮌에서 '민주주의'가 정말 중요한 문제가 되는 지점은 바로 여기다. 이는 형식적이고 절차적인 민주주의의 중요성에 대한 흔한 통념을 상기시키기 위한 것이 아니다. 모든 성원의 능력이나 개입의 정도를 하나의 표로 동등화하는 그런 민주주의를 말하려는 건 더더욱 아니다. 자연학적인 직접적 관계의 공백지대에 끌고 들어와야 할 것, 그것은 랑시에르가 부각시킨 어원적인 의미 그대로의 민주주의, '자격 없는 자demos들의 지배'로서 민주주의다.[20]

플라톤이 애초에 비난의 의미로 지적했던 것처럼, 데모스demos의 지배를 뜻하는 '민주주의'democracy에서 데모스란 '지배할 자격 없는 자'를 뜻한다. 플라톤이 보기에 이보다 더 말이 안 되는 개념도 없었다. 지배할 자격이 없는 자들이 지배하는 체제, 그것은 자가당착적인 개념이고, 형용모순인 체제인 것이다. 그러나 랑시에르는 정치를 자격 있는 자들로 제한하는 것은, 이미 분배된 어떤 자격이나 권리, 몫을 다투는 것이란 점에서 주어진 질서, 주어진 체제를 유지하는 것임을 강조한다. 그것은 자격에 근거한 '통치'고 자격 있는 자들이 자신들에게 주어진 권리와 몫을 다투는 '치안'police이다. '정치'란 이와 반대로 자격 없는 자들이 자격을 주장하는 것이고, 몫이 없는 자들이 자신들의 몫을 주장하는 것이다. 그것은 말할 수 없는 자들이 말을 하는 것이고 보이지 않는 자들이 보이게 만드는 것이다.[21] 민주주의가 '자격 없는 자들의 지배'란 말은 정확히 이런 의미에서다.

---

20 자크 랑시에르, 『정치적인 것의 가장자리에서』, 양창렬 옮김, 길, 2008, 240쪽.
21 같은 책, 247~249쪽.

'초심자'나 '신참', 혹은 외부자라는 이유로 말할 자격을 박탈당한 자들이 말하게 하고 그들의 말에 귀를 기울이는 것, 능력이 없다는 이유로 활동의 전면에서 사라져 보이지 않게 된 자들을 주목하고 그들이 보이지 않게 된 이유를 보고, 그들이 보이게 만드는 것. 이는 코뮨이나 공동체라고 해도, 혹은 그런 지향을 가진 곳일수록 더욱더 중요한 것이다. 능력이나 경험, 참여의 정도나 몰입의 정도 등이 누군가의 언행에 자격을 부여하고 누군가의 언행을 문제삼는 이유가 되기 시작했다면, 자격 박탈의 언행이 출현하기 시작한 것은 아닌지 주시해야 한다. 특정한 이의 말이나 행동에 상이한 무게가 실리는 것을 반복적으로 정당화하기 시작했다면, 그리고 진지하게 귀기울여야 할 말과 면박을 주거나 무시해도 좋을 말들 사이에 분할이 생기기 시작했다면, 코뮨에서 '정치'가 아니라 '치안'의 메커니즘이 자리 잡게 된 것은 아닌지 질문해야 한다. 자격 없는 자들의 지배로서 민주주의, 그것은 바로 이러한 분할을 깨는 것이고, 그 분할로 인해 말할 수 없게 된 자들이 말하고, 보이지 않게 된 것들이 보이게 하는 것이다. 그것은 시간과 경험이 누적될수록 코뮨에 더욱더 긴요한 것이다.

## 5. 능력의 민주주의와 민주주의적 능력

여기서 '능력'의 자연학에 기초한 스피노자의 윤리학과 자격 없는 자들의 민주주의로서 랑시에르의 정치학은 상충되는 것처럼 보인다. 능력의 자연학은 능력이 있는 만큼 결과를 만드는 데 참여한다는 명제로 요약된다. 이는 능력이 있는 만큼 지배하고 영향력을 행사할 것을 설파한다. 그러나 자격 없는 자들, 몫이 없는 자들의 민주주의는 그와 반대로 '능력 없는 자'들의 지배를 설파하지 않는가? 먼저 여기서 양자의 대립을 만드는 결정적인 연결고리는 '능력'을 자격화하는 것임을 지적해 두자. '자격'은 능력을 권리로, 그리곤 권력으로 변환시키는 개념적 장치다. 자격 부여/자격박탈의 언행은 능력의 자연학이 아니라, 능력의 자연학적 작용을 저지하는 언행이다. 능력의 자연학은 자격의 유무를 말하는 것과 무관하게 작동하는 능력의 작용을 말하는 반면, 자격박탈의 언행은 그런 작용을 저지하기 위한 언행이기 때문이다

그러나 자격화하지 않는다고 해도, 능력 있는 자의 자연학적 지배란, 어차피 어떤 것이든 유리하고 우월한 자리를 점한 자들의 지배를 말하는 것이 아닌가? 그렇다면 능력만큼 영향력을 행사하는 '능력의 민주주의'는 '민주주의적 능력'의 형성과 상충된다고 해야 하지 않는가? 이는 능력이란 있는 만큼 작용하며, 사실은 작용한 만큼이 바로 누군가의 능력이라는 것을 지적한다고 해도 쉽게 해소되지는 않는 문제인 것 같다. 그보다는 오히려 코뮨에서 능력이란 대체 무엇인지, 어떤 것을 뜻하는 것인지를 다시 생각해 보는 것이 나을 것 같다.

여기서 굳이 "코뮨의 리더십은 권력이 아닌 능력에 의한다"를 능력이 있는 자가 리더로서의 영향력을 행사하고, 능력 없는 자는 그 리더십에 따라가는 그런 관계를 뜻한다고 하는 손쉬운 오해에 대해 길게 반박할 필요는 없을 것 같다. 그것은 능력만큼 결과에 참여한다는 자연학적 명제를 통해, 능력 이외의 것에 의해 무언가를 보장하는 권력의 체제를 반박하려는 것임을 지적하는 것으로 족할 것이다. 좀더 근본적인 문제는 능력에 대한 관념이 많은 경우 '개인'이라는, 부당하게 자명하다고 간주되는, 사실은 개인주의나 자유주의와 짝하는 어떤 단위에 귀속된다는 사실에 관련되어 있다.

어떤 '자연적' 단위와도 무관하게 능력은 통상 "원하는 어떤 결과를 산출해 내는 능력"을 뜻한다고 이해된다. 이러한 능력의 개념이 쉽게 '생산성'의 개념으로 대체되곤 한다는 점을 우리는 앞서 지적한 바 있다. 하지만 능력이 어떤 경우든 결과를 만들어 내는 데 필요한 어떤 강도를 만들어 내는 것과 결부되어 있음은 부정하기 어렵다. 그것은 어떤 활동에 집중하는 능력이다. 이러한 집중의 강도가 다른 요소에 대한 촉발의 강도를 결정한다.

강도 내지 집중도를 능력의 내포적 측면이라고 할 수 있다면, 외연적 측면에서 능력이란 이웃한 항들과 결합하여 작동하는 능력이라고 할 수 있을 것이다. 결합하여 작동할 수 있는 외연의 폭, 그것이 능력이다. 이는 이질적인 것들을 수용하여 함께(하나처럼) 작동하는 능력이다. 통상적인 어법으로 말하면, 이는 이웃한 항들과 협업, 협조, 조화를 산출하는 능력이다. 다른 사람과 협업하는 능력뿐만 아니라, 이웃한 도구나 환경, 우연히 닥쳐오는 어떤 것들과 결합하여 작동하는 능력이다. 따라서 고립되지 않으면 제대로 작동하지 않는 것은 이런 측면에서 무능력한 자다. 이는 어떤 개체가 다른 개체와 결합하여 하나의 '공동체'를 만들어 내는 능력, 즉 새로운 차원의 공동체로 개체화되는 능력이다.

하지만 외연적 측면의 능력이 강도적/내포적 측면의 능력과 대립되는 것은 아니다. 왜냐하면 신체의 강도적 능력은 신체의 상이한 부분들 간에 조화와 협력을 만들어 내는 능력이기 때문이다. 끌질하는 능력은 그 자체로 강도적 능력이지만, 그 강도는 끌을 잡고 조절하는 손과 망치를 들어 내리치는 다른 손, 팔을 들어 올리는 어깨와 그걸 내리치도록 끌어당기는 허리, 끌과 망치의 적절한 충돌을 야기하는 눈과 팔의 움직임, 끌과 망치를 쥔 손가락의 움직임 등이 하나처럼 협조하여 작동할 때 발생한다. 두 손과 손가락, 팔, 허리, 어깨, 눈 등 수많은 것들이 리듬을 맞추어 하나처럼 움직이는 것이 끌질의 강조를 결정한다. 따라서 그 강도란 상이한 신체 부위들 간의 협조와 협력에 의해 만들어지는 것이다.

뒤집어서 이렇게도 말할 수 있을 것이다. 상이한 사람들과 리듬을 맞추어 협조와 협력을 생산하는 능력이란 이웃한 항들의 강도를 만들어 내는 능력이다. 리듬을 맞추어 다른 이들이 함께 움직이고 새로운 강도를 생산하게 하는 능력. 그것은 또한 그러한 이웃한 항의 강도와 리듬에 맞추어 자신의 신체적 움직임을 만들어 내고, 그 리듬을 타고 다른 신체들이 움직이게 만들어 내는 능력, 그 움직임에 따라 필요한 강도를 만들어 내는 능력이다. 또한 자기 신체의 움직임도, 다른 항들과 결합된 움직임도, 그것의 강도는 집중의 강함에 의해 결정되는 것이 아니라 집중과 이완, 빠름과 느림을 적절히 조절하는 능력이란 점에서 단순히 힘의 크기로 환원되지 않는다. 개체적 능력 역시 개체가 가동할 수 있는 힘의 크기가 아니라, 신체의 부분들 간에 리듬을 만드는 능력이고, 필요에 따라 강도를 조절하는 능력이다. 집중도가 능력임에도 불구하고, 빨리 가고 강하게 밀고 가는 것이 조건에 따라서는 신체를 쉬 지치게 하고, 협조적 힘을 해체시켜 일을 망치는 경우가 적지 않음을 우리는 잘 알고 있다.

따라서 강도적 능력과 외연적 능력을 단순히 개체의 능력과 공동체의 능력에 대응시키는 것은 잘못된 것이다. 개체의 강도적 능력은 신체의 구성요소들 간의 협조를 이끌어내고 외부조건에 맞추어 신체의 움직임과 집중도를 조절하는 능력이란 점에서 외연적 능력이기도 하다. 또한 개체의 외연적 능력은 이웃한 요소들과 결합하여 집합적 신체를 구성하는 능력이지만, 동시에 이웃한 요소들과 리듬을 맞추어 그것의 강도를 만들어 내는 능력이고, 그러한 이웃항에 맞추어 자신의 강조를 조절하는 능력이란 점에서 강도적 능력이기도 하다. 어느 경우든 공통된 것은 강도적 능력이란 관련된 부분이나 구성요소들을 적절한 리듬에 따라 협조하여 작동하게 만든 결과라는 것이다. 다시 말해 능력의 정도에 대해 말할 때, 핵심적인 것은 부분들의 협조를 만들어 내고 부분들을 리듬에 맞추어 '하나의' 신체로 만들어 내는 능력이다. 이는 개체화의 능력이라고 말해도 좋을 것이고, 집합적 신체, 공동체를 구성하여 작동하게 하는 능력이라고 말해도 좋을 것이다. 요컨대 개체의 강도적 능력은 무엇보다 복수의 요소들을 하나의 개체의 움직임으로 개체화하는 능력이고, 그런 점에서 공동체적 신체의 구성능력이다.

신체적 층위에서도, 비신체적 층위에서도, 코뮨의 능력이란 바로 이 개체화능력이라고 말해도 좋을 것이다. 코뮨을 구성하는 이질적인 요소들 간의 협조를 만들어 내는 능력, 그 요소들이 하나의 리듬에 맞추어 최대의 강도를 만들어 내게 하는 능력. 요컨대 코뮨적 차원에서 능력이란 집합적인 차원에서 강도를 생산하는 능력이다. 따라서 최대의 속도, 최대의 효율을 만들어 내는 어떤 강도의 개인적 산출을 능력이라고 말하는 것보다 코뮨주의에서 능력의 개념을 오해하는 것은 없다. 아무리 높은 강도라고 해도, 이웃한 항들의 리듬에 맞출 수 없다면, 이웃한 요소들의 강도를 이끌어낼 수 없고, 코뮨적 능력의 강도를 만들어 낼 수 없기 때문이다. 구성요소들의 협조를 와해시키는 것이라면, 어떤 강도도 무능함으로 귀착될 뿐이다. 이웃한 항들에 맞추어 완급을 조절하며 움직이지 않고선 이웃한 항들의 강도를, 협조적 강도를 이끌어내는 데 결코 성공할 수 없을 것이다.

좀더 중요하고 강력한 능력은 이웃한 항들에 '없다'고 생각되던 능력을 발견하여 '있게' 만드는 능력, 현행화되지 않은 잠재력을 찾아내어 그것이 작동할 수 있는 조건을 만들어 내는 능력일 것이다. 이런 점에서 어떤 요소들이 갖는 단점이 아니라 장점을 찾아내는 능력, 그 요소의 어떤 특성을 단점 아닌 장점으로 포착하고 장점으로 가동하게 하는 능력이다.

이질적인 요소를 수용하는 능력이 중요한 것은 이 때문이다. 이견이나 차이를 수용하여 집합적 차원의 능력의 성분으로 변환시키는 능력, 그것은, 코뮨이 외부적인 이질적 요소들의 집합임을 안다면, 코뮨을 실질적으로 가동하는 데 가장 중요한 능력이라고 해도 좋을 것이다. 반대로 이웃한 느린 신체의 움직임을 수용하여 새로운 리듬으로 이끌어내지 못하는 신체적 강도는, 그것이 그 자체로 아무리 강력한 것이라 해도, 결코 능력이 있는 게 아니라 무능한 것이다. 이견과 차이를 담아내지 못하는 것은, 아무리 그것이 풍부한 경험과 빠른 직관에 의해 산출된 것이라고 해도, 무능한 것이다. 정치에서 독재가 그렇듯이, 사유에서 독선은 차이의 수용능력의 최소치를 보여 준다. 독단은 협업과 조화를 파괴한다는 점에서 능력의 최소치를 담고 있을 뿐이다. 독선이나 독단을, 관련된 일을 "잘 안다" 혹은 "잘 해왔다"는 것을 근거로 고집하고, 그것이 좀더 효율적인 결과를 산출한다는 이유로 정당화하는 것은, 그 직접적인 성과가 아무리 좋은 것이라 해도, 결국은 코뮨적 공동의 능력을, 그것의 강도를 와해시키는 무능함으로 귀착될 것이다! 그것은 코뮨에 참여한 요소들의 자발성을, 연대의 쾌감을, 코뮨의 원칙이나 존재이유 자체를 갉아먹고 코뮨을 와해시키기 십상이다. 이는 개체화의 실패, 집합적 개체의 죽음을 야기한다는 점에서 최악의 무능함을 뜻한다.

사실 독선은 코뮨의 유기체적 단일성을 부지중에 가정하고 있는 것이다. 좀더 효율적이고 '유능한' 자의 판단에 모두 동의하고 따라 주리라는. 이견의 노출이나 반론을 설득하길 포기한 지점에서 독선적 '리더십'이 작동한다. 그러나 코뮨은 이질적인 것들의 개체화를 통해 존재하는 만큼 차이와 이견, 불화가 상존한다. 그 불화에도 불구하고 연대의 쾌감으로 코뮨적 협력이나 조화를 만든다는 것은 결과적인 합의나 단일한 결론을 도출하고 집행하는 것이 아니라, 이견과 차이 혹은 불화를 리듬에 맞추어 함께 움직이고 함께 작동하게 하는 것이다. 그 이질적인 것들, 불화하는 것들을 하나로 모으고 "충돌시켜 거대한 융합의 에너지를 발산하는 플라즈마로 만들어 내는 것"이고,[22] 그 융합의 특이점으로 이질적인 것, 불화와 적대마저 끌어들이는 것이다.

다시 요약하면, 능력의 민주주의는 공동성의 생산에 참여하는 요소들이 협조하고 협력하는 정도에 따라 코뮨의 강도적 능력을 생산한다. 이질적 요소들이 리듬을 맞추어 생산하는 코뮨의 강도적 능력, 그것은 무엇보다 이질적인 것들이 함께 작동하는 능력이다. 보이지 않던 능력이 보이게 만드는 것, 다른 리듬으로 따로 놀던 것을 함께 춤추게 하는 것, 이견과 불화의 요소들을 하나의 플라즈마로 만들어 거대한 융합의 에너지를 만들어 내게 하는 것이다. 그것은 능력 없는 자의 능력이 드러나게 하는 것이고, 능력 '있는' 것들과 '없는' 것들이 한데 어울리게 만드는 것이란 점에서 정확하게 민주주의란 말의 오래된 정의에 부합한다. 그것은 민주주의적 능력이고, 민주주의를 가동시켜 만들어 내는 능력이다. 이러한 능력이 코뮨적 능력이란 말과 동일한 외연을 갖는다는 것을 이해하기는 그리 어렵지 않을 것이다. 따라서 이렇게 말할 수 있을 것이다: 능

---

22 이는 다른 맥락에서 사용된 다니가와 간의 표현을 빌린 것이다(谷川雁, 「無(プラズマ)の造型: 私の差別'原論'」, 『谷川雁セレクション』II, 234쪽).

력의 민주주의, 그것은 민주주의적 능력에 의해 정의된다. 능력의 민주주의에 관한 스피노자의 윤리학과 민주주의적 능력에 관한 랑시에르의 정치학이 다르지 않은 것은 바로 이런 이유에서다.

## 6. 인간과 사물의 코뮨주의

코뮨주의를 인간들의 공동체로 이해했던 이가 단지 맑스만은 아닐 것이다. 푸리에나 오웬의 경우도 그랬고, 사실 공동체를 만들려고 하는 많은 실험들에서도 공동체란 자유로운 '인간'들의 자발적 연합이었다고 알고 있다. 그것은 아마도 코뮨주의라는 제안이 통상 인간들을 대상으로 한 것이었고, 코뮨을 만들려는 문제의식이 인간들의 삶을 어떻게 좀더 나은 것으로 바꿀 것인지 하는 것이었으며, 코뮨주의에 대한 글이나 책이 인간들을 독자로 전제하고 있었다는 사실에 기인하는 바 클 것이다. 그러나 인간을 대상으로 하는 제안, 인간을 독자로 상정하는 글이라고 해서, 코뮨이 반드시 인간들의 공동체로 제한되어야 할 이유는 없을 것이다. 코뮨, 혹은 공동체가 이질적인 요소들이 하나로 결합하여 개체화됨으로써 구성되는 것이라면, 그 개체화에 참여participation하는 것은 모두 그 공동체의 일부분part이 되는 것이고, 그 참여의 양상에 따라 그 공동성을 나누어 갖는 것participation이기 때문이다.

　이미 우리들은 앞서 존재적 차원에서 모든 존재자가 그 자체로 하나의 공동체일 뿐 아니라, 존재론적 차원에서 모든 존재자가 그것을 존재하게 하는 우주적 스케일의 외부에 의해 떠받쳐지고 있는 존재임을 명확히 한 바 있다. 모든 존재자는 그 자체로 하나의 공동체고, 그것을 떠받치고 있는 것들과 더불어 하나의 공동체를 구성하는 요소인 것이다. 존재론적 공동성은 결코 인간으로 한정될 수 없으며, 그러한 공동성의 생산에서 인간이 특권화될 어떤 이유도 없다. 반대로 먼지 하나에도 깃든 우주적 공동체를 보고, 모든 존재자를 존재하게 하는 우주적 존재자들 전체를 보아야 한다. 존재자들의 우주, 거기서 인간의 자리는 우리가 생각하는 것과 달리 어떤 특권적 위치도 갖지 않는다. 차라리 반대로 말해야 할지도 모른다. 인간만큼 그 우주적 공동성을 교란하고 와해시키고 있는 존재자도 없다고. 따라서 '인간'이란 관념을 넘어서지 않고선, 공동체의 문제를 올바로 사고하기는 어렵다.

이는 단지 존재론적 담론의 '원리적' 차원, 혹은 철학적 관념의 '추상적' 차원에 한정된 그런 것은 아니다. 구체적이고 실제적으로 하나의 코뮨을 구성한다는 것은 이웃한 요소들과 더불어 하나의 공동성을 생산하는 것임을 강조한 바 있다. 그리고 그러한 이웃이 결코 인간으로 제한될 수 없음을 반복하여 강조한 바 있다. 언어상의 불편함에도 불구하고, 가능한 한 '사람'으로 지칭하지 않고 공동체를 이루는 '요소' 등의 표현을 사용한 것은, 익숙한 언어를 통해 어느새 다시 스며드는 인간학적 관념을 피하기 위해서였다.

목적과 수단이라는 흔한 관념은 인간과 인간 아닌 것을 분할하는 또 하나의 인간학적 범주다. 어떤 사물을 '사용가치'의 관점에서 다룰 때조차, 그것은 특정한 목적을 위해 인간이 사용하는 대상으로서 관계지워진다. 자동차는 인간이 이동하기 위해 사용하는 수단이고, 책은 지식을 얻기 위한 수단이며, 집은 인간이 그 안에서 살기 위한 수단이다 등등. 이를 명확하게 '인간학적' 명제로 제시한 것은 칸트였다: "인간은 언제나 목적으로서 다루어져야 하며, 결코 수단으로서 다루어져선 안 된다." 이럼으로써 인간은 다른 모든 것을 수단으로 사용할 수 있지만 결코 수단이

되어선 안 될 특권적인 존재자임을 철학적으로 선언한다. 푸코는 이러한 인간학적 사고방식을, 노동·생명·언어가 실체화된 19세기의 에피스테메와 관련짓는다.[23] 인간이란 노동·생명·언어라는, 표상으로 환원될 수 없는 세 실체가 응집된 특권적 존재인 것이다. 이로써 인간과 인간 아닌 것, 생명과 사물을 분할하고 대립시키는 근본적 분할이 사유의 중심에 자리 잡는다.[24]

그러나 교통순경은 도로교통을 관리하기 위한 수단이고, 교사는 학생들에게 지식을 가르치기 위한 수단이며, 의사는 병을 치료하기 위한 수단이고, 군인은 전쟁을 하기 위한 수단이지 않은가? 이것만은 아닐 것이다. 어떤 직업도 특정한 목적을 위한 활동인 한, 수단으로서의 지위를 갖는다. 그렇다면 직업을 가진 인간이란 모두 이미 수단으로서 다루어지고 있는 것 아닌가! 이는 인간의 특정한 일부가 아니라 대부분의 인간, 정상적인 인간이 모두 수단으로 다루어지고 있음을 뜻하는 게 아닌가! 이는 칸트의 유명한 인간학적 명령에 반하는 것이 분명하다. 여기서 더 나아가 산업혁명 이후 노동자들은 상품을 생산하기 위한 수단이 되었을 뿐 아니라, 기계의 움직임에 복속되어 버렸고, 인간 간의 관계는 상품화된 사물들 간의 관계로 대체되어 버렸다. 루카치가 말하는 '사물화' Verdinglichung란 인간이 목적으로서의 인간의 본성을 잃고 사물이 되어 버린 세계에 대한 분노가 배어 있는 개념이다.[25]

휴머니스트의 이런 분노를 이해하지 못할 것은 아니다. 인간이 모

---

23 미셸 푸코, 『말과 사물』, 이광래 옮김, 민음사, 1986.
24 근대에 출현한 휴머니즘적 배치에 대해서는 이진경, 「코뮤주의와 휴머니즘」, 『코뮤주의 선언』 참조.
25 루카치, 「사물화와 프롤레타리아트의 의식」, 『역사와 계급의식』, 박정호 외 옮김, 거름, 1986.

든 것의 목적이 되어야 하고, 모든 사고의 중심에 있어야 한다는 것처럼 인간에게 자명한 것은 없다. 그러나 인간 아닌 존재자가 인간을 중심으로 생각하고 인간이란 목적에 봉사해야 할 이유는 없다. 반대로 생각하는 것이 차라리 자연스럽다. 바퀴벌레에게 지구란 바퀴벌레를 위해 존재하는 것이고, 은행나무에게 태양이나 대기는 자신들이 생존하라고 존재하는 것일 터이기 때문이다. 인간중심주의란 모든 존재자들이 갖는 이런 자기중심주의의 하나일 뿐이다. 목적과 수단의 관념 역시 마찬가지다.

사실을 말하면, 어떤 존재자의 존재에 기여하는 모든 것은 그 존재자의 존재를 위한 수단이다. 그것이 인간이든, 은행나무든, 바퀴벌레든, 너구리든 마찬가지다. 생명의 역사를 안다면, 근 40억 년간 지구상의 모든 것은 박테리아의 존재를 위한 수단이었다고 해야 할 것이다. 그러나 그것이 박테리아를 유일한 특권적 존재로, 다른 모든 것을 수단으로 사용할 목적적 존재로 옹립할 이유가 되진 않는다. 박테리아만큼이나 바퀴벌레도, 바퀴벌레만큼이나 인간도 자신의 존재를 떠받치는 모든 것을, 우주적 스케일의 존재자들 전체를 자신의 존재를 위한 수단이라고 주장할 수 있다. 국화꽃이 보기엔, "한 송이의 국화꽃을 피우기 위해, 봄부터 소쩍새는 그렇게 울었"던 것이고, "천둥은 먹구름 속에서 또 그렇게 울었"던 것이라고 말이다.

그런데 내가 누군가의 존재를 위해 수단이 되어 주는 것이, 그들의 존재를 떠받쳐 주는 역할을 한다는 것이 뭐가 그리 억울한가? 그것은 자신은 언제나 목적으로 대접받아야 하고, 결코 남들의 존재를 위해선 어떤 일도 하고 싶지 않다는 유치한 왕자병자의 감정은 아닐까? 그걸 생각해 보면, 그저 수단으로서만 존재하건만, 그러면서도 철학적으로 비난받건만 그에 대해 불평 한마디 하지 않는 노트북이나 전화기, 저 에어컨은 성자 아니면 말없는 프롤레타리아에 가깝다고 해야 하지 않을까? 나로 인해 어떤 것이 존재할 수 있다면, 나로 인해 어떤 것이 기뻐할 수 있다면, 그런 수단으로서 존재할 수 있다는 것은 나의 존재가 그 어떤 것에 대해 선물로 존재하는 것을 뜻하는 게 아닐까? 존재 자체가, 준다는 생각 없이 선물일 수 있음을 뜻하는 게 아닐까? 그렇다면 오직 목적의 자리만을 고수하려는 인간은, '수단'이 되어 주는 존재자가 주는 선물도 받지 못하는 무능한 존재자라고 해야 하지 않을까?

존재론적 공동성을 잊지 않았다면, 이렇게 말해야 한다: "어떤 하나의 존재자로 하여금 존재하게 하는 모든 것은 그 존재자를 위한 수단이고, 그 존재자는 그 수단들이 떠받치는 목적이다." 따라서 한 톨의 볍씨나, 한 조각 먼지를 포함하여, 모든 것이 목적이고, 그 존재자의 우주 속에 있는 모든 것이 그 목적을 위한 수단이다. 이 세상에 목적 아닌 것은 없고, 또한 수단 아닌 것도 없다. 특별히 목적이기만 한 인간이 없듯이, 특별히 목적이기만 한 존재자는 없다. 근대적 직업을 들먹이지 않아도, 모든 인간은 다른 인간의 삶에 기여하는 한, 그를 위한 수단이고, 다른 이들의 활동을 통해 존재하는 한 그들을 수단으로 하는 목적이다. 목적과 수단의 개념을 이처럼 '존재론적 평면화'를 통해 일반화할 때, 우리는 그 개념에 부여된 모든 인간학적 발상이 소멸하는 것을 볼 수 있다.

존재론적 공동성의 사유는 인간이란 존재자에 부여된 모든 특권성을 제거하며, 다른 모든 것들과 평등하게 공동성의 생산에 참여함을 보여 준다. 우리가 그때마다 구성하는 구체적이고 실제적인 코뮨 역시 마찬가지다. 경작의 공동체는 단지 협업하여 생산하는 인간들만의 공동체가 아니라, 인간과 가축, 작물과 토지, 그 토지 속의 미생물과 균류, 대기와 물, 벌과 나비 등이 하나의 순환계를 이루며 만들어지는 공동체다. 농민들이 이웃의 농민뿐만 아니라, 자신의 가축에 대해, 자신이 키운 곡물 한 톨 한 톨에 대해, 그리고 자신이 경작하는 토지에 대해 갖고 있는 애정은 이를 고려할 때에만 제대로 이해될 수 있다. 우리가 만든 지식의 공동체 또한 다르지 않다. 능동적으로 참여한 사람들뿐만 아니라, 우리가 사용하는 책상과 의자, 노트북 컴퓨터, 탁구대와 가스레인지, 그리고 책과 그 책에 담긴 지식, 그 지식을 산출해 제공한 저자들, 그리고 세미나나 강의에 참석하러 온 분들 등이 모두 하나의 순환계를 이루어 만들어진 공동체다. 다만 경작의 공동체와 달리 자신과 이웃한 공동체의 요소들에 대해 특별한 애정이 부족한 것은, 토지나 생명체처럼 특정성이 없어서 돈만 주면 얼마든지 대체가능하다는 것, 더구나 소비사회의 메커니즘에 의해 끊임없이 새것으로 교체하고자 하는 욕망이 지배적이라는 것, 그리고 인간과 사물을 대립시키는 오래된 통념 등에 기인한다고 해야 할 것이다.

노동자들이 공장이나 기계에 애정을 갖지 못하는 것은 차라리 이해하기 쉽다. 공동으로 작동하지만 그것은 자신의 자발적 의지와는 무관한, 그래서 노동생산물로부터도, 노동과정으로부터도 '소외'된 적대적인 관계 속에서 노동하기 때문이다. 거기서 공장이나 기계에 애정을 갖는다면, 그건 차라리 일종의 도착일 것이라고 말해야 한다. 반면 장인들이 자신들의 도구들에 대해 갖는 애착은 매우 잘 알려져 있다. 이러한 애착은, 사물에 대한 소유욕과 거리가 멀고 사물에 대한 '물신숭배'와도 거리가 멀다. 그것은 자신의 신체와 리듬을 맞추어 함께 작동하는 '친구'에 대한 애정이라고 해야 할 것이다. 이는 함께 공동체를 구성하여 작동하는 요소들 간의 애정이 꼭 농민으로 제한되지 않는다는 것을 보여 준다. 노동에서 인간과 도구의 '공진화'共進化 그리고 산업혁명 이후 기계와 인간의 공진화는, 적대와 '소외'로 인해 소멸한 이러한 관계가 다시금 출현할 가능성을 말해 주고 있는 것은 아닐까?

인간중심주의를 넘어선 코뮨주의, 그것은 인간만큼이나 인간 아닌 요소들과의 공동체적 관계를 함축한다. 인간과 자연 간의 관계만이 아니라 인간과 사물 간의 관계 또한 이전과 다른 하나의 문턱을 넘는 것이다. 이웃한 인간만큼이나 이웃한 자연이나 사물 또한 친구로서 만나는 관계, 이웃한 사람들의 활동이나 존재를 선물로 인식하는 만큼이나 이웃한 사물이나 자연의 작동이나 존재를 선물로 인식하는 관계, 그런 점에서 인간에 대해서만이 아니라 함께 작동하는 사물 등의 요소 모두에 대해 우정의 정치학이, 선물의 윤리학이 작동하는 그런 관계가. 인간에 대해서뿐만 아니라 인간 아닌 모든 요소들에 대해서 '연대의 쾌감'을 가질 수 있는, 혹은 그 요소들이 연대의 쾌감을 가질 수 있게 할 그런 관계가.

공동체에서 많은 경우 음식물이 쓰레기로 버려지는 것을 막기 위해서 애를 쓴다는 것은 잘 알려져 있다. 이는 단지 쓰레기를 줄이자는 '환경운동'의 슬로건 때문만은 아닐 것이다. 나의 신체를 지속하여 존재하게 해주는 친구들에 대한 우정, 혹은 그런 친구들의 존재가 주는 '선물'에 대한 감사의 표현이라고 해야 할 것 같다. 이것이 단지 음식물에 한정될 이유는 없다. 공동성의 구성에 참여하는 모든 요소들에 대해서, 친구인 그들이 자신의 능력을 최대한 발휘하도록 해주고, 자신의 존재를 최대한 지속할 수 있도록 해주며, 그들과 함께 하는 활동이 최대한 기쁘고 즐겁게 해주는 것. 이런 점에서 오직 하늘이나 대지, 혹은 신들이 깃든 특별한 '사물'들에게만 감사의 마음을 느꼈던 하이데거와 달리, 노트북에서 의복, 쓰레받기와 빗자루에 이르기까지 모든 사물과 기쁨의 감응을 나누는 관계를 구성하는 것을 꿈꾸어도 좋지 않을까?

## 7. 존재론적 평등성과 코뮨주의

코뮨은 그것의 구성과정 자체를 목적으로 만들어진다. 함께 무언가를 한다는 사실 자체가 제공하는 쾌감이, 다시 말해 '연대의 쾌감'이, 그러한 쾌감을 향한 욕망의 자발성이 코뮨을 만들고 지속하게 추동한다. 욕망의 억제나 고통의 감수에서 오는 기쁨이라는 금욕주의적 욕망의 배치가 아니라, 자신이 하고 싶은 것, 자신이 잘할 수 있는 것을 하는 긍정적인 욕망의 배치를 만들어 내는 것이 중요한 것은 이런 이유에서다. 이는 자신과 함께 작동하며 함께 공동성을 생산하는 이웃한 요소들과 '우정'이라는 말로 요약되는 관계를, 우정의 정치학을 가동시킨다. 함께 살고 함께 작동하는 경우라면, 더구나 이질적인 외부에 열려 있는 코뮨이라면 피할 수 없는 일상적인 갈등과 충돌을 초과하는 기쁨의 감응, 그것은 각자가 부딪치는 요소들을 친구로 긍정하는 것을 뜻할 뿐 아니라, 잠재적 내지 현행적인 어떤 적대조차 넘어서 친구로 긍정할 수 있는 능동적 정치학을 요구한다. 호의적인 대상은 물론 적대의 저편에서도 친구를 발견하는 것, 함께 살아가는 사람은 물론 함께 작동하는 사물들에게서도 친구를 발견하는 것, 그리하여 어디에서든, 존재하는 모든 것을 친구로 만들어 가는 것이 그것일 게다. 이는 내가 존재하는, 아니 나를 존재하게 해주는 '우주' 전체에서, 그 우주 속의 존재자의 존재에서 선물을 발견하는 능력을 뜻하는 것이기도 하다. 주지 않은 것을 받는 능력, 그것은 존재 그자체를 준다는 생각이 없이 주는 선물로 만든다. 그러한 존재론적 선물의 감각은 역으로 준다는 생각 없이, 그저 존재하고 활동하는 것 자체가 이웃한 존재자들에게 선물이 되게 하는 증여의 윤리학으로 나아갈 것을 촉발한다.

능력만큼 공동성의 생산에 참여하고 능력만큼 그것을 나누어 갖는 능력의 민주주의는, 다른 말로 하면 준다는 생각과 무관하게 그처럼 타자들에게 선물을 줄 수 있는 능력의 자연학적 작동을 뜻하며, 그런 자연학적 작동 내지 참여를 규제하는 어떤 '자격'의 메커니즘이 작동하지 않도록 저지하는 것이기도 하다. 또한 그것은 자격의 부여와 제한의 형식을 통해 능력이 권력으로 전환되는 것을 저지하는 것이기도 하다. 따라서 민주주의란 '자격 없는 자들의 지배'라는 근본적 의미에서 이해되어야 한다. 자연학적 관점에서 이러한 능력이란 산출의 강도 내지 집중도에 의해 정의되지만, 그러한 강도나 집중도란 그에 필요한 요소들, 가령 신체의 부분들의 협력을 만들어 내는 능력이란 점에서 코뮨적 구성의 능력, 코뮨적 개체화능력이고, 코뮨을 구성하는 요소들이 리듬을 맞추어 최대의 강도를 산출하게 하는 능력이며, 그리하여 각각의 요소들이 최대치의 강도를 산출하게 하는 능력이고 그런 강도로 코뮨적 구성에 참여하게 능력이다. 이런 의미에서 그것은 코뮨적 능력인 동시에 민주주의적 능력이다.

우리와 함께 작동하는 사물들이 코뮨적 공동성의 생산에 항상 참여하여 자신의 능력만큼 어떤 '선물'을 주고 있음에도 불구하고 그 선물이 보이지 않는다면, 그런 점에서 그들은 항상 우리의 가까운 친구임에도 불구하고 친구로서 보이지 않는다면, 그리하여 그들에 대한 우정이 어떤 것인지 사유하고 있지 못하다면, 그것은 우리의 눈에 그들이 보이지 않는 존재, 친구로서 자격을 갖지 못한 존재이기 때문일 것이다. 따라서 이 자격 없는 자들에게 자격을 부여하고, 보이지 않는 자들을 보이게 하는 것은 단지 종교적 성격의 어떤 도덕이나 윤리라기보다는 자격 없는 자의 지배를 뜻하는 정치적 성격의 민주주의를 가동시키는 문제임을 강조할 필요가 있다. 그것은 사물과의 '즐거운 연대'를 통해 인간과 사물의 새로운 관계를 만드는 것이란 점에서 또한 코뮨주의를 구성하는 문제이기도 하다. 인간들에 이러한 사물들과 다른 자격을 부여하는 것, 상이한 존재론적 위상을 부여하는 것, 그런 방식으로 인간과 사물을 분할하고 대비하는 것은, 그것이 어떤 동기에 의한 것이든, 코뮨주의는 물론 민주주의의 가동을 특정 범위로 제한하고 중단시키는 것이다. 이런 점에서 사물들과의 관계는 좀더 '사물화'되어야 한다고 해야 하지 않을까? '사물의 인간화'라는 통치와 치안의 문제설정과 반대로 그런 '사물화'에서 정치의 문제설정을 발견해야 하지 않을까? 화폐에 대한 숭배(종교적인, 너무나 종교적인!)를 뜻하는 것이 되어 버린 자본주의적 페티시즘fetishism에서[26] 벗어나, 그리고 남근의 대체물로서 사물에 대한 애착을 뜻하는 정신분석적 페티시즘을[27] 넘어서, 사물들에 대한 애정 내지 '연대의 쾌감'으로서 페티시즘이 갖는 포텐셜을 새로이 발견해야 하지 않을까?

적대를 가로질러 적에게서도, 그리하여 모든 존재자에게 친구를 발견하는 것; '선물'로 주어지는 것뿐만 아니라 선물로 주어지지 않은 것에서도 선물을 보고, 그리하여 모든 존재자에게서 선물을 발견하는 것; 능력 있는 자만이 아니라 능력이 '없다'고 간주되는 자에게서도 능력을 발견하고 그 능력을 끌어내어 유효하게 작동하게 하는 것, 그리하여 모든 것에서 나와 함께 공동성을 만들어 내는 능력을 발견하는 것; 말할 자격

---

26 칼 맑스, 『자본론』 I권(상), 89쪽 이하.
27 지그문트 프로이트, 「절편음란증」, 『성욕에 관한 세 편의 에세이』, 김정일 옮김, 열린책들, 2004.

없는 자에게서 말할 자격을 발견하고 개입할 자격이 없는 자에게서 개입할 자격을 발견하는 것, 그리하여 자격이 있는 자와 자격이 없는 자 사이에서 평등성을 발견하는 것; 인간만큼이나 사물도, 때론 그 이상으로 사물이 공동성의 생산에 참여하며 우리와 함께 그 공동성을 나누어 가짐을 발견하는 것, 그리하여 인간과 사물의 존재론적 평등성을 보고 그 사이에서 '연대의 쾌감'이라고 불러 마땅한 새로운 우정 내지 애정을 발견하는 것; 유용하지 않은 것의 공능功能에서 유용함을 포착하고, 그리하여 존재하는 어떤 것도 유용함이 없다고 할 수 없음을 발견하는 것; 목적 없는 것에서 합목적성을 발견하는 것, 그리하여 어떤 목적도 없이 존재 그 자체에서 기쁨의 감응을 받게 되는 것. 이를 우리는 '존재론적 평면화'라고 명명할 수 있을 것이다. 존재하는 모든 것을 하나로 묶어 주며, 그것들 사이에 존재한다고 간주되는 모든 심연들을 넘어서는 것. 그것은 보편성이라는 이름의 척도와 전혀 무관하게, 아니 그런 척도 전체를 무효화하면서 모든 것을 하나로 묶어 주는 어떤 '일반성'으로 인도한다. 존재론적 일반성.

이러한 존재론적 평면화를 통해 우리는 존재하는 모든 것이 친구일 수 있고, 선물일 수 있으며, 그 나름의 능력이 있고, 그렇기에 모두 나름의 유용성을, 나름의 자격을 가짐을 본다. 즉 그 모든 것이 존재론적으로 평등함을 본다. 이를 '존재론적 평등성'이라고 말해도 좋을 것이다. 그것은 우리가 익숙해져 있는 것처럼, 어떤 하나의 척도를 기준으로 한 평등성이 아니며, 그 존재론적 평면 또한 키를 재기 위해 평평하게 고른 그런 평면이 아니다. 그것은 반대로 '우정'이나 선물, 능력이나 유용성 등을 재는 모든 척도가 사라지기에 그 모든 것을 '친구'나 '선물' 등 하나의 이름으로 묶을 수 있게 해주는 평면이고, 그 각각이 다른 것과 동일하지 않기에 가질 수 있는 '능력'이나 '유용성'이며, 그러한 차이와 이질성으로 인해 갖게 되는 존재 그 자체의 평등성이다. 그러나 그것은 차이와 이질성을 자신만의 고유성으로 주장하며 각자 자신만의 길을 갈 것을 주장하는 단자적 공간이 아니라, 그 모든 차이와 이질성이 함께 존재하고 함께 작동해야 한다는 존재론적 사태로 인해 항상 결합하고 충돌하며 만들어지는 공동성 속에서 자신의 '개체성'을 잃고 융합하여 하나의 플라즈마를 형성하는, 그 융합의 에너지를 산출하며 새로운 만남과 충돌을 야기하는 뜨거운 생성의 공간일 것이다.

# 8장 코뮨의 구성에서 공간-기계의 문제

## 1. 공동체와 공간

코뮨의 공간에 대해 어떻게 말해야 할 것인가? 지금 이 자리에서 코뮨과 공간의 관계에 대한 장황한 이론적 입론이 필요하다고는 생각하지 않는다. 지금 던져진 문제는 매우 실질적이고 실천적인 것이라고 믿기 때문이다. 즉 코뮨을 어떻게 구성할 것인가? 코뮨의 구성에서 공동의 공간을 어떻게 만들고 어떻게 작동하도록 할 것인가? 코뮨의 공간은 코뮨의 구성에서 어떤 효과를 갖는가? 등등. 그러나 이 질문들이 단지 공간 사용의 기술적 방법에 대한 실무적 조언을 요구하는 것만은 아닐 것이다. 그것은 오히려 공간의 사용이라는 문제를 통해서 코뮨의 구성에 대해, 코뮨의 원칙적인 문제에 대해 생각하도록 요구하는 질문들이다. 굳이 말하자면 '공간의 프래그매틱스pragmatics' 혹은 '공간의 미시정치학'에 대한 질문이라고 해도 좋을 것이다. 따라서 공간의 문제를 코뮨의 이론적인 개념을 통하여 말하는 것이 단순히 수사학적 장식이라고는 할 수 없을 것이다.

먼저 던져야 할 질문은 코뮨과 공간의 관계에 대한 것이다. 이는 매우 자명해 보인다. 코뮨이 공간을 갖는 것은 당연해 보이기 때문이다. 그러나 '아무것도 공유하지 않은 자들의 공동체'나 '공동체에 속하지 않은 자들의 공동체'와 같은 철학적 차원의 공동체라면, 그리하여 '무위의 공동체', '밝힐 수 없는 공동체'처럼[1] 구체적인 형태를 갖는 것에 반하는 차원의 공동체라면, 공간적 장소성과는 전혀 무관하게 정의될 것이다. 하지만 이 '불가능한 공동체'들이 아니라 '가능한 공동체'에 대해 말하려고 해도, 예컨대 코뮨을 맑스처럼 '자유로운 개인들의 자발적 연합'이라고 정의한다고 해도, 공동체가 반드시 물리적인 공간을 갖는 것은 아니다. 코뮨이나 공동체가 '관계'를 뜻하는 한, 이러한 관계는 비장소적인 방식으로 존재할 수 있을 뿐 아니라, 비가시적인 양상으로 존재할 수 있기 때문이다. '잠재적인' 차원에서 존재하는 공동체가 그렇다.

예를 들어 위키피디아의 경우 전 세계에서 수많은 사람들의 자발적 활동에 의해 만들어진다. 어떤 대가를 바라지 않으며 심지어 이름이 남겨지는 것조차 바라지 않는 '코뮨적' 참여가 거대한 백과사전을 만들고 있는 것이다. 여기서 자유로운 개인들의 자발적 연합이라는 코뮨적 관계를 발견하는 것은 쉬운 일이다. 그러나 이 코뮨적 관계는 어떤 물리적 장소에도 현존하지 않는다. 그 활동들이 구성한 결과물만이 인터넷상의 '장소'site를 가질 뿐이다. 위키피디아를 만들어 낸 것은 분명 코뮨적 관계지만, 이는 장소를 갖지 않으며 눈에 보이지도 않는다. 그것은 현행적인 어떤 구체적 형태를 갖지 않지만, 현실적으로 존재하는 공동체다. 현행

1 ジャン=リュック・ナンシー (Jean-Luc Nancy), 『無爲の共同体: 哲學を問い直す分有の思考』, 西谷修 外 訳, 以文社, 2001; 모리스 블랑쇼, 「밝힐 수 없는 공동체」, 『밝힐 수 없는 공동체, 마주한 공동체』, 박준상 옮김, 문학과지성사, 2005; アルフォンソ・リンギス(Alphonso Lingis), 『何も共有していない者たちの共同体』, 野谷啓二 訳, 洛北出版, 2006.

적인 것만큼이나 잠재적인 것이 현실적인 것임을 강조했던 들뢰즈를 빌려 말하면, 이를 '잠재적 공동체'라고 말할 수 있을 것이다.

잠재적 공동체는 단지 오프라인상에만 존재하는 것은 아니다. 앞서 말한 것이지만, 2008년 12월 31일부터 2009년 1월 5일까지 도쿄 히비야 공원에서 열린 '하켄무라'派遣村는 거대한 규모의 잠재적 공동체가 비가시적인 형태로 존재하고 있음을 보여 준다. 505명의 다양한 '촌민'들, 등록된 사람만 1,692명에 이르는 자원활동가들, 순식간에 모금된 4,400만엔의 돈, 그리고 식재료와 과일, 텐트와 이불 등 엄청난 양의 물자가 순식간에 그곳에 모여들었던 사태는 거대한 규모의 잠재적인 공동체의 존재를 보여 준다.[2] 이는 단지 도쿄의 그 '하켄무라'에 한정되지 않는다. 오사카의 가마가사키釜ヶ崎에서는 '하켄무라'가 12월 28일 시작해서 다음 해 3월 초순까지 행해졌으며, 이는 이미 37년째 해오던 것이었다고 한다.[3] 그리고 이후 수많은 곳에서 비슷한 양상의 '하켄무라'들이 만들어졌다. 그렇다면 '하켄무라'를 만들어 낸 코뮨적 관계의 존재는 2008년 말 ~2009년 초의 특정한 장소에 한하여 존재했던 것이 아님은 분명하다.

확실히 잠재적 층위의 공동체는 언제 어디에나 존재한다.[4] 그러나 '하켄무라'라는 공동체는 시기와 장소를 특정하지 않았다면 출현할 수

---

2 이런 점에서 유아사 마코토(湯淺誠)는 '하켄무라'를 통해 '빈곤의 가시화'를 하고자 했다고 하고(湯淺誠, 「はじめに—人間の手触り」, 宇都宮健兒 外 編, 『派遣村』, v쪽), 그것은 분명 크게 성공했지만, 그에 못지않게 중요한 것은 이런 비가시적인 코뮨적 관계가 가시화되었다는 점이다.
3 生田武志, 「越冬と年越し派遣村」, 宇都宮健兒 外 編, 『派遣村』, 86~89쪽.
4 이는 단지 인간에 한정된 것만도 아니다. 이런 점에서 '존재론'의 차원에서 공동체의 존재를 말할 수 있다고 나는 믿는다. 어떤 존재자를 존재하게 하는 것, 그것은 그 존재자를 둘러싼 존재자들의 거대한 공동체, 우주 전체로 확장될 존재자들의 공동체다. 이에 대해서는 이 책의 제1장 참조.

없었을 것이다. '하켄무라'라는 이름으로 그 취지와 목적을, 약간 과장해서 말하면 '이념'이나 의의를 명시함으로써 '불러내지' 않았다면 그것은 출현하지 않았을 것이다. 비록 그것을 만든 잠재적 공동체는 언제나 존재한다고 해도, '하켄무라'라는 공동체가 존재한다고 말하기는 쉽지 않을 것이다. 위키피디아의 경우도 마찬가지다. 인터넷상의 공간이지만, 특정한 '장소'가 없었다면 그것은 출현할 수 없었을 것이고, 어쩌면 존재하지 않는다고 해야 할지도 모른다. 아마도 다른 취지의 다른 사이트로 불려나왔을 것이고, 그것은 다른 이름의 다른 공동체가 되었을 것이다.

이처럼 비가시적인 잠재적 공동체들을 어떻게 무엇으로 불러내는가는 결코 사소한 문제가 아니다. 그것을 현행화하는 방식에 따라 잠재적 공동체는 다른 형태의 다른 공동체로 출현한다. 즉 다른 공동체로 존재하게 된다. 이런 이유에서 역으로 그 장소를 만든 사람들, 특정한 이념이나 목적, 이름으로 그 장소로 공동체적 관계를 불러내는 사람들이 그 공동체를 만든 사람들로 간주되기도 한다.[5] 그래서 심지어 유튜브YouTube의 경우가 잘 보여 주듯이, '장소'를 만든 사람들이 그 장소에 모여든 공동체적 활동의 성과를 사적으로 영유하고 팔아치우기도 한다.

이는 코뮨의 현행적인 구성에서 공간이나 '장소'가 갖는 중요성을 상반되는 방식으로 잘 보여 준다. 잠재적으로 존재하는 코뮨적 관계를, 혹은 코뮨적 대중을 구체적이고 현행적인 형태로 불러내는 데 공간은

---

5 이는 그들이 공동체를 구성하게 한 시동자였다는 점에서, 잠재적인 공동체를 구체적 형태로 존재하게 했다는 점에서 맞지만, 공동체를 만든 것은 시동자가 아니라 거기에 참여한 '대중' 자신이라는 점에서 맞지 않는다. 시동을 걸지 않으면 자동차는 움직이지 않지만, 그렇다고 시동이 자동차를 움직이는 원동력은 아닌 것처럼. 하지만 이 말이 시동자의 중요성을 과소평가하는 것이 되어선 안 될 것이다. 잠재적으로 존재하는 대중을 현행적 형태로 불러낼 수 있는 조건을 창안하는 것은 사실 그런 대중을 창안하는 것이다.

'이념'이나 '목적' 이상으로 결정적인 역할을 한다. 요컨대 공간은 잠재적인 코뮨적 관계를 현행화하여 특정한 형태로 '존재하게' 하는 장을 제공한다고 할 수 있을 것이다. 잠재적인 관계란 특정한 방향을 갖는 흐름, 가령 코뮨적 활동의 흐름으로 존재한다고 해도, 어떤 고정적 형태도 갖지 않기에 쉽사리 그 방향을 바꿀 뿐 아니라 그것을 불러내고 끌어들이는 다른 현행적인 것의 힘에 쉽게 끌려간다. 이는 지적인 활동의 흐름이 제도적 성분에 끌려들어 가 쉽사리 제도적 영유의 방식에 포섭되는 경우를, 혹은 코뮨적 활동의 흐름이 상업적 영유의 장치에 포획되는 경우를 상기한다면 쉽게 이해할 수 있는 것이다.

## 2. 공간과 공동성

반대로 공동의 공간은 코뮨적 관계를 가정하지 않았을 때에도 공동성을 생산하는 경향을 갖는다. 이는 무엇보다 직접적으로 사람들이 만나고 활동이 이루어지는 물리적인 공간의 경우에 두드러진다. 이는 일상적으로 쉽게 확인되는 것이다. 가령 같은 사무실을 쓰는 사람들이나 같은 연구실을 사용하는 사람들의 경우, 같은 공간을 사용한다는 이유만으로 서로에 대해 관심이나 애정이 생기고 서로에 대해 이해하는 폭이 넓어지며 그리하여 무언가에 대해 공감하거나 공동활동을 할 가능성이 커진다는 것은 잘 알려진 사실이다. 극단적인 예는 이를 좀더 분명하게 해준다. 가령 감옥에서도 특정한 사동을 맡아 계속 근무하는 교도관은 그 사동에 있는 수인들과 친해지고 심지어 수인들을 도와주는 경우가 적지 않다. 이는 정치범처럼 '범죄자'라기보다는 포로로 간주되는 사람들의 경우에 더욱 그런데, 여기서도 중요한 것은 그가 '정치범'이라는 사실이 아니라

한 공간에서 매일 부딪치며 같이 생활한다는 사실이 그렇게 만든다. 좀 더 극단적인 경우도 있다. 1996년 12월 페루 주재 일본대사관을 좌익게 릴라들이 점거하여 인질극을 벌인 사건이 그것이다. 1996년 12월 17일 점거하여 1997년 4월 22일 진압될 때까지 약 4개월간 지속된 이 사건에서 인질범과 인질은 적대적 관계임에도 불구하고 그 기간을 같은 공간에서 같이 생활하면서 서로가 상대방에 대해 호의와 애정을 갖게 되었고, 결국 후지모리 대통령의 진압작전 직전에 인질범들은 인질들을 모두 풀어주었던 것으로 기억한다. 물론 인질범들은 진압작전에서 모두 죽었지만. 이는 하나의 공간에서 일정 기간 동안 공동으로 생활한 것이 인질범과 인질 사이에조차 어떤 공감이나 애정을, 다른 식으로 말하면 일종의 '공동성'을 만들어 냄을 보여 준다.

여기서 공동성이란 복수의 개체들이 갖고 있는 공통의 성질property을 뜻하는 '공통성'이 아니라, 복수의 개체들이 함께 경험하는 어떤 촉발이나 행동에 의해 야기되는 공동의 감응affect을, 그리고 그 감응이 잠재화된 것을 뜻한다. 그것은 미리 주어진 어떤 성질이 아니라 공동의 경험이나 체험, 행동 — 물론 각자에게 다르게 받아들여지고 다른 의미로 이해될 것이다 — 에 의해 형성되는 것이며, 이후 공동으로 무언가를 할수 있게 해주는 잠재적 조건이 된다. 코뮌은 이런 공동성을 생산하며, 역으로 이 공동성에 의해 작동하고 발전한다. 여기서 중요한 것은 구성원이 공유하고 있는 어떤 선험적 성질의 동일성이 아니라, 다르게 받아들여지고 해석됨에도 불구하고 무언가를 함께 할 수 있게 해주는 행동이고 경험이다.

코뮌에서 공간이 중요한 것은, 공간적으로 제한되고 규정된 조건이 구성원 — 단지 사람만은 아니기에 '구성요소'라고 해야 더 정확한

데 —— 들의 만남이나 공동의 경험, 공동행동을 반복적으로 가능하게 만든다는 이유 때문이다. 특히 직접적인 만남의 조건인 물리적 공간이 중요한 것은 공동성이 공동의 '감응'이란 점과 무관하지 않다. 의미나 관념의 공유와 무관하게 발생하는 단순한 만남의 반복만으로도, 신체적 움직임의 리듬을 맞추게 만드는 공동의 감응이 발생하기 때문이다.[6] 물론 이를 '프라이버시의 침해'라고 받아들이는 경우가 흔하며, 이로 인해 공동의 공간을 최소화하는 건축적인 구성이 근대 이후 발전해 왔다는 것은 잘 알려진 사실이다. 그러나 이 또한 역으로 공동성을 생산하는 공간의 '기계적' 능력을 보여 주는 것이다. 사적 공간은 그런 공동성을 '프라이버시의 침해'로만 받아들이는 근대인의 감수성을 반영하며, 역으로 그것을 확대한다. 공동주택을 만들 때, 사적인 공간과 공동의 공간을 어떻게 배치할 것인가가 중요한 문제가 되는 것은 이런 이유에서다.[7] 이런 관점에서 본다면, 코뮨적 관계를 구성하는 문제는 코뮨적 공간-기계를 구성하는 문제라고 말해도 좋을 것이다.

요약하면, 코뮨의 공간은 잠재적인 코뮨적 관계를 구체적인 형태를 부여하며 현행화하는 장을 제공하며, 동시에 그 현행적 관계 안에서 공

---

6 같은 집에서 산다는 사실만으로 두 사람의 여성의 생리주기가 일치하는 경향이 있다는 것은 이러한 공동의 감응이 갖는 신체적 성격의 좋은 사례를 제공한다. 이는 공동성의 또 다른 차원인 시간의 개념과 결부되어 있다.

7 이에 대해서는 이진경, 『근대적 주거공간의 탄생』, 그린비, 2008 참조. 그러나 코뮨을 구성하는 것이 코뮨적 활동만으로 삶을 단일화하는 것을 뜻하지 않기에, 코뮨적 공간을 구성하는 것이 사적 공간의 제거나 프라이버시의 제거를 뜻하지 않음은 물론이다. 코뮨의 공간에서 모든 시간을 보낸다는 것은 결코 쉬운 일이 아니며, 결코 바람직한 일도 아닌 듯하다. 코뮨에 주거까지 포함될 경우, 주거공간은 사적인 성격을 갖도록 구성해야 한다. 19세기의 대표적인 코뮨적 실험이었던 고댕의 파밀리스테르는 공동의 공간과 사적인 공간을 적절하게 분할하고 배치함으로써 성공적일 수 있었다(같은 책, 374쪽).

동성을 생산하고 가동시킴으로써 새로운 코뮨적 잠재력을 생산하고 확대하는 장을 제공한다. 한마디로 말한다면, 코뮨의 공간은 잠재적 코뮨과 현행적 코뮨이 교차하고 포개지는 지점이고, 코뮨적 잠재성과 현행성이 소통하는 장이다. 이것 없이 코뮨을 사고하려 하는 한, 코뮨주의는 '공동체 없는 공동체', '불가능한 공동체'라는 철학적 위안에서 벗어나기 힘들 것이라고 나는 믿는다.

### 3. 공간의 '共-間'化

공간이란 단지 비어 있는 장소가 아니다. 공간이란 벽에 의해 구획된 비어 있는 장소고, 공간을 사용한다는 것은 그 비어 있는 곳에 누군가 들어가는 것이라는 생각은 데카르트나 칸트 식의 근대적 공간 관념에 지나지 않는다. 공간은 비어 있을 때조차 그저 비어 있지 않다. 그것을 사용하는 활동과 에너지로, 그 활동이 만들어 낸 분위기/대기atmosphere로 채워져 있다. 오랫동안 쓰지 않은 채 비어 있던 공간조차, 활동-없음으로 인해 만들어진 특정한 대기로 채워져 있다. 그래서 공간이 비어 있을 때에도 사람들은 쉽사리 들어가기 힘들다. 반대로 비좁게 사람들로 가득 차 있을 때에도 쉽게 들어갈 수 있는 공간이 있다. 들어가고 싶게 만드는 공간, 들어갈 수 없게 만드는 공간이 있는 것이다.

비트겐슈타인 식으로 말하자면, 공간의 의미는 그 공간의 용법use이다. 이는 가령 분할된 방들의 기능이란 그것의 용법에 따라 달라짐을 뜻하는 말이지만, 단지 그것만은 아니다. 그 공간을 어떻게 사용하는가가 공간의 대기를 만들고 공간의 에너지 장을 형성하며, 공간 안에 인력이나 척력이 작용하게 한다. 따라서 공간의 문제, 공간을 만들고 구성하는 문제는 공간을 어떻게 사용할 것인가 하는 문제다. 그것은 단지 도면상에서 분할된 방들에 이런저런 기능을 분배하는 것이 아니라, 실천적인 활동에 의해 구성되고 변화되는 것이다. 공간을 어떻게 분할할 것인지, 어떻게 배치할 것인지는 이러한 공간의 용법을 기준으로, 그것에 부합하는 방식으로 규정해야 한다. 이런 의미에서 공간이란 특정한 종류의 '사이'[間]를, 관계를, '함께 만들어 가는'[共] 활동이란 의미에서 **공-간(共-間)**이다. 여기서 공共을 하이픈으로 분리함으로써, 공간이라는 말에서 비어 있는 장소로서의 명사적 의미가 아니라, '공유하는', '함께 만들어 가는' 활동이라는 동사적 의미를 특별히 강조할 필요가 있다.

따라서 코뮌적 공간을 구성하는 문제는 그 공간의 코뮌적인 용법을 창안하고 그러한 활동을 만들어 내는 문제다. 주어진 공간을 코뮌적 공간으로 특이화하는 문제고, 그 공간 안에서 코뮌적 활동을 구성하는 문제다. 공간은 비어 있으면 안 된다. 활동으로 가득 차 있어야 하고, 활력으로 가득차 있어야 하며, 그것이 형성하는 분위기로 가득 차 있어야 한다. 이럴 때 코뮌의 공간은 사람들을 코뮌적 관계로 끌어들이고 그 관계를 함께 만들어 가는 어트랙터attractor가 될 수 있다. 그 공간 안에 들어서는 순간 코뮌적 공동성에 '말려-들어가게'in-volve 하는 힘을 가져야 하며, 그 공간 밖에 있을 때에도 어느새 그 공간으로 다시 들어오게 만드는 힘을 가져야 한다. 매력魅力, 말 그대로 '미혹하는 힘'이고 '도깨비 같은 힘'이다. 무언지 알 수 없지만 다시 가고 싶게 만드는 힘. 코뮌을 성공적으로 구성한다 함은 그 코뮌의 공간을 바로 이런 매력적 어트랙터로 만드는 것이다. 이는 코뮌의 공간이 통상적인 공간과는 다른 활동의 장임을 느끼게 해주어야 한다.

## 4. 코뮨의 유인(誘因)들

그렇다면 어떻게 매력을 만들어 낼 것인가? 물론 아름다운 여인이나 유명한 배우를, 혹은 말 잘하고 잘 웃겨 주는 재사才士를 공간 안에 앉혀 놓는 것도 매력을 만드는 방법일 것이다. 그러나 그것은 코뮨적인 방법은 아니며, 코뮨적 활동을 촉발하고 코뮨적 관계를 구성하는 방법은 아니다. 그렇다면 코뮨적인 방법은 무엇인가?

코뮨commune이란 말을 설명하면서 그 어원에 포함되어 있는 선물munus이란 의미를 강조하는 것은 아주 흔한 일이다. 선물에 의해 구성되는 관계, 그것이 공동체이고 코뮨이다. 여기서 선물이란 말에 포함된 역설에 대해 길게 말할 필요는 없을 것이다. 다만 모스가 강조한 것처럼 선물의 답례가 '의무'라고 해도, 그것을 '교환'의 일종으로 보아선 안 된다는 점만 언급해 두자. 또한 데리다가 이를 통해 선물의 근본적인 불가능성을 말하는 것은[8] 역으로 '선물의 가능성'을 말하기 위한 것으로 이해한다는 점만 밝혀 두자. munus에 포함된 임무, 의무라는 개념을 받아들인다면, 코뮨이란 선물이 의무인 관계를 뜻한다. 나는 이 말을 이렇게 다시 쓰고 싶다: **선물은 코뮨의 의무다.**

나는 이 명제가 코뮨의 공간을 매력적 어트랙터로 만드는 방법이라고 믿는다. 코뮨의 공간이란 오는 사람들에게 무언가 선물을 주는 곳이다. 그 선물은 누구에게는 즐거움일 수 있고 누구에게는 지식일 수 있으며, 누구에게는 먹을 것일 수도 있고, 누구에게는 입을 것일 수도 있다.

---

8 Jacques Derrida, *Given Time I. Counterfeit Money*, tr. by Peggy Kamuf, University of Chicago Press, 1992.

또한 누구에게는 친구일 수도 있고, 누구에게는 활력일 수도 있다. 스피노자 식으로 말하면, 능력의 증가를 야기하는 모든 것, 기쁨의 감응을 야기하는 모든 것이 선물일 수 있는 것이다. 그것이 의도된 것이든 의도되지 않은 것이든. 사람들은 의도된 선물도 받지 못하는 경우도 있고, 의도되지 않은 것을 받아가는 경우도 있기에, 선물은 의도와는 별개로 주어지고 받아가는 것이다. 중요한 것은 의도하든 말든, 코뮨의 공간은 기쁨의 감응을, 기쁨의 감응을 야기하는 무언가를 줄 수 있어야 한다는 것이다. 그것이 코뮨의 공간을 매력적 어트랙터도 만드는 코뮨적 방법이다.

어트랙터로서 코뮨적 공간의 능력은 두 가지에 의해 결정될 것이다. 그것이 주는 기쁜 촉발의 강도와 그 촉발의 다양성. 코뮨의 공간에서 얻는 기쁨의 강도가 다른 곳에서 얻는 것보다 강할 때, 사람들의 삶을 코뮨적 삶으로 더욱 강하게 끌어들일 수 있으리라는 것은 긴 설명을 요하지 않는다. 또한 줄 수 있는 것이 많다면, 양적으로만이 아니라 질적으로 다양하다면, 코뮨의 공간이 매력을 발휘할 능력은 더욱 크다는 것 역시 마찬가지다. 그러나 이는 약간 더 부연해야 하는데, 왜냐하면 통상적인 '조직'이나 '단체'는 정해진 어떤 목적을 위해 자신을 특화하고 전문화하려는 경향이 있기 때문이다. 코뮨 역시, 가령 '우리'[9] 같은 지식인 코뮨은, 지식이나 공부와 관련된 것으로 자신이 줄 수 있는 촉발을 제한하고, 그 강도를 올리면 된다고 믿는 경우도 그렇다. 그러나 새로운 사유의 촉발을 줄 수 있을 뿐 아니라, 필요한 지식을 줄 수도 있고, 친구들과 어울려 웃고 즐길 수 있는 시간을 줄 수도 있고, 함께 모여 공작工作을 하는 기회를 줄 수도 있을 때, 그 공간은 찾아올 좀더 많은 이유를 가질 것이고, 어

---

9 이하에서 따옴표를 친 '우리'는 연구공간 수유+너머를 지칭한다.

떤 활동이 정지되었을 때에도 계속 찾아올 이유를 가질 것이다. 그래서 가령 연구자들의 코뮨도 단지 공부나 강의, 집필 같은 것으로 활동을 제한해선 안 된다. 때로는 같이 웃고 떠들기도 하고, 때로는 정치적인 사안을 두고 토론을 하거나 함께 시위준비를 하기도 하며, 때로는 같이 음식이나 공작을 하기도 하고, 때로는 같이 요가를 하기도 하는 것 모두가 중요하다. 어느 하나를 특권화하고 다른 것은 쓸데없는 것으로 간주하는 순간, 코뮨은 자신의 능력을 제한하고 축소하게 될 것이다.

그러나 코뮨적 활동이 거기 오는 개인들에게 단지 무언가를 주기만 하는 것이어선 곤란하다. 코뮨적 활동은 또 다른 코뮨적 활동을 촉발하고 또 다른 공동성을 생산해야 한다. 다시 말해 그저 받아가기만 하려는 사람들, 혹은 어떤 대가(대개는 '돈'이다)를 지불했기에 받아가면 된다고 믿는 사람들이 모여드는 곳은 코뮨의 공간이 아니다. 심지어 그런 생각으로 왔던 사람들조차 코뮨적 촉발을 통해서 **무언가를 함께 나누고 무언가를 남에게 주는 삶**을 생각하게 하는 것, 적어도 지금까지와는 다른 삶을 생각하게 하는 것, 그것이 코뮨적 촉발이다. 아마도 그것이 코뮨이 주어야 할 가장 중요한 선물일 것이다. 이런 점에서 코뮨의 공간은 돈을 받고 지식이나 감정을 파는 '문화센터', 손님을 받는 접객의 장소가 아니다(이는 특히 성공하여 유명해질 경우 빈번히 발생하는 일이다). 지식이나 감정은 어쩌면 '미끼'인 것인지도 모른다. 다른 삶으로, 다른 방식의 삶으로 사람들을 유인하고 촉발하는 미끼.*^^*

이러한 촉발을 위해 공간에 웃음이 넘치게 만드는 것은 매우 적극적 가치를 갖는다. 공간에 들어서면 곧바로 웃음의 대기에 전염되게 만드는 것, 그것은 심지어 하고자 한 일이 실패했을 때조차도 들어선 사람들에게 기쁨을 주기 때문이고, 다시 오게 만들기 때문이다. 다시 스피노자식으로 말하면, 슬픔이나 고통을 주는 공간, 우울하고 무거운 공간, 그 것은 누구든 피하고 싶고 멀리하고 싶은 대상이지만, 웃음을 주고 유쾌함을 주는 공간은 누구든 가까이 하고 싶은 대상인 것이다. 이런 점에서 "코뮌이란 기쁜 감응의 공동체고, 코뮌의 구성적 활동은 기쁜 감응의 구성적 활동이다."[10] 이러한 웃음과 유쾌함의 대기는, 함께 생활하고 행동하는 사람들 사이에 쉽게 나타나게 마련인 대립과 갈등·충돌의 무게를 가볍게 하여 쉽게 넘어설 수 있게 만든다. 반대로 무거운 대기는 조그만 갈등에도 너무 무겁고 까칠하게 대응하게 하며, 그럼으로써 대립과 고통을 무겁게 하고 상처를 크게 만든다. 진지함과 무거움을 동일시하지 않는 것, 반대로 진지함을 가벼움으로 표현하고 가벼움 속에서도 진지함을 잃지 않는 것.

또 하나 코뮌의 공간에서 공동성을 생산하는 데 중요한 것은 '함께 먹는 것'이다. 공동체의 형성과 지속을 위해서 '음식을 나누는 것', '함께 먹는 것'이 중요하다는 것은 종교학자나 사회학자들에 의해 일찍부터 강조되어 왔다. 가령 뒤르켐Émile Durkheim은 로버트슨 스미스를 인용하면서 제의祭儀의 요체란 함께 음식을 나누어 먹는 것(communion, 흔히 '영성체', '음복'이라고 번역된다)임을 지적한다.[11] 사실은 사람들을 한데 모아서 공동성을 생산하는 절차이고, 그렇게 모으기 위해서 음식을 만들고 함께 나누었던 것이 더 진실에 가까운 것일지도 모른다. 반면 기독교적 영성체communion에서 '신화적 합일'이나 그것을 통해 신적 생명을 나

---

10 진은영, 「코뮌주의와 유머: 감응과 구성의 정치학」, 고병권 외, 『코뮌주의 선언』, 교양인, 2007, 289쪽.
11 에밀 뒤르켐, 『종교생활의 원초적 형태』, 노치준·민혜숙 옮김, 민영사, 1992, 469쪽.

누어 갖는 근대적 합일의 이념을, 그런 합일된 순수한 세계로 진입하려는 사유를 발견하고 비판하는 것은[12] 제의적 행위에 대해 '언표된 것'을 너무 고지식하게 믿는 것이다.

그러나 랑시에르는 이런 식사가 대개는 공동체의 경계 안에서 이루어지며, 그에 따라 공동체의 폐쇄성으로 이어지기도 한다는 점을 지적한다. 공동식사를 "전사들 사이의 형제애를 실천하는 것"으로 보았던 스파르타의 경우가 그랬다. 그러나 이와 다른 공동식사를 디오게네스의 말에서 발견한다. 아리스토텔레스에 따르면 디오게네스는 아테네인들이 선술집에서 공동식사를 한다고 말하곤 했다는 것이다. 그 경우 공동식사란 "값싼 식당에서, 그리고 행인에게도 열린 모임의 장소에서 개인의 검소함과 집단적 평등이 동시에 실현되는 것"이다.[13] 왜냐하면 같은 값이면, 각자가 비용을 들여 먹는 것보다 함께 돈을 모아 먹을 때 더 잘 먹을 수 있기 때문이다. 이는 데모스demos 개개인이 가진 능력이 작을지라도 그것을 모을 수 있다면 전문적 유권자들의 회의가 제공하는 것을 언제나 초과하리라는 점에서 민주주의의 위력을 시사하는 것으로 간주된다.[14]

민주주의까지 밀고 나가는 건 너무 거창하다고 할지도 모른다. 그러나 적어도 매일 먹는 두 끼 내지 세 끼의 식사를 함께 먹는 것, 그것이 코뮨의 공동성을 생산하는 데 매우 중요한 역할을 함은 분명하다. 식사만은 아닐 것이다. '우리'의 경우 세미나나 토론회, 강의나 회의 등 사람들이 모여서 하는 모든 활동에 '간식'의 형태로 음식을 준비하고 나누어 먹

12 ジャン=リュック・ナンシー, 『無爲の共同体』, 20쪽.
13 자크 랑시에르, 『정치적인 것의 가장자리에서』, 양창렬 옮김, 길, 2008, 157쪽에서 재인용.
14 같은 책, 157~158쪽.

으며 진행한다. 그리고 그것은 선물하고 싶은 사람들이 돌아가면서 준비한다(선물이 '의무'임을 기억한다면, 이 기회는 모두에게 돌아가야 함을 쉽게 이해할 수 있을 것이다). 여기서 먹는 것도, 준비하고 제공하는 것도, 들어오는 모두에게 열려 있음은 물론이다. 이는 공동식사가, 좀더 근본적으로는 공동체가 폐쇄성을 벗어나는 데 중요하다.

먹을 것이 있는 공간, 가면 적어도 무언가 먹을 수 있는 공간, 그것은 새로 온 사람들조차 쉽게 공동성의 장 안으로 끌어들이는 매력의 요소다. 다른 어떤 것을 못 받은 경우에조차 적어도 먹을 것은 받아간다면, 맨손으로 돌아간 것은 아닌 것이다. 하지만 여기에서도 앞서 선물의 경우 말한 것처럼 받아가는 것만큼이나 '주는 것', '주게 만드는 것'이 중요하다는 점을 다시 강조할 필요가 있다. 가령 '우리'의 경우에는 세미나 성원은 물론 강의를 들으러 온 사람들에게도 취지를 설명하고 돌아가면서 먹을 것을 준비하도록 부탁한다. 좀더 공동성의 생산에 적극적인 것은 먹을 것을 함께 만드는 것이다. 공동의 식사를 함께 만들고 준비하는 것은 그것을 공동으로 만드는 과정 자체가 공동행동의 형태로 공동성의 생산에 기여한다.


## 5. 시작의 난점

이 모든 것은 코뮨의 활동이 활발하고 공간에 사람들이 넘칠 때라면 쉽게 이루어질 수 있는 것이기도 하다. 그러나 그것은 이미 공간이 코뮨적인 활기로 가득 찬 것을 전제하지 않는가? 확실히 그렇다. 특히 코뮨의 공간을 처음 만들었을 때, 그리하여 잘 알려지지도 않아 외부에서 사람들이 모여들기는커녕, 공동적 잠재력이 크지 않아서 뜻은 있어도 각자가 자기 삶에 바빠 공동의 활동에 참여하기 어려울 때, 공간은 쉽사리 비어 있게 되고 활기 아닌 썰렁한 대기만 가득 찬 경우가 발생하기 쉽다. 이 경우 텅 빈 공간과 썰렁한 대기는 더더욱 사람들이 오지 않을 이유를 제공한다("가 봐야 사람들도 없고, 썰렁하기만 한 걸"). 그것은 더욱 공간을 썰렁하게 하고, 이는 더욱…… 체증적인 악순환이 발생한다. 이렇게 되면 이 공간은 코뮨의 공간이 되기 힘들고, 코뮨은 실패하기 십상이다. 코뮨을 만들려 했던 시도들이 성공하는 경우가 적은 것은 이 때문이다.

코뮨이 성공하려면 이와 반대로 체증적인 선순환을 만들어야 한다. 가면 활기까지는 없다 해도 적어도 만나면 반가운 누군가가 있고, 무언가 나눌 얘기든 음식이 있고, 그래서 다음에도 가능하면 가고 싶게 되고…… 그렇기에 사람들은 더욱 빈번하게 드나들게 되고, 그로 인해 만날 수 있는 사람, 나눌 수 있는 것들, 그리고 즐거움이나 활기가 증가하고, 이는 다시 사람들을 불러들이고, 이는 다시…… 이러한 체증적 선순환이 만들어졌다면, 이 공간의 코뮨은 이미 성공의 길로 들어선 것이다. 그것이 실패하는 것은 '과도한 성공' 아니곤 힘들 것이다.[15]

그렇다면 어떻게 체증적 선순환의 길로 들어서게 할 수 있을 것인가? 사실 처음에 초기조건의 차이는 그리 크지 않았을 것이다. '대중'을 형성해야 하는 다른 경우도 그렇지만, 코뮨의 공간에 처음부터 활기찬 흐름이 가득할 가능성은 별로 없을 것 같다. 왜냐하면 그것은 기존에 없는 것, 통상적이지 않은 것, 기존의 삶의 방식과 거리가 먼 것이기에 통상적인 삶을 사는 사람들을 끌어들이긴 결코 쉽지 않기 때문이고, 처음부

---

15 이처럼 전혀 다른 방향을 향해 체증적으로 나아가는 것을 카오스 이론에서는 '가지치기' (bifurcation)라고 부른다. 체증적 진행은 포지티브 피드백(positive feedback)에 의한 것이다.

터 사람들의 관심을 끌 만큼 유명하거나 잘 알려진 경우란 결코 흔치 않기 때문이다. 따라서 특별한 우연이 작용한 경우가 아니라면, 처음 만들어진 공간은 썰렁하기 십상이고, 거기서 포지티브 피드백이 작동하면서 체증적 악순환의 길로 들어갈 가능성이 큰 것이 일반적이다. 코뮨을 만들겠다고 했던 시도들이 성공하는 경우가 적은 것은 이 때문이다.

이를 극복하기 위해선 초기엔 이럴 것임을 명심하고 코뮨을 구성한 초기의 성원들이 이와 다른 초기조건을 만들기 위해 특별한 노력을 기울여야 한다. 사람들이 오도록 만드는 매력의 요소들을 창안해 내야 하지만, 무엇보다 중요한 건 공간이 썰렁해지지 않도록 각자가 일삼아 나가 앉아 있어야 한다는 것이다. 발의한 사람들마저 자신의 개인적인 리듬에 따라 활동하면서 남는 시간에 들르는 것이 되면, 체증적 악순환에 빠지는 것은 필연적이다. 무엇이든 공동성을 생산하는 활동을 만들어 내야 한다. 없으면 일삼아 모여서 웃고 떠들며, 모여 앉아 술이라도 먹어야 한다.[16] 그래서 거기 가면 누구든 있으리라는 생각을 하게 만들어야 한다. 그래야 초기구성원조차 그 공간에 나오는 것이 즐겁고 자연스런 것이 된다. 이를 위해 세미나든 강의든 토론회든 모여서 하는 일을 최대한 만들어 내야 한다. 공간이 비어 있지 않게 최대한 노력을 기울여야 한다. 이렇게 만들어진 초기조건의 차이는 체증적 선순환으로 나아가게 할 것이다. 또 하나 이렇게 어려운 시기를 일정 기간 지속할 수 있어야 한다. 체증적 선순환이 되는 경우에도, 체증의 양상은 지수함수적 형태로 진행

---

16 물론 여기에 그치면 술 먹는 사람들만 모이고, 다른 사람들은 떨어져 나가는 악순환이 발생하며, 술 먹는 공동체가 되고 말 것이다. 그러나 초기에 공동성의 생산에서는 '뒤풀이' 내지 같이 모여 놀거나 술을 마시는 것도 중요한 역할을 한다.

되기에, 변화가 없는 듯이, 잘 안 되는 듯이 보이는 기간이 한동안 지속될 수 있기 때문이다. 역으로 이는 초기에 가시적인 양상이 적다고 해서 결코 실망할 이유가 없음을 뜻하기도 한다.

## 6. 코뮨의 '경제학'

이런 어려움이 우리를 주저하게 한다. 그러나 이런 어려움은 코뮨에만 있는 것은 아닐 것이다. 헤겔이 말했던 것과는 다른 의미에서지만, 확실히 모든 '시작'은 어렵다. 그런데 사실 방금 여기서 말한 것보다 선행하는 어려움이 있지 않은가? 방금 말한 것은 사실 이미 코뮨적 공간이 있을 때의 얘기 아닌가? 그러나 문제는 그런 공간을 하나 얻어서 유지하는 것도 결코 쉽지 않다는 것 아닌가? 이는 무엇보다 공간을 얻어서 유지하는 데 필요한 경제적 비용의 문제, 한마디로 말해 돈 문제일 것이다. 코뮨의 공간을 만들고 유지하는 데는 적지 않은 돈이 필요한데, 코뮨이 필요하다고 느껴서 만들고자 하는 것은 대개 돈이 없는 무산자들이라는 '모순'을 뜻하는 것일 게다. 그래서 다들 서로 눈치를 보다 끝내 포기하게 된다.

그러나 여기서도 코뮨의 원칙에 입각해 해결의 방법을 찾아야 한다. 코뮨의 공간을 만드는 데서도 가장 중요한 원칙은 **돈의 문제는 활동의 문제**라는 것이다. 즉 활동을 통해 돈 문제 또한 해결해야 한다는 것이다. 다시 말해 처음에 공간을 구하기 위한 비용을 마련하고자 할 때에도 한 달에 필요한 월세 총액을 사람 수로 나누거나 하는 것은 코뮨의 계산법이 아니다. 그것은 공간에서 어떠한 활동도 없는 상황을 상정한 것이기에, 사실은 최악의 상황을 상정하고 있는 것이다. 그러나 세미나가 진행되고 강의가 진행되고, 무언가 공동의 활동이 진행되기 시작하면, 그리고 회원 아닌 사람들이 참여하기 시작하면 그들이 내는 돈이 필요한 비용의 많은 부분을 해결할 것이다. 가령 한 달에 내야 할 월세가 100만 원이라고 하자. 그런데 시작하는 회원이, 적게 잡아서 10명이라고 가정해 보자. 단순 계산을 하면 한 사람이 한 달에 10만 원을 내야 된다. 그런데 가령 6명 정도가 참여하는 세미나가 5개 정도 있고, 거기에 회원 아닌 사람이 반 정도라고 하면, 15명의 비-회원이 참여하고 있는 것이다. 세미나 참가자의 회비를 2만 원이라고 하면, 30만 원의 비용이 세미나로 해결된다. 여기에 강의나 다른 활동이 추가된다고 하면, 회원들이 매달 내야 할 비용은 애초 계산된 것의 반 정도면 된다. 그것도 힘들다면, 세미나를 더 만들거나 사람들을 더 끌어들여 해결할 생각을 하면 된다. 그것은 코뮌이 해야 할 가장 중요한 '일'이기도 하다. 그게 잘 되면 코뮌도 잘 돌아가는 것이고, 돈 문제도 쉽게 해결되는 것이다.

따라서 코뮌의 공간이 활력 있게 잘 돌아간다면 돈은 전혀 문제가 되지 않는다. 반면 공간이 과도한 게 아닌데도 돈이 자꾸 문제가 된다면, 활동에 문제가 있는 것은 아닌가 질문해야 하며, 그 해결책 또한 활동을 새로이 만들어 내거나 활성화하는 것에서 찾아야 한다. 이런 점에서 돈은 단지 경제적인 것 이상의 의미에서 코뮌의 상황을 확인하고 점검하는 중요한 지표가 된다. 세미나가 잘 되어 참가자가 늘거나, 세미나 종류가 늘어나면 세미나 회비도 늘어난다. 거꾸로 결산을 할 때 세미나 회비가 늘어났다는 것은 세미나가 활발하게 진행되고 있음을 뜻한다. 반대로 줄어들었다는 것은 세미나가 잘 안 되고 있음을 뜻하는데, 이 경우 왜 안 되는지, 어떤 변화가 있었는지를 확인해야 한다. 강의 또한 마찬가지일 것이다. 한편 회원들의 회비가 제대로 걷히지 않는다면, 이는 코뮌의 당기는 힘attract power, 매력!이 낮은 상태라고 보아야 한다. 이는 매우 심각한 상황이라고 받아들여야 한다. 코뮨을 만들어 가는 주동자들의 활력과 에너지가 저하되고 있음을 의미하기 때문이다. 그렇다면 그 원인이 무엇인지 잘 찾아보아야 한다. 그렇지 않으면 또 다른 악순환이 발생해 내부에서 무력해지거나 와해될 위험이 있다. 이런 식으로 돈의 흐름을 통해 활동의 흐름을 점검해야 한다. 돈 문제는 단지 돈만의 문제가 아닌 것이다!

약간 더 부연하면, '우리'의 경우 회원들의 회비 납부율은 거의 100퍼센트다(처음부터 회비는 무슨 일이 있어도 내는 '관행'을 만들어야 한다). 이는 통상의 단체에서는 보기 드문 경우라고 하는데, 코뮨이라면 당연히 이래야 한다. 이는 처음부터 줄곧 후원자가 없었다는 사실에 기인한다. 공간을 운영하는 비용이 빠듯하기 때문에, 누구든 자기가 회비를 내지 않으면 당장 그달 운영에 '빵꾸'가 난다는 것을 안다. 따라서 무슨 일이 있어도 회비는 내게 된 것이다. 그런데 알다시피 사람들은 어떤 일에 열의를 갖고 참여하면 그 일을 위해 돈을 잘 내는 경향이 있다. 역으로 어떤 일을 위해 돈을 내면 내는 만큼 열의를 갖고 참여하는 경향도 있다. 일종의 '평행성'이 있는 셈이다. 모두가 돈을 잘 내면, 대부분이 열심히 참여하게 되리라고 보아도 좋을 것이다. 이것이 '우리'의 활동이 잘 되는 데 매우 중요한 역할을 했음은 물론이다. 요컨대 후원자가 없기에 재정이 어렵고, 그것이 거꾸로 모두에게 회비를 무조건 내도록 했고, 그것이 그들로 하여금 열의를 갖고 참여하게 했던 것이다. 재정적 어려움이 역으로 재정과 활동의 선순환을 만들어 낸 것이다. 코뮨의 재정문제에서 자력조달 내지 자율주의 원칙이 중요한 것은 도덕적인 이유나 계급적인 이유에서가 아니라 바로 이런 이유에서다. '우리'의 경우에는 여기서 더나아가 자기가 돈이 생기면 '연구실'을 위해 특별회비를 내는 '관행'도 만들어졌다. 재정에 대한 보고에서 적자가 생겼다는 보고가 있으면 대개 다음달 특별회비는 급증한다. 이는 모두가 사정을 잘 알기 때문이다. 이는 역으로 모든 회원이 그 코뮨의 재정적인 사정을 소상하게 알게 해야 함을 뜻한다. 매달의 공개적인 회계보고를 통해 활동과 재정을 동시에 공동으로 점검하는 것은 이를 위해 매우 중요한 역할을 한다.

이 모두는 결국 회원들이 자기 주머니를 털어 돈을 내는 것으로 귀착되지 않는가? 그것은 공동체에 대한 성원들의 '헌신' 내지 '희생'을 요구하는 게 아닌가? 물론 그렇게 보일지도 모른다. 그러나 희생이나 헌신은 일방적으로 주는 것이다. 가장 소중한 것까지. 그러나 코뮨은 앞서 말했듯이 회원들은 물론 거기에 오는 사람 모두에게 무언가를 선물하는 것을 의무로 한다. 그래야 매력을 가지며 그래야 성공한다. 교환의 감각은 아니라고 해도, 선물은 받은 이로 하여금 답례하게 만드는 어떤 힘이 있다. 마르셀 모스처럼 이를 '선물의 영靈'이나 '하우'라고 부를 것까지는 없지만, 무언가를 받았을 때 받은 만큼 무언가를 주고 싶은 마음이 생기는 것은 굳이 코뮨을 드나드는 사람이 아니라 해도 흔히들 느끼는 감정이다. 코뮨으로부터 받은 것이 있다고 느끼는 사람은 무언가를 코뮨에 주고 싶어하기 십상이다. 코뮨이 거기 오는 사람들에게 무언가를 줄 수 있는 능력은 이런 의미에서도 대단히 중요하다. 많은 선물을, 많은 기쁨의 감응을 줄 수 있는 코뮨은 많은 것을 받게 될 것이다.[17]

회원들이 회비를 내는 데 머뭇거리지 않게 만드는 것, '돈도 없는 주제에' 특별회비마저 과감하게 내도록 만드는 것은 그들이 그런 마음을

---

17 물론 여기서 사람들에게 받은 것을 상기시키고, 받은 만큼 내놓을 것을 요구하게 될 경우, 은유적인 '의무'라는 말은 도덕의 형태를 빌린 강제가 되고, 선물을 주고받는 관계는 채권/채무 관계로 전환된다. 이는 코뮨적 관계가 도덕적 관계로 바뀌고, 자발적 활동이 권력의 강제에 편입되는 문턱이다.

내게 만든 어떤 것을 받았기 때문이다. 그것은 '당위'나 '의무'가 아니라 '욕망'이다. 자신이 원해서 내는 것이다. 특별회비 내면서 자기가 무슨 선심을 쓰거나 희생을 한다고 생각하는 사람은 없다. 그런 사람은 대개 그런 식의 돈을 잘 내지 않는다.

코뮨의 공간이 활력있게 작동하면, 회원들의 특별회비만이 아니라, 회원 아닌 사람들이 여러 가지 종류의 선물을 주는 경우가 많다. 쌀이나 식재료에서 과일, 음식은 물론 필요한 집기를 주거나 사라고 돈을 주기도 한다. '우리'의 경우 음식을 만들어 먹는 주방은 언제나 이런 선물들로 넘쳐났다. 이 선물하는 마음을 새기기 위하여 받은 선물을 목록을 만들어 온라인과 오프라인상에 공개하고, 받은 선물은 버리는 것 없이 양념 찌꺼기까지 남기지 않고 다 먹는다. 이런 태도는 선물한 사람을 기쁘게 하며, 선물의 선순환을 촉진한다.

회원들의 경우에도 회비나 증여와 활동을 연결하는 원칙을 맑스 식으로 표현하면 다음과 같다: **능력에 따라 내고, 필요한 만큼 이용한다.** 사실 능력에 따라 활동하고 필요한 것을 얻어가는 것은 회비로 국한되지 않는, 코뮨 활동의 일반적 원칙이다. 아니, 반대로 말해야 할지도 모른다. 사람들이 필요한 것을, 코뮨에서 받고자 기대하는 것을 최대한 받아갈 수 있게 하려 노력한다면, 비록 충분히 받아가지 못한 경우에조차 사람들은 자신의 능력이 닿는 한 활동이나 재화를 제공하려 하게 된다고.


## 7. 공간과 노마디즘

앞서 공간은 비어 있는 장소가 아니라 항상-이미 무언가에 의해 채워져 있는 장소라고, 혹은 채워야 할 장소라고 말한 바 있다. 共이란 말의 동사적 의미를 강조하여 공간을 共-間이라고 했던 것은 이런 의미에서였다. 그런데 공간은 그렇게 항상-이미 무언가에 의해, 비어 있을 때조차 어떤 에너지나 대기/분위기에 의해 채워져 있기에 끊임없이 비우려고 해야 한다. 무언가에 의해 채워진 곳에는 다른 것이 들어가기 어렵기 때문이고, 이미 들어 차 있는 것의 배타적 영토가 되기 십상이기 때문이다. 공간은 그것을 채우고 있는 것을 비우려는 항상적 노력이 없다면 공간이 되지 못한다. 그것은 이미 점유하고 사용하고 있는 사람들의 전유물이 되고 만다. 따라서 공간空間은 '비우다'를 뜻하는 공空이란 말의 동사적 의미를 강조하여 空-間이라고 해야 한다.

코뮨의 공간을 다른 것과 구별되는 특이한 장으로 만든다는 것은 그것에 특정한 영토성을 부여하는 것을 뜻한다. 공간을 매력적 어트랙터로 만든다는 것은 영토화의 벡터를 만들어 낸다는 것을 뜻한다. 따라서 코뮨의 공간 역시 영토성을 갖고 그것에 의해 작동한다. 그러나 영토성이란 동물행동학적 개념이 잘 보여 주듯이 일종의 '나와바리'고 세력권이며 누군가에 의해 장악되어 있는 곳이다. 그것은 영토화의 벡터를 가동시킬 때조차 익숙하지 않은 사람, 처음 관심을 갖고 다가온 사람들로 하여금 쉽게 들어서기 힘들게 하는 자연발생적 배타성을 갖는다. 나아가 코뮨의 성원들의 특별한 결속은 쉽사리 스스로 관계를 내부화하여 익숙한 것에 머물려는 관성을 발동시키는 경향을 가지며, 이 경우 다른 사람들이 그 관계 속으로 들어오는 것을 저지하고 어렵게 만드는 힘을 갖는다. 따라서 이러한 경향에 대해 스스로 경계하고 그것과 대결하면서 스스로 내부에 **탈영토화의 여백**을 만들려는 끊임없는 노력이 없으면, 어느새 코뮨의 공간은 익숙한 사람들만 드나드는 배타적 영토가 되고 만다.

인간 또한 영토적 동물이어서, '홈그라운드'에서는 이미 반쯤 먹고 들어가지만, 남의 땅에 가면 누구라도 주춤거리고 어색한 기운에 머뭇거리며 눈치를 보게 된다. 이 경우 내부에 있는 사람이 **일부러** 손을 내밀고 말을 걸어주지 않으면, 그냥 돌아가거나 그저 기웃거리는 손님처럼 먼발치에 썰렁하게 앉아 있다가 돌아가고 만다. 찾아왔으니 그들이 말을 걸고 그들이 알아서 하기를 바라는 것은, 의도가 무엇이든 실질적으로는 그들을 무시하고 외면하는 것과 동일한 효과를 갖는다. 따라서 처음 보는 사람이라면, 내부에 있는 사람이 무조건 먼저 말을 걸고 손을 내밀어야 한다. 그리고 가능하다면, 그가 어떤 관심을 갖고 있는지, 무엇을 하고자 하는지를 알려 하고, 그가 함께 할 수 있는 것을 찾아주고, 그 공간에 익숙해지도록 도와주어야 한다. 그가 이 공간을 자신의 공간으로 영토화하도록 촉발해 주어야 한다.

좀더 적극적인 것은 새로 발을 들여놓은 사람과 간식준비 같은 가벼운 것은 물론 같이 음식을 만든다거나 같이 청소를 한다거나 다른 무언가를 함께하는 공동행동을 하는 것이다. 무언가를 함께 하면 익숙해지고 친해지게 되기 마련이지만, 또한 어떤 일을 하면 그 일과 관련해서 그 사람은 무언가 말을 하게 되고 자기 의견을 제시할 수 있게 되며, 그게 반복되면 그럴 자격이 있다고 느끼게 된다. 그 정도 되면 그는 그 공간을 이미 자신의 영토로 삼기 시작한 것이라고 해도 좋을 것이다. 이런 점에서 낯선 이, 새로 들어선 이에게 무언가를 해달라고 부탁하고 요청하는 것에 주저하는 것보다는 쉽게 부탁하고 자주 부탁하는 것이 자신은 물론 그에게도 좋은 일이다.

사람들에게 들어올 여백을 제공하고 손을 내미는 것과 다른 차원에서 공간 자체에 빈 여백을 만드는 것, 다시 말해 공간을 비우는 것 또한 중요하다. 잘 알겠지만, 어느 공간이든 누군가 점유하여 사용하다 보면 '그의' 공간, 그의 소유물이 되고 만다. 코뮨의 공간이라도 가령 책상을 특정인이 계속 사용하도록 할당해 주면, 그 책상에는 그가 보는 책들이 항상 쌓여 있게 되고, 마시다 만 커피잔이나 물컵, 필기구가 가득 차게 되며, 쓰레기를 비롯해 그의 이런저런 흔적들이 새겨지게 된다(동물들은 영토표시를 하기 위해 배설물이나 분비물 등 냄새나는 쓰레기를 일부러 사용한다!). 그렇게 되면 이 책상은 그의 '소유물'이 되고 만다. 즉 그가 없어도 누군가 앉거나 사용할 수 없게 되고, 사용하려면 그의 허락을 받아야 할 것처럼 된다. 책상만이 아니라 어떤 장소든 특정한 사람의 흔적이 강하게 새겨지고 그의 물건들이 쌓이기 시작하면, 다른 사람은 사용하기 어렵게 된다. 그의 흔적, 그의 냄새, 그의 자취로 채워져 다른 사람이 들어설 수 없는 장소가 되고 만다.

공간을 가능하면 깨끗이 사용하고 최대한 흔적을 남기지 않도록 해야 하며, 부지중에 남은 흔적을 지우는 청소를 반복해야 하는 것은 이런 이유에서다. 누군가의 물건이나 흔적으로 채워진 공간에는 다른 사람, 특히 새로이 발을 들여놓은 사람들은 들어서기 힘들다. 흔적들로 더러워진 공간 또한 마찬가지다. 누구든 자기 분비물이나 배설물엔 저항감이나 불편함을 크게 느끼지 않지만 남의 것에 대해서는 그렇지 않다. 공간에 상주하는 사람들 역시 그렇다. 익숙한 물건들, 익숙한 냄새, 익숙한 풍경들이기 때문이다. 그러나 새로 들어온 사람들로선, 특별히 무감한 경우가 아니라면, 가까이 하기 위해선 정말 큰 노력을 기울이지 않으면 안되는 거리감과 불편함을 준다. 이는 외부에서 사람들이 편하고 쉽게 들어올 수 없도록 만든다. 공간을 비우는 것, 그것은 무엇보다 이러한 **영토성의 흔적을 지우는 것**을 뜻한다. 이를 위해선 가능한 한 어떤 공간도 최대한 개인의 전유물이 되지 않게 하는 것이 좋다. 그래서 '우리'의 경우에는 누구도 책상을 전유하지 못하게 했고, 쓰다 자리를 떠날 때에는 자신의 어떠한 흔적도 남기지 않도록 했다. 다른 어떤 누구라도 쉽게 앉아서 곧바로 자신의 일을 시작할 수 있도록. 그리고 가능하면 하나의 자리를 반복하여 사용하기보다는 다음날에는 다른 자리에 앉는 식으로 '유목'을 하도록 했다. 누가 매일 특정 책상에 앉는다면, 다른 사람들은 어느새 그 자리를 그가 와서 앉을 것으로 예상하여 비워 놓게 되고, 이로써 실제적으로는 그의 자리, 그의 소유물이 되기 쉽기 때문이다.[18]

공간을 비우지 않고 물건들로 채워 놓게 되면 또 다른 문제가 발생한다. 공간이 채워진 것들로 무거워져서 다른 용도로 사용하기 힘들어진다. 즉 공간의 가변성이 현저히 떨어지게 된다. 코뮨의 공간은 당연히 '헝그리 정신'에 입각해 운영되어야 하는데, 이는 공간을 위해 많은 돈을 들일 수 없다는 경제적 조건뿐만 아니라 주어진 것은 최대한 그 공능功能을 발휘할 수 있게 해주는 것이 그것(사물이든 생물이든, 혹은 사람이든)에 대한 코뮨적 태도이기 때문이다. 예의라는 관점에서도 그렇다. 사물을 단지 인간에게 필요한 수단으로 관계하는 게 아니라, **그 사물이 가질 수 있는 공능의 최대치 속에서 존재/작동할 수 있게 해주는 것**, 그것은 휴머니즘을 넘어서 코뮨주의를 가동시키는 데 중요한 원칙이다. 가령 음식은 최대한 남기지 않고 먹어 주는 것이 우리에게 자기 몸을 준 것에 대한 '예의'(적절한 관계)이고, 사물은 최대한 자기 공능을 발휘할 수 있도록 해주는 것이 그 사물에 대한 예의다. 공간 또한 그렇다. 주어진 공간으로

---

18 그러나 매일 필요한 책을 다 들고 다닐 수 없는 한, 이처럼 책상을 주인 없이 사용할 수 있도록 하려면 책을 꽂아 두거나 보관할 수 있는 장소는 있어야 한다. 하지만 이 역시 그런 장소를 확대해서 해결할 문제가 아니다. 그냥 방치하면 어느새 책이 넘쳐나 장소는 부족하게 되기 마련이기 때문이다. 거꾸로 그 장소에 제한이 있어서 차면 안 볼 책을 빼고 비우게 된다.

하여금 가능한 최대한의 공능을 발휘할 수 있게 해주는 것이 공간에 대한 예의다. 이는 공간의 경우에는 그것의 가변성을 최대한 살려서 사용하는 것을 뜻한다. 하나의 기능을 설정해 놓고 그것을 위해 사용하지 않을 때는 텅 비워 놓는 것, 그래 놓고는 또 다른 것을 하려면 그 기능에 맞는 방을 새로 만드는 식으로 늘려 가는 것, 그것은 낭비일 뿐 아니라 공간에 대한 예의에 어긋나는 것이다. 요컨대 공간을 이런저런 물건들로 가득 채워 놓으면, 그 공간의 가변성은 당연히 극소화되고, 그 공간에서 할 수 있는 활동도 극소화된다. 새로운 활동을 위해선 공간을 새로 얻으려는 안이한 발상이 쉽게 등장한다. 이렇게 되면 경제적 난관의 형태로 복수를 받게 될 것이다.

공간의 이용에서 정착성을 극소화하는 것, 공간의 가변성을 극대화하는 것, 이는 일상적인 활동의 자연발생적 반복이 만드는 '홈'을 제거하여 공간을 최대한 매끄러운 공간이 되도록 하기 위한 것이다. 그것의 요체는 한마디로 **공간을 최대한 비우는 것**이다. 이는 코뮌적 활동의 유목성과 가변성을 극대화할 뿐 아니라 외부자들이 쉽게 접근하여 이용할 수 있게 하는 것이란 점에서 '외부성' 또한 극대화한다.

그러나 그렇게 해도 공간의 코뮌적 사용이 영토성을 피할 수 없는 한, 외부자들로선 처음에 들어서기 힘든 문턱을 갖게 된다. 이를 과도하게 지우는 것은 공간의 특이성을 지우는 것이 되기에 가능성 여부를 떠나서 그리 좋은 것도 아니다. 그럼에도 불구하고 그 문턱을 낮추고 외부성을 강화하기 위해선, 공간 전반의 '외부성 계수'를 높이는 것과 별도로 외부자들이 쉽게 들어서서 말하고 이용할 수 있는 독립적 공간을 마련하는 것이 좋다. 이는 외부성 계수가 가장 작은 '공부방'에서 가능한 한 거리가 있는 곳이 좋을 것이다. 그 형태는 '카페'처럼 내부자나 외부자가 비슷한 방식으로 이용하는 것도 좋고, 그게 힘들면 내부자의 흔적이 적고, 누군가 한쪽에 앉아 있어도 부담없이 있을 수 있도록 분리된 테이블이 있는 것도 좋을 것이다. 내부자와 외부자가 만나는 공간, 어차피 이런 공간은 필요한데, 이런 공간일수록 외부자가 접근하기 쉽도록 만들어져야 한다.

## 8. 공간의 분할과 연결

물리적 형태를 갖는 '공간'은 그 자체로 특정한 기계적machinique 효과를 갖는다는 점에서 공간-기계라고 할 수 있을 것이다.[19] 코뮨의 공간에 대해 지금까지 서술한 것은 코뮨의 공간-기계에 대한 것이고, 코뮨적인 공간-기계를 만들고 작동시키는 방법에 대한 것이라고 해도 좋을 것이다. 그러나 기계적 효과란, 버튼을 누르면 뜨거운 물이 나오는 것 같은, 기계들의 작동이 자동으로 생산하는 동일한 결과를 뜻하지는 않는다. 그것은 19세기적인 기계론에서 말하는 기계의 개념을 전제한다는 점에서 '기계론적mechanistic 효과'라고 해야 할 것이다. 유전의 기계적 프로세스가 잘 보여 주듯이, 기계적 작동은 그것이 작동하는 조건 내지 환경, 혹은 작동자에 의해 다른 효과를 산출한다. 그래서 어떤 유전자가 있어도, 그것이 표현형으로 드러나지 않는 경우가 많으며, 나아가 자리바꿈인자transposon의 경우에서처럼 환경에 의해 유전자-기계 자체가 변형되는 경우도 많다.

코뮨적인 공간-기계의 기계적 효과는 코뮨을 구성하는 데 필요한

---

19 이러한 공간-기계 개념에 대해서는 이진경, 『근대적 시·공간의 탄생』, 그린비, 2010 참조.

조건이지만, 그것만으로 코뮌을 구성하는 데는 결코 충분하지 않다. 코뮌의 공간을 구성하려는 시도가 '시작의 난점'으로 인해 썰렁해지면서 실패로 귀착되는 경우가 그것을 잘 보여 준다. 코뮌의 공간-기계는 그것을 작동시키는 사람들, 그것이 작동하는 환경과 결합하여 작동하며, 그 결합양상의 차이에 따라 다른 효과를 산출한다.

그러나 반대로 그러한 공간-기계가 코뮌의 '필요조건'이라는 것은, 그러한 공간-기계가 없는 경우는 물론 그 형태나 배치가 어떠한가에 따라 코뮌적 활동을 저지하고 분산시키거나 해체하는 효과를 발휘할 수 있음을 함축한다. 가령 작게 분할된 작은 방들로 이루어진 공간은 공부방으로는 적절할지 모르지만, 코뮌의 공간이 되기에는 부적절하며, 기왕의 공동성마저 파괴하는 효과를 산출한다. 공동성이 없을 뿐 아니라 그에 대한 관심이 없는 사람들에게 이런저런 동선이 불가피하게 만나는 공동의 공간은 프라이버시를 침해하는 불편한 공간에 지나지 않게 되겠지만, 코뮌을 구성하려는 사람들에겐 필수적인 효과를 제공한다. 이런 점에서 '사적인' 성격이 강한 공간과 공동의 공간을 어떻게 배치하는가는, 특히 공간의 규모가 클 경우에는 사소하지 않은 차이를 만들어 낸다. 공간의 분할과 통합 역시 마찬가지다.

이와 관련해 '우리'는 여러 가지 다른 경우를 경험했다. 먼저 공간 전체가 한 층으로 이루어진 경우와 여러 층으로 분할된 경우 다른 효과를 산출한다. 하나의 층인 경우에는 공간에서 일어나는 일들을 대부분 공유하게 되고, 공동성의 강도와 폭이 더 커진다. 대신 하나의 활동이 다른 활동에 의해 쉽게 영향을 받게 된다. 즉 공동의 공간이라고 무조건 좋은 것은 결코 아니다. 가령 사람이 많이 듣는 강의가 있을 경우 연구나 다른 활동에 크게 지장을 주게 된다. 성격이 다른 활동은 가능한 한 분리하거나 거리를 두는 것이 좋은데, 이는 층이 분리되어 있는 경우가 더 유리하다. 카페나 외부인들이 많이 드나드는 공간 역시 연구실이나 세미나실과 거리를 유지하지 못하면, 서로를 불편하게 한다. 불가피하게 근접성이 강한 하나의 층에서 간단한 칸막이 정도로 분리된 공간이라면, 강의처럼 많은 사람들이 드나드는 활동이 과다할 경우 전체 활동의 안정성을 약화시킬 가능성이 크다. 이런 경우에는 다른 활동에 영향을 미치는 활동을 규모나 빈도에서 적절히 규제할 필요가 있다. 자칫하면 공동활동이 상주하면서 모든 것에 신경을 쓸 수밖에 없는 구성원 개개인에게 피로감을 줄 수 있고 지치게 할 경우, 코뮨적 관계가 내부에서 약화되고 균열될 가능성이 있기 때문이다.

이런 요인을 고려한다면 복수의 층으로 분할된 공간이 갖는 장점이 있다. 카페, 강의 등 '영향'이 큰 활동을 상대적으로 분리된 거리를 갖고 자유롭게 할 수 있게 해주기 때문이다. 그러나 이 경우에도 성원들이 카페나 강의에 드나드는 '외부인'들에 대해, 혹은 강의 자체에 대한 공동성이 떨어지게 하는 경향이 있음을 유념해야 한다. 자칫하면 강의나 카페의 활동은 그걸 맡은 관리자만의 일이 될 수 있다. 코뮨에서 이루어지는 일은 항상 모두의 관심사여야 하고, 자세히까지는 아니어도 문의에 대답할 정도로는 모든 일에 대해 알고 있어야 하며, 따라서 특별한 경우가 아니면 담당자가 누구든 자기가 언제든지 나서서 해야 한다. 어떤 일을 담당자나 특정인의 일이라고 여기고 그와 관련된 일은 그를 찾아가도록 넘겨 버리기 시작할 때, 그리하여 각자가 자신이 맡은 것을 열심히 하지만 그것 이외의 것은 다른 이의 일로 여기기 시작할 때, 코뮨은 관료적 기계로 변환되기 시작한다.

활동이 활발해지면서 일의 종류나 규모가 늘어나는 경우, 공간을 늘리는 것이 불가피하게 된다. '우리'의 경우 처음에는 위층이나 아래층을 얻어 확대하는 방식으로 대처했는데, 이는 방금 말한 장점과 단점을 동시에 갖는 것이었다. 그런데 한 건물 안에서 층으로 분리하는 것과 다른 강도로 분할의 약점이 두드러지게 되는 것은 물리적으로 분리된 공간으로 분할되는 경우다. 원남동 시절, 이미 건물 전체를 얻어 사용하고 있었기에 같은 건물에서 더 늘려가는 것은 불가능했고, 그래서 거리가 그리 멀지는 않았지만 10미터가량 떨어진 이웃 건물의 일부를 임대해서 사용했다. 그런데 이 경우 공간적 분리는 활동이나 관계마저 분리하는 힘을 갖고 있음을 확인해야 했다. 분리된 공간에 상주하는 사람들과 애초의 공간에 상주하는 사람들 사이에 공동성이 약화되었고 다른 건물에서 행해지는 활동에 대해선 서로 관심이 현저히 낮아지는 현상이 나타났다. 자신이 관련된 일이 없으면, 하루 종일 다른 건물에는 들르지도 않는 일이 흔해졌다. 이를 극복하기 위해 식사를 같이 하는 것으론 부족하다고 생각하여, 일부러 회의나 세미나를 다른 건물에서 하기도 하는 방식으로 분리의 경향을 넘어서려고 했다. 이는 상당히 효과가 있었고, 이런 점에서 불가피한 분리를 넘어서는 데 중요한 하나의 방법이 될 수 있을 것이다. 공간의 분리를 넘어서 공동성을 유지하기 위해 활동의 양상을 최대한 섞고 사람들이 최대한 오가게 만드는 것.

## 9. 코뮨의 성장과 권력의 문제

반대로 공간적 분리가 적극적으로 필요한 경우도 있다. 코뮨이 '성공'하여 규모가 크게 확장되고 활동이 급속히 증가하는 경우가 그렇다. 코뮨의 성장은, 그것이 성공적일 경우 지수함수적 양상으로 진행되기에, 확장의 정도나 활동의 증가가 체증적으로 증가하면서 매우 '급속해질' 수 있다. '우리'의 경우가 그러했는데, 특히 2년 정도 전부터 그랬다고 보인다. 이렇게 성장이나 확장속도가 빨라지면, 그것을 감당해야 할 성원들을 그에 맞추어 확대하는 경우가 아니면(이 또한 쉽지 않은 문제를 안고 있는데), 성원들 개개인이 감당해야 할 일들의 양이 과다한 상태가 된다. 이렇게 되면 코뮨은 특정한 활동을 생산하는 '단체'가 되고 코뮨의 성원은 단체의 '활동가'가 될 위험이 있다. 오해를 피하기 위해 이는 좀더 자세히 서술할 필요가 있다.

코뮨은 자유로운 개인들의 자발적 연합이고, 무엇보다 참여한 개인 각자가 그 관계 속에서 자기가 하고 싶은 것을 하고, 받아가고 싶은 것을 받아가기 위한 것이다. 다시 말해 코뮨은 어떤 목적을 위해 구성한 수단적인 단체가 아니라, 코뮨적 관계 그 자체, 코뮨적인 삶 그 자체를 목적으로 한다. 그것은 봉사활동을 위한 단체도 아니고 교육이나 연구를 위해 조직한 단체도 아니다. '봉사'나 교육, 연구 같은 것은 그것을 구성하는 성원들 자신의 삶의 일부분인 한에서 하는 것이고, 성원들 자신의 '성숙'이나 훈련을 위해 하는 것이다. 음식을 만들거나 이런저런 '잡일'을 하는 것 또한 많은 경우 개인적으로 피하고 싶어 하는 것이지만, 그것이 동료를 위한 것일 뿐 아니라 자신이 혼자 살아도 어차피 해야 할 것이란 점에서 자신을 위해 하는 것이다. 타인에 대한 배려를 통해 자신을 배려하는 것, 그것이 자신을 배려하는 가장 좋은 방법임을 우리는 안다. 이러한 상호배려는 힘들고 귀찮은 일에도 마음을 내게 만든다. 이처럼 코뮨의 활동은 어떠한 활동도 개인의 욕망을 억압하고 그것을 희생하면서 하는 게 아니라 그 욕망에 기초해서, 즉 욕망을 발동시키고 촉발시켜서 하는 것이어야 한다.

반면 코뮨의 활동을 위해 개인의 욕망이나 '욕심'을 버릴 것을 요구받기 시작할 때, 그것은 코뮨이 아니라 어느새 희생이나 헌신을 요구하는 유기적 성격의 '통합체'가 되고 있는 것은 아닌가 질문해야 한다. 개인들의 어려움이나 미숙함을 그가 잘 넘어갈 수 있도록 촉발하고 함께 노력해야 할 문제로서 배려하는 게 아니라 '무능함'이나 약점으로 비난하기 시작할 때, 그리고 '무능함'을 근거로 어떤 사람들의 발언권이나 의사, 욕망을 무시하는 '자격박탈'의 언어가 구사되기 시작할 때, 그것은 이행移行을 실행하는 코뮨의 '정치'가 아니라 특정한 분할의 체계를 유지하는 '치안'이 시작되고 있는 것은 아닌지 의심해 보아야 한다. 나아가 어떤 개인들에게 그동안 코뮨에서 받아간 것, 배려받은 것을 상기시키며 어떤 활동을 요구하기 시작할 때, 선물의 원리로 작동하는 코뮨이 아니라 채권/채무 관계(혹은 교환관계)에 의해 개인의 활동을 이용exploitation, 착취하는 '단체'가 된 것은 아닌가 의심해야 한다. 이 모두에서 우리는 욕망에 기초한 자발적 참여로 구성되는 코뮨적 관계가 아니라, 의무와 강제에 의해 작동하는 **권력관계**가 출현한 것임을 보아야 한다.

이러한 일은 사실 코뮨이 규모가 확대되고 활동의 폭과 규모가 증가하면 어디서나 쉽게 나타날 수 있는 일들일 것이다. 그것은 여러 가지 요인에 의해 규모와 활동이 확장된, 이른바 '**성공**'과 함께 나타난다. 이러한 일들이 빈번하게 나타나고 일상적인 현상으로 자리 잡게 되면, 애초에 어떻게 시작했든, 명시적으로 무엇을 목표로 내세우든, 코뮨적 관계는 내부로부터 와해되기 시작한 것이라고 나는 믿는다. 이 경우 모든 활동이나 관계를 근본에서 다시 검토하고 그것을 바꾸려는 새로운 시도들이 없다면, 코뮨은 권력구성체로 변화되고 말 것이다.

'우리'의 경우에도 이와 유사한 사건들이 언젠가부터 나타나기 시작했다. 그것은 분명 '우리'의 '성공'과 함께 왔다. 실패는 '성공'하게 만든 요인에서 시작하는 경우가 많다는 것을 다시 한 번 강조할 필요가 있다. 더구나 3년 전부터는 여러 층이 아니라 하나의 단일한 층에서 모든 활동이 이루어졌고, 그로 인해 모든 사람이 모든 활동에 영향을 받게 되면서, 앞서 말한 것 같은 '피로감' 또한 크게 증가한 것이 사태를 더욱 악화시켰다고 보인다. 그러나 진행되어 오던 일들이나 습관은 이런 징후들을 쉽게 보지 못하게 가려 버리기 십상이다. 갈등이나 대립이 빈발했던 것은 분명했지만, 그것이 무엇을 뜻하는지는 명확하게 포착되지 못했다.

그럼에도 불구하고 규모의 확대가 갖는 문제는 어느 정도 인식되었던 것 같다. 그래서 올해 초에는 더 이상 규모를 확대해선 안 된다고 판단했고, 이제는 역으로 코뮨을 별개의 독자적인 코뮨들로 분리 독립하기로 했다. 그리고 그러한 코뮨들의 네트워크로 전환하기로 했다. 농담처럼 혹은 공상처럼 말하던 '코뮤넷'commune의 시간이 온 것이라고 생각했다. 기다리기라도 했던 양, 독자적 공간을 얻어 독립적인 코뮨을 만들겠다는 움직임이 급격히 진행되었고,[20] 그 결과 지금은 6개 정도의 독립적인 코뮨들로 분리되었고, 그것들의 네트워크를 형성하려 하고 있다.

이는 코뮨의 구성과 운영에서도 무조건 공동활동의 확대나 공동의

---

20 그 와중에 이전의 수많은 대립과 갈등과는 다른 심각한 갈등이 나타났고, 이로 인해 '연구실' 전체가 큰 위기를 겪었다. 하지만 다행히도 이미 분리 독립의 과정이 진행 중이었기에, 공존하기 힘든 갈등은 공간적 분리와 독립적 운영을 통해 냉각의 조건을 만들었다(이로 인해 종종 '해체'된 것인가 질문을 받기도 한다). 아직도 그때의 갈등이 충분히 사라지지는 않았지만, 이는 시간이 지나면 해소될 수 있을 것이라고 나는 믿는다. 이러한 갈등은, 정도와 양상은 다르다고 해도, 사실 이전에도 있었던 것이다. 이런 갈등은 코뮨이라면 언제 어디에나 있게 마련이다. 코뮨이란 대립과 갈등으로 가득 찬 곳이다. 중요한 것은 그것을 해결하려는 의지와 해결의 방법을 찾아내는 것일 터이다.

공간을 확장하는 것만이 능사能事는 아님을 의미한다. 공동활동의 확대가 지나치면 피로감과 충돌을 야기할 수 있으며, 개인적 욕망과 공동으로 필요한 일 사이에 갈등과 소외 같은 현상을 확대하기 쉽다. 뿐만 아니라, 코뮨은 불가피하게 성원들 간의 강한 연대와 결속, 신뢰와 애정을 요구한다. 규모의 확대는 그 자체만으로 여기에 적지 않은 장애가 된다. 확실히 이런 점에서 코뮨의 규모에는 제약과 한계가 있는 게 아닌가 싶다. 소국과민小國寡民? 그렇다고 코뮨의 '성공'과 성장을 유해한 위험물로 간주하여 스스로 멀리할 수는 없는 일이다. 그것은 자칫하면 성원들을 위축시키고 성원들만의 작은 게토로 만들어 버릴 위험이 있기도 하다. 이런 경우 성장을 분리와 독립을 통해 네트워크로 연결하는 새로운 코뮨적 형태가 하나의 출구로서 실험될 수 있을 것이다. 물론 아직 이 네트워크가 어떻게 작동할 것인지, 어떤 난점이 있는지, 그것은 정말 코뮨이라는 말에 부합하는 것이 될 수 있는지 등등의 많은 근본적 질문들이 막 시작된 실험 앞에서 답을 기다리고 있을 뿐이지만 말이다.

# 참고문헌

이진경, 「공동체주의와 코뮨주의」, 『미-래의 맑스주의』, 그린비, 2006.

_____, 「근대적 생명정치의 계보학적 계기들」, 『시대와 철학』 18호, 2007.

_____, 『근대적 시·공간의 탄생』, 그린비, 2010.

_____, 『근대적 주거공간의 탄생』, 그린비, 2007.

_____, 『노마디즘』 1~2권, 휴머니스트, 2002.

_____, 「마르크스주의에서 생산력 개념의 문제」, 『마르크스주의연구』 6호, 2006.

_____, 『맑스주의와 근대성』, 문화과학사, 1997.

_____, 『미-래의 맑스주의』, 그린비, 2006.

_____, 「백남준, 퍼포먼스의 정치학과 기계주의적 존재론」, 『부커진 R』 3호, 그린비, 2010.

_____, 「생명과 공동체」, 『미-래의 맑스주의』, 그린비, 2006.

_____, 「생명의 권리, 자본의 권리」, 맑스코뮤날레 조직위원회 엮음, 『21세기 자본주의와 대안적 세계화』, 문화과학사, 2007.

_____, 『외부, 사유의 정치학』, 그린비, 2009.

_____, 「외부에 의한 사유, 혹은 맑스의 유물론」, 『미-래의 맑스주의』, 그린비, 2006.

_____, 「인간, 생명, 기계는 어떻게 합류하는가?」, 『마르크스주의연구』 13호, 2009.

_____, 「주거공간과 계급투쟁」, 『근대적 주거공간의 탄생』, 그린비, 2007.

_____, 「코뮨주의에서 이행의 문제」, 『맑스주의와 근대성』, 문화과학사, 1997.

_____, 「코뮨주의와 정치: 적대의 정치학, 우정의 정치학」, 고병권 외, 『코뮨주의 선언』, 교양인, 2007.

_____, 「코뮨주의와 특이성: 코뮨주의와 존재론」, 고병권 외, 『코뮨주의 선언』, 교양인, 2007.

_____, 「코뮨주의와 휴머니즘: 휴머니즘 이후의 코뮨주의」, 고병권 외, 『코뮨주의 선언』, 교양인, 2007.

_____, 「코뮨주의적 존재론과 존재론적 코뮨주의」, 『문화과학』 47호, 2006.

오학수, 「일본의 비정규직 현황과 노사관계」, 은수미 외, 『비정규직과 한국 노사관계 시스템
　　의 변화 2』, 한국노동연구원, 2008.
진은영, 「코뮤주의와 유머: 감응과 구성의 정치학」, 고병권 외, 『코뮤주의 선언』, 교양인,
　　2007.


승조, 『조론』, 송찬우 옮김, 고려원미디어, 1989.
용수, 『중론』, 김성철 역주, 경서원, 1993.
의상, 「법성게」, 정화, 『마음 하나에 펼쳐진 우주』, 법공양, 2006.


柄谷行人, 『探究』 2, 講談社, 1994. [가라타니 고진, 『탐구』 2권, 권기돈 옮김, 새물결, 1998.]
小谷野毅, 「社会運動の一部としての労働組合」, 年越し派遣村実行委員会 編, 『派遣村: 國を
　　動かした6日間』, 東京: 毎日新聞社, 2009.
中村かさね, 「痛みを理解し合える社會へ」, 年越し派遣村実行委員会 編, 『派遣村: 國を動
　　かした6日間』, 東京: 毎日新聞社, 2009.
谷川雁, 「政治的前衛とサークル」, 岩崎稔・米谷匡史 編, 『谷川雁セレクション (1): 工作者の
　　論理と背理』, 東京: 日本経済評論社, 2009.
＿＿＿, 「無(プラズマ)の造型: 私の差別'原論'」, 岩崎稔・米谷匡史 編, 『谷川雁セレクション
　　(2): 原点の幻視者』, 東京: 日本経済評論社, 2009.
デヴィッド・グレーバー, 高祖岩三郎, 『資本主義後の世界のために』, 東京: 以文社, 2009.
大久保幸夫, 『日本の雇用』, 講談社, 2009.
宇都宮建兒, 「反貧困運動の前進」, 宇都宮建児・湯浅 誠 編, 『派遣村: 何が問われているの
　　か』, 東京: 岩波書店, 2009.
宇都宮建児・湯浅 誠 編, 『派遣村: 何が問われているのか』, 東京: 岩波書店, 2009.
湯浅誠, 「はじめに＿人間の手触り」, 宇都宮建児・湯浅 誠 編, 『派遣村: 何が問われている
　　のか』, 東京: 岩波書店, 2009.
＿＿＿, 「派遣村は何を問いかけているのか」, 宇都宮建児・湯浅 誠 編, 『派遣村: 何が問われ
　　ているのか』, 東京: 岩波書店, 2009.
石田雄, 「'もやい直し'で'世直し'を」, 宇都宮建児・湯浅 誠 編, 『派遣村: 何が問われている
　　のか』, 東京: 岩波書店, 2009.
生田武志, 「越冬と年越し派遣村」, 宇都宮建児・湯浅 誠 編, 『派遣村: 何が問われているの
　　か』, 東京: 岩波書店, 2009.


Afanas'ev, Vladilen Sergeevičč et al., *Velikoe otkrytie Karla Marksa: Metodologičeskaâ
　　rol'učeniâ o dvojstvennom haraktere truda*, Moskva: Mysl', 1980. [Viktor

Afanasyev et al, *Karl Marx's Great Discovery: The Dual-Nature-of-Labour Doctrine: Its Methodological Role*, Moscow: Progress Publishers, 1986.] [빅토르 아파나시예프 외, 『위대한 발견: 노동의 이중성론과 그 방법론적 역할』, 박동철 옮김, 푸른산, 1989.]

Agamben, Giorgio, *Homo Sacer: Il potere soverano e la vita nuda*, Torino: Einaudi, 1995. [*Homo Sacer: Sovereign Power and Bare Life*, trans. Daniel Heller-Roazen, California: Stanford University Press, 1998.] [조르조 아감벤, 『호모 사케르: 주권 권력과 벌거벗은 생명』, 박진우 옮김, 새물결, 2008.]

Anderson, Benedict, *Imagined Communities: Reflections on the Origin and Spread of Nationalism*, London: Verso, 1983. [베네딕트 앤더슨, 『상상의 공동체: 민족주의의 기원과 전파에 대한 성찰』, 윤형숙 옮김, 나남출판, 2002.]

Andrews, Lori and Dorothy Nelkin, *Body Bazaar: The Market for Human Tissue in the Biotechnology Age*, New York: Crown Publishers, 2001. [로리 앤드루스·도로시 넬킨, 『인체 시장: 생명공학시대 인체조직의 상품화를 파헤친다』, 김명진·김병수 옮김, 궁리, 2006.]

Badiou, Alain, *Conditions*, Paris: Seuil, 1992. [알랭 바디우, 『조건들』, 이종영 옮김, 새물결, 2006.]

Balibar, Étienne, "Sur les concepts fondamentaux de matérialisme historique", *Lire le capital* 2, Paris: Maspéro, 1965. [에티엔 발리바르, 『역사과학의 기초범주』, 김윤자 옮김, 한울, 1984.]

Baskin, Yvonne, *The Work of Nature: How the Diversity of Life Sustains Us*, Washington D.C.: Island Press, 1997. [이본 배스킨, 『아름다운 생명의 그물: 생물 다양성은 어떻게 우리를 지탱하는가』, 이한음 옮김, 돌베개, 2003.]

Bataille, Georges, *La part maudite*, Paris: Minuit, 1949. [조르주 바타유, 『저주의 몫』, 조한경 옮김, 문학동네, 2000.]

Bergson, Henri, *Essai sur les données immédiates de la conscience*, Paris: F. Alcan, 1889. [앙리 베르그손, 『의식에 직접 주어진 것들에 관한 시론』, 최화 옮김, 아카넷, 2001.]

Biehl, Janet and Peter Staudenmaier, *Ecofascism: Lessons from the German Experience*, San Francisco: AK Press, 1995. [자넷 빌·피터 스타우든마이어, 『에코파시즘: 독일 경험으로부터의 교훈』, 김상영 옮김, 책으로만나는세상, 2003.]

Blanchot, Maurice, *Écrits politiques 1953-1993*, Paris: Gallimard, 2008. [모리스 블랑쇼, 『정치평론 1953~1993』, 고재정 옮김, 그린비, 2009.]

———, *La communauté inavouable*, Paris: Minuit, 1983. [모리스 블랑쇼, 「밝힐 수 없는

공동체』, 모리스 블랑쇼·장 뤽 낭시, 『밝힐 수 없는 공동체, 마주한 공동체』, 박준상 옮김, 문학과지성사, 2005.]

Clastres, Pierre, *La Société contre l'État*, Paris: Minuit, 1974. [피에르 클라스트르, 『국가에 대항하는 사회: 정치인류학 논고』, 홍성흡 옮김, 이학사, 2005.]

_____, *Recherches d'anthropologie politique*, Paris: Seuil, 1980. [피에르 클라스트르, 『폭력의 고고학: 정치 인류학 연구』, 이종영·변지현 옮김, 울력, 2002.]

Deleuze, Gilles, *Différence et répétition*, Paris: PUF, 1968. [질 들뢰즈, 『차이와 반복』, 김상환 옮김, 민음사, 2004.]

_____, "L'Immanence: une vie……", *Philosophie*, n.47, septembre 1995. [질 들뢰즈, 「내재성: 생명……」, 박정태 편역, 『들뢰즈가 만든 철학사』, 이학사, 2007.]

_____, *Spinoza: Philosophie pratique*, Paris: Minuit, 1981. [질 들뢰즈, 『스피노자의 철학』, 박기순 옮김, 민음사, 1999.]

Deleuze, Gilles and Félix Guattari, *Mille plateaux*, Paris: Minuit, 1980. [질 들뢰즈·펠릭스 가타리, 『천의 고원』, 이진경·권혜원 외 옮김, 연구공간 '너머' 자료실, 2000.]

_____, *L'Anti-Œdipe: Capitalisme et schizophrénie*, Paris: Minuit, 1972. [*Anti-Oedipus: Capitalism and Schizophrenia*, trans. Robert Hurley et al., University of Minnesota Press, 1983.] [질 들뢰즈·펠릭스 가타리, 『앙띠 오이디푸스: 자본주의와 정신분열증』, 최명관 옮김, 2000.]

Derrida, Jacques, *De l'hospitalité*, Paris: Calmann-Lévy, 1997. [자크 데리다, 『환대에 대하여』, 남수인 옮김, 동문선, 2004.]

_____, *Donner le temps: la fausse monnaie*, Paris: Galilée, 1991. [*Given Time I: Counterfeit Money*, trans. Peggy Kamuf, University of Chicago Press, 1992.]

_____, *Politiques de l'amitié: suivi de L'oreille de Heidegger*, Paris: Galilée, 1994.

_____, *Spectres de Marx: l'état de la dette, le travail du deuil et la nouvelle Internationale* , Paris: Galilée, 1993. [자크 데리다, 『마르크스의 유령들』, 진태원 옮김, 이제이북스, 2007.]

Durkheim, Émile, *Les Formes élémentaires de la vie religieuse*, Paris: F. Alcan, 1912. [에밀 뒤르켐, 『종교 생활의 원초적 형태』, 노치준·민혜숙 옮김, 민영사, 1992.]

Esposito, Roberto, *Termini della Politica: Comunità, Immunità, Biopolitica*, Milano: Mimesis Edizioni, 2008. [ロベルト・エスポジト, 『近代政治の脱構築: 共同体・免疫・生政治』, 岡田温司 訳, 講談社, 2009.]

Foucault, Michel, *Il faut défendre la société: cours au Collège de France, 1975-1976*, Paris: Gallimard, 1997. [미셸 푸코, 『사회를 보호해야 한다』, 박정자 옮김, 동문선, 1998.]

_____, *Les Mots et les choses: Une archéologie des sciences humaines*, Paris: Gallimard, 1966. [미셸 푸코, 『말과 사물』, 이광래 옮김, 민음사, 1986.]

Freud, Sigmund, "Fetishism", 1927. [지그문트 프로이트, 「절편음란증」, 『성욕에 관한 세 편의 에세이』, 김정일 옮김, 열린책들, 2004.]

Graeber, David, *Toward an Anthropological Theory of Value: the False Coin of Our Own Dreams*, New York: Palgrave, 2001. [데이비드 그레이버, 『가치이론에 대한 인류학적 접근』, 서정은 옮김, 그린비, 2009.]

Heidegger, Martin, *Die Grundbegriffe der Metaphysik: Welt-Endlichkeit-Einsamkeit*, 1930. [마르틴 하이데거, 『형이상학의 근본개념들』, 이기상 외 옮김, 까치, 2001.]

_____, *Sein und Zeit*, 1927. [마르틴 하이데거, 『존재와 시간』, 이기상 옮김, 까치, 1998.]

_____, *Vorträge und Aufsätze*, Stuttgart: Klett-Cotta, 2004. [마르틴 하이데거, 「사물」, 『강연과 논문』, 박찬국 외 옮김, 이학사, 2008.]

_____, *Wegmarken*, Frankfurt am Main Klostermann, 2004. [마르틴 하이데거, 「휴머니즘 서간」, 『이정표』 2, 이선일 옮김, 한길사, 2005.]

Ho, Mae-Wan, *Genetic Engineering: Dream or Nightmare?*, New York: Continuum, 2000. [매완 호, 『나쁜 과학: 근본적으로 위험한 유전자조작 생명공학』, 이혜경 옮김, 당대, 2005.]

Hobbes, Thomas, *Leviathan*, 1651. [토머스 홉스, 『리바이어던』, 한승조 옮김, 삼성출판사, 1995.]

Jacob, François, *La Logique du vivant: une histoire de l'hérédité*, Paris: Gallimard, 1971. [프랑수아 자코브, 『생명의 논리, 유전의 역사』, 이정우 옮김, 민음사, 1994.]

Jantsch, Erich, *Die Selbstorganisation des Universums: Vom Urknall zum menschlichen Geist*, München: Hanser, 1979. [에리히 얀치, 『자기조직하는 우주: 새로운 진화 패러다임의 과학적 근거와 인간적 함축』, 홍동선 옮김, 범양사, 1989.]

Kant, Immanuel, *Kritik der reinen Vernunft*, 1781. [이마누엘 칸트, 『순수이성비판』 1~2 권, 백종현 옮김, 아카넷, 2006.]

Konstantinov, Fedor V. et. al., *The Fundamentals of Marxist-Leninist Philosophy: Marxist-Leninist theory*, Moscow: Progress Publishers, 1982. [콘스탄티노프 외, 『역사적 유물론: 맑스-레닌주의 철학의 기초』, 김창선 옮김, 새길, 1991.]

Lenin, Vladimir, "A Great Beginning: Heroism of the Workers in the Rear", 1919, *Lenin's Collected Works*, Moscow: Progress Publishers, vol.29, 1972.

_____, "A Scientific System of Sweating", *Pravda*, No.60, 1913, *Lenin's Collected Works*, vol.18, 1975.

_____, "From the Destruction of the Old Social System to the Creation of the New",

*Kommunisticbesky Subbotnik*, April 11, 1920, *Lenin's Collected Works*, vol.30, 1965.

_____, "The Taylor System: Man's Enslavement by the Machine", *Put Pravdy*, No.35, 1914, *Lenin's Collected Works*, vol.20, 1972.

Lévi-Strauss, Claude, *Introduction à l'oeuvre de Marcel Mauss*, Paris: PUF, 1950. [*Introduction to the Work of Marcel Mauss*, trans. Felicity Baker, London: Routledge & Kegan Paul, 1987.]

Liebman, Marcel, *Leninism under Lenin*, London: Merlin Press, 1975. [마르셀 리브만, 『레닌주의 연구』, 안택원 옮김, 미래사, 1985.]

Lingis, Alphonso, *The Community of Those Who Have Nothing in Common*, Bloomington: Indiana University Press, 1994. [アルフォンソ・リンギス, 『何も共有していない者たちの共同体』, 野谷啓二 訳, 京都: 洛北出版, 2006.]

Linhart, Robert, *Lénine, Les paysans, Taylor*, Paris: Seuil, 1976.

Lovelock, James, *Gaia, a New Look at Life on Earth*, Oxford University Press, 1979. [제임스 러브록, 『가이아: 살아 있는 생명체로서의 지구』, 홍욱희 옮김, 갈라파고스, 2004.]

Lukács, György, *Geschichte und Klassenbewusstsein*, München: Luchterhand, 1968. [게오르그 루카치, 「사물화와 프롤레타리아트의 의식」, 『역사와 계급의식: 맑스주의 변증법 연구』, 박정호·조만영 옮김, 거름, 1986.]

Margulis, Lynn and Dorion Sagan, *What Is Life?*, New York: Simon & Schuster, 1995. [린 마굴리스·도리언 세이건, 『생명이란 무엇인가?: DNA 발견 이후 다시 쓰는 진화론』, 황현숙 옮김, 지호, 1999.]

Marx, Karl, "Kritik des Gothaer Programms", 1875. [칼 맑스, 「고타강령 비판」, 『칼 맑스·프리드리히 엥겔스 저작 선집』 1권, 최인호 외 옮김, 박종철출판사, 1997.]

_____, "Zur Kritik der Hegelschen Rechtsphilosophie", 1843. [칼 맑스, 「헤겔 법철학의 비판을 위하여」, 『칼 맑스·프리드리히 엥겔스 저작 선집 1』, 최인호 외 옮김, 박종철출판사, 1990.]

_____, "Lohnarbeit und Kapital", 1847. [칼 맑스, 「임금노동과 자본」, 『칼 맑스·프리드리히 엥겔스 저작 선집 1』, 최인호 외 옮김, 박종철출판사, 1990.]

_____, *Das Kapital, Bd.1*, 1867. [칼 맑스, 『자본론』 I권, 김수행 옮김, 비봉출판사, 2005.]

_____, "Grundrisse der Kritik der politischen Ökonomie", 1858. [칼 맑스, 『정치경제학 비판 요강』 1~3권, 김호균 옮김, 그린비, 2007.]

Marx, Karl and Friedrich Engels, *Die Deutsche Ideologie*, 1845. [칼 맑스·프리드리히 엥겔스, 「독일 이데올로기」, 『칼 맑스·프리드리히 엥겔스 저작 선집』 1권, 최인호 외 옮김, 박종철출판사, 1997.]

_____, *Das Kapital*, Bd.2, 1885. [칼 맑스·프리드리히 엥겔스, 『자본론』 II권, 김수행 옮김, 비봉출판사, 2004.]

Maturana, Humberto and Francisco Varela, *El árbol del conocimiento, las bases biológicas del entendimiento humano*, Santiago de Chile: Editorial Universitaria, 1984. [움베르토 마투라나·프란시스코 바렐라, 『앎의 나무』, 최호영 옮김, 갈무리, 2007.]

Mauss, Marcel, *Essai sur le don*, 1924. [마르셀 모스, 『증여론』, 이상률 옮김, 한길사, 2002.]

McNeill, William H., *Plagues and Peoples*, New York: Anchor Press, 1976. [윌리엄 맥닐, 『전염병의 세계사』, 김우영 옮김, 이산, 2005.]

Monod, Jacques, *Le Hasard et la nécessité*, Paris: Seuil, 1970. [자크 모노, 『우연과 필연』, 김용준 옮김, 삼성출판사, 1990.]

Morrison, Toni, *Paradise*, New York: Knopf, 1998. [토니 모리슨, 『파라다이스』, 김선형 옮김, 들녘, 2001.]

Nancy, Jean-Luc, *La communauté affrontée*, Paris: Galilée, 2001. [장 뤽 낭시, 「마주한 공동체」, 모리스 블랑쇼·장 뤽 낭시, 『밝힐 수 없는 공동체, 마주한 공동체』, 박준상 옮김, 문학과지성사, 2005.]

_____, *La communauté désœuvrée*, Paris: Christian Bourgois, 1986. [ジャン=リュック ナンシー, 『無為の共同体: 哲学を問い直す分有の思考』, 西谷修 外 訳, 以文社, 2001.]

Odum, Eugene, *Ecology: A Bridge Science and Society*, Sunderland: Sinauer Associates, 1993. [유진 오덤, 『생태학』, 이도원 옮김, 사이언스북스, 2001.]

Polanyi, Karl, *The Great Transformation: The Political and Economic Origins of our Time*, Farrar & Rinehart, Inc., 1944. [칼 폴라니, 『거대한 전환: 우리 시대의 정치·경제적 기원』, 홍기빈 옮김, 길, 2009.]

_____, *The Livelihood of Man*, ed. Harry W. Pearson, New York: Academic Press, 1977. [칼 폴라니, 『사람의 살림살이』 1~2권, 박현수 옮김, 풀빛, 1998.]

Pyotr Kropotkin, *Mutual Aid: A Factor of Evolution*, 1902. [표트르 크로포트킨, 『상호부조론』, 하기락 옮김, 형설출판사, 1993.]

Rancière, Jacques, *Aux bords du politique*, Paris: Osiris, 1990. [자크 랑시에르, 『정치적인 것의 가장자리에서: 우리 시대의 새로운 지적 대안 담론』, 양창렬 옮김, 길, 2008.]

_____, *Malaise dans l'esthétique*, Paris: Galilée, 2004. [자크 랑시에르, 『미학 안의 불편함』, 주형일 옮김, 인간사랑, 2008.]

Ridley, Matt, *The Origins of Virtue: Human Instincts and the Evolution of Cooperation*, New York: Viking, 1997. [매트 리들리, 『이타적 유전자』, 신좌섭 옮김, 사이언스북스, 2001.]

Schmitt, Carl , *Der Begriff des Politischen*, 1927. [칼 슈미트, 『정치적인 것의 개념』, 김효
전 옮김, 법문사, 1992.]

Schrödinger, Erwin, *What is Life?*, New York: Macmillan, 1946. [에르빈 슈뢰딩거, 『생명
이란 무엇인가』, 황상익·서인석 옮김, 한울, 1992.]

Shirky, Clay, *Here Come Everybody: How Change Happens When People Come
Together*, London: Penguin, 2008. [클레이 서키, 『끌리고 쏠리고 들끓다: 새로운 사회
와 다중의 탄생』, 송연석 옮김, 갤리온, 2008.]

Spinoza, Baruch, *Ethica: Ordine Geometrico Demonstrata*, 1677. [스피노자, 『에티카』,
강영계 옮김, 서광사, 1990.]

Stalin, Iosif, *The Foundations of Leninism: Lectures delivered at the Sverdlov
University*, Peking: Foreign Languages Press, 1965. [이오시프 스탈린, 「레닌주의의
기초」, 서중건 옮김, 『스탈린 선집 1: 1905~1931』, 전진, 1988.]

Strogatz, Steven, *Sync: the Emerging Science of Spontaneous Order*, New York:
Hyperion, 2003. [스티븐 스트로가츠, 『동시성의 과학, 싱크』, 조현욱 옮김, 김영사,
2005.]

Tökei, Ferenc, *A társadalmi formák marxista elméletének néhány kérdése*, Budapest:
Kossuth, 1977. [페렌크 퇴케이, 『사회구성체론』, 김민지 옮김, 이성과현실사, 1987.]

Varela, Francisco, "The Emergent Self", ed. John Brockman, *The Third Culture*, New
York: Simon & Schuster, 1995. [프란시스코 바렐라, 「창발적 자아」, 존 브로크맨 엮음,
『제3의 문화』, 김태규 옮김, 대영사, 1996.]

Wakeford, Tom, *Liaisons of Life: From Hornworts to Hippos, How the Unassuming
Microbe Has Driven Evolution*, New York: J. Wiley, 2001. [톰 웨이크퍼드, 『공생, 그
아름다운 공존』, 전방욱 옮김, 해나무, 2004.]

Weber, Max, *Die protestantische Ethik und der Geist des Kapitalismus*, 1905. [막스 베버,
『프로테스탄티즘의 윤리와 자본주의 정신』, 김덕영 옮김, 길, 2010.]

Worster, Donald, *Nature's Economy: a History of Ecological Ideas*, New York:
Cambridge University Press, 1990. [도널드 워스터, 『생태학, 그 열림과 닫힘의 역사』,
강헌·문순홍 옮김, 아카넷, 2002.]


A. M'Charek, The Human Genome Diversity Project(An Ethnography Of Scientific
Practice)

"Declaration of Indigenous People of the Western Hemisphere Regarding the Human
Genome Diversity Project"(Phoenix, Ariz., February 19, 1995), http://www.ipcb.
org/resolutions/htmls/dec_phx.html.

# 찾아보기